デスクトップフローと
クラウドフローを一挙に習得

# Microsoft Power Automate

# らくらく自動化入門


株式会社イルミネート・ジャパン

奥田理恵



日経BP

# はじめに

近年はどの職場でも人手不足が深刻です。多くの仕事が1人あるいは少数の働き手にふりかかるため、日々の労働負荷は高まるばかり。オフィスワーカーの間でも「書類の作成・管理などの事務処理が追い付かない」「大量のメールをさばくのに苦労する」「データ入力や転記で人的ミスが発生し、かえって無駄な作業が増えた」といった悲痛な声を耳にします。ITを導入して効率化を進める動きはありますが、そのITを用いた作業自体に非効率なものがあり、残業が増えているケースもあるようです。

そんななか注目されているのが「RPA（ロボティック・プロセス・オートメーション）」や「DPA（デジタル・プロセス・オートメーション）」と呼ばれる“自動化”ツールです。データの入力・転記、ファイルの保存やコピー、Webからの情報取得、関係者へのメール送信など、日常的に繰り返される定型業務を自動化し、驚くほど省力化できます。時間ばかり取られる面倒で単調な仕事は、“ロボット”にまかせることで楽になり、ミスも防げます。その結果生まれた時間を、取引先への訪問営業や新企画の立案など人間にしかできない仕事に振り分ければ、より創造的で生産的な働き方を実現できるでしょう。

自動化というと一見難しそうですが、いわゆるプログラミングのような“コードを記述する”行為が不要な「ローコード」のツールというものがあります。これを利用することで、プログラミング言語をまったく知らなくても、実行したい動作をマウスで選んで設定していくだけで、手軽に自動化を実現できます。ITエンジニアやシステム管理者だけでなく、実務を担う現場のビジネスパーソンも、自ら自動化に取り組めるのです。

本書では、そのようなツールの1つとして最近注目を集めている「Microsoft Power Automate」の導入から活用までを解説します。身近な作業を例に挙げながら、ステップ・バイ・ステップで学べるように構成していますので、実際にパソコンで操作して、その便利さを体感してください。そして業務効率化を実現してください。

# Contents

## 第2章 デスクトップフローの基本 37

## 第4章 クラウドフローの基本

［ご注意］
・本書の解説内容は2023年12月時点のもので、Microsoft 365の法人向けプランで利用できるPower Automateを使用しています。
・個人向けのMicrosoftアカウントで使用できるPower Automateでも、基本的な機能や操作方法は同じです。ただし、解説でSharePointサイトやOneDrive for Businessを使用している箇所は、アクセス権の有無に応じて個人向けのOneDriveなどにコネクタを置き換えて考えてください。
・アプリやサービスのアップデートにより、画面のデザインやメニューの名称、機能や動作などが変わる場合があります。ご了承ください。

# 第1章

# Power Automateとは

マイクロソフトの自動化ツールである「Power Automate」。まずはどのような製品なのかを理解しましょう。Power Automateでは「デスクトップフロー」と「クラウドフロー」という2種類のフローを利用できます。これらの違いについても確認しておきます。

Section

# 01 「自動化」ツールで業務効率化

私たちが日々行っている仕事は、業種や職種によって内容が異なります。しかしデジタル化が進むなか、パソコンを利用して行う作業がどんどん増えている点では共通しています。顧客管理、案件管理、会計管理など、組織で導入されたシステムを利用して行う作業も多くありますが、これらの各システムを横断し、データの転記やコピーを行う作業、データの検索や収集、加工、編集、集計を行う作業、関係者間での情報共有や連絡、タスクの割り当てなど、定型的な作業や繰り返し作業に時間を取られてしまうことは少なくありません。

こういった作業は1回当たりの所要時間は長くなくても、1日当たりや1カ月当たりで考えると、それなりの時間を要していることになるでしょう。また定型作業を繰り返し行うことで、意欲や集中力の低下を招き、さらにはミスも増えてしまいます(図1)。

● こんな課題に悩まされていませんか?

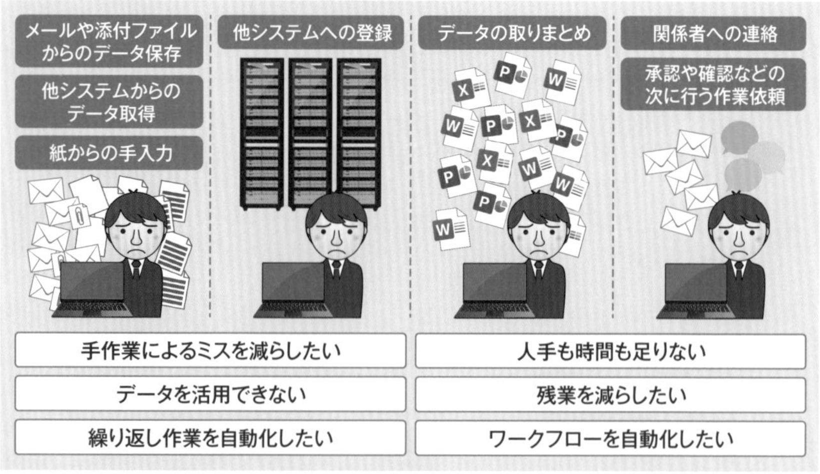


図1　パソコンで行う作業が増え、業務システムの利用も一般的になった一方、データの入力や転記、システム間でのコピーなど、手間や時間がかかり、ミスの起きやすい操作はたくさんある

もっと効率良く業務を進めたい、残業時間を減らしたい、といった課題を抱えている方は多いのではないでしょうか。企業にとっても、労働人口の減少に伴う人手不足への対策として、また長時間労働の是正を図るための対策として、生産性の向上や業務効率化への取り組みは大きな課題となっています。本来行うべき生産性の高い業務や人にしかできないクリエーティブな作業にかける時間が削られてしまわないように、定型作業や繰り返し作業は可能な限り効率化を実現したいものです。長い間、同じやり方で行っている業務に関しては、まず作業の流れや内容、プロセスを見直して効率化を図ることも重要ですが、ITツールの活用も効率化を実現するための大きなポイントです（**図2**）。

業務効率化を実現するためのITツールは、書類の電子化、電子署名や電子印を提供するサービス、プロジェクト工数や案件を管理するツール、オンライン会議やチャットなどの機能を提供するコミュニケーションツールなど、さまざまなものがあります。繰り返し作業や定型業務の自動化を実現するためのツールも数多く提供されています。

マイクロソフトの「Power Automate（パワーオートメート）」もそのうちの1つです。人が行う繰り返し作業や定型作業、承認などのワークフローの自動化を行い、より生産的に働くことをサポートしてくれるツールとして、多くの企業で利用されています。

## ● 定型作業は自動化して業務効率化

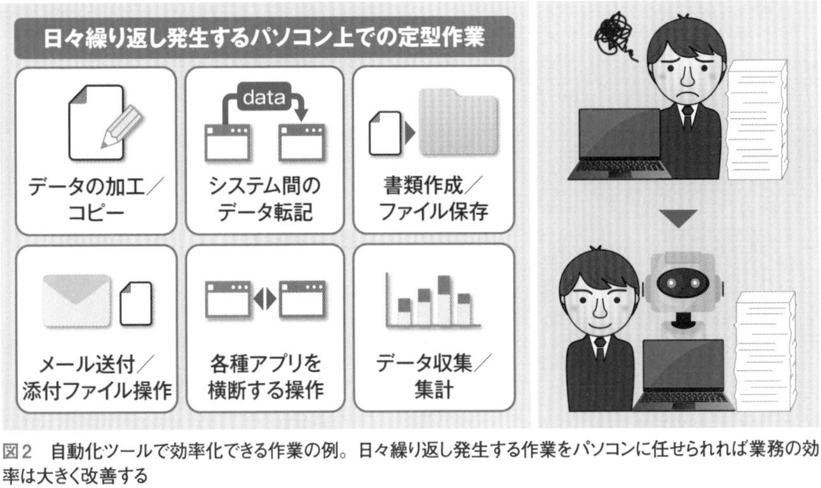


図2　自動化ツールで効率化できる作業の例。日々繰り返し発生する作業をパソコンに任せられれば業務の効率は大きく改善する

## Power Automateによる自動化

Power Automateでは作業の自動化を行うため、自動的に行わせたい処理の流れを「フロー」として作成します。「メールを送信する」「ファイルを開く」「データの追加」などさまざまな操作が「アクション」として用意されていて、これらを組み合わせてフローの作成を行います（**図3**）。プログラミング言語を利用してコードを記述するわけではありませんので、高度なITスキルは不要です。フローを作成して実行することで、定型作業や繰り返し作業にかかる時間を減らしたり、ヒューマンエラーによるミスの軽減を図ったりできます。

**図3** Power Automateには、さまざまな操作が「アクション」と呼ばれる部品として用意されていて、それらを組み合わせて処理の流れを定義する。この処理の流れを「フロー」と呼び、「デスクトップフロー」と「クラウドフロー」の2種類がある

Power Automateには、以下のようなさまざまなメリットがあります。

**●単純作業にかかる時間やヒューマンエラーのリスクを減らせる**

定型的な繰り返し作業を減らし、本来注力すべき業務に集中できるようになります。また人が行う場合、どれだけ気を付けていたとしてもゼロにすることは難しいミスを減らすことにもつなげられます。

**●直感的な操作で業務ユーザーが利用できる**

専門的なITスキルは不要です。もちろん、使い方や仕組みの理解、また自動化したい作業の流れを確認し、フローチャートなどで整理することは必要ですが、あらかじめ用意されたアクションを部品のように組み合わせることで、簡単にフローを作成し、自動化できます。

**●パソコン上の作業を自動化できる**

「RPA（ロボティック・プロセス・オートメーション）」機能により、パソコン上で行う作業を自動化できます。パソコンにインストールされているアプリなどの操作を記録して、そのまま実行させることも可能です。

**●さまざまなクラウドサービスと連携できる**

各種クラウドサービスやデータに接続してフローが作成できるような「コネクタ」が用意されています。これらを利用することで、パソコン上での操作だけではなくクラウドサービス上での操作の自動化も可能です。

**●テンプレートが多く用意されている**

「メールの受信時に特定のアクションを実行する」といったフローのテンプレート（ひな型）が多数用意されています。ファイルの自動バックアップ、データの統合、承認ワークフローの設定など、さまざまなシナリオに対応したテンプレートがあるので、これを利用することで手軽に自動化を実現できます。個々のニーズに合わせて編集したうえで利用することも可能です。

**●ワークフローも自動化できる**

ワークフロー機能も備わっており、繰り返し作業や定型作業の自動化だけではなく、承認などのプロセスを、さまざまな自動化処理の中に組み込めます。

### ●Windowsユーザーや Microsoft 365ユーザーが使いやすい

Power Automateには有償プランも用意されていますが、Windowsや法人向けのMicrosoft 365に機能が含まれているため、多くのユーザーは別途プランを購入しなくても利用を開始しやすくなっています。Power Automateで提供されるすべての機能を利用したい場合や、組織全体での管理機能が必要な場合は有償プランの利用が推奨されます。

### ●組織全体で管理できる

Power Automateには、組織全体で利用する際の全体管理や、セキュリティ対策強化のためのさまざまな管理機能が用意されています（有償プラン）。組織内で作成されたフローの履歴や利用分析、特定のコネクタやアクションに対する利用制限が行えるポリシーの設定など、生産性だけではなくガバナンスを両立したプラットフォームとして組織内に展開できます。

Column

## RPAとDPA

RPA（ロボティック・プロセス・オートメーション）とDPA（デジタル・プロセス・オートメーション）は両方とも業務プロセスの自動化を実現するための技術です。業務プロセスの内容やニーズに応じて使い分け、また両方を組み合わせることでより効果的な自動化が実現できます。Power AutomateではRPA機能であるデスクトップフローとDPA機能であるクラウドフローの2種類を利用できます。

### ●RPA（Robotic Process Automation）

人がパソコン上で行う作業をソフトウエアやボットを利用して自動化します。デスクトップで動作するデスクトップ型、サーバー上で実行させるサーバー型と、ボットをどこで実行するかによりさまざまな製品があります。Power Automateのデスクトップフローはデスクトップ型のRPAツールといえます。

### ●DPA（Digital Process Automation）

アプリやシステム、データにAPI経由で接続し、業務プロセスを自動化します。Power AutomateのクラウドフローはDPAツールに位置付けられます。

Section

# 02 2種類のフロー

Power Automateでは自動化したい操作内容や対象のアプリにより2種類のフローが利用できます。パソコン上での操作を自動化する「デスクトップフロー」と、Microsoft 365のサービスなど各種クラウドサービス上での操作を自動化する「クラウドフロー」です。どちらも前述の通り、「アクション」と呼ばれるパーツを組み合わせることでフローの作成が可能です。

私たちが業務で利用するアプリには、Microsoft 365など組織で利用しているクラウドサービスにより提供されるアプリや、Excel、PowerPoint、Outlookなどパソコンにインストールして利用するアプリ、あるいは組織で導入、または独自開発しているシステムなど、多種多様なものがあります。近年はクラウドサービスを利用する機会も増えてきていると思いますが、クラウドサービスの多くには、外部から処理を呼び出すための仕組みとして「API（Application Programming Interface）」が用意されています。APIを備えているクラウドサービスへは、Power Automateから「コネクタ」経由で接続することができるため、自動化にはクラウドフローを利用します（**図1**）。

## ● Power Automateの2種類のフロー

| | デスクトップフロー | クラウドフロー |
|---|---|---|
| 特徴 | パソコン上での操作を自動化 | API経由で自動化したい処理を組み立てる |
| 自動化の対象 | パソコン上で操作できるアプリ | コネクタで接続可能なアプリ（クラウドベースのアプリがほとんど） |
| フローの作成 | パソコン上（Power Automate for desktopを使用） | クラウド上（Webブラウザーを使用） |
| フローの実行 | パソコン上（Power Automate for desktopを使用） | クラウド上 |
| 実行のタイミング（トリガー） | 手動（クラウドフローやURLからも実行可能） | 自動、手動、スケジュール設定も可能 |

図1　Power Automateでは、デスクトップフローとクラウドフローという2種類のフローを作成・実行できる

しかし業務で利用するアプリはクラウドサービスだけではありません。またクラウドサービスであってもAPIが提供されていないものもあるでしょう。そのようなアプリを自動化したい場合は、デスクトップフローを使います。デスクトップフローではパソコン上で行えるさまざまな操作を自動化できるため、パソコンにインストールされているアプリやレガシーシステム、APIを備えないクラウドサービス上のアプリなどを自動化する際には、デスクトップフローを利用します。

## デスクトップフロー:パソコン上での作業を自動化

パソコンにインストールされたアプリやWebブラウザー上での作業を自動化する際に利用します。デスクトップフローの作成および実行には「Power Automate for desktop」というアプリを用います。Power Automateが持つRPA（Robotic Process Automation）機能（デスクトップ版RPA）です（図2）。

### ● デスクトップフローの作成画面

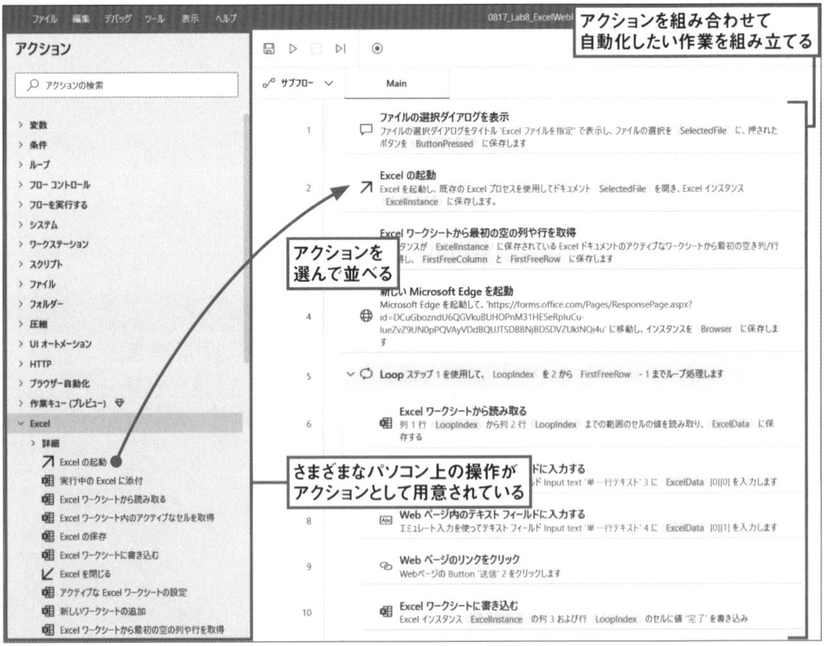


図2　デスクトップフローを作成する「Power Automate for desktop」の画面例。左側にアクションが多数用意されているので、右側に順番に並べてフローを作成する。条件分岐や繰り返しなども設定できる

Power Automate for desktopを利用して作成や実行を行うことから、デスクトップフローは「Power Automate for desktop」と呼ばれたり、その略称である「PAD」と呼ばれたりすることもあります。

パソコンに保存されたファイルやフォルダーに対する操作、メールやExcelなどのデスクトップアプリケーションの操作、Webブラウザーでアクセスする Webサイト、Webアプリケーション、レガシーシステムに対する操作など、数多くの操作がアクションとして用意されていて、それらを組み合わせることで自動化のフローを作成できます。

例えば、次のようなパソコン上での繰り返し作業や定型的な作業を自動化し、自身の業務効率化につなげられます。またマウスのクリック操作やキー操作もフローに含めることができます。

- **複数のExcelファイルに含まれるデータをまとめて、別ファイルを作成し、指定のフォルダーに保存、関係者にファイルが保存されたことを通知するメールを送信する**
- **Excelファイル内の一覧データを基に、業務アプリにデータを複数登録、また書類を作成する**
- **インターネット上のサービスから必要な情報を収集し、ファイルにまとめる**
- **業務アプリからデータをエクスポートし、集計した結果を指定フォルダーに保存、メールに添付して送付する**

## クラウドフロー:クラウド上での作業を自動化

クラウドフローは、クラウドベースのアプリでの操作を自動化する際に利用します。WebブラウザーでPower AutomateのWebサイトにアクセスし、クラウドフローの作成を行います。デスクトップフローはPower Automateが持つRPA機能だと書きましたが、それに対してクラウドフローはDPA (Digital Process Automation) 機能に位置付けられます。

Power Automateには、さまざまなクラウドベースのアプリに接続が可能なコネクタが用意されています。利用しているPower Automateプランにより利用できるコネクタには差異がありますが、Teams、SharePoint、OutlookなどMicrosoft 365で提供されている各アプリはもちろん、GmailやGoogleドライブ、

### ● クラウドフローのコネクタ

図3　クラウドフローには、クラウドサービス上で提供されている各種アプリに接続するための「コネクタ」が多数提供されていて、コネクタごとに、そのアプリで利用できるアクションが用意されている。図のその一例

Salesforce、Dropbox、Box、DocuSign、YouTubeなどさまざまなクラウドサービスやアプリと接続できます。コネクタ経由で接続できる各種アプリを組み合わせた操作を自動化できます(図3)。

例えば、次のような繰り返し作業や定型的な作業を自動化し、業務効率化を図れます。

- **特定の差出人からメールを受信したら、添付ファイルをクラウド上の共有フォルダーに自動保存**
- **作業状況に応じて、次の担当者にタスクの割り当てや、関係者へのメール送信を行う**
- **フォームに送信された内容をExcelに自動転記する**
- **新規案件が登録されたら、関係者にメッセージで通知する**
- **定期的に進捗や残作業、次の予定などをリマインドする**
- **承認依頼を送信し、結果や履歴を記録する**

Power Automateでは、コネクタごと、つまりPower Automateから接続できるアプリごとにアクションが用意されていて、これらのアクションを組み合わせることでフローを作成します(図4)。

デスクトップフローは「Power Automate for desktop」、あるいは「PAD」と呼ばれることがあると述べましたが、クラウドフローは「クラウド版Power Automate」と呼ばれることがあります。また単に「Power Automate」と呼ぶ場合は、クラウドフローのことを指すことが多いといえます。

API経由で接続できるクラウド上のアプリと、パソコン上で動作するアプリの両方を利用する業務プロセスの自動化を行いたい場合、Power Automateではクラウドフローからデスクトップフローを呼び出すことも可能です（図5）。ただしこれには、「Power Automateプレミアム」という有償プランが必要となります。

## ● クラウドフローの作成画面

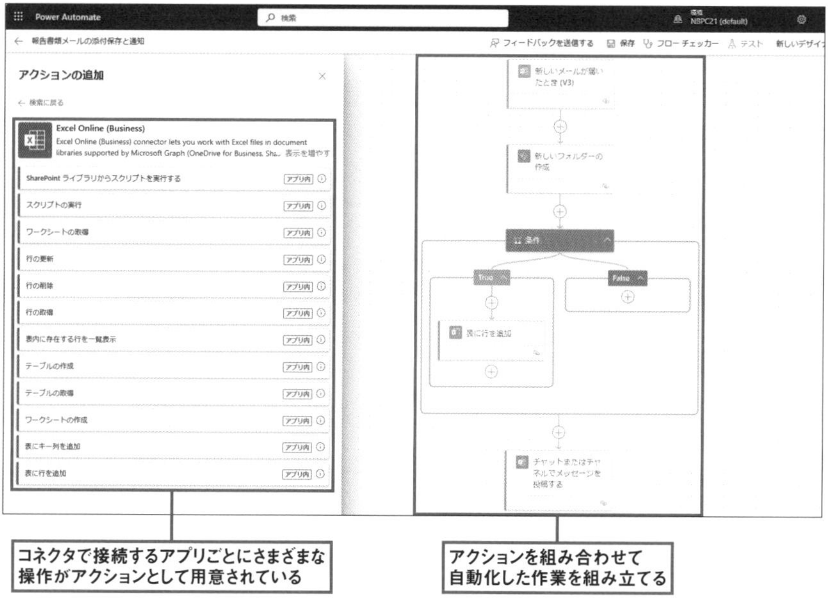


図4　クラウドフローは、WebブラウザーでPower Automateのサイトにアクセスすることで作成・管理できる。図は作成画面の例。アクションを並べてフローを作成するのはデスクトップフローと同様。コネクタで接続するアプリごとに、利用できるアクションが多数用意されている

## ● デスクトップフローとクラウドフローの連携も可能

図5　デスクトップフローは、クラウドフローから呼び出して実行することもできる。クラウドフローでトリガーやスケジュールを設定し、デスクトップフローを含めた一連の操作を自動化することができる

Section 03

# Excel作業の自動化とPower Automate

Excelはパソコンを利用して仕事をする人の多くが日常的に利用するアプリの1つです。そのため自動化したい作業の中にExcel上での操作が含まれているケースも多くあるでしょう。

一覧でのデータ管理、進捗や状況の管理、ピボットテーブルや関数などを利用した集計、データの加工や分析、書類の作成など、Excelを利用して行う作業にはさまざまな内容があります。そのうち自動化を実現しやすい内容は、操作の流れが決まっている作業や、繰り返し発生する作業です。プランや予算の作成、意思決定を必要とする内容が含まれていない作業といえます。

## 自動化や効率化に向いた作業

具体的には、次のような作業は自動化や効率化に向いています（図1）。

### ●データの入力や転記

在庫表、顧客一覧、製品一覧、タスク表、予算や財務記録など、Excelで作成したデータ一覧に対する入力・更新作業や他のシステムへの転記作業、他のシステムから必要なデータをExcelに転記する作業など。

### ● 自動化に向くExcelの作業

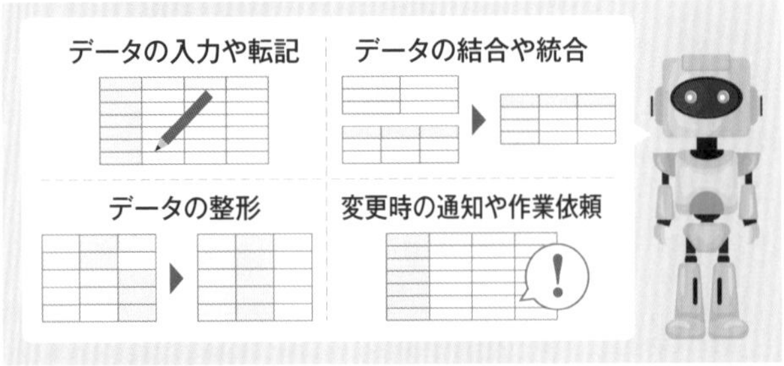


図1　データの入力や転記をはじめ、結合や統合、整形などの作業は、Power Automateを使った自動化により効率化できる場合がある。データが変更されたときに通知したり、次の作業を依頼するような機能を実現したりすることもできる

**●データの結合や統合**

システムやクラウドサービス、CSV形式のデータから必要な情報の取得や変換作業を行い、複数のデータソースから取得したテーブルデータの結合などを行う作業。

**●データの整形**

ワークシートから不要なデータを削除したり、決められたルールに従ってフォーマットやスタイルを変更したりするような作業。

**●変更時の通知や作業依頼**

データの一覧で、ステータスなど特定のセルの値が変更された際に関係者に通知したり、次の作業担当に依頼したりする作業。

## 自動化や効率化のメリット

このような定型的な作業や繰り返し発生する作業は、手作業を減らし、より効率的な働き方を目指したいものです。また自動化や効率化を行うことで次のようなメリットが得られます（図2）。

**●ヒューマンエラーによるミス防止**

単調な繰り返し作業は、作業量が多くなってくるとどうしても集中力が続かず、作業ミスや漏れが発生してしまいます。人が手作業で対応する以上、入力漏れ

**● 自動化のメリット**

図2　単調な繰り返し作業は、時間を無駄に使うだけでなく、集中力低下によるミスを招きやすい。これを自動化すれば、生産性を向上してヒューマンエラーを防止できるだけでなく、本来のコア業務に集中できる

や操作間違いを完全になくすことは難しいものですが、そのようなヒューマンエラーやケアレスミスの削減や防止につなげられます。

### ●生産性の向上

手作業で行っていたことを自動化することで、対応時間を短縮できます。その結果、それ以外の業務に時間をあてることができるため、自動化した作業だけではなく業務全体での生産性向上につなげられます。また手作業で行った場合に、作業者以外の人がダブルチェックを行っていた場合にはそのリソースも削減することができます。

### ●コア業務に集中できる

自動化できる作業とそうではない業務を明確にし、可能な作業は自動化することで、本来行うべき業務により集中できる環境づくりにつなげられます。

## Excel作業を自動化・効率化する手段

Excel上で行う作業の効率化や自動化を行う際にはExcelに備わる機能を利用することも可能です。自動化のために利用されるExcel機能は「マクロ」や「Power Query」です。作業の内容によってどちらを利用すべきかが異なります。またどちらでも実現できるシナリオの場合、利用者のスキルセットによって選択されるケースもあります。

### ●マクロ（VBA）

Excel上で行うさまざまな操作を自動化できます。また特定の業務プロセスに沿った作業を効率良く、もしくは自動的に行えるようなカスタマイズも実現できます。プログラミング言語である「VBA（Visual Basic for Applications）」を利用したコーディングが必要です。

### ●Power Query

さまざまなデータソースに接続してデータを取り込み、複数テーブルの結合や変換作業といったデータのETL（Extract、Transform、Load）操作を自動化できます。簡便なユーザーインタフェースを利用して設定が行えるため、コーディングは基本的に不要です。より高度な設定を行えるように「M言語」を利用してロジックを組み込むことも可能です。

## Power AutomateによるExcel自動化

Power Automateを利用することでExcel上での操作だけではなく、その他のアプリケーションやシステムも含めた作業や業務プロセスの自動化や効率化も図れます。また自動化を行いたい業務シナリオに応じてPower Automateでは2種類のフローを利用できます。

**●デスクトップフロー**

パソコン上で行う操作全般を対象とした自動化が可能です。マクロやVBAでも同様に自動化できる作業はもちろんありますが、デスクトップフローを使えばExcel上での作業だけではなく、ファイルに対する操作や他のアプリケーションを利用して行う操作も含めた自動化が可能です。Power Automate for desktopには、Excel操作を行うために多くのアクションが用意されています（**図3左**）。

**●クラウドフロー**

クラウド上のデータやアプリと連携した自動化が可能です。クラウドフローではクラウド上に保存されたExcelファイルに対して操作を行うアクションが用意されています（**図3右**）。特にMicrosoft 365ユーザーはMicrosoft 365で提供されるさまざまなアプリを連携した操作を組み立てられます。

### ● Excelを操作できるアクションの例

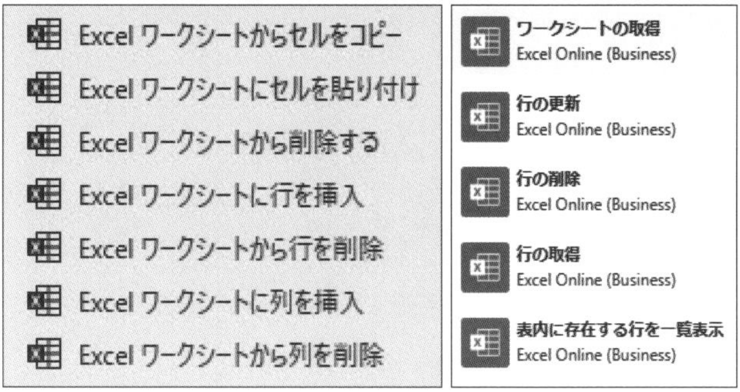


図3　Excelを操作するアクションの例。左がデスクトップフロー、右がクラウドフローで利用できるアクション。ほかにも多数のアクションがある

Section 04

# Power Automateのライセンス

Power AutomateはWindowsやMicrosoft 365に機能が一部含まれているため、これらのユーザーは追加の費用なく利用を開始できます。Windowsではデスクトップフローを作成・実行できる「Power Automate for desktop」アプリを無料で利用でき、Microsoft 365にはクラウドフローが含まれています。

また、月額1875円（1ユーザー当たり）の「Power Automateプレミアム」プランを購入すると、Power Automateが備えるすべての機能を利用できるようになります。250MBのデータベースと2GBのファイルを保存できるDataverse容量、AI Builderを利用するための5000クレジットなども含まれます。

## ● Power Automateの主なライセンス

| | Windowsに含まれる機能 | Microsoft 365に含まれる機能 | Power Automateプレミアム |
|---|---|---|---|
| デスクトップフロー | ○ | ― | ○ |
| プレミアムアクションの利用 | × | ― | ○ |
| 組織内のユーザーとのフローの共有 | × | ― | ○ |
| クラウドフローからの自動実行、スケジュール実行 | × | ― | ○ |
| URLやデスクトップショートカットからの実行 | × | ― | ○ |
| 組織全体での管理、監視機能 | × | ― | ○ |
| クラウドフロー | ― | ○ | ○ |
| 標準コネクタの利用 | ― | ○ | ○ |
| プレミアムコネクタの利用 | ― | × | ○ |
| デスクトップフローとの連携 | ― | × | ○ |
| 1日に実行できるアクション数（1ユーザー当たり） | ― | 6000 | 4万 |

Section 05

# Power Automate for desktopのセットアップ

デスクトップフローの作成および実行は、Power Automate for desktopを利用して行います。Power Automate for desktopはアクションを組み立てる、レコーダーで記録するといったわかりやすい操作でデスクトップフローを作成でき、プログラミングなど専門的な開発のスキルがなくても利用できるツールです。面倒な繰り返し作業や定型作業を手軽に効率化できます。Windowsユーザーなら無償で利用できる点も大きな魅力です。

**●Windows 11の場合**

Windows 11には、Power Automate for desktopが標準でインストールされています。[スタート] メニューにある [すべてのアプリ] を選択してアプリの一覧を表示したら、[Windowsツール]をクリックしてください。すると、開いたフォルダーに「Power Automate」のショートカットアイコンがあるので、これをダブルクリックすることで、Power Automate for desktopを起動できます(**図1**)。

## ● Windows 11には標準でインストールされている

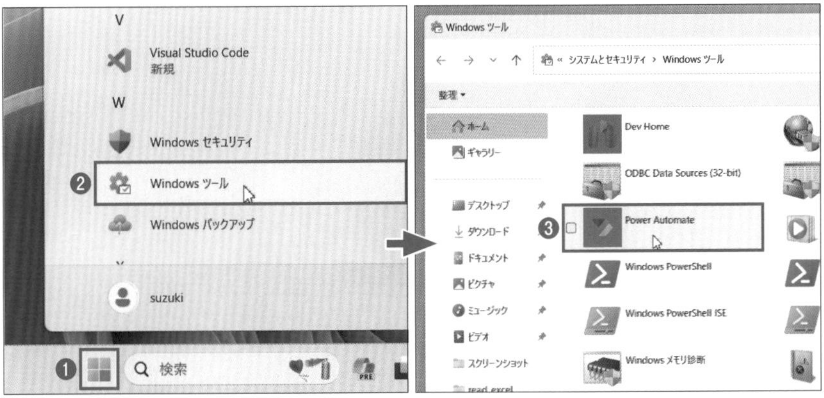


図1 Windows 11では、[スタート] メニューの [すべてのアプリ] から [Windowsツール] を選択 (❶❷)。開く画面で [Power Automate] を選ぶ (❸)

### ●Windows 10の場合

Windows 10でPower Automate for desktopを利用するには、「Microsoft Store」で「Power Automate」を検索し、[入手]または[インストール]をクリックします(図2)。すると、Power Automate for desktopをインストールして、スタートメニューから起動できるようになります。

マイクロソフトのWebサイトからインストーラーをダウンロードして、インストールすることも可能です(図3)。

## ● Windows 10では「Microsoft Store」からインストール

図2　Windows 10では、「Microsoft Store」アプリを起動して、「Power Automate」で検索(❶)。見つかったPower Automateを選択して、[入手]または[インストール]を押す(❷)

## ● インストーラーをダウンロードしてインストール

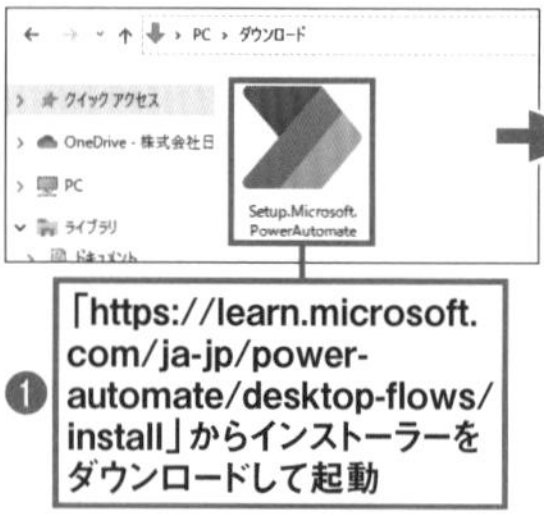


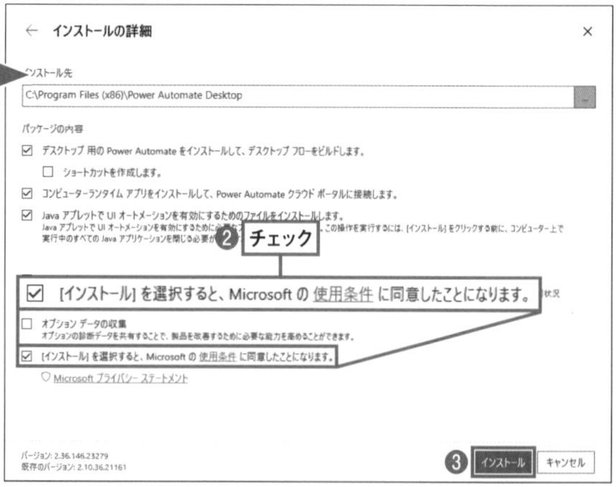


図3　マイクロソフトのWebサイトからインストーラーをダウンロードしてダブルクリック(❶)。ウィザードを進めて、右の画面が開いたら「[インストール]を選択すると、…」にチェックを付けて(❷)、[インストール]ボタンを押す(❸)

## アプリを起動してサインイン

Power Automate for desktopをインストールできたら、起動してみましょう。最初にサインイン画面が開くので、Microsoft 365が割り当てられた組織アカウントやPower Automateライセンスを利用してサインインします（**図4、図5**）。組織のアカウントを持っていない場合は、個人向けのMicrosoftアカウントを利用することもできます。

### ● Power Automateの利用にはサインインが必要

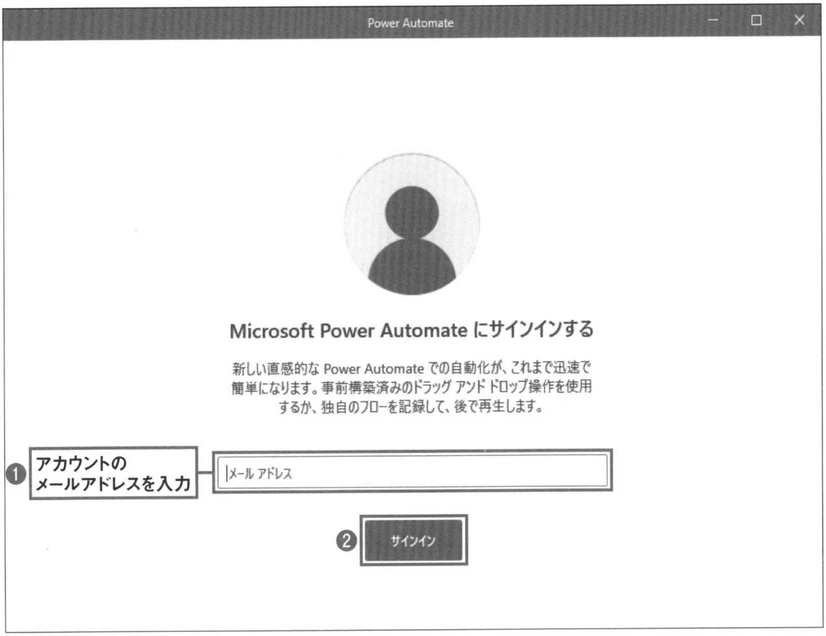


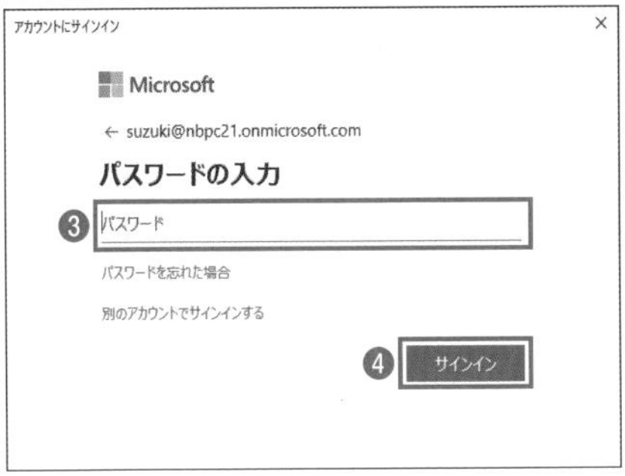


図4　Power Automate for desktopを起動すると、初回にサインインを促される。Microsoft 365の組織アカウントや個人のMicrosoftアカウントのメールアドレスとパスワードを入力してサインインしよう（❶〜❹）

図5　Power Automate for desktopの「ホーム」画面。最初は使い方を説明するツアーやサンプルのフローなどが一覧表示される

Column

## Microsoftアカウントと組織アカウント

Microsoftアカウントは個人で用意できるアカウントであり、「@outlook.com」や「@outlook.jp」などのメールアドレス、OneDriveといったマイクロソフトのクラウドサービスを利用する際に登録したメールアドレスのことを指します。一方、組織アカウントは、企業などの所属する組織から割り当てられたMicrosoft 365などのアカウントを指します。

どちらのアカウントでもPower Automate for desktopの利用が可能で、どちらでサインインしている場合もPower Automate for desktop自体の機能差はありません。Microsoftアカウントを利用している場合は、作成したデスクトップフローは個人のOneDrive内に保存されます。

なお、IT管理者はMicrosoftアカウントを利用したPower Automate for desktopの利用ができないようにレジストリにて構成することが可能です。

## ブラウザーにも拡張機能を追加する

デスクトップフローでWebブラウザー上の操作を自動化したい場合には、ブラウザーに拡張機能を追加しておく必要があります（図6）。Edgeなら「Edgeアドオン」のサイト、Chromeなら「Chromeウェブストア」のサイトで「Microsoft Power Automate」を探してインストールしてください。

### ● ブラウザーに拡張機能をインストール

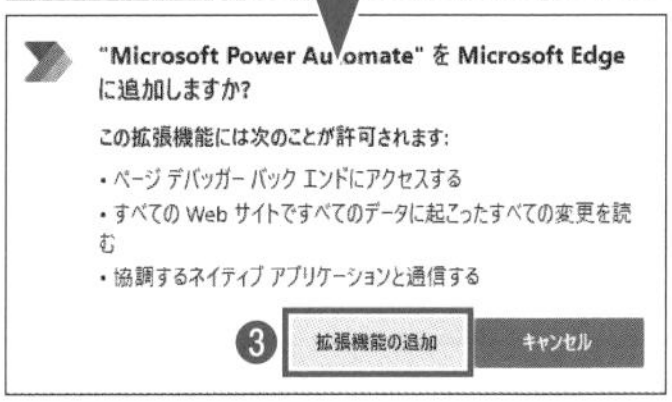


図6　ブラウザー上の操作を自動化する場合は、ブラウザーにPower Automateの拡張機能を追加する。Edgeの場合は、「Edgeアドオン」のサイトで「Power Automate」を検索して［インストール］をクリック（❶❷）。開く確認画面で［拡張機能の追加］を押す（❸）

**Column**

### 拡張機能を確認する

拡張機能が正しくインストールされているかどうかを確認するには、ツールバーに表示される［拡張機能］ボタンをクリックします（❶）。すると、開くメニューにインストール済みの拡張機能が表示されます（❷）。［拡張機能］ボタンが表示されていないときは、Edgeでは［…］→［拡張機能］、Chromeでは［⋮］→［拡張機能］→［拡張機能の管理］を選んで確認してください。

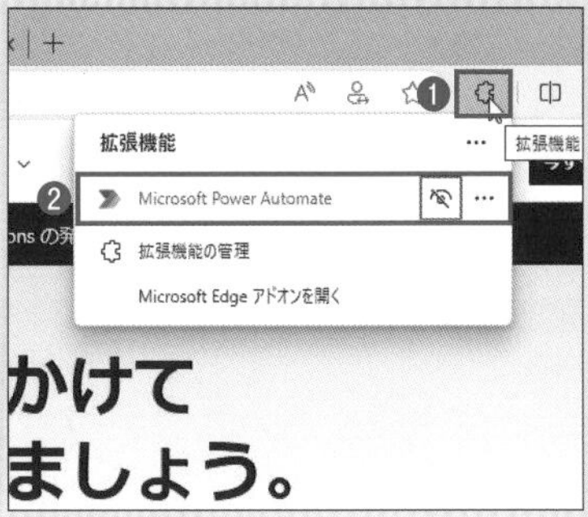

Section 06

# クラウドフローの利用

クラウドフローを利用する際の画面も確認しておきましょう。前述の通り、クラウドフローはWebブラウザーでPower AutomateのWebサイトにアクセスすることで、作成や管理が行えます。サイトにアクセスし、Microsoft 365が割り当てられた組織アカウントや、個人のMicrosoftアカウントでサインインしてください。通常は、Power Automate for desktopで利用するアカウントと共通のものを使います（図1）。

Microsoft 365アプリやMicrosoft 365のWebサイト（サービス画面）で、アプリの一覧を表示させ［Power Automate］を選んでもクラウドフローの利用画面を開くことができます（図2）。

## ● ブラウザーでクラウドフローの画面を開く

図1　ブラウザーでPower Automateのサイトを開き、サインインすると（❶）、クラウドフローの作成や管理ができる画面が開く（❷）

## ● Microsoft 365のアプリ一覧から開く

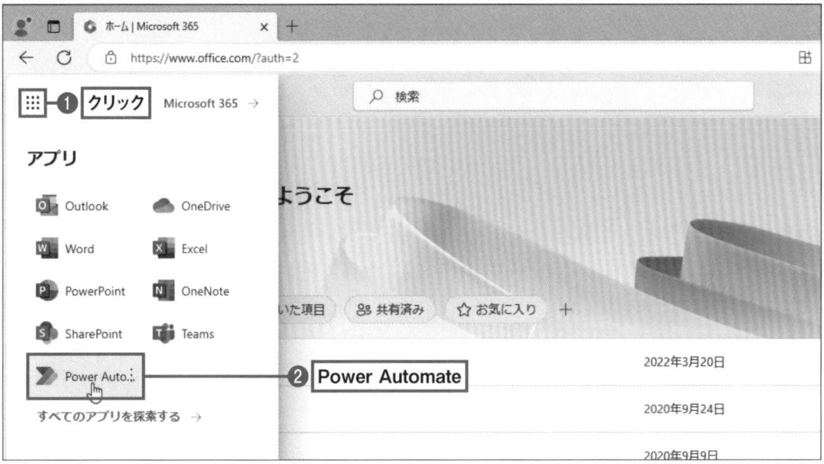


図2　Microsoft 365のWebサイトでアプリ一覧を開き（❶）、［Power Automate］を選択しても（❷）、クラウドフローの利用画面を開くことができる

Column

### 画面表記が英語になってしまったら?

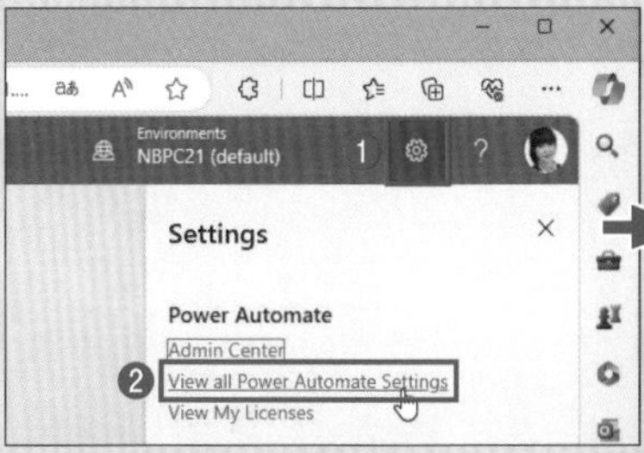


クラウドフローの利用画面を開いたとき、メニューや説明などがすべて英語表記になってしまった場合は、右上にある歯車ボタンをクリックし（❶）、［View all Power Automate Settings］を選びます（❷）。すると設定画面が開くので、［Choose display language］欄で［日本語］を選び（❸）、［Save］をクリックしてください（❹）。

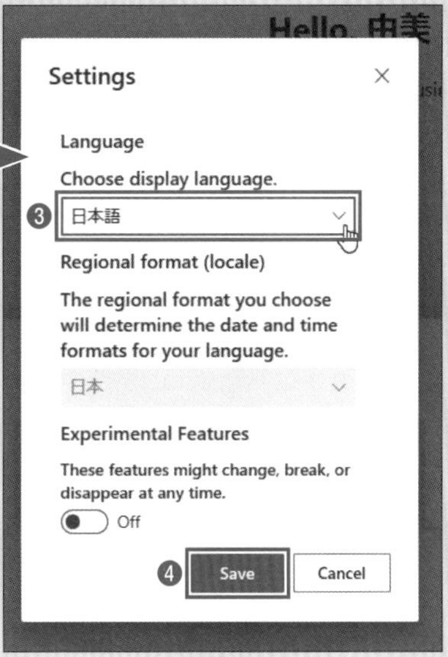

Section 07

# AIの「Copilot」がフロー作成をアシスト

人と会話をするような自然な文章で質問や相談をすると、AI（人工知能）が適切に回答してくれる——。そんな対話型AIが次々と登場し、社会に変革を起こしつつあります。OpenAIが開発した「ChatGPT」が代表格ですが、マイクロソフトも2023年2月には検索サービス「Bing」の一機能として提供を開始。同年9月には、Windows 11の新機能として「Copilot in Windows」を標準搭載しました。さらに11月には、対話型AIの機能をOfficeアプリに組み込んだ「Copilot for Microsoft 365」もリリースしています。

Copilot（コパイロット）は"副操縦士"を意味します。ユーザーがパソコンを操作したり、課題を解決したりするのを隣で支援する"AIアシスタント"の役目を果たします。マイクロソフトはCopilotを、同社の製品やサービスに幅広く採用し、中核事業にする方針です。同社のサティア・ナデラCEOは、「マイクロソフトはCopilotカンパニーです。将来は、誰が何をするときでも、そこにCopilotがいるようになると確信しています」とまで語っています。

Power Automateにも、Copilotは搭載される予定です。どんなフローを作りたいか自然な言葉で相談すると、Copilotがフローの作成や編集をサポートしてくれます。「Copilot in Power Automate」は、本書の執筆時点（2023年12月上旬現在）では開発中のプレビューの段階ですが、米国環境において機能を試すことができます。今後内容や画面デザインが変更される可能性はありますが、その一端を紹介しておきます。

## クラウドフローデザイナーでの利用

Power AutomateのWeb画面では、チャットベースでクラウドフローを作成できます。［ホーム］画面にCopilotの入力欄があるので、自動化したいフローのシナリオを記述し、［生成］をクリックます（図1）。入力欄の上部に表示されているサンプルから選択してもかまいません。

すると、入力したフローの内容（プロンプト）を基に、AIが必要なトリガーやアクションを検討し、提案してくれます。内容に問題がなさそうなら［次へ］をクリックします。必要な接続を確認したうえで、［フローを作成］をクリックします（次ページ図2）。

## ● やりたいことを文章で書けばフローを作成してくれる

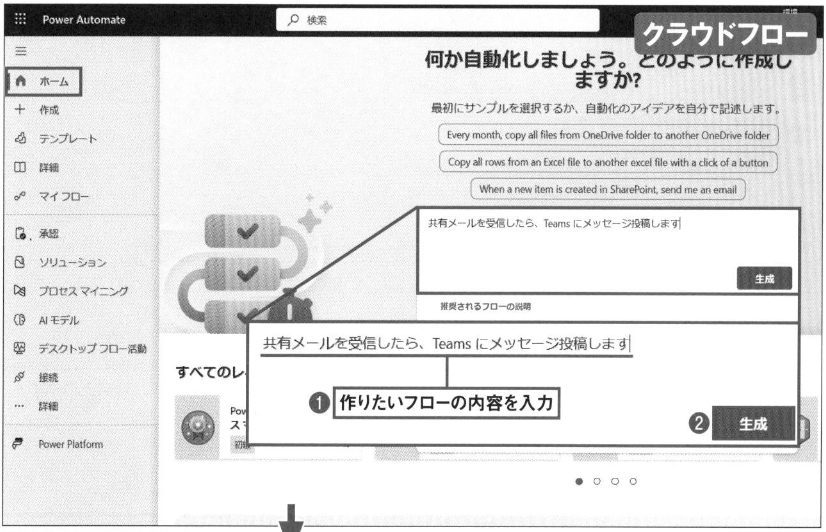


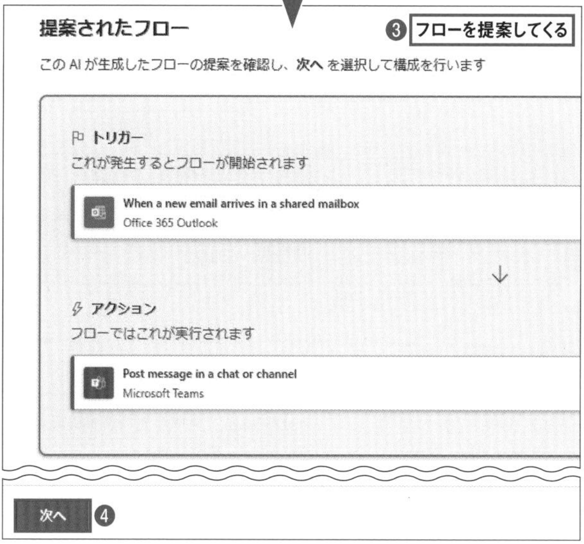


図1　Power AutomateのWeb画面の［ホーム］に、Copilotへのメッセージを入力する欄がある。ここに作りたいフローの内容を入力して（❶）、［生成］をクリックする（❷）。すると、Copilotがフローを生成し、提案してくれる（❸）。これでよければ、画面下端にある［次へ］をクリックする（❹）

すると、トリガーやアクションが追加され、フローの大枠が自動生成された状態で、クラウドフローデザイナーが開きます。画面右側にCopilotのウインドウも表示されます（図3）。トリガーやアクションに対する詳細な設定は手動で行う

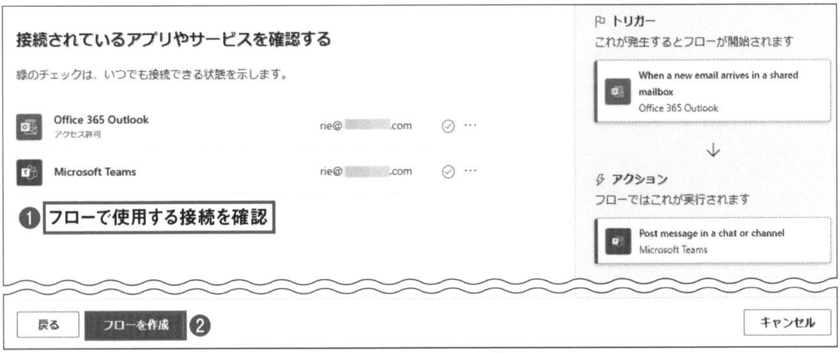


図2　Copilotが生成したフローで利用する接続を確認（❶）。必要に応じて接続や変更を行い、［フローを作成］をクリックする（❷）

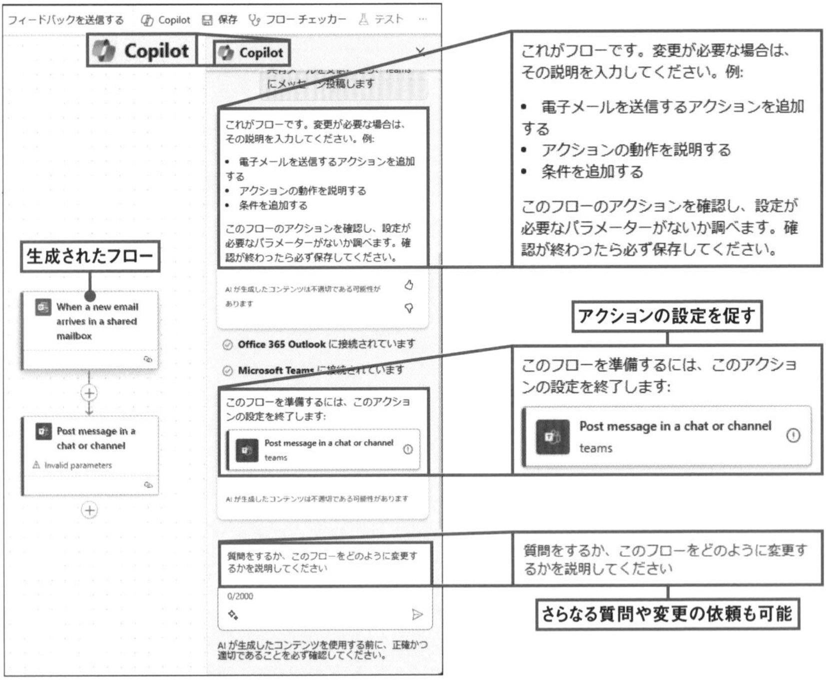


図3　フローの編集画面が開き、生成されたフローが表示される。右側のCopilotのウインドウで、設定が終了していないアクションの設定を促してくれる。下端の入力欄で、さらなる質問や変更の依頼も可能

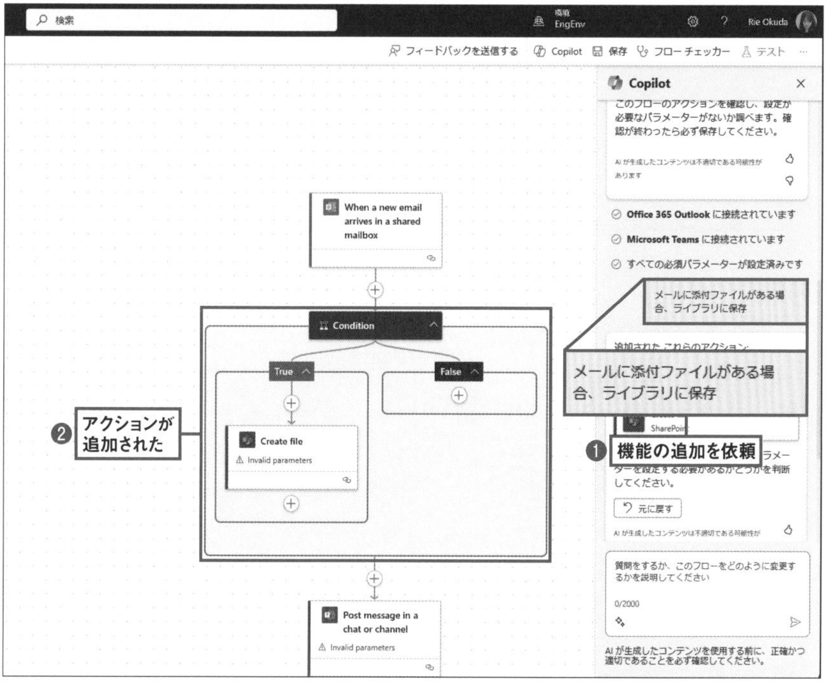


図4 「メールに添付ファイルがある場合、ライブラリに保存」という機能を追加するように依頼すると（❶）、［Condition］（条件）のアクションで処理を分岐し、該当するときはファイルを保存する処理を加えてくれた（❷）

必要がありますが、設定が必要なアクションはCopilotから提案されるため、それに従って設定を行えます。追加の機能や実行の条件、内容の変更などをチャットでお願いすれば、新たにアクションを挿入してくれるなど柔軟な対応が可能です（図4）。

最初から100％完成したフローを生成してくれるわけではありませんが、フローの作成時にどのコネクタやどのアクションを利用すればいいかわからないといったハードルは、Copilotを活用することでかなり低くなるのではないでしょうか。

## デスクトップフローでの利用

Power Automate for desktopでもデスクトップフローの作成時にCopilotを利用できます。画面右側にCopilotを表示して、チャットしながらフロー作成時のわからないことを質問できます。利用するアクションや設定方法などをアドバイスしてくれます（図5）。

また、スクリプトを実行するアクションを利用する際に、PowerShellやVBScript、JavaScript、Pythonなどのスクリプトを自動生成する機能も提供されます（図6）。

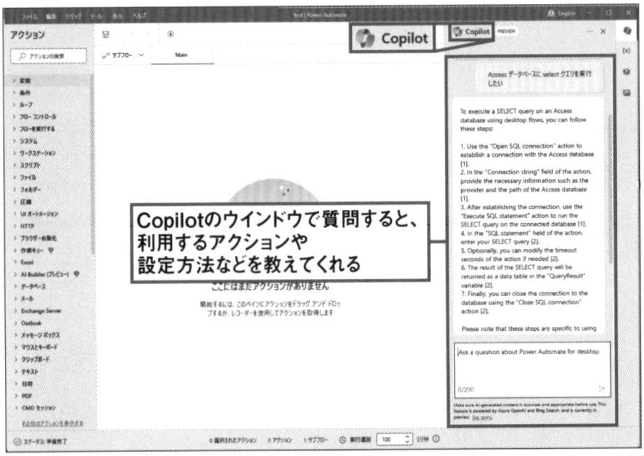


図5　Power Automate for desktopにも、Copilotが搭載される。画面右側にCopilotのウインドウを表示して、チャットでわからないことを質問したりできる

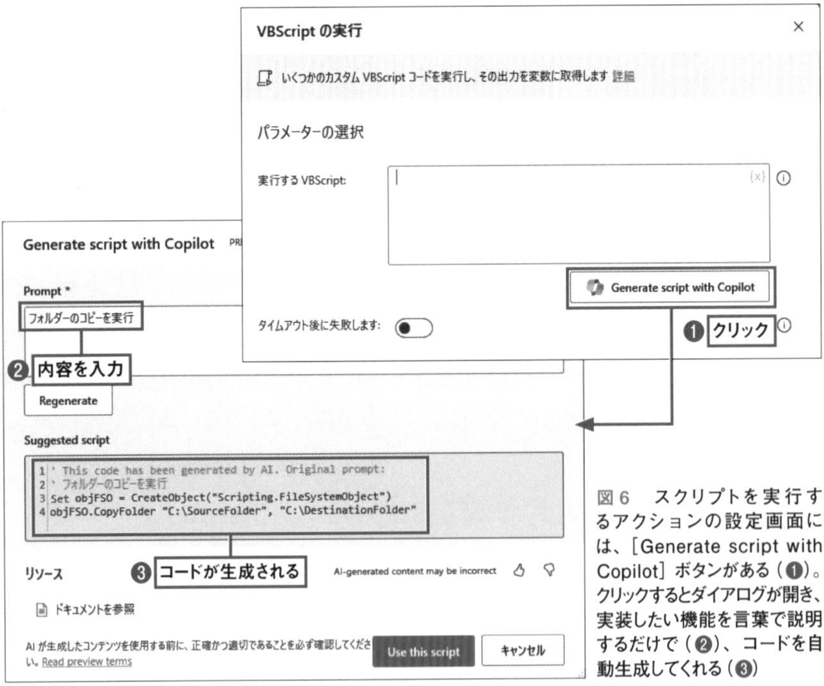


図6　スクリプトを実行するアクションの設定画面には、[Generate script with Copilot]ボタンがある（❶）。クリックするとダイアログが開き、実装したい機能を言葉で説明するだけで（❷）、コードを自動生成してくれる（❸）

# 第2章

# デスクトップフローの基本

パソコン上の操作を自動化できる「デスクトップフロー」の作成や実行には、「Power Automate for desktop」を利用します。Windows上で利用できるアプリです。Power Automate for desktopを活用するための基本を、さまざまな操作例とともに解説します。

Section 01

# Power Automate for desktopを起動してみよう

パソコン上で行う操作を自動化したい場合は、デスクトップフローを用います。デスクトップフローの作成や実行に使うツールが「Power Automate for desktop」です。Power Automate for desktopを利用することで、パソコン上で動作するさまざまなアプリケーションやWebサイト／Webアプリケーション上で行う作業を自動で実行できるようになります。

Windows 11では、［スタート］メニューの［すべてのアプリ］の一覧で［Windowsツール］を選ぶと、開く画面にPower Automate for desktopを起動するためのショートカットがあります。毎回ここから選ぶのは面倒なので、［スタート］メニューやタスクバーに「ピン留め」しておくとよいでしょう。それには、タスクバーの検索ボックスに「Power」と入力し、表示されたPower Automate画面で［スタートにピン留めする］や［タスクバーにピン留めする］を選びます（図1）。Windows

## Windows 11 で Power Automate for desktop を「ピン留め」

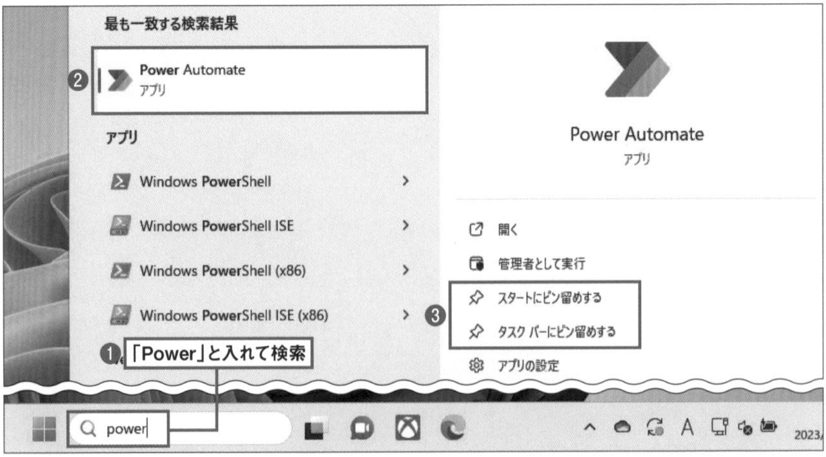


図1　Windows 11では、タスクバーの検索ボックスに「Power」と入れると「Power Automate」というアプリが検索される（❶❷）。これがPower Automate for desktopなので、［スタート］メニューやタスクバーにピン留めしておくと起動しやすくなる（❸）

10ではスタートメニューの「Power Automate」フォルダーの中に、11と同じアイコンで「Power Automate」という項目がありますので、そこから起動できます。

## 「コンソール」と「フローデザイナー」

Power Automate for desktopを起動すると、図2のような「コンソール」と呼ばれる画面が開きます。組織アカウントやMicrosoftアカウントでサインインしていない場合は、初回にサインインしてください。

コンソールで［自分のフロー］を選ぶと、自分が作成したフローが一覧表示されます（次ページ図3）。最初はフローをまだ作成していないので、「フローなし」

### 起動すると「コンソール」画面が表示される

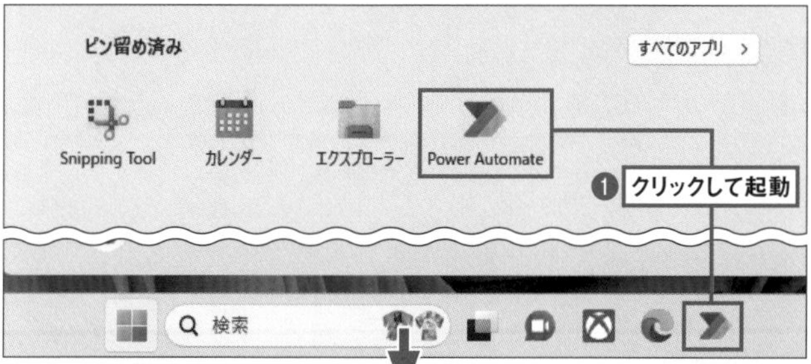
ピン留め済み
すべてのアプリ ＞
Snipping Tool
カレンダー
エクスプローラー
Power Automate
❶ クリックして起動
検索

図2　Power Automate for desktopを起動すると、最初に「コンソール」と呼ばれる画面が開く（❶❷）。使い方を説明するツアーやサンプルのフローなどが表示される。必要なアカウントでサインインしていないときは、サインインを促される（27ページ参照）

Power Automate
＋ 新しいフロー
プレミアムを利用する
環境
イルミネート・ジャパン (default)
❷ 「コンソール」画面の「ホーム」が表示される
ホーム　自分のフロー　自分と共有　例
Power Automate へようこそ, Illumi Nihon
Power Automate で日常的なタスクをすべて自動化すると、最も重要な業務に専念できます。
自動化を構築して貴重な時間を有意義に使用する方法をご覧ください。
1 分間のビデオを見る
自動化の体験を開始する
Power Automate を実際に使用して、自動化の体験を始めましょう。
ツアーを開始する
デスクトップ用 Power Automate のツアーに参加して、利用できるすべての機能でエクスペリエンスを向上させましょ...
ツアーを開始する
デスクトップ フローのビルド
アクションをドラッグ アンド ドロップし、自動化の手順を実行してフローを作成します。
＋ 新しいフロー
サンプルを利用して開始する　すべて表示
既製のフローを基盤に自動化を行います。主要な自動化カテゴリで自動化できる対象についてアイデアを取得しましょう。
コンソール

と表示されます。ここに新しいフローを作成するには、[新しいフロー] をクリックします。するとフローに名前を付ける画面が開くので、適当な名前を入力して[作成] ボタンを押します (図4)。

すると、コンソールの[自分のフロー]にフローが表示されると同時に、フローの編集作業を行う「フローデザイナー」という画面が別ウインドウで開きます (図5)。フローデザイナーは、「アクションペイン」「ワークスペース」「変数ペイン」という3つの画面で構成されています。

## 新しいフローの作成を開始する

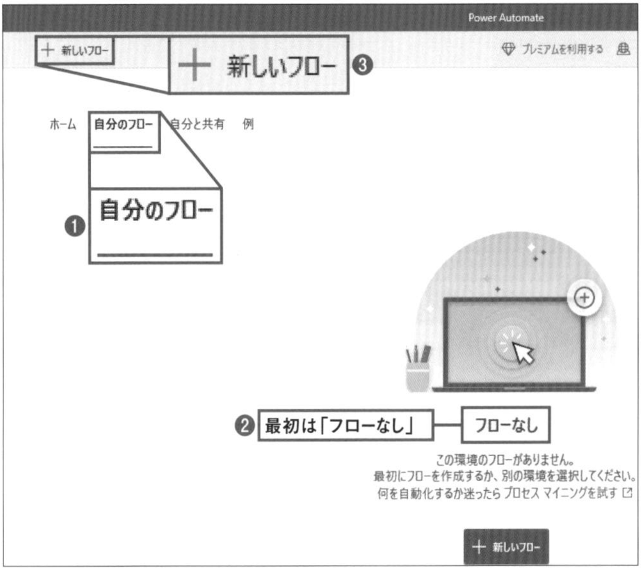


図3　左上のほうにあるメニューで [自分のフロー] を選ぶと (❶)、自分で作成したフローが一覧表示される。ただし、最初はフローが1つもないので「フローなし」と表示される (❷)。フローを作成するには、左上にある [新しいフロー] をクリックする (❸)

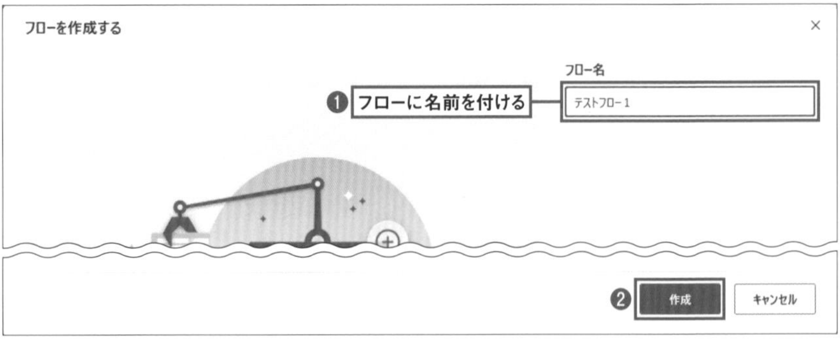


図4　作成するフローに適当な名前を付けて (❶)、[作成] をクリックする (❷)

●アクションペイン

フローデザイナーの左側にあり、「アクション」と呼ばれる、デスクトップフローで利用できる操作が一覧表示されています。400種類以上のアクションが用意されていて、「ファイル」「Excel」「システム」「メール」「マウスとキーボード」など、操作内容に応じて分類されています。また、条件分岐やループ（繰り返し操作）といった処理もアクションとして用意されており、フロー内で利用できます。

アクションペインで利用したいアクションを選び、中央にある「ワークスペース」にドラッグ操作で配置することで、フローを作成します。アクションペインでアクションをダブルクリックする操作でも、ワークスペースに配置できます。

## ● フローを編集する「フローデザイナー」の画面が開く

図5　フローに名前を付けると、［自分のフロー］にそのフローが追加される（❶）。と同時に、このフローの中身を編集するための「フローデザイナー」の画面が開く（❷）

アクションペインで利用したいアクションを探す際には、上部にあるボックスで検索することもできます（図6）。

**●ワークスペース**

フローデザイナーの中央にあり、フローの内容を表示する画面です。アクションペインから必要なアクションを選んでワークスペースに配置していくことで、フローを作成します。ここに並べたアクションは、基本的には上から順番に実行されますが、条件分岐やループなどのアクションを使ってフローの流れを制御することができます。

また動作検証をする際には、「ブレークポイント」を設定して途中で実行を止めたり、任意のアクションから実行を始めたりと、効率良くテストできるようになっています（図7）。

**●変数ペイン**

フローで利用する「変数」を確認できます。プログラミングにおいて変数は「データを入れる箱」に例えられるものですが、Power Automateのデスクトップフローやクラウドフローでも変数を利用できます。変数ペインには、フローの中で利用されている変数が一覧表示されるほか、フローを実行した際には、変数に格納された値などを確認することができます（図8）。

## ● アクションペインで目当てのアクションを検索する

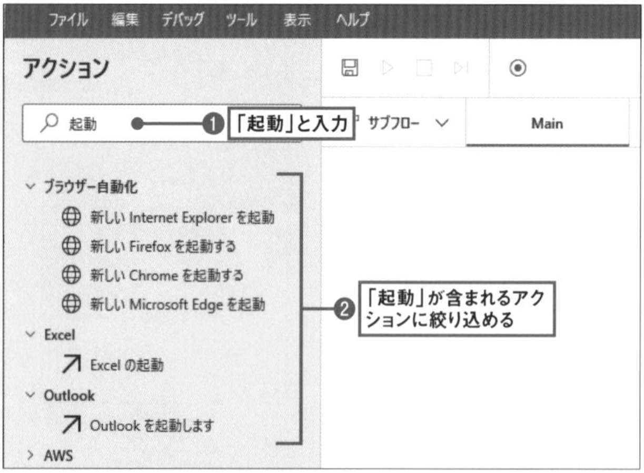


図6　アクションペインの上端にあるボックスにキーワードを入力すると（❶）、そのキーワードが含まれるアクションに絞り込むことができる（❷）

## ワークスペースでフローを作成・編集・検証

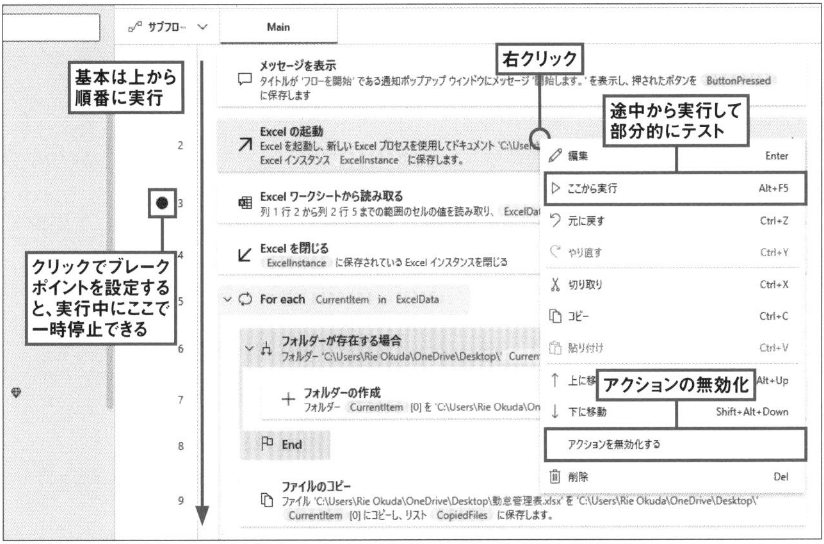


図7　ワークスペースにアクションを並べることで、フローを作成する。基本的には上から順番に実行されるが、条件分岐や繰り返し（ループ）など、フローの流れを制御するアクションも多数用意されている。またアクションを右クリックすると、そのアクションから実行を開始したり、アクションを無効化したりできる。アクション番号の左側をクリックして「ブレークポイント」を設定すれば、実行中にそのアクションで一時停止できる

## 変数ペインで変数の中身を確認できる

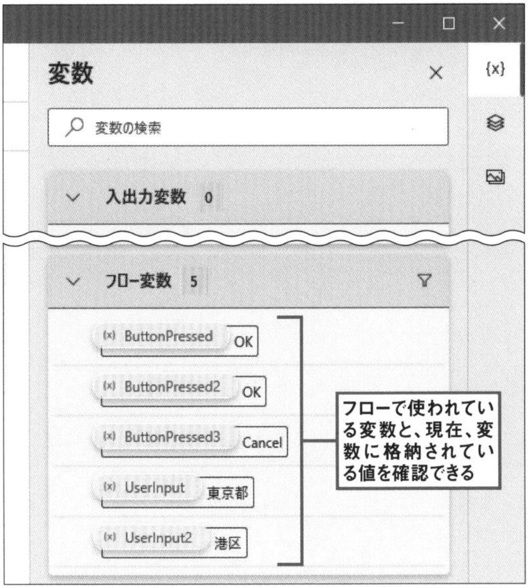


図8　変数ペインの［フロー変数］欄には、フロー内で使われている変数が一覧表示される。フローを実行すると、実行時に変数に格納された値が表示されるので、意図した通りに動作しないときなどに問題点を検証しやすい

Section 02

# デスクトップフローの作成とテスト実行

前述の通り、フローの作成や編集はフローデザイナーで、アクションを配置しながら行います。まずは「メッセージを表示する」という簡単なデスクトップフローを作成しながら、アクションの配置方法などの基本を確認していきましょう。

左側のアクションペインで、[メッセージボックス] のカテゴリーを開くと、特定のメッセージやダイアログボックスを表示するためのアクションが並んでいます。この中から [メッセージを表示] というアクションをドラッグして、中央のワークスペースに追加してみましょう (図1)。アクションをダブルクリックする操作でも、中央に配置されます。

アクションを配置すると、そのアクションに対する設定画面が開きます (図2)。[パラメーターの選択] 内の各項目で、そのアクションが動作するために必要な値を設定します。設定を行わないで設定画面を閉じると、フローデザイナー下

### ● [メッセージを表示] アクションをワークスペースにドラッグ

図1 アクションペインで [メッセージボックス] のカテゴリーを開き、その中にある [メッセージを表示] というアクションをワークスペースにドラッグ・アンド・ドロップする

部にエラーが表示され、設定をするように促されます。

例えば［メッセージを表示］アクションでは、［メッセージボックスのタイトル］や［表示するメッセージ］の欄に、表示したいタイトルやメッセージの内容を指定します。また［メッセージボックスアイコン］の欄では、メッセージとともに表示するアイコンを「情報」「質問」「警告」「エラー」から選択します。［メッセージボックスボタン］欄では、画面上に設置するボタンの種類を選択できます。さらに［メッセージボックスを常に手前に表示する］をオンにすることで、複数のウインドウを開いている場合に、メッセージボックスがそれらの後ろに隠れてしまわないように、最前面に表示させる設定が可能です。

［生成された変数］欄では、アクションの実行結果を保持するための変数を確認できます。実行結果を保持するための変数は、自動的に生成されます。クリッ

## ● 開く画面でアクションの詳細を設定

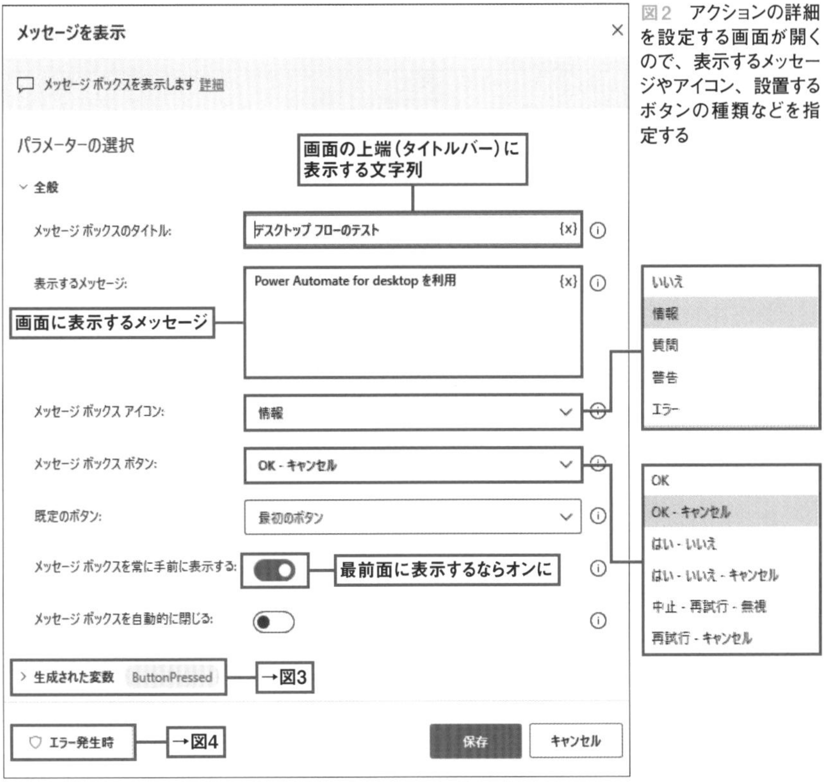


図2　アクションの詳細を設定する画面が開くので、表示するメッセージやアイコン、設置するボタンの種類などを指定する

クすると詳細が開き、変数の内容を確認したり、変数を無効にしたりできます（図3）。［メッセージを表示］アクションでは、「ButtonPressed」という変数が生成され、クリックされたボタンのテキスト値（OK、キャンセルなど）が保存されることがわかります。クリックされたボタンのテキスト値を、フローの中で利用しない場合は無効化してもかまいません。

アクションの設定画面左下にある［エラー発生時］をクリックすると、アクションの実行が失敗したときに行いたい動作を設定できます（図4）。

この［エラー発生時］は必ずしも設定する必要はありませんが、エラーとなった場合に繰り返し実行する設定や、そのほかのアクションへ移動する設定などが可能です。

アクションの各種設定が済んだら、設定画面にある［保存］ボタンをクリック

## 変数の詳細を確認、無効化も可能

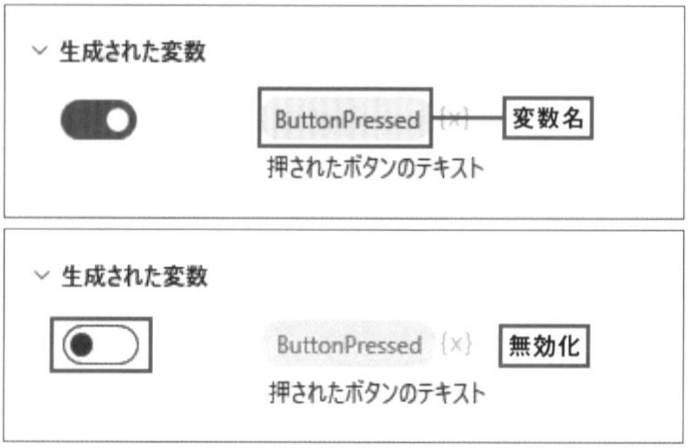


図3 ［生成された変数］欄をクリックすると、詳細が開く。ここで生成される「ButtonPressed」という名前の変数には、「どのボタンが押されたか」を表すテキスト値が保存される。変数名は、クリックして任意の名前に変更することも可能。この後のフローでその結果を使わない場合は、左にあるスイッチをオフにして無効化してもよい

## アクションを実行できなかったときの動作を設定

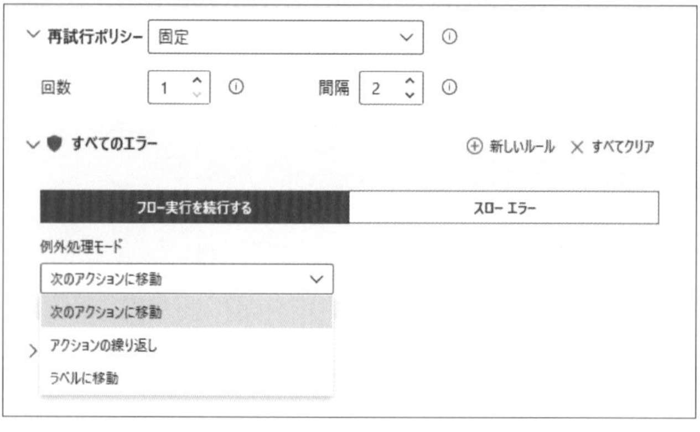


図4 図2左下の［エラー発生時］をクリックすると、開く画面でエラー発生時の動作を設定できる。再試行を行う回数や間隔を指定したり、フローが止まらないようにするために次のアクション、あるいは指定した箇所へ進むように設定したりできる

して画面を閉じます。するとワークスペースに追加されたアクション名の下に、その内容が示されます。[エラー発生時] に対する設定を行った場合、アクションの左にエラー処理を行ったことが表示されます(図5)。変数を無効化していない場合は、右側の変数ペインにある [フロー変数] 欄に、アクションの実行結果が保存される変数が表示されます(図6)。

## 作成したフローをテスト実行してみよう

フローの編集中に動作の確認を行いたい場合は、フローデザイナーの左上にある [実行] ボタンをクリックします。また [F5] キーを押して実行することもできます。フローが実行されると、下部のステータスバーに「実行中」と表示され、

### ワークスペースに登録されたアクションの内容を確認

図5　アクションを保存すると、ワークスペースにその概要が文章で表示される。[エラー発生時] の設定をしている場合、ワークスペースに並ぶアクションの左側に、盾の形のマークが付く

### 変数ペインには、生成される変数が表示される

図6　生成される変数を無効化していない場合、変数ペインには、その変数の名前（ここでは「ButtonPressed」）が表示される

フローの状態や実行時間も示されます。

ここまで設定した［メッセージを表示］アクションが1点のみ配置されたフローの場合、実行するとメッセージボックスが表示され、図2で設定したメッセージが表示されます（図7）。今回は［OK］と［キャンセル］という2つのボタンを表示したので、いずれかをクリックすると次に進み、フローの実行が終了します。

実行が終わると、実行時に変数に格納された値を［フロー変数］欄で確認できます（図8）。なお、フローをテスト実行する際は、各アクションの実行後に既定で100ミリ秒（0.1秒）待機されます。アクションごとの待機時間はステータスバー内で実行遅延として設定変更することもできます。

なお、実行中にエラーが発生した場合は、下部の「エラーリスト」に内容が表示され、ダブルクリックするとより詳細なエラー内容を確認できます（図9）。

## フローデザイナーからテスト実行する

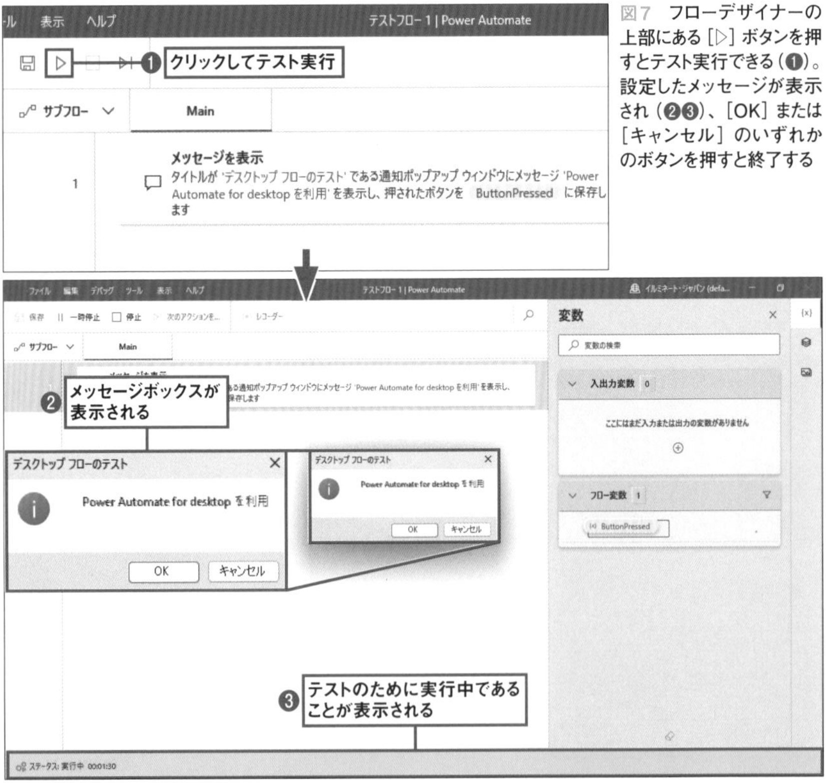


図7　フローデザイナーの上部にある［▷］ボタンを押すとテスト実行できる（❶）。設定したメッセージが表示され（❷❸）、［OK］または［キャンセル］のいずれかのボタンを押すと終了する

## 実行時に変数に格納された値を確認できる

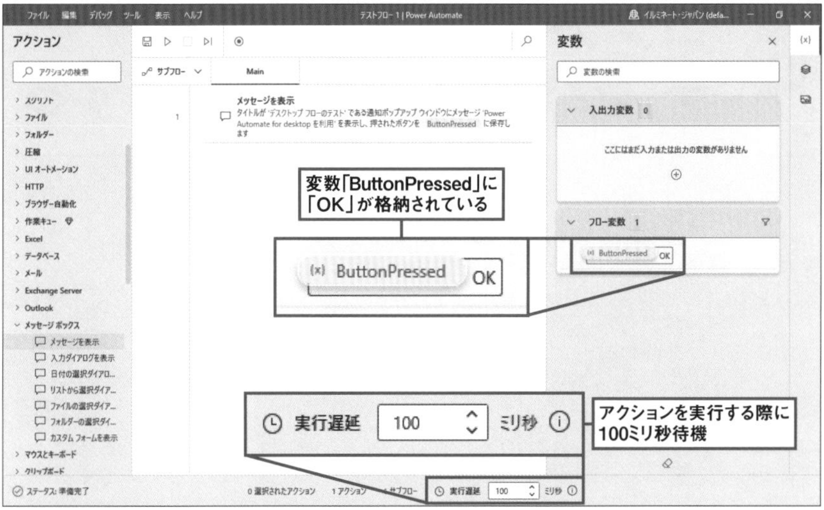
変数「ButtonPressed」に「OK」が格納されている
ButtonPressed
OK
実行遅延
100
ミリ秒
アクションを実行する際に100ミリ秒待機

図8　変数を無効化していない場合、テスト実行後、変数に格納された値を変数ペインで確認できる。画面の下端では、次のアクションを実行するまでの待機時間を設定できる

## エラーが発生したら、ダブルクリックで詳細を確認

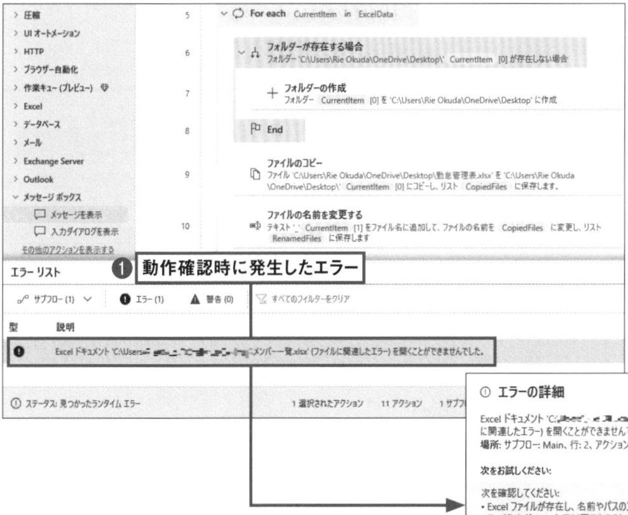
❶ 動作確認時に発生したエラー
エラー リスト

エラーの詳細
❷ ダブルクリックで詳細を確認
次をお試しください:
次を確認してください:
・Excel ファイルが存在し、名前やパスのスペルが正しいこと。
・ファイル名が 207 文字以下であること。
・ファイルのパスが合計で 255 文字以下であること。
・読み取りと書き込みの保護に対してパスワードを要求された場合に正しく入力できること。
・ファイルが破損しておらず、拡張子がファイル形式と一致していること。
閉じる

図9　より複雑なフローを作成するようになると、実行中にエラーが発生することもある。その場合は、フローデザイナーの下に「エラーリスト」画面が開き、エラーの内容が表示される（❶）。ダブルクリックすると詳細を確認できる（❷）

Section 03

# コンソールから デスクトップフローを実行する

作成したデスクトップフローは[保存]ボタンをクリックして保存します(図1)。保存した後は、フローデザイナーは閉じてかまいません。

保存したフローは、コンソールの[自分のフロー]に表示されます(図2)。マウスカーソルを合わせると、[実行][編集]などのボタンが現れます。フローを利用したいときは、この[実行]ボタンをクリックします。また[編集]ボタンをクリックするとフローデザイナーが起動して、再度フローの編集ができます。[⋮]をクリックするとメニューが開き、フロー名の編集やフローの削除が可能です。

コンソールからフローを実行した際には、デスクトップ画面の右下にWindowsの通知として、フローが実行されたことや実行が完了したことが表示

## ● 作成したフローは[自分のフロー]に保存される

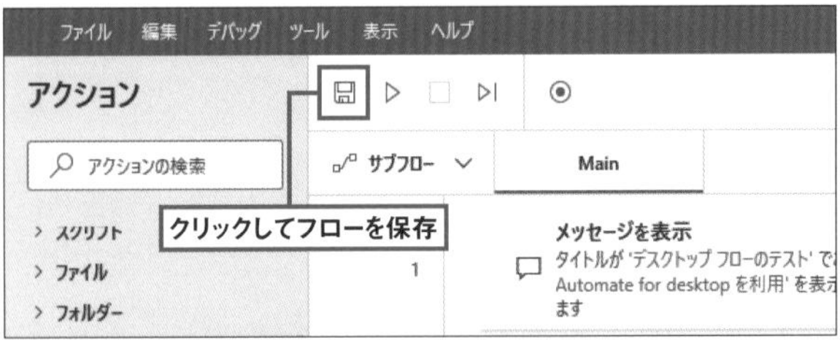


図1 フローデザイナーでの編集が済んだら、[保存] ボタンをクリックしてフローを保存する。保存後はフローデザイナーを閉じる

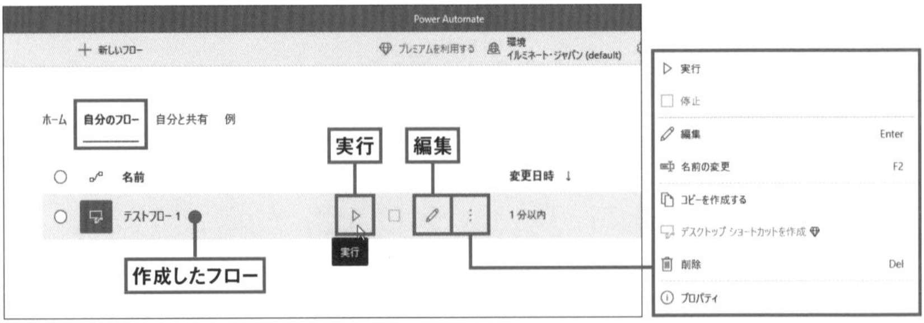


図2 保存したフローはコンソールの [自分のフロー] に表示される。マウスカーソルを合わせると [実行] ボタンが現れるので、実行する際はクリックする。[編集] ボタンを押すとフローデザイナーを開いて再編集が可能。そのほかのメニューは [⋮] から選べる

されます（図3）。ただし、Windowsのシステム設定で通知がオフにされている場合は、表示されません。

## 自動起動と設定

Power Automate for desktopは、既定ではパソコンの電源を入れるとWindowsと一緒に自動的に起動し、常駐し続けます。またコンソールを閉じても、アプリは終了せずにバックグラウンドで動作し続けます。

完全にPower Automate for desktopを終了したい場合は、タスクバーの右端にある通知領域でPower Automateのアイコンを表示させて右クリックし、［終了］を選びます（図4）。また、実行中のフローがある場合、ここからすべてを停止することも可能です。

### ● Windowsの通知で実行の状況がわかる

図3　デスクトップフローを実行すると、実行時と完了時にWindowsの通知が表示される

### ● 常駐しているPower Automateを完全に終了する

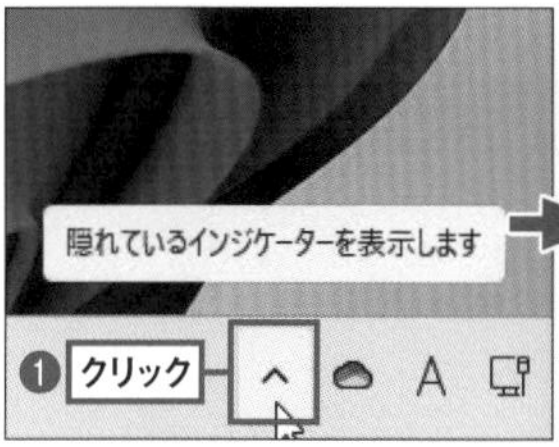

図4　通知領域にある［∧］をクリックすると（❶）、隠れているPower Automateのアイコンが表示される。これを右クリックして［終了］を選ぶと（❷❸）、Power Automateを完全に終了できる

デスクトップフローを日常的に使わない場合は、Power Automate for desktopが自動で起動したり、コンソールを閉じても常駐し続けたりしないように、アプリの設定を変更しましょう。それにはコンソールの画面右上にある［設定］ボタンをクリックします。開く設定画面の［全般］にある［アプリケーションの自動起動］と［ウィンドウを閉じてもアプリケーションを実行し続ける］をオフにして、［保存］ボタンを押せばOKです（図5）。

設定にはほかにも、フロー実行時に表示される通知の変更（図6）、フローの一時停止／再開や停止をするためのキーボードショートカット、Power Automate for desktopの更新プログラムの通知の表示／非表示などの項目があります。

## Power Automateの自動起動を止める

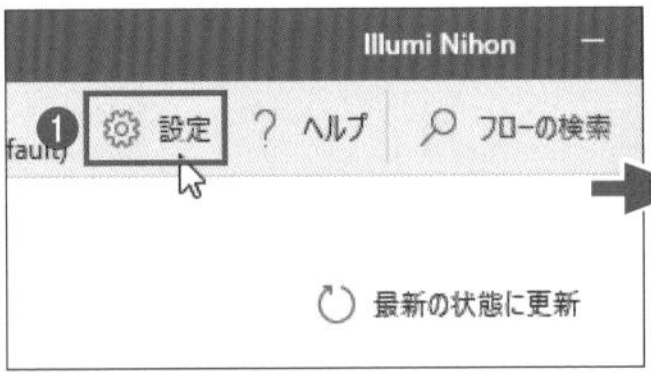


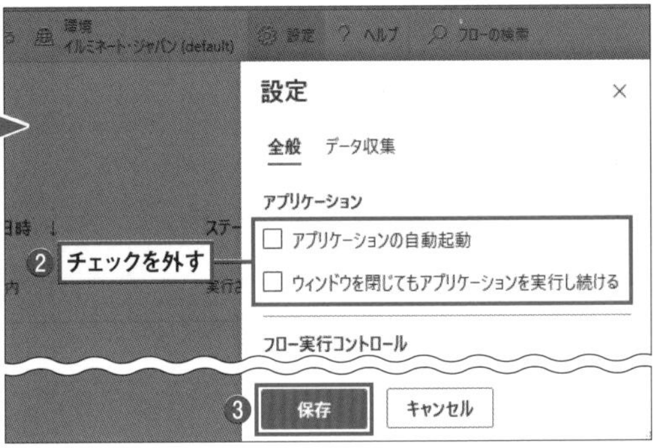


図5　コンソールの右上にある［設定］をクリック（❶）。開く設定画面で［…の自動起動］と［…を実行し続ける］の2つをオフにして［保存］を押す（❷❸）。これで、必要なときだけPower Automate for desktopを起動して使える設定になる

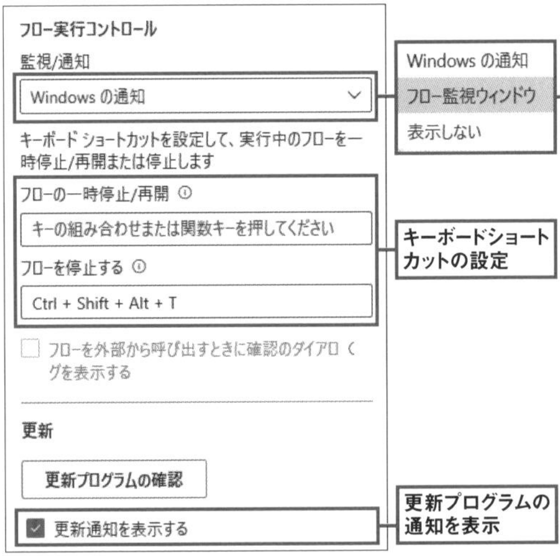


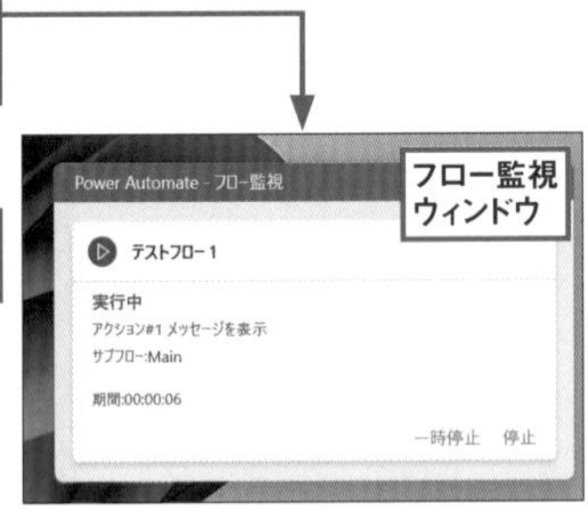


図6　フローを実行したときに表示される通知は、［Windowsの通知］［フロー監視ウィンドウ］、もしくは［表示しない］から選べる。フローを停止するためのキーボードショートカットなども設定可能だ

Column

## 主なアクションの例

Power Automate for desktopには400以上のアクションが用意されています。ファイルやフォルダーに対する操作、Webブラウザーやへの各種操作などさまざまなアクションがあり、条件分岐や繰り返し処理を設定するためのループなど、フローの流れを定義するためのアクションも利用できます（図A）。

なお、SharePointやTeams、OneDrive for Businessなどのクラウドサービスに対する操作を行う一部のアクションの利用には、「Power Automateプレミアム」プランの契約が必要です。フローデザイナー画面のアクションペインで、ダイヤモンドのマークが付いているカテゴリーは同プランが必要となります（図B）。

| カテゴリー | アクションの例 |
| --- | --- |
| 条件 | Case、Else if、Else、If、Switch |
| ループ | For each、Loop、ループを抜ける、ループ条件 |
| フローコントロール | End、Wait、サブフローの実行、フローを停止する |
| システム | アプリケーションの実行、プロセスを終了する |
| ワークステーション | ドキュメントの印刷、スクリーンショットを取得 |
| スクリプト | PowerShell スクリプトの実行、Python スクリプトの実行 |
| ファイル | ファイルのコピー、ファイルの名前を変更する、CSVファイルから読み取る |
| フォルダー | フォルダーの作成、フォルダー内のファイルを取得 |
| 圧縮 | ZIP ファイル、ファイルの解凍 |
| UIオートメーション | ウィンドウを閉じる、ウィンドウ内のボタンを押す |
| ブラウザー自動化 | Webページに移動、Webページからデータを抽出する、Webブラウザーを閉じる |
| Excel | Excelワークシートから読み取る、Excelワークシートに書き込む |
| データベース | SQL接続を開く、SQLステートメントの実行、SQL接続を閉じる |
| メール | メールメッセージの取得、メールメッセージの処理、メールの送信 |
| メッセージ ボックス | メッセージを表示、入力ダイアログを表示、ファイルの選択ダイアログを表示、フォルダーの選択ダイアログを表示 |
| マウスとキーボード | マウスの移動、マウス クリックの送信、キーの送信 |
| 日時 | 加算する日時、日付の減算、現在の日時を取得 |
| PDF | PDFからテキストを抽出、PDFから画像を抽出、PDFファイルを統合 |

図A　各カテゴリーに含まれるアクションの例。ほかにも多数のアクションが用意されている

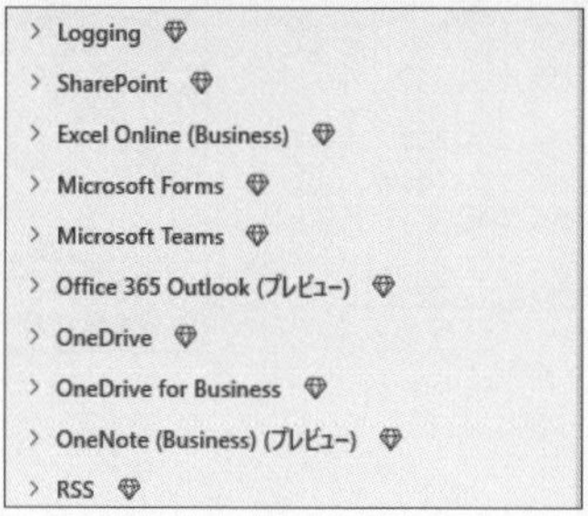


図B　アクションペインに並ぶカテゴリーのうち、ダイヤモンドのマークが付いているものは、「Power Automateプレミアム」プランがないと利用できない

Section 04

# メッセージの表示と変数の理解

先ほどは、Power Automate for desktopでのフロー作成の基本を理解するために、[メッセージを表示] というアクションを配置し、実行してみました。Power Automate for desktopには他にも、入力を行うためのダイアログや、ファイルやフォルダーを選択するためのダイアログを表示させるアクションがあります。作業の対象となるファイルやフォルダーを選択させたり、自動化処理の中で利用するファイル名などの情報をユーザーに入力、選択させたりすることで、より汎用的に使えるフローを作成できます。

先ほども利用した [メッセージを表示] アクションを使うと、ダイアログのタイトル、メッセージに加えて、ボタンを設置できます。フロー開始時や途中で続

## [メッセージを表示] アクションの利用例

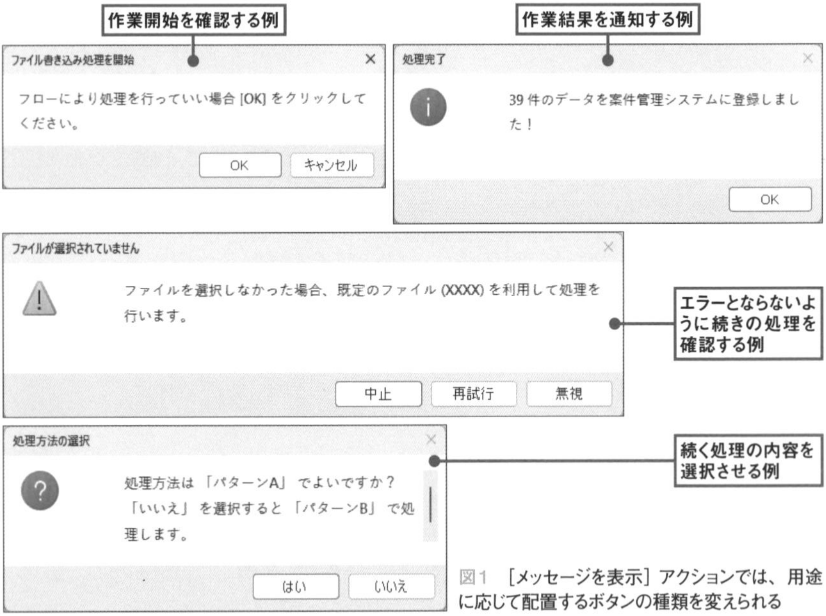


図1 [メッセージを表示] アクションでは、用途に応じて配置するボタンの種類を変えられる

きの操作を実行してよいかどうかを確認する、[はい][いいえ]で操作対象などを選択させる、作業結果を通知する、などさまざまな目的で利用できます(図1)。どのボタンがクリックされたかは変数に格納されるため、[If] アクションを使って判定すれば、内容に応じて処理を分岐させることも可能です。

## 入力ダイアログの表示

ボタンのクリックだけではなく、文字列や日付の入力を行わせたい場合は [入力ダイアログを表示]というアクションを利用します(図2、図3)。[メッセージ ボッ

**● ユーザーに入力を促すダイアログを表示**

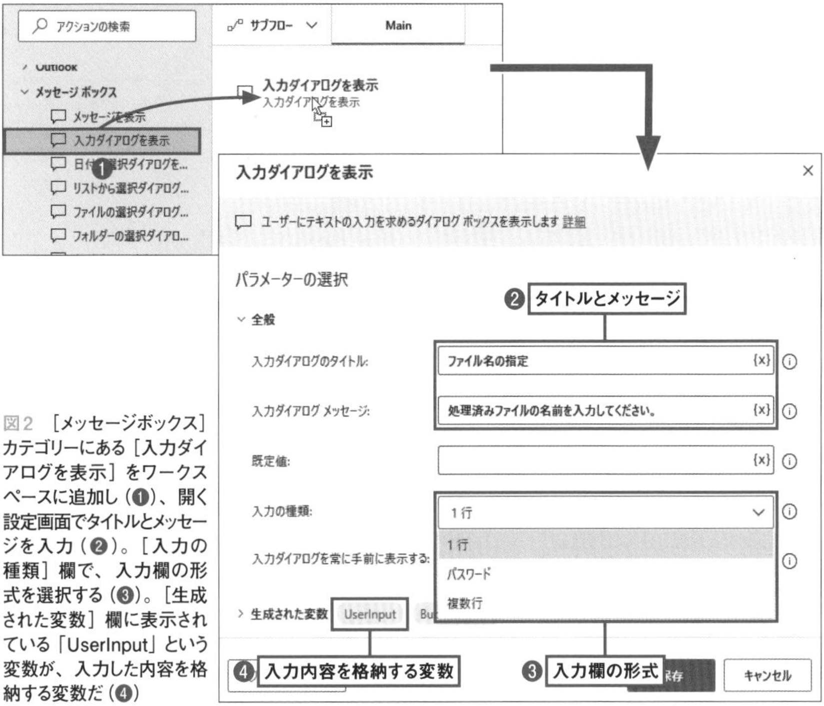


図2 [メッセージボックス]カテゴリーにある[入力ダイアログを表示]をワークスペースに追加し(❶)、開く設定画面でタイトルとメッセージを入力(❷)。[入力の種類]欄で、入力欄の形式を選択する(❸)。[生成された変数]欄に表示されている「UserInput」という変数が、入力した内容を格納する変数だ(❹)

図3 [入力ダイアログを表示]アクションで[入力の種類]を[1行]とした場合、このような画面を表示できる

クス］カテゴリー内にある［入力ダイアログを表示］アクションを追加すると設定画面が開くので、ダイアログのタイトル、メッセージおよび入力の種類を設定します。入力の種類は［1行］［パスワード］［複数行］から選択できます。［1行］を選択した場合は、図3のように1行分の入力欄を設けたダイアログボックスを表示できます。［パスワード］を選択した場合は、ダイアログで入力された文字が「●」で表示され、見えない状態になります。また既定値を設定しておくこともできます。

［入力ダイアログを表示］アクションで入力した内容は、「UserInput」という変数（テキスト型）に格納され、後続のアクションでの処理に利用できます。

## ● 前のアクションで入力した内容は、変数を通じて利用できる

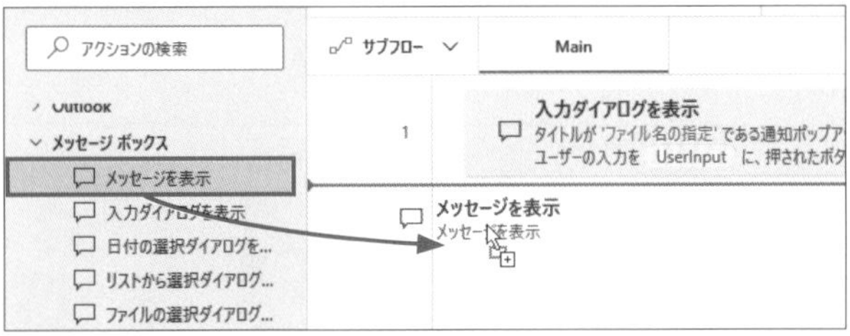


図4　図2で設定したアクションに続けて、［メッセージを表示］をワークスペースに追加する

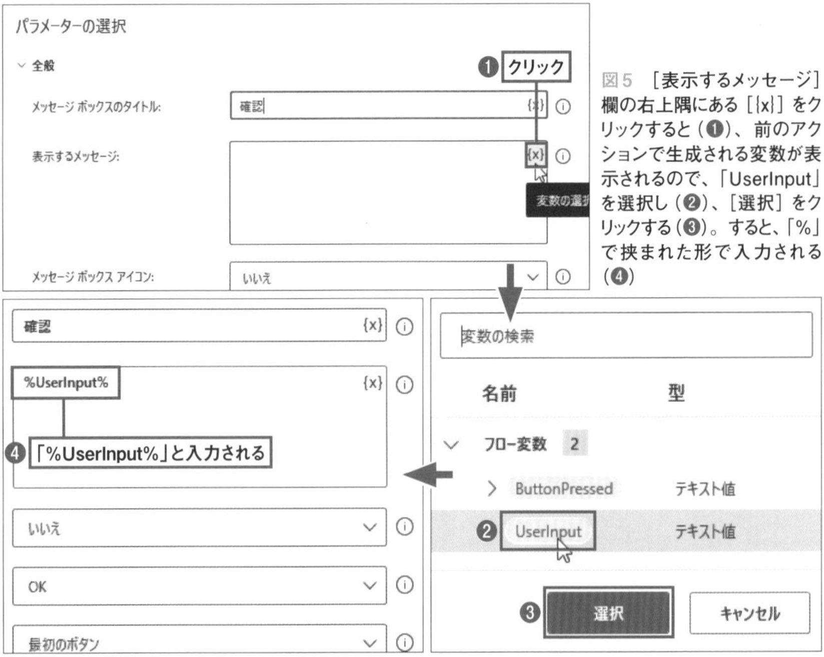


図5　［表示するメッセージ］欄の右上隅にある［{x}］をクリックすると（❶）、前のアクションで生成される変数が表示されるので、「UserInput」を選択し（❷）、［選択］をクリックする（❸）。すると、「%」で挟まれた形で入力される（❹）

例えば、入力された内容をメッセージボックスに表示してみましょう。それには[メッセージを表示]アクションを追加し(図4)、[メッセージボックスのタイトル]を適当に設定します。[表示するメッセージ]欄で[{x}]をクリックし、「UserInput」という変数を選択します。選択すると「%UserInput%」と表示されます(図5)。変数を設定で利用する場合、変数名の前後を「%」で囲んで指定します。変数の一覧から選択した場合は自動的に「%」が変数名の前後に付与されます。

設定が完了したら、実行してみましょう。1つめのアクションにより表示される入力ダイアログで入力した値が、2つめのアクションにより表示されるダイアログに表示されたことが確認できます(図6)。

また「%変数名%」の前後に文字列を手入力して追加すれば、変数に格納されている内容に任意の文字列をつなげて表示させることができます(図7)。

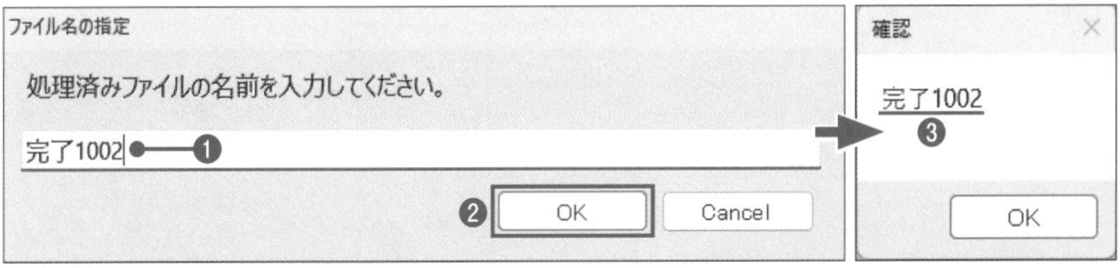


図6　図2～図5で設定したフローを実行すると、左のようなダイアログボックスが開く。例えば「完了1002」と入力して[OK]を押すと(❶❷)、続いて右のようなダイアログボックスが開き、「完了1002」と表示される(❸)

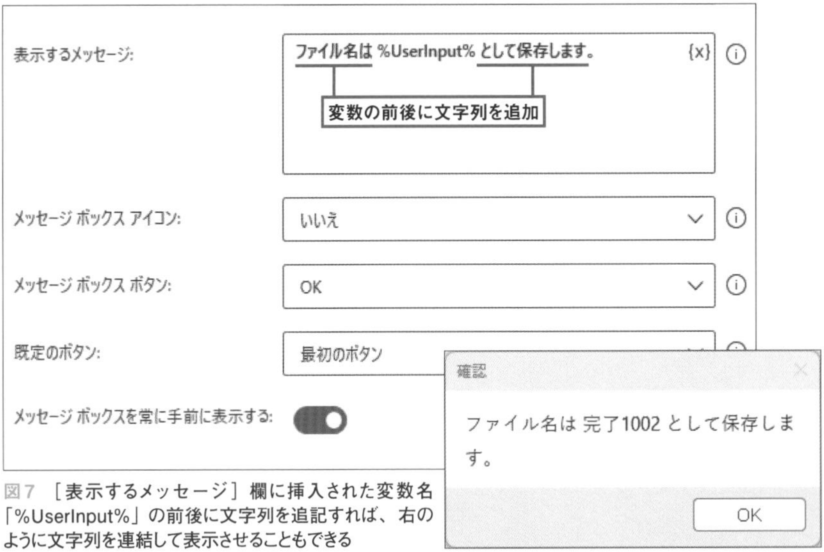


図7　[表示するメッセージ]欄に挿入された変数名「%UserInput%」の前後に文字列を追記すれば、右のように文字列を連結して表示させることもできる

# 日付の選択ダイアログを表示

次に、日付を選択させるダイアログを表示させてみましょう。特定の日付を選択したり、開始日と終了日のように日付の範囲を選択したりすることが可能です。利用するのは［メッセージボックス］カテゴリー内にある［日付の選択ダイアログを表示］アクションです。

## ● 日付の選択を促すダイアログを表示

図8　［メッセージボックス］カテゴリーにある［日付の選択ダイアログを表示］の設定画面。タイトルとメッセージのほか、［ダイアログの種類］欄で、1つの日付を選択させるか、日付の範囲を選択させるかを指定できる。1つの日付の場合は「SelectedDate」変数に、日付の範囲の場合は開始日が「SelectedDate」変数、終了日が「SecondSelectedDate」変数に格納される

図9　右が1つの日付、下が日付の範囲を選択するダイアログ。指定欄の右端にあるアイコンをクリックすると、カレンダーが表示されてマウスで選択できる

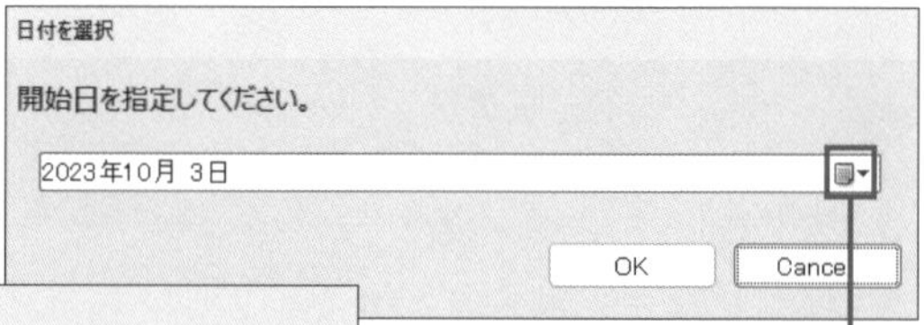


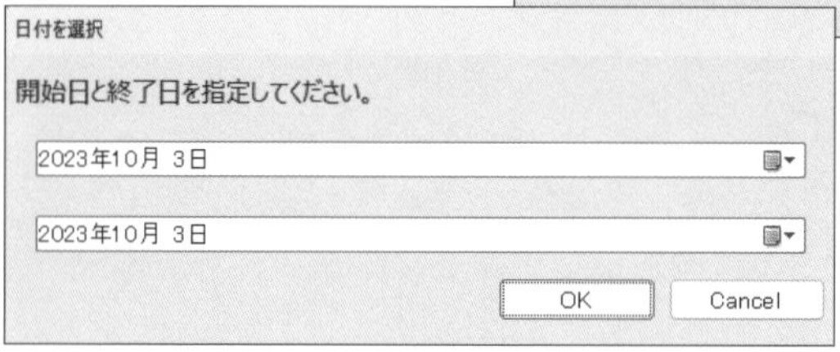

アクションの設定画面で、ダイアログのタイトル、メッセージを指定します(図8)。また［ダイアログの種類］として［1つの日付］または［日付範囲(2つの日付)］のいずれかを選択できます。実行すると図9のようなダイアログが表示され、日付の選択が可能となります。また設定画面で既定値を設定しなかった場合は、今日の日付が既定値として表示されます。選択された日付の値は変数（日付型）に格納され、フロー内で利用できる点は入力ダイアログの場合と同様です。

## リストから選択ダイアログを表示

［メッセージボックス］カテゴリーにある［リストから選択ダイアログを表示］アクションは、複数の項目の中から選択させたい場合に利用します。アクションの設定画面では、ダイアログのタイトル、メッセージのほか、［選択元のリスト］として選択肢となる項目を1つずつ改行して入力します(図10)。

### ● リストから選択できるダイアログを表示

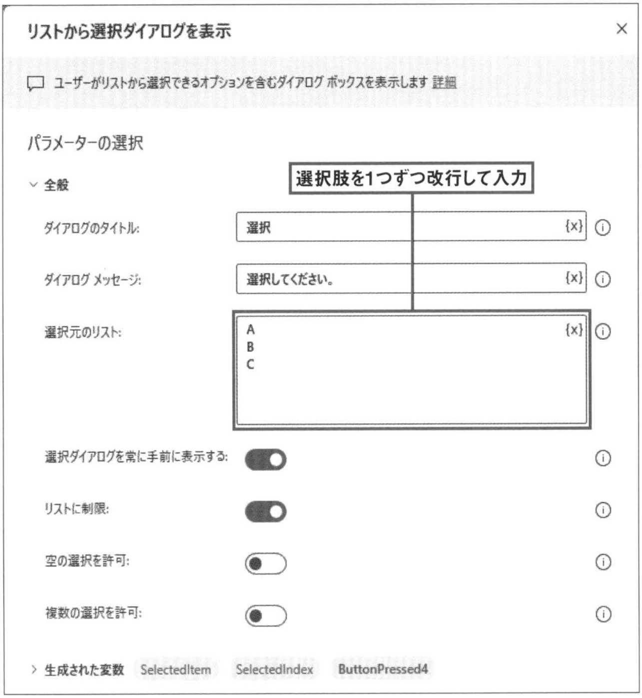


図10 ［メッセージボックス］カテゴリーにある［リストから選択ダイアログを表示］の設定画面。タイトルとメッセージのほか、［選択元のリスト］欄に、リストに表示する選択肢を1つずつ改行して入力する。選択した項目が「SelectedItem」変数に格納される。「SelectedIndex」変数には、何番目の項目が選択されたかが数値で格納される

［保存］をクリックして設定画面を閉じ、フローを実行すると、図11にように表示されます。右端にある［∨］をクリックするとドロップダウンリストが開き、選択肢の中から目当ての項目を選べるようになります。

なお、設定画面で［空の選択を許可］をオンにすると空白を選択することが可能となり、［リストに制限］をオフにすると、選択肢から選ぶだけではなく、入力も可能となります。

図10の設定で図11のようなダイアログを表示できることを確認できたら、ワークスペースでアクションをダブルクリックして再び設定画面を開き、［複数の選択を許可］をオンにしてみましょう（図12）。保存してフローを実行すると、今度はチェックボックスで選択肢が表示され、複数の項目を選択できることが確認できます。また選択された値（複数の選択項目）は「SelectedItems」というリス

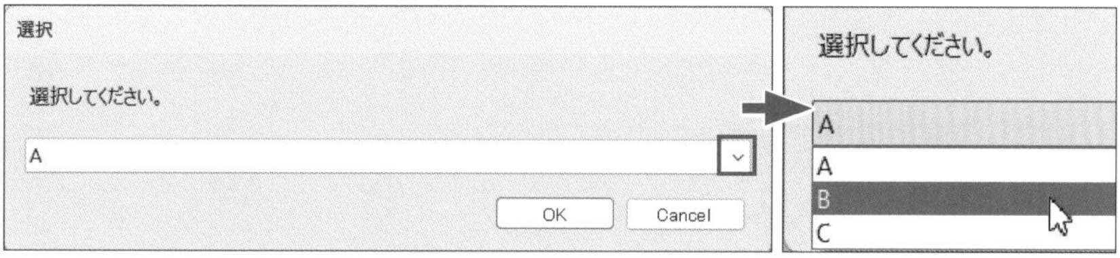


図11 ［リストから選択ダイアログを表示］アクションを実行すると、左のようなダイアログが表示される。［∨］をクリックするとドロップダウンリストが表示され、［選択元のリスト］欄に指定した選択肢が現れる

## チェックボックスで複数を選択できるダイアログを表示

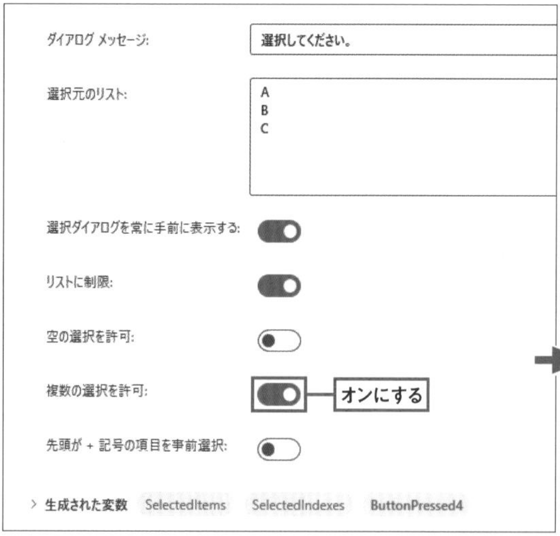


図12 ［リストから選択ダイアログを表示］アクションの設定画面で［複数の選択を許可］をオンにすると（左）、［選択元のリスト］欄に指定した項目の中からチェックボックスで複数を選択できるようになる（下）

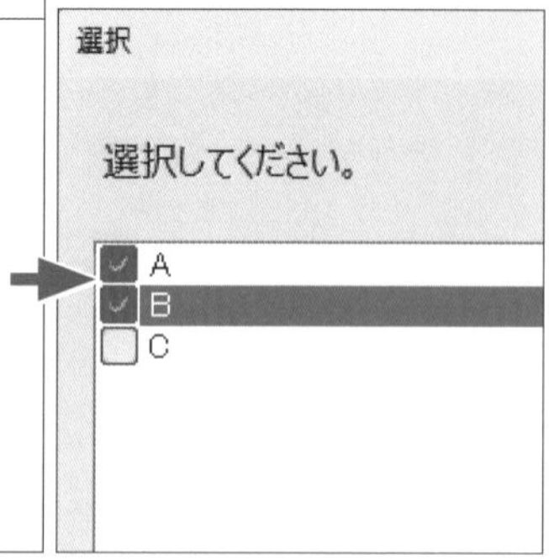

ト型の変数に格納されます。

変数「SelectedItems」をメッセージで表示してみましょう。［リストから選択ダイアログを表示］アクションに続いて、56ページ図4、図5と同じ要領で［メッセージを表示］アクションを追加して、［表示するメッセージ］欄で「{x}」をクリックし、「SelectedItems」変数を選択します（図13）。保存してフローを実行してみると、［リストから選択ダイアログを表示］アクションのダイアログで選択した複数の項目が、図14のように改行した状態で表示されます。終了後に変数ペインを見ると、変数に格納された値を確認できます（図15）。

## 複数を選択した結果をメッセージボックスに表示

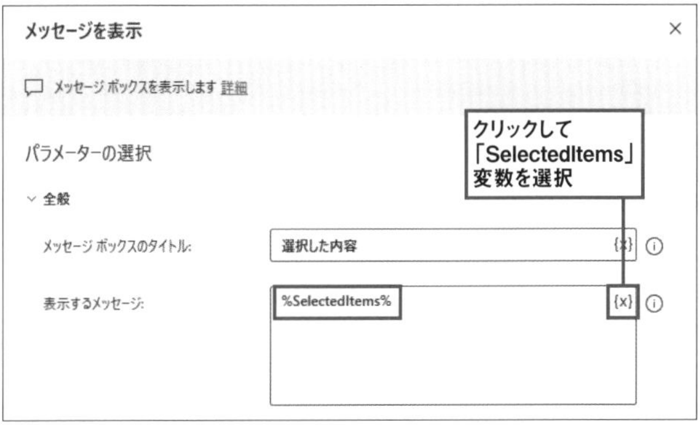


図13 ［リストから選択ダイアログを表示］アクションの次に［メッセージを表示］アクションを追加して、［表示するメッセージ］欄で「SelectedItems」変数を指定する

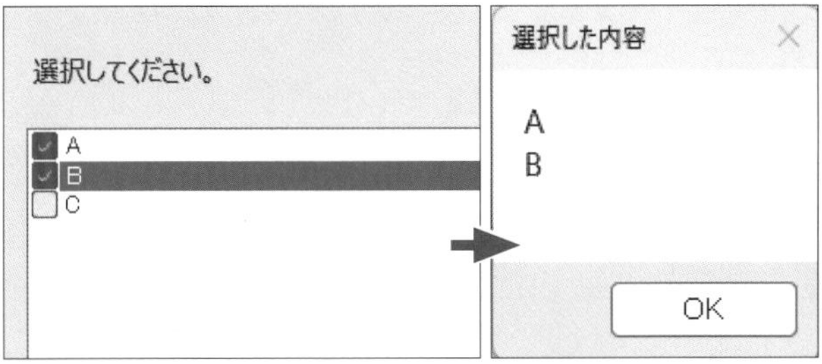


図14 フローを実行すると左のようなダイアログが表示される。「A」と「B」にチェックを付けて［OK］を押すと、今度は右のようなメッセージボックスが表示され、「A」と「B」が変数に格納されたことがわかる

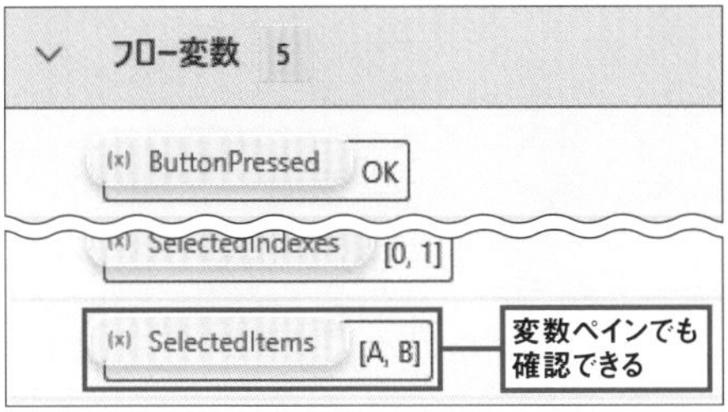


図15 実行後、フローデザイナーの変数ペインを確認すると、「SelectedItems」変数のところに［A, B］のように表示され、「A」と「B」が格納されたことがわかる

# ファイルやフォルダーの選択ダイアログを表示

ファイルやフォルダーを選択するダイアログを表示することで、フローで処理の対象とするファイルやフォルダーを指定できます。これに使うのが［メッセージボックス］カテゴリーにある［ファイルの選択ダイアログを表示］アクションや［フォルダーの選択ダイアログを表示］アクションです（図16、図17）。

［ファイルの選択ダイアログを表示］アクションから見ていきましょう。アクションの設定画面で、ダイアログのタイトルを入力したら、［初期フォルダー］欄にファ

## ● ファイルやフォルダーを選択するダイアログ

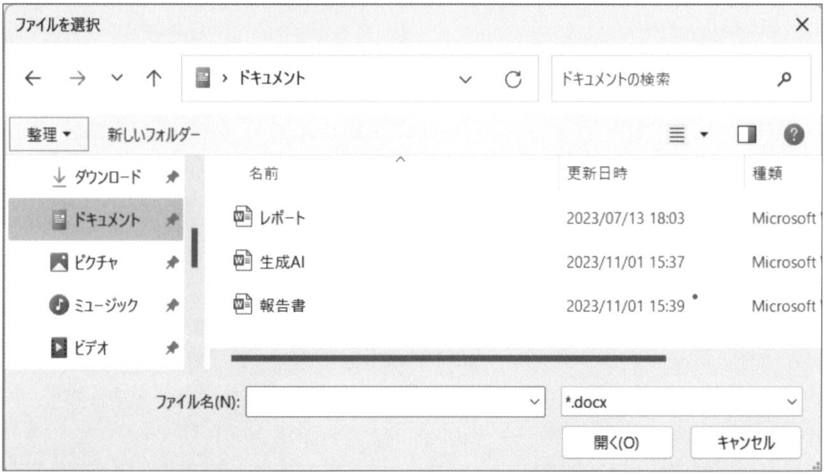


図16　［ファイルの選択ダイアログを表示］アクションを使うと、このようなファイル選択用のダイアログを表示して、ユーザーにファイルの選択を促せる

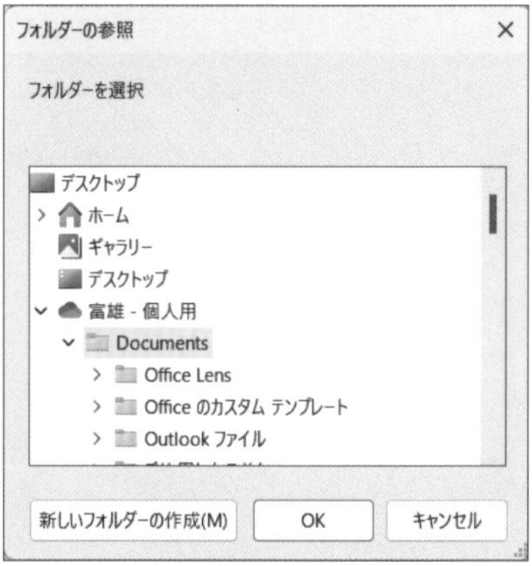


図17　［フォルダーの選択ダイアログを表示］アクションを使うと、このようなフォルダー選択用のダイアログを表示して、ユーザーにフォルダーの選択を促せる

イルを参照する際に開いておきたいフォルダーを指定します。右のほうにある［フォルダーの選択］アイコンをクリックし、開いた画面でフォルダーを選択すると、フォルダーのパスが指定されます（図18）。

［ファイルフィルター］欄に拡張子を指定して、特定の種類のファイルだけを選択対象にすることも可能です。例えば「*.docx」のように指定すると、Wordファイルのみが選択できるようになります。ファイルの種類を複数指定したいときは、拡張子をセミコロン（;）で区切って指定します。例えば「*.docx;*doc」のように指定すると、拡張子が「docx」または「doc」のWordファイルだけを対象にできます。選択されたファイルの情報は「SelectedFile」変数に格納されます。

［複数の選択を許可］欄をオンにした場合は複数のファイルを選択できるようになり、選択したファイルは「SelectedFiles」変数に格納されます。

## ● ファイルを選択するダイアログを表示

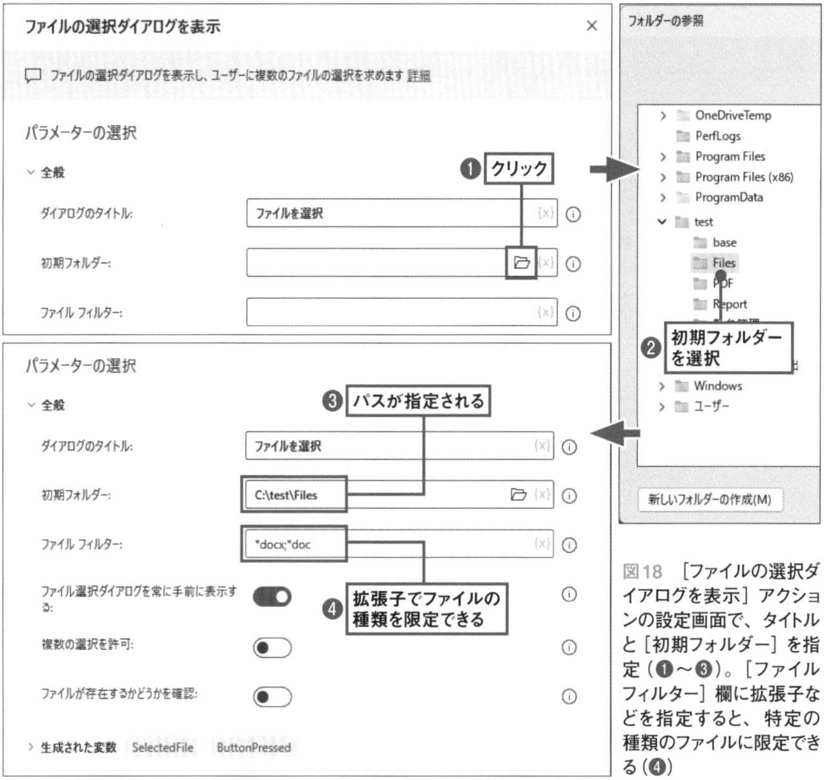


図18 ［ファイルの選択ダイアログを表示］アクションの設定画面で、タイトルと［初期フォルダー］を指定（❶～❸）。［ファイルフィルター］欄に拡張子などを指定すると、特定の種類のファイルに限定できる（❹）

［フォルダーの選択ダイアログを表示］アクションの設定画面は図19の通りです。［ダイアログの説明］欄に説明の文字列や文章を入れて、初期フォルダーを設定します。選択されたフォルダー情報は「SelectedFolder」変数に格納されます。

## 選択したファイルを、選択したフォルダーにコピーする

これら2つのアクションを使って、「選択したファイルを、選択したフォルダーにコピーする」というフローを作成してみましょう。先ほどの［ファイルの選択ダイアログを表示］（図18）と［フォルダーの選択ダイアログを表示］（図19）に続いて、［ファイル］カテゴリーにある［ファイルのコピー］というアクションを追加します（図20）。開いた設定画面で、［コピーするファイル］として、選択したファイルが格納されている「SelectedFile」変数を指定。［宛先フォルダー］として、選択したフォルダーが格納されている「SelectedFolder」変数を指定します。完成した図21のフローを実行すると、ファイル選択ダイアログに続いてフォルダー選択ダイアログが表示され、前者で選択したファイルが後者で選択したフォルダーにコピーされます。

### ● フォルダーを選択するダイアログを表示

図19 ［フォルダーの選択ダイアログを表示］アクションの設定画面。［初期フォルダー］の指定方法は、図18と同様。選択したフォルダーは「SelectedFolder」変数に格納される

## 指定したファイルを指定したフォルダーにコピーするフロー

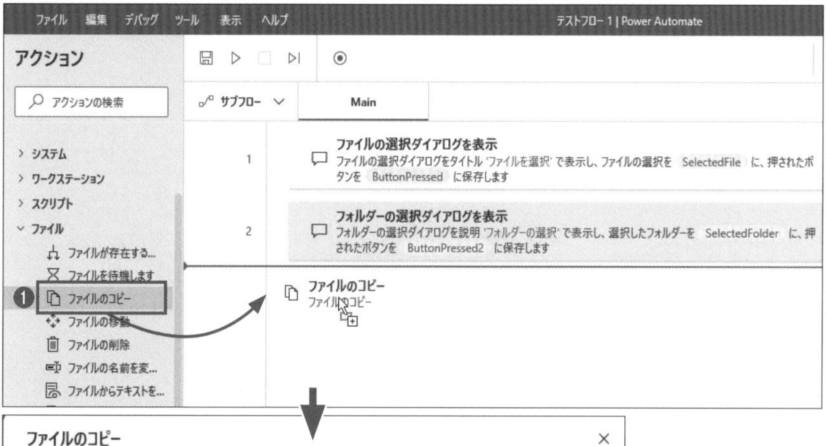


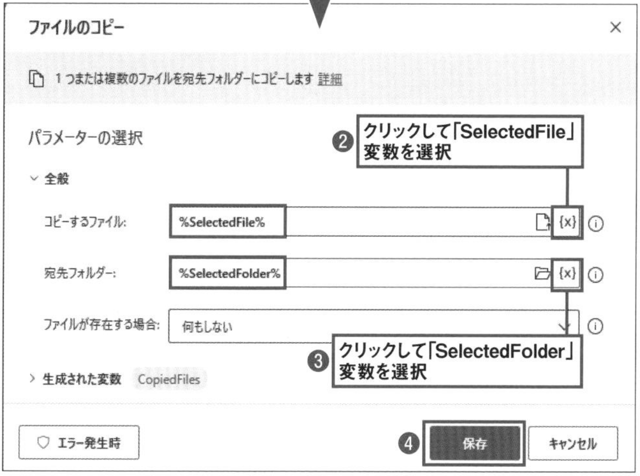


図20　図18、図19で設定した2つのアクションに続けて、[ファイル]カテゴリーにある[ファイルのコピー]アクションを追加(❶)。[コピーするファイル]欄に「SelectedFile」変数、[宛先フォルダー]欄に[SelectedFolder]変数を指定する(❷❸)。[保存]をクリックして閉じる(❹)

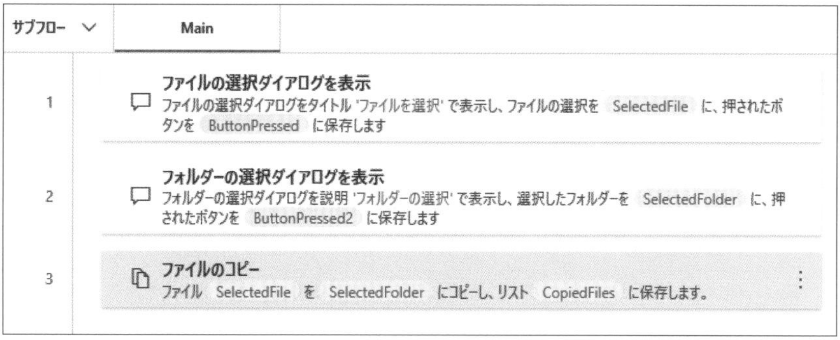


図21　このフローを実行すると、ファイル選択とフォルダー選択のダイアログが順番に表示され、ファイルのコピーが行われる

Column

## カスタムフォームで独自のダイアログを作ることも可能

フロー実行時に、より多様な情報をユーザーから収集したい場合、カスタムフォームを利用できます。任意の入力項目やファイル選択機能などを備えたオリジナルのフォームを作成し、フロー実行時に表示できます。

それには［メッセージボックス］カテゴリーにある［カスタムフォームを表示］アクションを追加します。アクションの設定画面で、［カスタムフォームデザイナー］をクリックすると、フォームの編集画面が開きます（図A）。左側に表示されるフォーム要素から必要なものを選び、中央のフォーム構造へ、ドラッグ操作で追加します。各要素の詳細は右側に設定項目が表示されます。

図A ［カスタムフォームを表示］アクションの設定画面で［カスタムフォームデザイナー］をクリックすると、オリジナルのフォームを作成できる。左側から中央へ要素をドラッグして追加すると、中央下にフォームのイメージがプレビューとして表示される

Section 05

# ファイルやフォルダーに対する基本操作



ファイルに対する操作はさまざまな業務を行うなかで日常的に発生します。書類の作成や受領したファイルの整理、資料やレポートの作成、ファイルのアーカイブやバックアップのための作業など、パソコンで行う作業の多くで何らかの形でファイルを扱っています。ここでは、Power Automate for desktopを使ってファイルやフォルダーを操作する際の基本を確認しましょう。

ファイルに対する操作は［ファイル］カテゴリー、フォルダーに対する操作は［フォルダー］カテゴリーにあるアクションを利用して設定できます（図1）。また、［圧縮］カテゴリーにあるZIP形式での圧縮や解凍を行うアクションや、前節で解説したファイル選択やフォルダー選択のダイアログを表示するアクションも、ファイルの操作でよく利用するものといえます。なかにはPDFファイルを操作するアクションもあります。

## ● ファイルやフォルダーの操作に関連するアクション

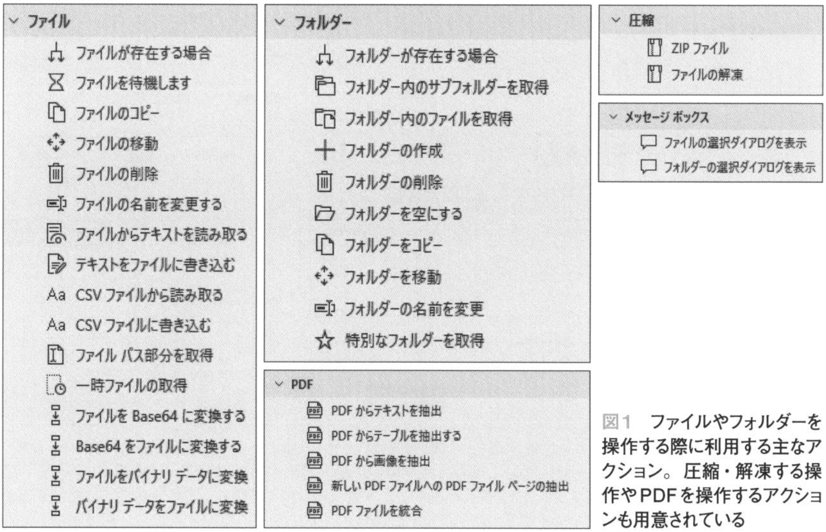


図1　ファイルやフォルダーを操作する際に利用する主なアクション。圧縮・解凍する操作やPDFを操作するアクションも用意されている

## ファイルのコピーや移動、削除

ファイルのコピーや移動、削除は、ファイル操作の基本です。[ファイルのコピー]アクションは前の節ですでに紹介したので、ここでは[ファイルの移動]アクションを利用してみましょう(図2)。

アクションの設定画面の内容は、前節の65ページ図20で見た［ファイルのコピー］アクションとほぼ同じです。必要なのは、［移動するファイル］と［宛先フォルダー］の指定。前節では変数を用いて指定しましたが、操作するファイルや宛先のフォルダーが決まっているなら、直接ファイルやフォルダーを指定することもできます。［移動するファイル］欄の右のほうにある［ファイルの選択］アイコンをクリックすると、開く画面で選択したファイルのパスが入力されます。［宛先フォルダー］欄も、［フォルダーの選択］アイコンをクリックして、フォルダーを選択すれば、パスが入力されます。また、［ファイルが存在する場合］欄で、宛先フォルダーに同じ名前のファイルがすでに存在したときに上書きするか、何もしないかを選択できます。

一方、指定したファイルを削除する場合は［ファイルの削除］アクションを利用します(図3)。

### ファイルの移動

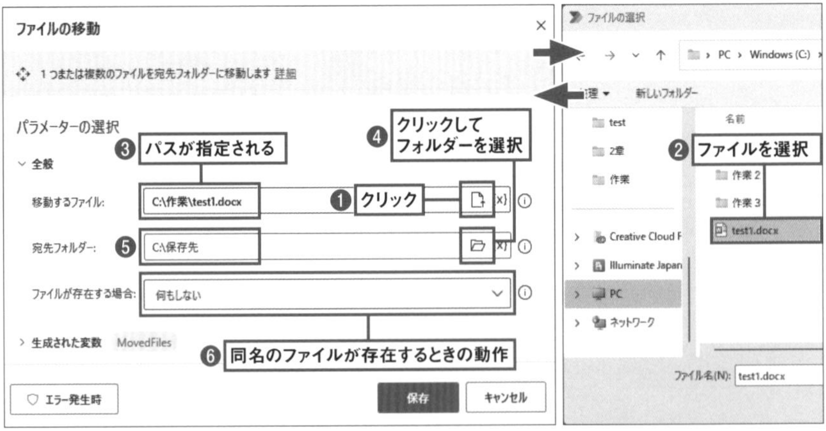


図2 ［ファイルの移動］アクションの設定画面。［移動するファイル］欄にある［ファイルの選択］アイコンをクリックし、開く画面でファイルを選択すると、そのパスが指定される（❶〜❸）。同様に、［宛先フォルダー］欄で［フォルダーを選択］アイコンをクリックして移動先のフォルダーを指定（❹❺）。移動先に同名のファイルがある場合の動作を［何もしない］と［上書き］から選択する（❻）

## ファイルが存在しない場合のエラーに対処

ファイルのコピー、移動、削除といった操作をするときに注意したいのが、フローを実行した際、各アクションで指定している対象のファイルが存在しなかった場合はエラーになることです。フローデザイナーから実行した際に表示されるエラーリストでは、図4のように「…ファイルが見つかりません」と表示されます。

操作対象のファイルが毎回異なる場合には、前節で紹介したファイルの選択ダイアログを利用して、ユーザーに対象となるファイルを選択させるようにフローを作成するとよいでしょう。実行時にファイルを選択させれば、ファイルが見つ

### ファイルの削除

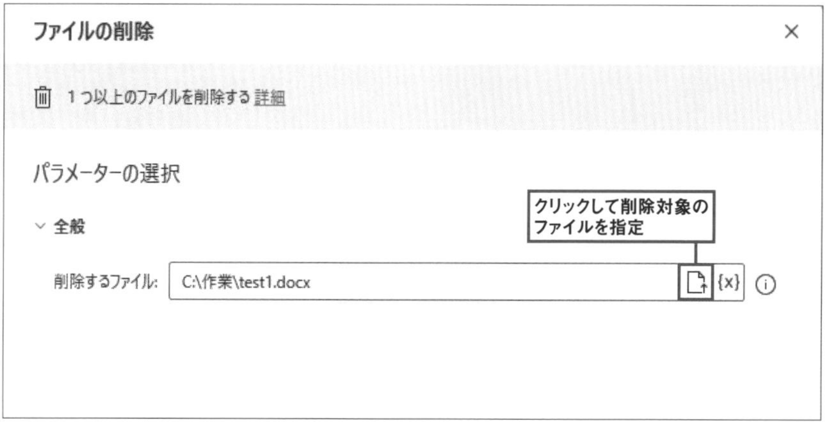


図3　[ファイルの削除] アクションの設定画面。[削除するファイル] 欄に、対象のファイルを指定すればよい。[ファイルの選択] アイコンをクリックして直接指定することもできるし、[{x}] をクリックして変数を指定することもできる

### ファイルが存在しないときはエラーに

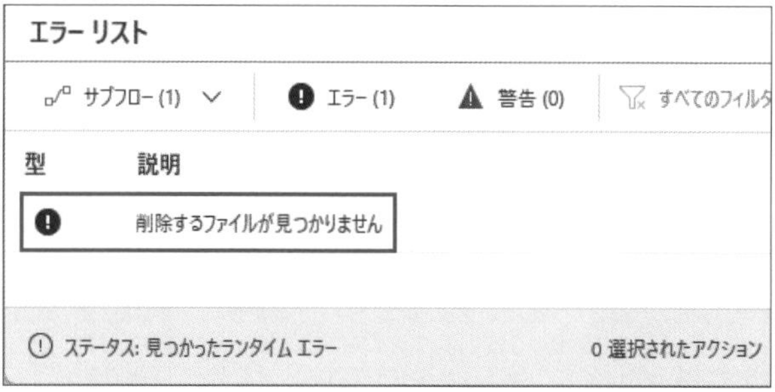


図4　ファイルのコピー、移動、削除などの操作をするとき、対象のファイルが存在しないと、エラーが発生する。図は、フローデザイナーでテスト実行したときに表示されるエラーリストの例

からないといったエラーになることはありません。しかし、毎回同じ場所にある同じ名前のファイルを用いて操作を行いたいときには、フロー内にファイルの場所と名前を指定しておいたほうが便利です。その場合、決められた場所にファイルがないときのエラーを回避できるように、あらかじめファイルが存在するかどうかを確認する操作を追加しておきます。

## ● ファイルが存在する場合だけ、操作を実行する

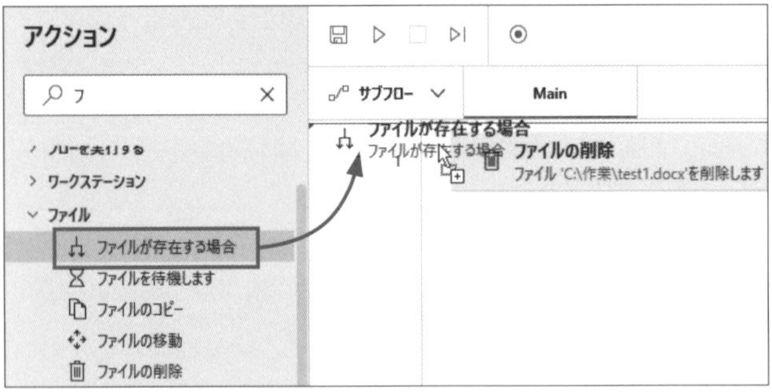


図5 ［ファイル］カテゴリーにある［ファイルが存在する場合］アクションを、ファイルを操作するアクションの上（前）にドラッグして追加する

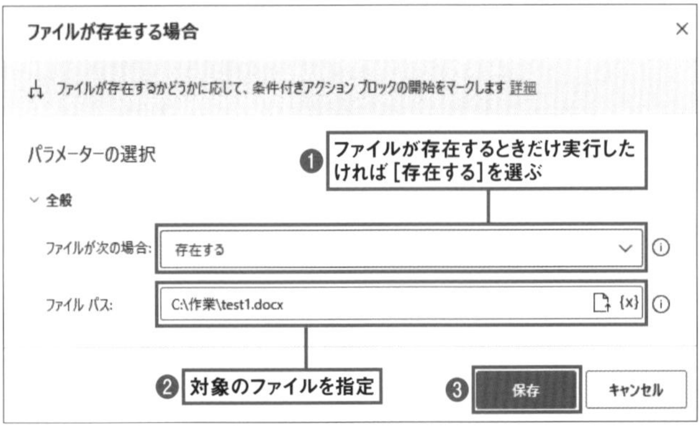


図6 設定画面が開いたら、［ファイルが次の場合］欄で、ファイルが［存在する］ときに実行するのか、［存在しない］ときに実行するのかを選ぶ（❶）。ここでは前者を選んだ。［ファイルパス］欄に対象とするファイルを指定する（❷）。［保存］をクリックする（❸）

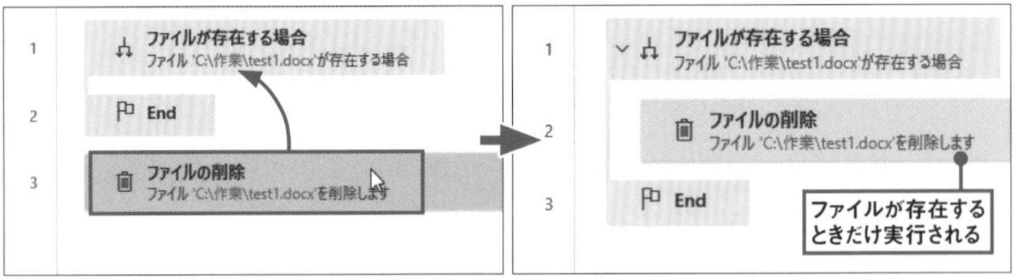


図7 ［ファイルが存在する場合］アクションの設定が済むと、左のように［ファイルが存在する場合］と［End］のペアが追加される。その間にファイル操作のアクション（ここでは［ファイルの削除］）をドラッグして移動すると、ファイルが存在する場合だけ操作を実行する形になり、ファイルが存在しない場合のエラーを回避できる

具体的には、[ファイル]カテゴリーにある[ファイルが存在する場合]アクションを、ファイルを操作するアクションの上(前)に追加します(図5)。設定画面でファイルが存在する場合としない場合のどちらを確認するかと、ファイルのパスを指定します(図6)。

ファイルが存在する場合に処理を行いたければ、[ファイルが次の場合]欄で[存在する]を選択します。設定を保存すると、[End]というアクションとペアになって追加されるので、その間に、ファイルの存在を確認してから動作させたいアクションを配置します(図7)。これで、ファイルが存在するときだけ、[End]との間に配置したアクションを実行することになります。

なお、ファイルが存在しない場合に処理を行いたければ、[ファイルが次の場合]欄で[存在しない]を選択し、[End]との間に、ファイルが存在しなかったときに実行したいアクションを配置します。図8は、「ファイルがありません」とメッセージを表示してフローを終了するように作成した例です。アクションの名前は[ファイルが存在する場合]ですが、その設定は「存在しない場合」になっています。これと[End]との間に、[メッセージを表示]アクションと、[フローコントロール]カテゴリーにある[フローを停止する]アクションを配置しています。そのうえで、ファイルが存在する場合のみ実行させたいアクションを、[End]の下(後)に配置します。

## ファイルが存在しない場合に、フローを停止する

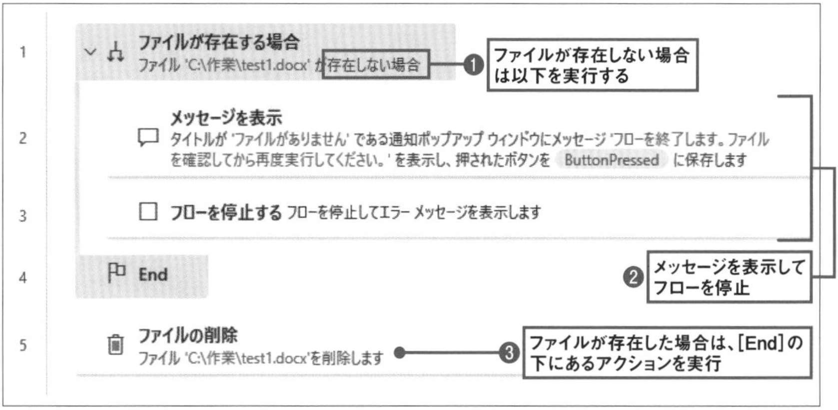
1
ファイルが存在する場合
ファイル 'C:\作業\test1.docx' が存在しない場合
❶ ファイルが存在しない場合は以下を実行する
2
メッセージを表示
タイトルが 'ファイルがありません' である通知ポップアップ ウィンドウにメッセージ 'フローを終了します。ファイルを確認してから再度実行してください。' を表示し、押されたボタンを ButtonPressed に保存します
3
フローを停止する フローを停止してエラー メッセージを表示します
4
End
❷ メッセージを表示してフローを停止
5
ファイルの削除
ファイル 'C:\作業\test1.docx'を削除します
❸ ファイルが存在した場合は、[End]の下にあるアクションを実行

図8 [ファイルが存在する場合]アクションの設定画面で、[ファイルが次の場合]欄を[存在しない]に指定(❶)。[End]との間に、[メッセージを表示]と[フローを停止する]のアクションを配置した(❷)。ファイルが存在するときに実行するアクションは、[End]の下に配置する(❸)

## [For each]を利用してフォルダーを複数作成する

フォルダーに対する操作も練習しておきましょう。ここでは例として、テキストファイルに記載されたフォルダー名の一覧を参照して、その名前の付いた複数のフォルダーを作成する操作を行ってみます。作成した各フォルダーには、今後の書類作成のテンプレートとなるようなWordファイルをコピーし、ファイル名も変更します(図9)。

このフローでは[フォルダーの作成]アクションを利用しますが、仮にフォルダーを2つ作成したい場合は、フロー内にこのアクションが2つ必要です。ここでは作成するフォルダー名の一覧をテキストファイルから読み取るので、フォルダーの数は実行するたびに異なる可能性があります。従って、[フォルダーの作成]アクションを何回実行する必要があるかは、前もって決められません。

このような場合には、“繰り返し処理”を設定するためのアクションを組み合

### ● 指摘した名前でフォルダーを複数作成し、ファイルをコピーする

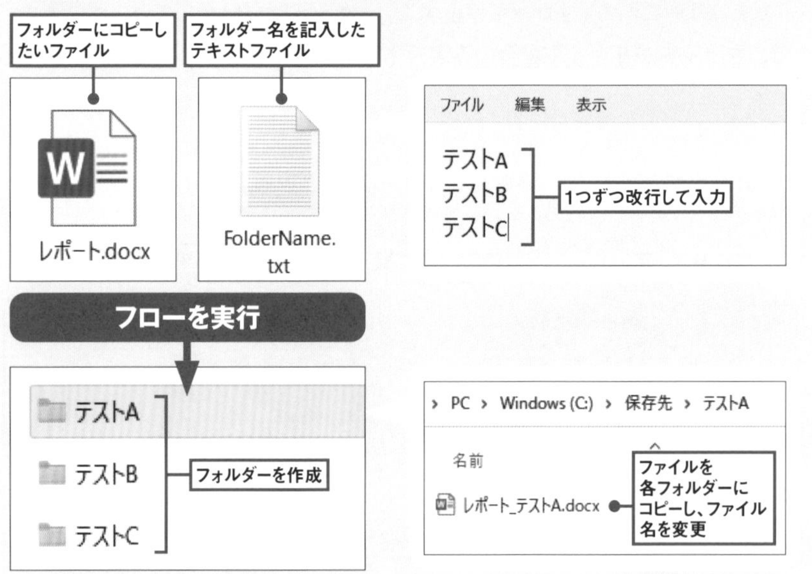


図9　例として作成するフローの概略。あらかじめ「FolderName.txt」というテキストファイルに、作成したいフォルダーの名前を記入しておく。フローを実行すると、このテキストファイルに記入された名前のフォルダーを新規作成し、そこに「レポート.docx」をコピーする。コピーしたファイルは、「レポート_(フォルダー名).docx」というファイル名にそれぞれ変更する

わせてフローを作成します。ここで利用するのは［For each］です。これは、リストやテーブルなど複数の値を持つデータを対象に、1つずつ処理を行いたいときに使います。

実際にフローを作成していきましょう。まず［ファイル］カテゴリーから［ファイルからテキストを読み取る］アクションをワークスペースに配置します（図10）。設定画面では、［ファイルパス］欄にフォルダー名の一覧が記載されたテキストファイルを指定します（図11）。右のほうにある［ファイルの選択］アイコンをクリックし、ファイルを選択するとパスが指定されます。

［内容の保存方法］欄では［リスト（それぞれがリストアイテム）］を選びます。［単一のテキスト値］を選択すると、テキストファイルの中身を全体で1つの文字列として取得しますが、［リスト（それぞれがリストアイテム）］を選ぶことで、1行ずつ別の値として扱うリスト（一覧）として取得できます。

［エンコード］欄ではテキストファイルのエンコード形式を選びます。

## ● テキストファイルからデータを読み取る

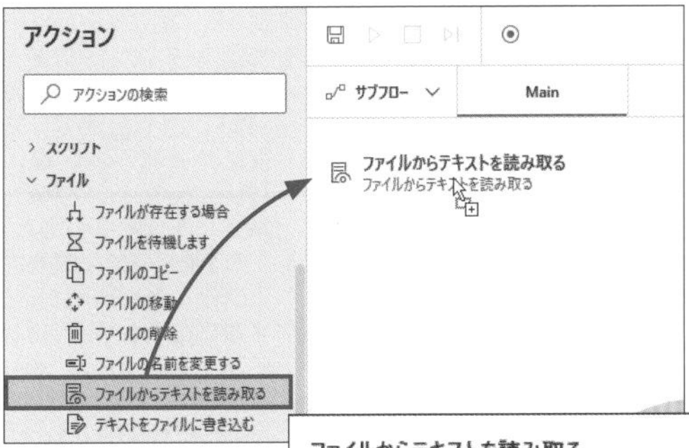


図10　テキストファイルからデータを読み込むには、［ファイル］カテゴリーにある［ファイルからテキストを読み取る］アクションを利用する。ドラッグ操作でワークスペースに追加する

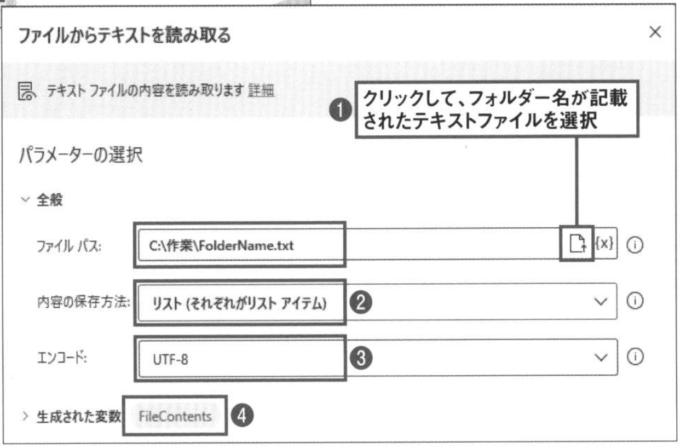


図11　［ファイルパス］欄に、フォルダー名が記載されたテキストファイルを指定（❶）。［内容の保存方法］欄で「リスト…」（❷）、［エンコード］欄でテキストファイルのエンコード形式を選ぶ（❸）。読み込まれたリストは「FileContents」変数に格納される（❹）

Windows 11の「メモ帳」で作成した場合は、標準でUTF-8形式となります。

ファイルから読み取った内容は「FileContents」という変数に格納されることも、設定画面で確認しておきましょう。

続いて、[ループ] カテゴリーにある [For each] を追加します (図12)。[反復処理を行う値] 欄には、右端の [ {x} ] をクリックして、前のアクションで生成された「FileContents」変数を指定します。すると、テキストファイルからリストとして読み取った値を順番に「CurrentItem」変数に格納しながら、処理を繰り返すことができます。今回の例では、1回目に「テストA」、2回目に「テストB」、3回目に「テストC」という値を格納して処理することになります。

[For each] と [End] の間に入れるアクションは、[フォルダーの作成][ファイルのコピー][ファイルの名前を変更する] の3つです。完成したフローは図13のようになりますが、順番に設定を見ていきます。

[フォルダーの作成] の設定画面では、フォルダーの作成場所と、フォルダー

## ● [For each]でリストを対象に繰り返し処理する

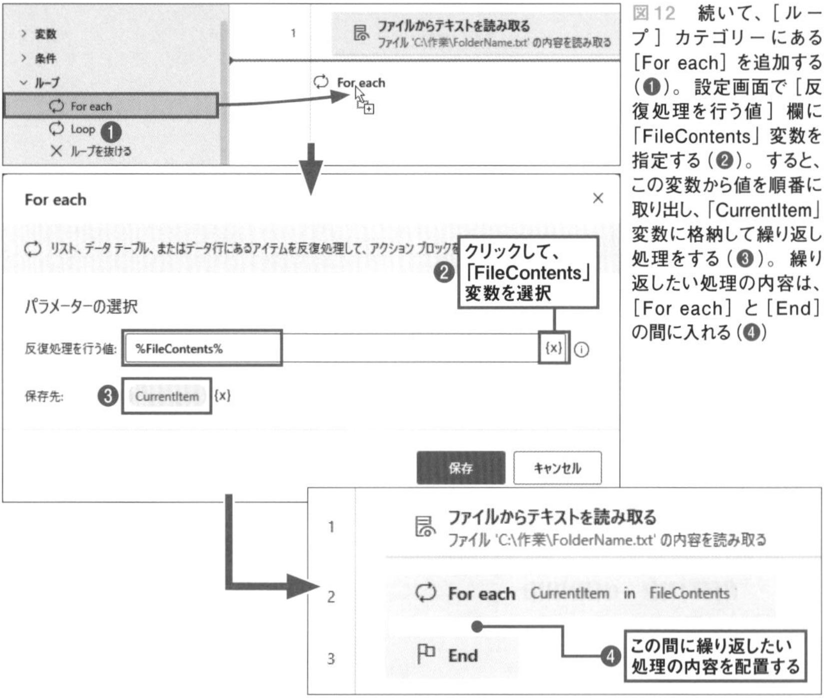


図12 続いて、[ループ] カテゴリーにある [For each] を追加する (❶)。設定画面で [反復処理を行う値] 欄に「FileContents」変数を指定する (❷)。すると、この変数から値を順番に取り出し、「CurrentItem」変数に格納して繰り返し処理をする (❸)。繰り返したい処理の内容は、[For each] と [End] の間に入れる (❹)

名を指定します（図14）。作成場所は、［フォルダーの選択］アイコンをクリックして適当な場所を選んでください。ポイントはフォルダー名の設定です。［For each］アクションで繰り返し処理の対象になる「CurrentItem」変数を指定します。すると、テキストファイルから読み取られ「CurrentItem」変数に格納されたフォルダー名で、新しいフォルダーを順番に作成できます。作成されたフォルダー情報は「NewFolder」変数に格納されます。

次は、［ファイルのコピー］アクションです。［コピーするファイル］を選択したら、［宛先フォルダー］に「NewFolder」変数を指定します（次ページ図15）。これで、直前のアクションで作成されたフォルダーに、ファイルをコピーできます。コピーされたファイルは、「CopiedFiles」変数に格納されます。

最後は［ファイルの名前を変更する］アクションです。［名前を変更するファイル］欄で、直前にコピーされた「CopiedFiles」変数を選択します（図16）。今回は、ファイル名の末尾にフォルダー名を追加することにしているので、［追加するテキスト］



## フォルダーの作成、ファイルのコピー、名前の変更を繰り返す

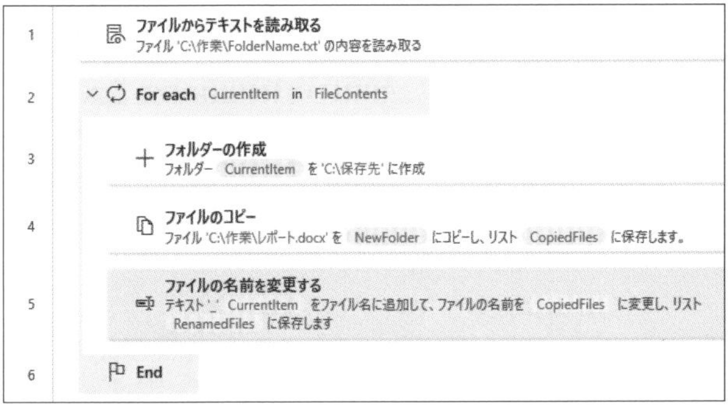


図13　ここでは［For each］と［End］の間に、［フォルダーの作成］［ファイルのコピー］［ファイルの名前を変更する］という3つのアクションを追加する

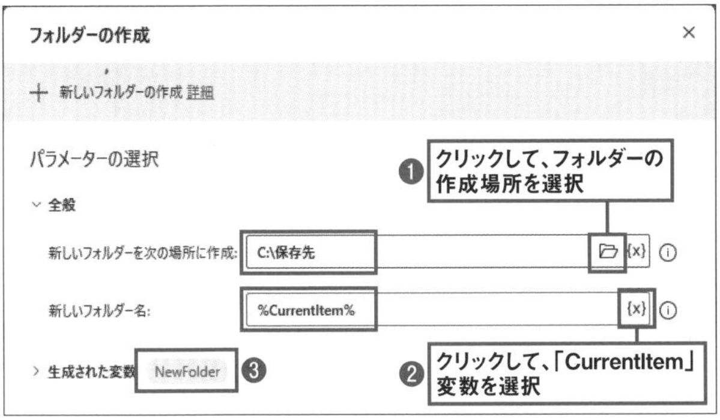


図14　［フォルダーの作成］アクションの設定画面。［新しいフォルダーを次の場所に作成］欄で、フォルダーを作成する場所を選択（❶）。［新しいフォルダー名］欄に、繰り返し処理の対象となる値の入った「CurrentItem」変数を指定する（❷）。作成されたフォルダーは、「NewFolder」という変数に格納される（❸）

欄に「_」(アンダースコア)と「CurrentItem」変数を指定し、[テキストを追加する]欄で[操作後の名前]を選びます。[操作後の名前]という選択肢の日本語がおかしいですが、[操作後の名前]を選ぶとファイル名の末尾に追加され、[操作前の名前]を選ぶとファイル名の先頭に追加される設定になります。

以上の設定により、テキストファイルに記載された内容でフォルダーが複数自動作成された後、各フォルダー内にファイルがコピーされ、ファイル名にフォルダー名と同じ文字列が追加されます。

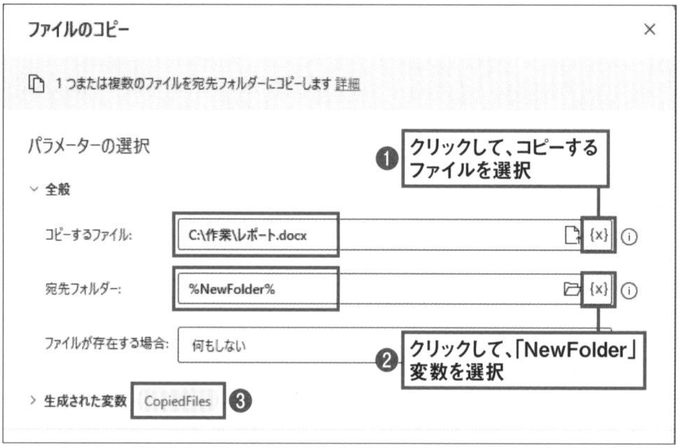


図15 [ファイルのコピー]アクションの設定画面。[コピーするファイル]欄で、コピーしたいファイルを選択(❶)。[宛先フォルダー]欄に、「NewFolder」変数を指定することで、直前のアクションで作成されたフォルダーが宛先になる(❷)。コピーされたファイルは、「CopiedFiles」変数に格納される(❸)

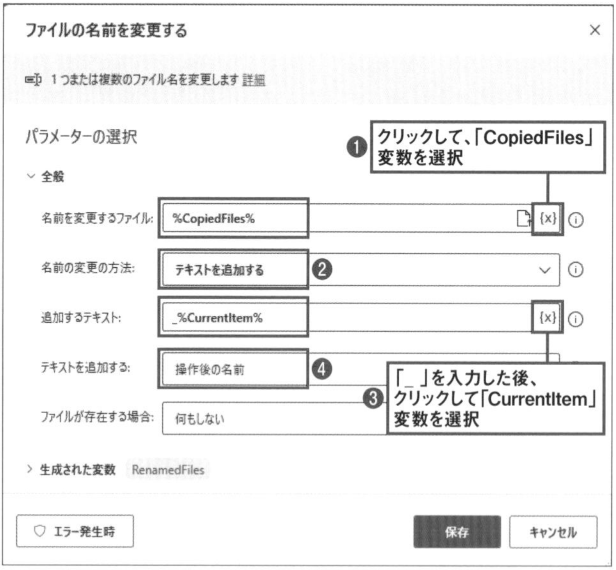


図16 [ファイルの名前を変更する]アクションの設定画面。[名前を変更するファイル]欄で、直前にコピーされた「CopiedFiles」変数を選択(❶)。[名前の変更の方法]欄で「テキストを追加する」を選択し(❷)、[追加するテキスト]欄に「_」(アンダースコア)を入力した後に「CurrentItem」変数を指定する(❸)。[テキストを追加する]欄で[操作後の名前]を選ぶと(❹)、ファイル名の末尾に文字列(ここではフォルダー名)を追加できる

Section

# 06 ファイル名をまとめて変更する



前節では、指定したフォルダーにファイルをコピーした後、そのファイル名を変更する操作を紹介しました。本節では、このファイル名の変更操作についてより詳しく解説しましょう。

ファイルを整理したり識別しやすくしたりするために、日付やプロジェクト名など特定の情報をファイル名に付与することがあります。フォルダー内に保存された複数のファイル名を一定のルールに沿ってまとめて変更したい場合、1つずつ手動で作業するのは手間と時間がかかります。そこで自動化してみましょう。

［ファイル］カテゴリーにある［ファイルの名前を変更する］アクションを利用

## ［ファイルの名前を変更する］アクションでできること

| 変更の方法 | 動作 | 例 |
| --- | --- | --- |
| 新しい名前を設定する | ファイル名を新しい名前に置き換える | プロジェクトA.docx<br>→ ProjA.docx |
| テキストを追加する | ファイル名の前か後に、指定したテキストを追加する | 企画書.docx → ProjA_企画書.docx<br>企画書.docx → 企画書_ProjA.docx |
| テキストを削除する | ファイル名から指定したテキストを削除する | 2023年売上実績.xlsx<br>→ 2023年実績.xlsx |
| テキストを置換する | ファイル名内に含まれる文字列を別の文字列に置き換える | プロジェクトA_企画書.docx<br>→ ProjA_企画書.docx |
| 拡張子を変更する | ファイルの拡張子を変更する | project.txt → project.html |
| 日時を追加する | 現在の日時やファイルの作成日時、最終更新日時、最終アクセス日時をファイル名の前や後に追加する | 企画書.docx<br>→ 企画書-20231101.docx |
| 連番にする | ファイル名が連番になるように、複数のファイルの名前の前か後に番号を追加する | A.jpg、B.jpg、C.jpg<br>→ A_001.jpg、B_002.jpg、C_003.jpg |

図1　［ファイルの名前を変更する］アクションを用いると、一定のルールに従ってファイル名を一括変更できる。なお拡張子の変更は、ファイル形式そのものを変えられるわけではないので注意

すると、指定した1つまたは複数のファイルに対して、さまざまなルールに基づいてファイル名を変更できます。ファイル名を変更するルールとして、前ページ図1のような設定ができます。

## 選択した複数のファイルに接頭語を付ける

手始めに、ファイル名の先頭に、指定した文字列を追加するフローを作成してみましょう。ファイルの選択ダイアログを開き、そこで選択した複数のファイルに対して、ファイル名の先頭に文字列を追加します（図2）。完成したフローは図3のようになります。

［ファイルの選択ダイアログを表示］アクションは、図4のように設定します。［ダイアログのタイトル］欄には、ユーザーに対する説明を入れましょう。［初期フォルダー］は必要に応じて指定してください。ポイントは、［複数の選択を許可］欄をオンにすることです。これで複数のファイルを選択できるようになり、選択されたフォルダー情報は「SelectedFiles」変数に格納されます。

［ファイルの名前を変更する］アクションは、図5のように設定してください。［名前を変更するファイル］欄で「SelectedFiles」変数を指定します。［名前の変更の方法］欄で［テキストを追加する］を選択し、［追加するテキスト］欄に、接頭語として追加したい文字列（ここでは「報告_」）を入力します。［テキストを追加する］欄で［操作前の名前］を選ぶことで、ファイル名の先頭に文字列を追加できます。

### ● ファイル名の先頭に、指定した文字列を追加する

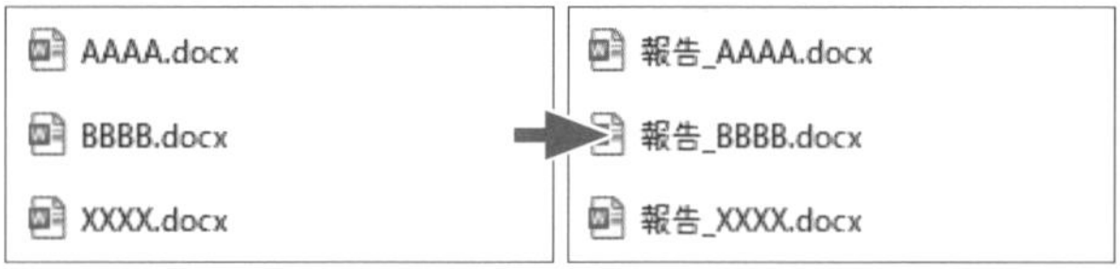
AAAA.docx
BBBB.docx
XXXX.docx
報告_AAAA.docx
報告_BBBB.docx
報告_XXXX.docx

図2　左のような複数のファイルに対し、「報告_」という文字列をファイル名の先頭に追加したい（右）。この操作を自動化してみよう

1
ファイルの選択ダイアログを表示
ファイルの選択ダイアログをタイトル 'ファイル名に「報告_」をつけるファイルを選択' で表示し、ファイルの選択を SelectedFiles に、押されたボタンを ButtonPressed に保存します
2
ファイルの名前を変更する
テキスト '報告_' をファイル名に追加して、ファイルの名前を SelectedFiles に変更し、リスト RenamedFiles に保存します

図3　ここでは［ファイルの選択ダイアログを表示］アクションと［ファイルの名前を変更する］アクションの2つからなるフローを作成する。ファイルの選択ダイアログを開いて、対象のファイルをユーザーに選択させる

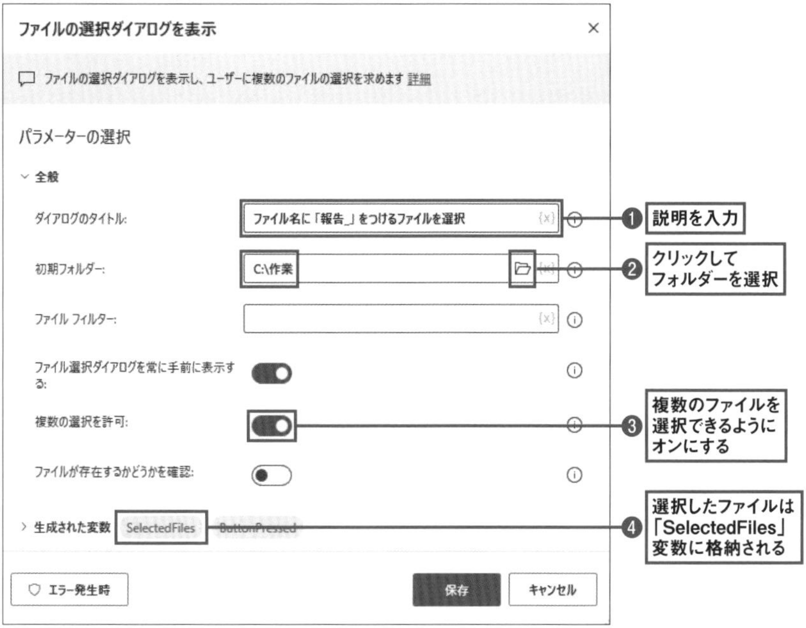


図4 ［ファイルの選択ダイアログを表示］アクションの設定画面。タイトルや初期フォルダーを適宜指定し（❶❷）、［複数の選択を許可］をオンにする（❸）。選択したファイルは「SelectedFiles」変数に格納される（❹）

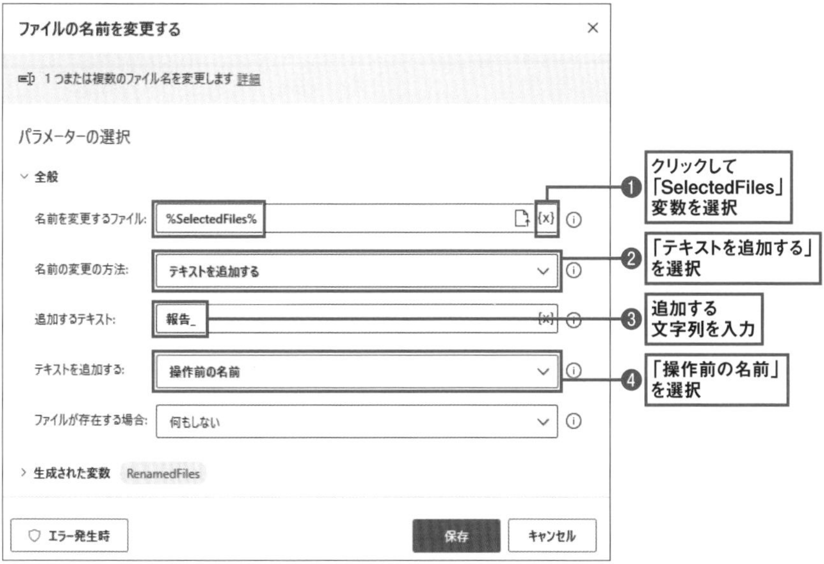


図5 ［ファイルの名前を変更する］アクションの設定画面。［名前を変更するファイル］欄に、「SelectedFiles」変数を指定し（❶）、「報告_」という文字列をファイル名の先頭に追加するように指定する（❷～❹）

# フォルダー内のファイル名を連番にする

次に、選択したフォルダー内にあるすべてのファイルが連番になるように、ファイル名を変更するフローを作成してみます。今回は、ファイルが更新された日時の順番で連番になるように設定します（図6）。作成するフローは図7のようになります。

## 更新日時の順番に、ファイル名の先頭に連番を追加する

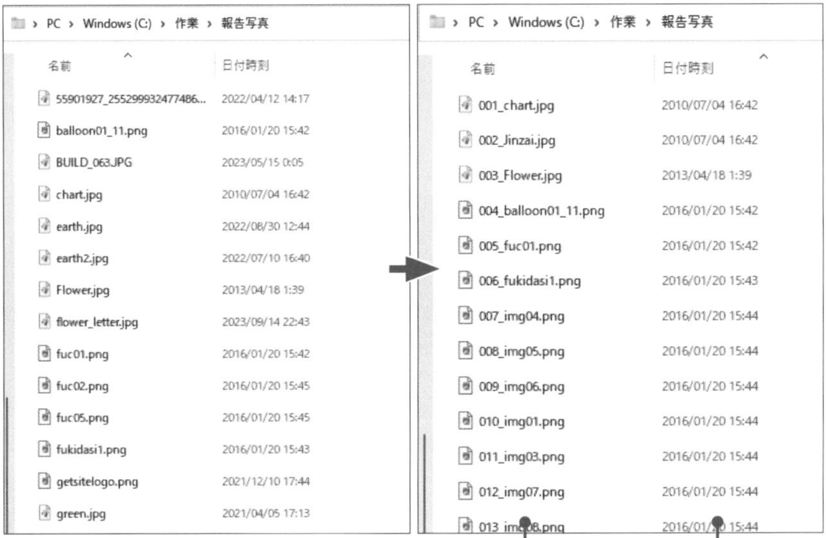


図6　左のようにばらばらの名前の付いたファイルが複数ある。このフォルダー内のファイルすべてに、更新日時の古いほうから順番に連番を追加したい（右）。これを実現するフローを作成しよう

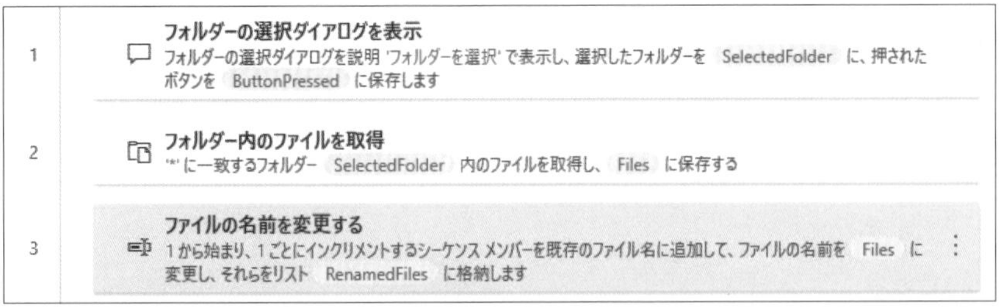


図7　最初にフォルダーの選択ダイアログを表示して、ユーザーが選択したフォルダー内にあるすべてのファイルを対象にファイル名を変更するフローにする。利用するのは、[フォルダーの選択ダイアログを表示][フォルダー内のファイルを取得][ファイルの名前を変更する]という3つのアクションだ

［フォルダーの選択ダイアログを表示］アクションは、ダイアログに表示する説明と初期フォルダーを適宜指定すればOKです（図8）。選択したフォルダー情報は「SelectedFolder」変数に格納されます。

続く［フォルダー内のファイルを取得］アクションは、フォルダー内のファイル

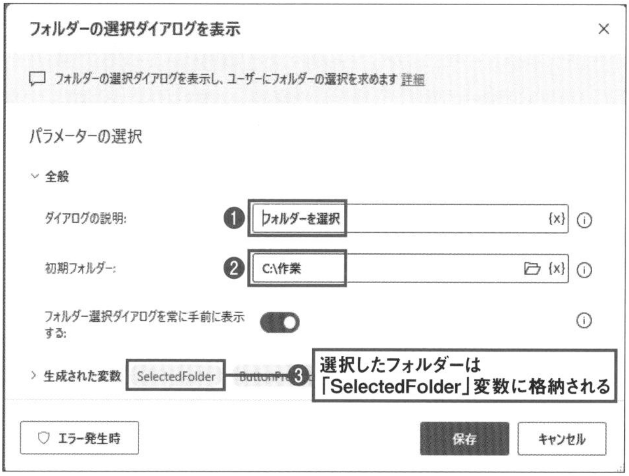


図8　［フォルダーの選択ダイアログを表示］アクションの設定画面。［ダイアログの説明］欄と［初期フォルダー］欄を適宜指定する（❶❷）。選択されたフォルダーは「SelectedFolder」変数に格納される（❸）

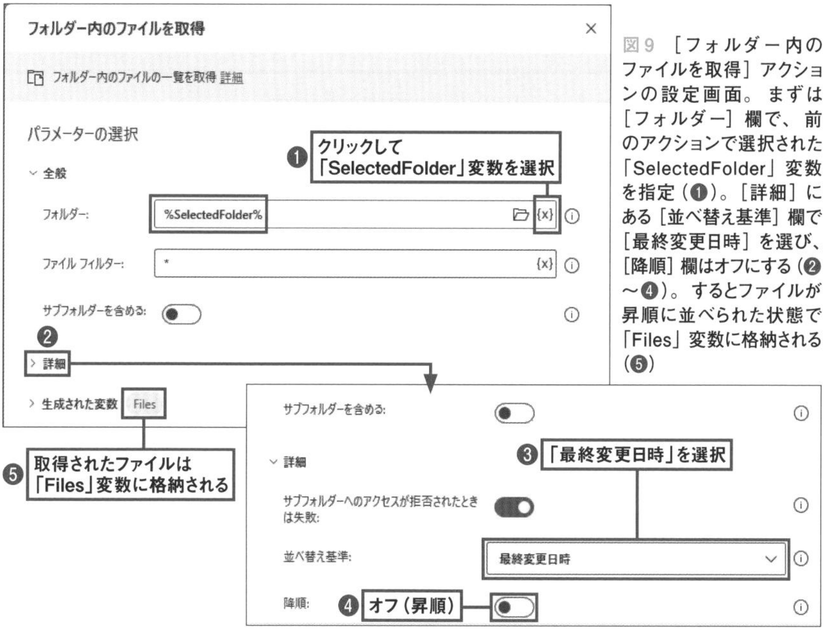


図9　［フォルダー内のファイルを取得］アクションの設定画面。まずは［フォルダー］欄で、前のアクションで選択された「SelectedFolder」変数を指定（❶）。［詳細］にある［並べ替え基準］欄で［最終変更日時］を選び、［降順］欄はオフにする（❷～❹）。するとファイルが昇順に並べられた状態で「Files」変数に格納される（❺）

をすべて取得して、操作の対象にするためのアクションです（前ページ図9）。前のアクションで選択したフォルダー内のファイルを取得できるように、［フォルダー］欄に「SelectedFolder」変数を指定します。［詳細］をクリックして開くと［並べ替え基準］欄が現れるので、そこで［最終変更日時］を選びます。［降順］欄をオフのままにしておけば、ファイルの更新日時が古い順（昇順）に並べ替えられた状態で、そのファイル情報が「Files」変数に格納されます。

最後は［ファイルの名前を変更する］アクションです（図10）。［名前を変更するファイル］欄には、先ほどの「Files」変数を指定。［名前の変更の方法］欄で［連番にする］を選びます。連番を先頭に付けたいので、［追加する番号］欄は［操作前の名前］とします。［開始番号］欄を「1」、［増分］欄を「1」とすれば、1から始まり、1ずつ増える連番になります。［区切り記号］欄で［アンダースコア］を選ぶと、

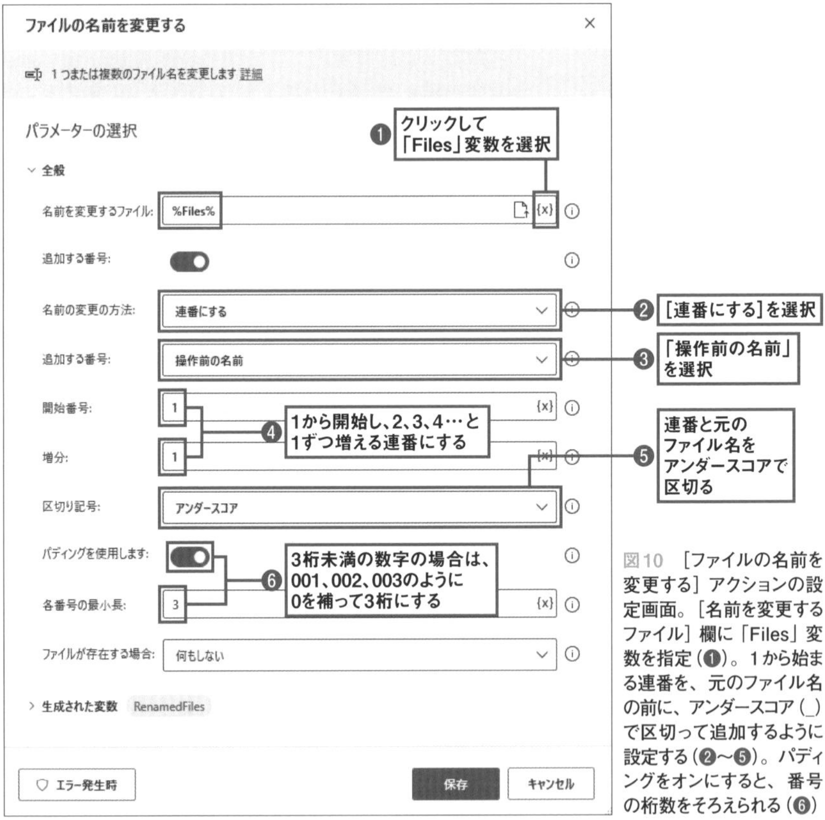


図10 ［ファイルの名前を変更する］アクションの設定画面。［名前を変更するファイル］欄に「Files」変数を指定（❶）。1から始まる連番を、元のファイル名の前に、アンダースコア（_）で区切って追加するように設定する（❷〜❺）。パディングをオンにすると、番号の桁数をそろえられる（❻）

番号と元のファイル名の間に「_」記号を追加できます。[パディングを使用します]欄は、「001」のように数字の先頭に0を補って桁数をそろえるかどうかの設定です。オンにして[各番号の最小長]欄を「3」とすれば、「001」「002」「003」……のように3桁の連番を追加できます。

## フォルダー内のWordファイルの末尾に日付を追加する

先ほど作成したフローの応用で、選択したフォルダーとそのサブフォルダー内にあるWordファイルだけを対象に、ファイル名の末尾に日付を追加するフローを作成してみましょう（図11）。利用するアクションは先ほどと同じです（図12）。各アクションの設定の内容が一部異なります。

### ● Wordファイルの名前の後ろに現在の日付を追加する

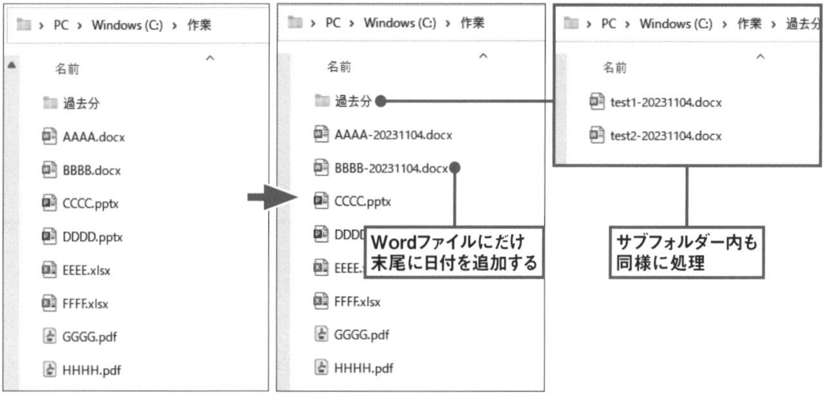


図11　左のようにさまざまな形式のファイルがあるフォルダーを対象に、Wordファイルだけをピックアップして、ファイル名の末尾に現在の日付を追加したい。サブフォルダー内も同様に処理できるようにしよう

図12　アクションの構成は、先ほど作成したフローと同じ。各設定画面の内容を少し変えるだけで、図11のような操作をするフローを作成できる

［フォルダーの選択ダイアログを表示］アクションの設定は、先ほどのフローと同じです（図13）。［ダイアログの説明］欄と［初期フォルダー］欄を適宜指定してください。

［フォルダー内のファイルを取得］アクションの設定画面は図14の通りです。この後の操作対象をWordファイル（拡張子が「docx」のファイル）のみとなるように、［ファイルフィルター］欄を設定するのがポイントです。具体的には、「*.docx」のように入力します。「*」(アスタリスク)は「任意の文字」を意味するワイルドカー

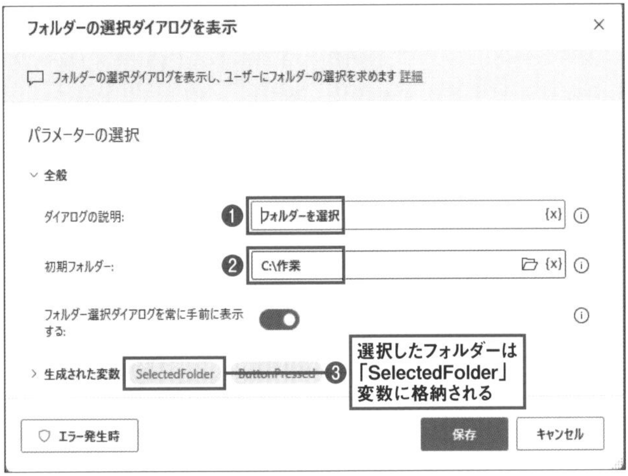


図13 ［フォルダーの選択ダイアログを表示］アクションの設定画面。［ダイアログの説明］欄と［初期フォルダー］欄を適宜指定する（❶❷）。選択されたフォルダーは「SelectedFolder」変数に格納される（❸）

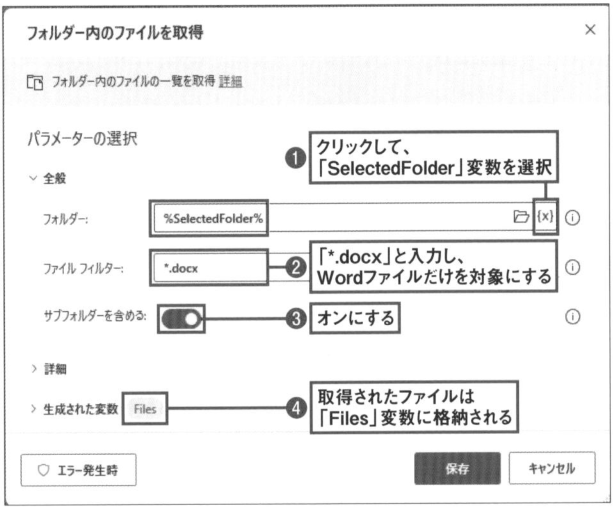


図14 ［フォルダー内のファイルを取得］アクションの設定画面。まずは［フォルダー］欄で、前のアクションで選択された「SelectedFolder」変数を指定（❶）。［ファイルフィルター］欄に「*.docx」と入力してWordファイルだけを対象にする（❷）。［サブフォルダーを含める］欄はオンにする（❸）。取得されたファイルは「Files」変数に格納される（❹）

ドです。「*.docx」とすることで、任意の名前に「.docx」という拡張子が付いたファイルを表すことができます。これをフィルター（絞り込み）の条件にすることで、Wordファイルだけを対象にできます。

なお、「*.docx；*.pdf」のようにセミコロン（；）で区切ると、拡張子「.docx」のWordファイルと拡張子「.pdf」のPDFファイルの両方を対象にできます。また、「*test*」のように指定すると、ファイル名に「『test』が含まれる」という条件で絞り込みができます。

［ファイルの名前を変更する］アクションの設定画面では、［名前の変更の方法］欄で［日時を追加する］を選択します（図15）。［追加する日時］欄で［現在の日時］を選ぶと、実行時の日時を取得して、日付や時刻の情報を利用できます。［日時の形式］欄に「yyyyMMdd」と入力すると、年月日の数字を8桁にした「20231103」のような文字列を追加できます。

時刻も含めたい場合、「yyyyMMdd_HHmm」のように指定すれば、「HHmm」の部分に24時間表記で時刻を表記できます。

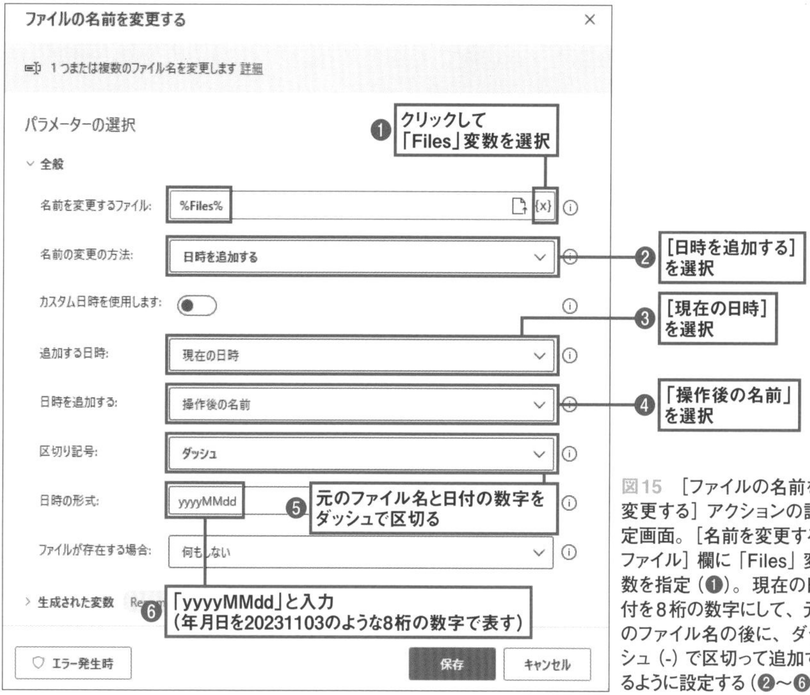


図15　［ファイルの名前を変更する］アクションの設定画面。［名前を変更するファイル］欄に「Files」変数を指定（❶）。現在の日付を8桁の数字にして、元のファイル名の後に、ダッシュ（-）で区切って追加するように設定する（❷～❻）

Section 07

# さまざまなファイル操作

前節までで、メッセージの表示方法やファイルやフォルダーに対する操作の基本を解説してきました。ここからはファイルに関するアクションと組み合わせて利用されることが多いアクションの使用例を紹介しましょう。

## フォルダー内のファイルをZIP形式で圧縮する

Power Automate for desktopには、ファイルやフォルダーを指定してZIP形式のファイルに圧縮するアクションや、ZIP形式の圧縮ファイルを解凍（展開）するためのアクションが用意されています。ここでは前者を利用して、指定したフォルダー内にあるサブフォルダーごとに、サブフォルダーに含まれるファイルをZIP形式で圧縮するフローを作成してみます（図1）。完成したフローは図2のようになります。

### ● サブフォルダー内のファイルをそれぞれZIP形式で圧縮

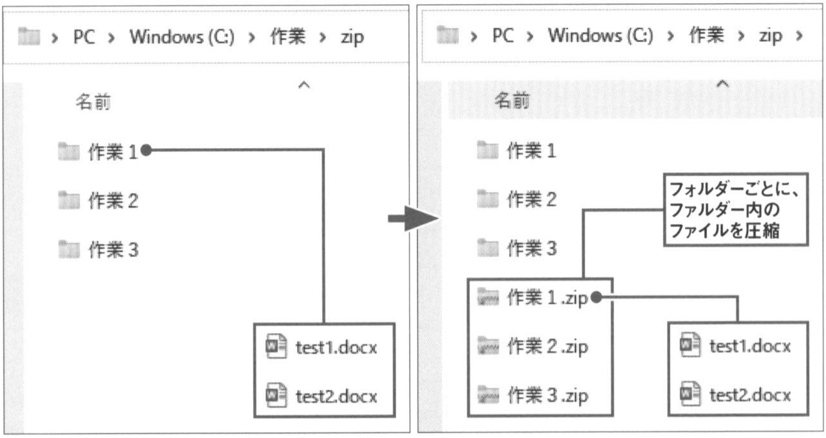


図1　フォルダー内のサブフォルダーすべてを対象に、その中にあるファイルをそれぞれZIP形式で圧縮する。圧縮ファイルにはフォルダー名を付ける。このようなフローを作成してみよう

まず、［フォルダー］カテゴリーから［フォルダー内のサブフォルダーを取得］アクションを配置し、設定画面の［フォルダー］欄に、対象にするフォルダーを指定します（図3）。すると、そのフォルダーにあるサブフォルダーの一覧が「Folders」変数に格納されます。

次に［ループ］カテゴリーから［For each］アクションを追加して、設定画面の［反復処理を行う値］欄に、先ほどの「Folders」変数を指定します（次ページ図4）。これで、取得したサブフォルダーを1つずつ「CurrentItem」変数に格納して、ループ処理できるようになります。

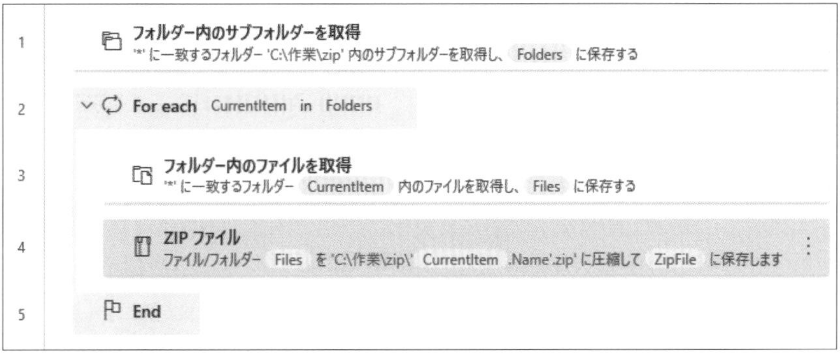


図2　利用するのは［フォルダー内のサブフォルダーを取得］［For each］［フォルダー内のファイルを取得］［ZIPファイル］という4つのアクション。今回は対象フォルダーをあらかじめ決めておき、そのフォルダー内のサブフォルダーを取得する形にした

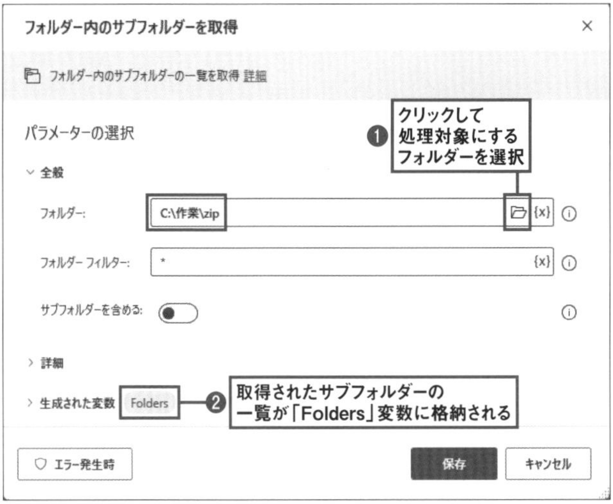


図3　［フォルダー内のサブフォルダーを取得］アクションの設定画面。［フォルダー］欄に、処理対象にする任意のフォルダーを指定（❶）。このフォルダー内にあるサブフォルダーの一覧が「Folders」変数に格納される（❷）

そのループ処理の内容として、[For each] と [End] の間に、[フォルダー] カテゴリーにある [フォルダー内のファイルを取得] アクションを配置します。設定画面では、[フォルダー] 欄に「CurrentItem」変数を指定します (図5)。すると、現在処理中のサブフォルダー内にあるファイルを取得して、「Files」変数に格納できます。

続けて、[圧縮] カテゴリーにある [ZIPファイル] アクションを追加します。設定画面では次の設定を行います。

[アーカイブパス] は、作成するZIPファイルのパス (フォルダーの場所とファイル名を示す文字列) を指定する欄です。ここではまず、[ファイルの選択] アイコンをクリックして、ZIPファイルを保存したい場所を選択します (図6)。フォルダーを選択したら、仮のZIPファイル名として「test.zip」(拡張子も含める) の

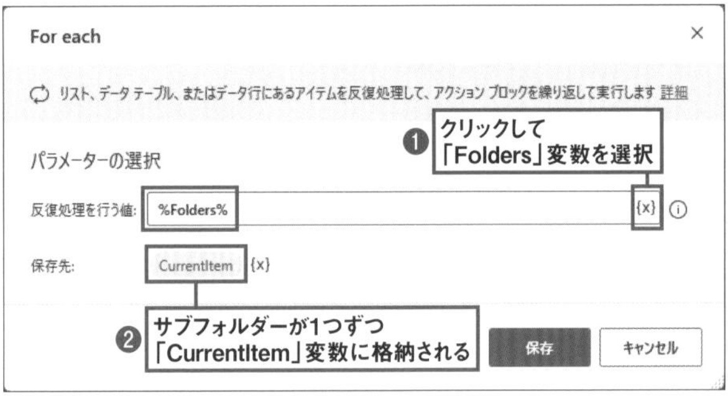


図4 [For each] アクションの設定画面。[反復処理を行う値] 欄に「Folders」変数を指定することで (❶)、サブフォルダーを1つずつ「CurrentItem」変数に格納して、ループ処理できる (❷)

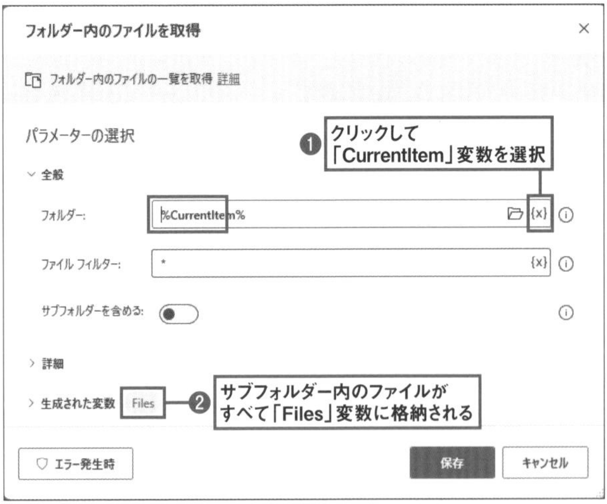


図5 [フォルダー内のファイルを取得] アクションの設定画面。[フォルダー] 欄に「CurrentItem」変数を指定すると (❶)、現在処理中のサブフォルダー内のファイルがすべて「Files」変数に格納される (❷)

ように入力して「開く」ボタンを押してください。

すると、「test.zip」という仮のファイル名を含むパスが指定されます。今回は「test」というファイル名ではなく、サブフォルダーの名前でZIPファイルを作りたいので、この「test」という文字列を削除して、サブフォルダーの名前に置き換わるように設定します（図7）。それには、削除した位置にカーソルを置いたまま、［{x}］をクリックして変数の選択画面を開きます。そして「CurrentItem」変数の左にある「>」をクリックして展開し、「.Name」を選択して［選択］ボタンを押します（次ページ図8）。

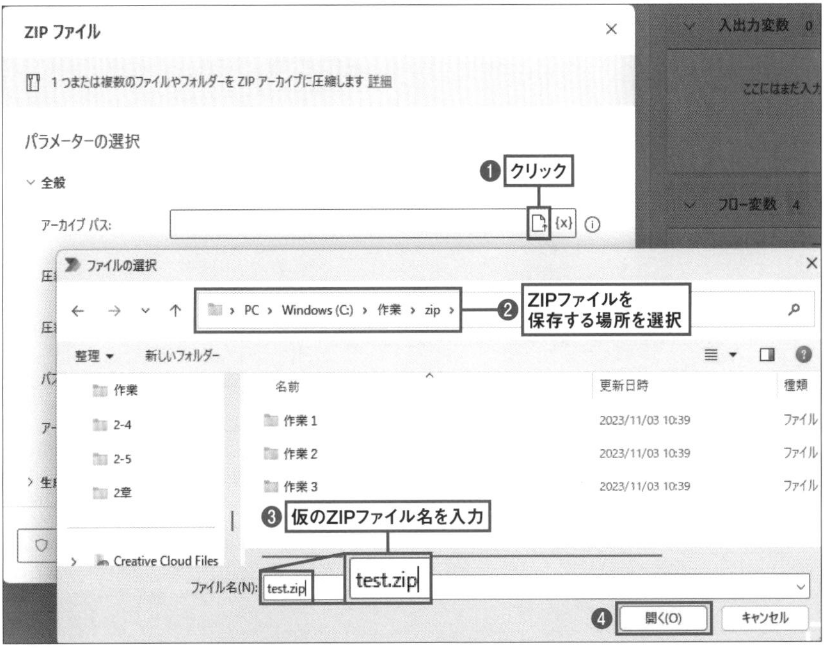


図6　［ZIPファイル］アクションの設定画面。［アーカイブパス］欄にある［ファイルの選択］アイコンをクリックし（❶）、開く［ファイルの選択］ダイアログでZIPファイルを保存するフォルダーを選ぶ（❷）。そのまま「ファイル名」欄に「test.zip」という仮の名前を入力して（❸）、「開く」ボタンを押す（❹）

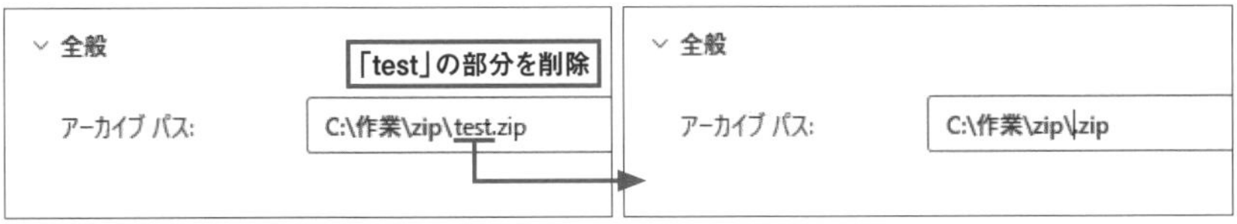


図7　［アーカイブパス］欄に、選択したフォルダーのパスと「test.zip」という仮のファイル名が表示される（左）。この「test」の文字列を削除して、その位置にカーソルを置く（右）

パスのファイル名部分に「%CurrentItem.Name%」のように指定されたことを確認してください。「CurrentItem」変数には、処理中のサブフォルダーが格納されていますが、「CurrentItem.Name」はそのフォルダー名を表します。このように指定することで、サブフォルダーと同じ名前のZIPファイルを作成することができます。[圧縮するファイル]欄には、「Files」変数を指定。そのほか圧縮の度合いやパスワードを指定することも可能です(図9)。

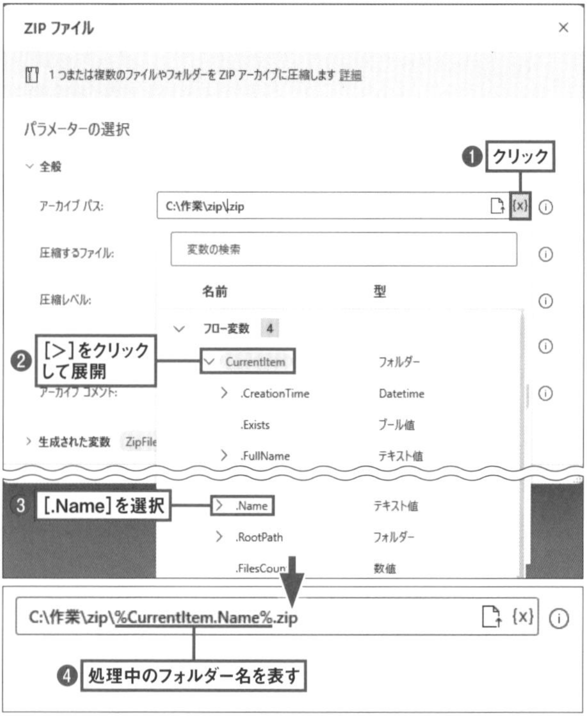


図8 パス内のファイル名の位置にカーソルを置いた状態で[{x}]をクリック(❶)。変数を選択するパネルが開いたら、「CurrentItem」の左にある「>」をクリックして展開し(❷)、「.Name」を選ぶ(❸)。[選択]ボタンを押して確定すると、❹のように入力される。これで処理中のサブフォルダーの名前をファイル名にできる

図9 [圧縮するファイル]欄に「Files」変数を指定(❶)。[圧縮レベル]欄では、[速度と圧縮の最適なバランス][最高速度][最小サイズに圧縮][なし]から選択でき、それによって圧縮時間と圧縮時のサイズが変わる(❷)。[パスワード]欄でパスワードの設定もできる(❸)

なお、[ZIPファイル] アクションはファイルだけではなく、フォルダーを指定して圧縮することもできます。前述の設定例ではフォルダー内のファイル（複数ファイルの場合あり）を取得し、それらのファイルをZIPファイルにしました。作成されたZIPファイルの中にはファイルが含まれます。フォルダーを指定した場合はZIPファイル内にフォルダーが含まれ、その中にファイルが含まれる形になります。フォルダーを指定して圧縮する場合、前述の設定例を次のようにアレンジします（図10）。

## サブフォルダーをフォルダーごとZIPファイルに圧縮

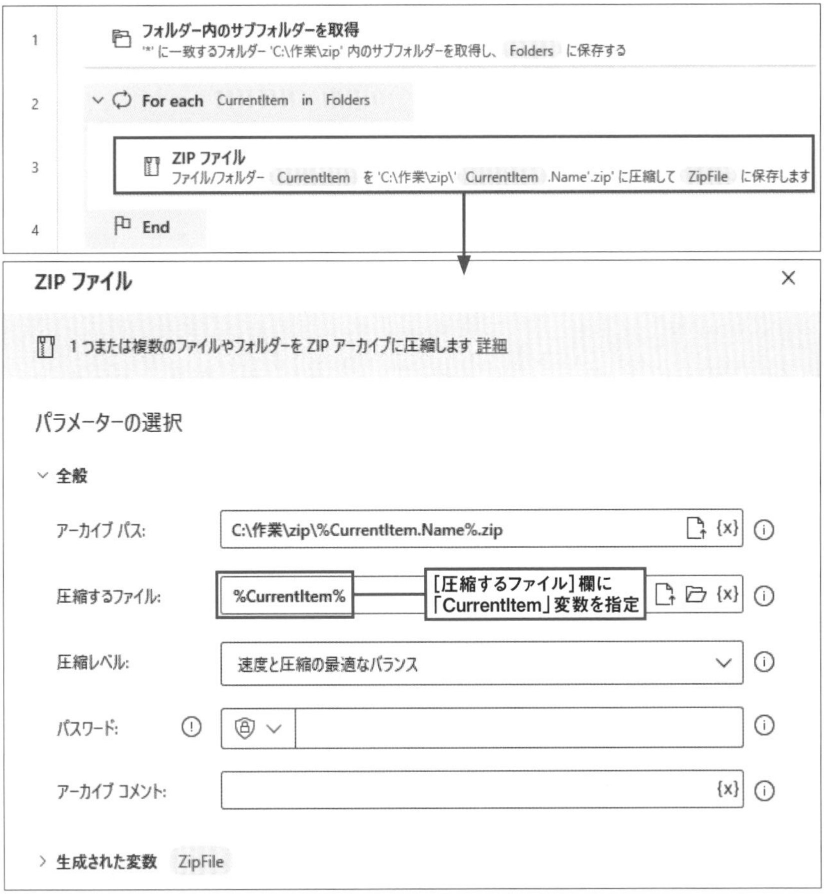


図10 [For each] のループ処理の中に、[ZIPファイル] アクションだけを配置（上）。設定画面の [圧縮するファイル] 欄に「CurrentItem」変数を指定すれば、ループ処理の対象であるサブフォルダーをそのまま圧縮できる（下）

## 複数のPDFファイルを結合する

次に、選択されたフォルダー内にある複数のPDFファイルを、1つのPDFファイルに結合するフローを作成してみましょう（図11）。利用するのは、［フォルダーの選択ダイアログを表示］［フォルダー内のファイルを取得］［PDFファイルを統合］という3つのアクションです（図12）。

［フォルダーの選択ダイアログを表示］アクションは、前節でも利用したものです。設定画面では［ダイアログの説明］欄と［初期フォルダー］欄を適宜設定してください。選択したフォルダーは「SelectedFolder」変数に格納されます。

続く［フォルダー内のファイルを取得］アクションも何度か登場しましたが、今回はPDFファイルのみを対象としたいので、［ファイルフィルター］欄に「*.pdf」のように指定します（図13）。また、結合するときのファイルの順番を指定する

### ● フォルダー内のPDFファイルを1つに結合する

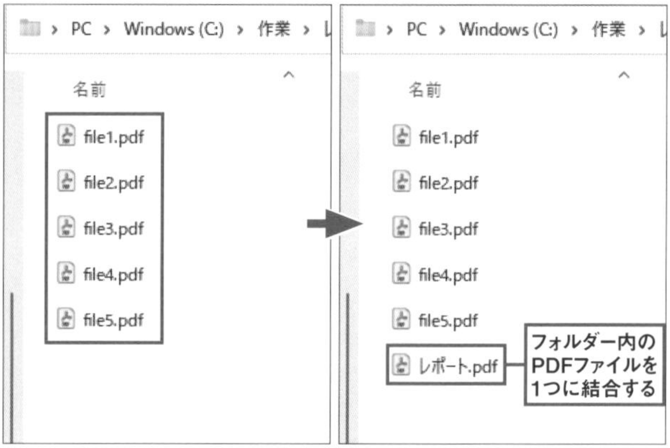


図11 フォルダー内にあるすべてのPDFファイルを（左）、「レポート」という名前の1つのPDFファイルに結合し、同じフォルダーに保存する（右）。そんなフローを作成してみよう

図12 最初に対象のフォルダーを選択する［フォルダーの選択ダイアログを表示］アクションを配置。続いて［フォルダー内のファイルを取得］アクションですべてのPDFファイルを取得し、［PDF］カテゴリーにある［PDFファイルを統合］アクションでPDFを結合する

ために、[>詳細]をクリックしてファイルの並べ替えを設定する必要があります。ファイル名の順番に結合するなら、[並べ替え基準] 欄で [名前] を選び、[降順] 欄をオンにします。降順にすると、ファイル名の順番とは逆になりそうですが、[PDF ファイルを統合] アクションの仕様上、変数に格納されているファイルを後ろから順番に結合していく形になるようです。

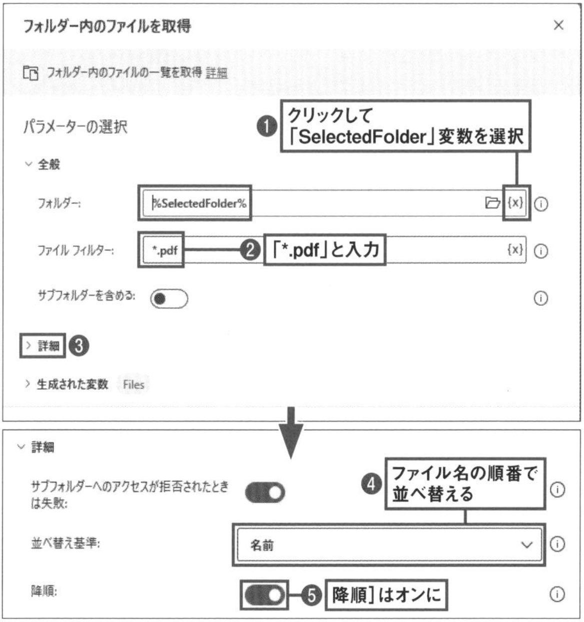


図13 [フォルダー内のファイルを取得] アクションの設定画面。[フォルダー] 欄に「SelectedFolder」変数を指定し (❶)、[ファイルフィルター] 欄に「*.pdf」と入力する (❷)。[>詳細] をクリックして展開し (❸)、[並べ替え基準] 欄を [名前]、[降順] をオンにすると、ファイル名の順番に結合できる (❹❺)

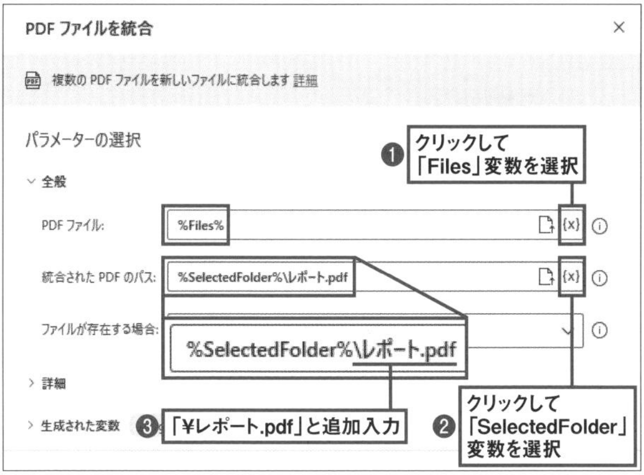


図14 [PDF ファイルを統合] アクションの設定画面。[PDF ファイル] 欄に「Files」変数を指定し (❶)、[統合された PDF のパス] 欄に「SelectedFolder」変数に続けて「¥」記号と「レポート.pdf」というファイル名を追加入力する (❷❸)。これで、結合されたファイルが同じフォルダーに保存される

［PDFファイルを統合］アクションの設定画面は、前ページ図14の通りです。結合対象を指定する［PDFファイル］欄に、前のアクションで生成された「Files」変数を指定します。この変数に、フォルダー内のPDFファイルが降順に並んで格納されています。［統合されたPDFのパス］欄には、結合したPDFの保存先とファイル名をパスで指定します。元のPDFファイルと同じフォルダーに作成するために、「SelectedFolder」変数を選択した後、「%SelectedFolder%」という文字列に半角の「¥」記号を続けて「¥レポート.pdf」と入力します。「¥」記号は、画面上では「\」(バックスラッシュ)に変化します。図14のように指定することで、同じフォルダーの中に「レポート.pdf」というファイル名で、結合したPDFを作成できます。

## ファイルを印刷する

デスクトップフローでは、パソコンに設定されているプリンターを使用して印刷を行うことも可能です。ここでは、先ほど作成したフローにアクションを追加

### ● 結合したPDFを印刷する

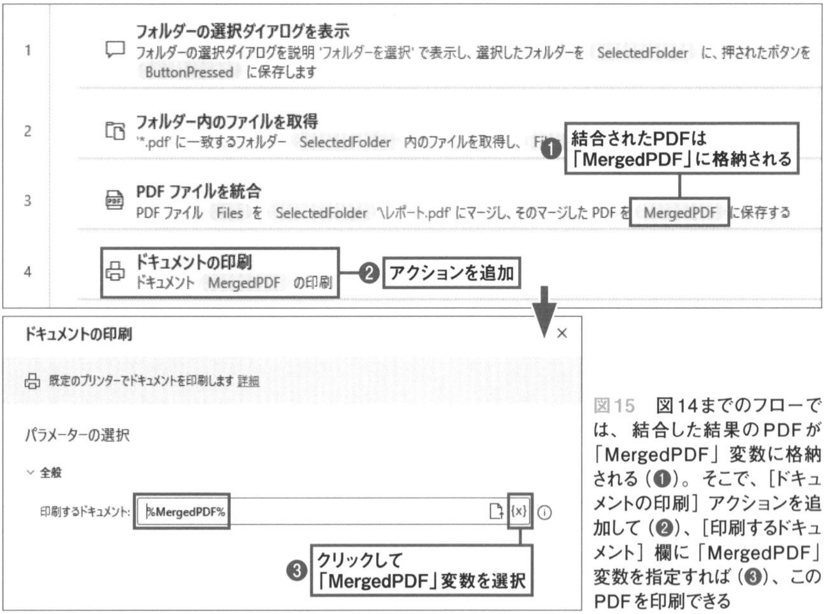
1
フォルダーの選択ダイアログを表示
フォルダーの選択ダイアログを説明 'フォルダーを選択' で表示し、選択したフォルダーを SelectedFolder に、押されたボタンを ButtonPressed に保存します
2
フォルダー内のファイルを取得
'*.pdf' に一致するフォルダー SelectedFolder 内のファイルを取得し、
❶ 結合されたPDFは「MergedPDF」に格納される
3
PDF ファイルを統合
PDF ファイル Files を SelectedFolder '\レポート.pdf' にマージし、そのマージした PDF を MergedPDF に保存する
4
ドキュメントの印刷
ドキュメント MergedPDF の印刷
❷ アクションを追加
ドキュメントの印刷
既定のプリンターでドキュメントを印刷します 詳細
パラメーターの選択
全般
印刷するドキュメント:
%MergedPDF%
{x}
❸ クリックして「MergedPDF」変数を選択

図15　図14までのフローでは、結合した結果のPDFが「MergedPDF」変数に格納される(❶)。そこで、［ドキュメントの印刷］アクションを追加して(❷)、［印刷するドキュメント］欄に「MergedPDF」変数を指定すれば(❸)、このPDFを印刷できる

して、結合したPDFファイルを印刷できるようにしてみましょう。

具体的には、図15のようなフローに仕上げます。［ワークステーション］カテゴリーにある［ドキュメントの印刷］アクションを追加して、［印刷するドキュメント］欄に「MergedPDF」変数を指定します。［PDFファイルを統合］アクションは、結合したPDFファイルを「MergedPDF」変数に格納するので、これを対象に印刷を実行すればよいわけです。

Column

## 既定のプリンター以外を指定して印刷する

［ドキュメントの印刷］アクションは、パソコンに設定されている“既定のプリンター”を使用して印刷が行われます。印刷に使うプリンターを別途指定したい場合には、印刷を実行する前に［既定のプリンターを設定］アクションを使って、既定のプリンターを別のものに変更します。

ただし、既定のプリンターが変更されることになるため、元の状態に戻すための操作が必要かどうかを考慮したうえでフローを作成してください。実行後、既定のプリンターを元に戻したい場合は、［既定のプリンターを取得］アクションを使って既定のプリンター名をいったん変数に格納した後で、既定のプリンターの変更と印刷を実行し、再び元のプリンターに既定のプリンターを戻す段取りにするのがよいでしょう（図A）。

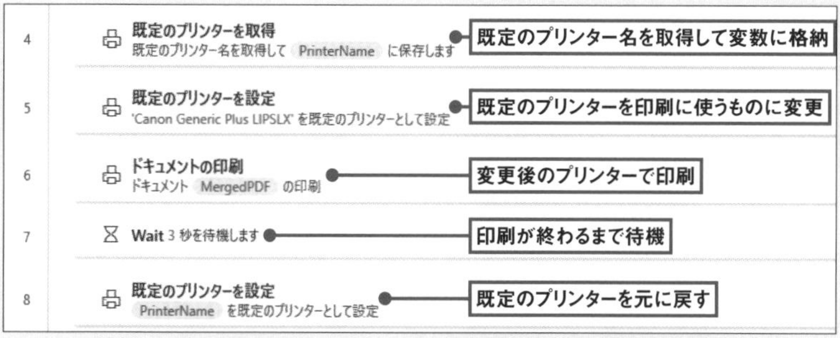
4
既定のプリンターを取得
既定のプリンター名を取得して PrinterName に保存します
既定のプリンター名を取得して変数に格納
5
既定のプリンターを設定
'Canon Generic Plus LIPSLX' を既定のプリンターとして設定
既定のプリンターを印刷に使うものに変更
6
ドキュメントの印刷
ドキュメント MergedPDF の印刷
変更後のプリンターで印刷
7
Wait 3 秒を待機します
印刷が終わるまで待機
8
既定のプリンターを設定
PrinterName を既定のプリンターとして設定
既定のプリンターを元に戻す

図A　普段使用しているものとは別のプリンターで印刷するフローにしたい場合、「既定のプリンターを設定」アクションで既定のプリンターを変更する。印刷後に元に戻す場合は、あらかじめ既定のプリンターを変数に保存しておくのがポイントだ

Section 08

# Excelに対する操作の基本

Excelはパソコンで行う作業の中でも頻繁に利用され、また多くの人が利用するアプリケーションです。本節ではExcelに対する操作の基本を確認しましょう。Excelに関連するアクションは、[Excel] カテゴリーに用意されています（図1）。

## Excelを起動する、Excelのファイルを開く

まずはExcelを起動したり、Excelのファイルを開いたりする操作を行ってみましょう。Excelを起動するには、[Excel] カテゴリーにある [Excelの起動] アクションを追加します（図2）。設定画面が開いたら、Excelの起動方法を指定します。空白（新規）のファイルを開きたい場合は、[Excelの起動] 欄で [空のドキュメントを使用] を選択します（図3）。このアクションで生成される「ExcelInstance」変数には、起動したExcelそのもの（インスタンス）が格納されます。この後のフローで、起動したExcelを操作したい場合は、この変数を利用します。また既定ではオンになっていますが、[インスタンスを表示する] をオフとすると、Excel

### Excelを操作するアクション

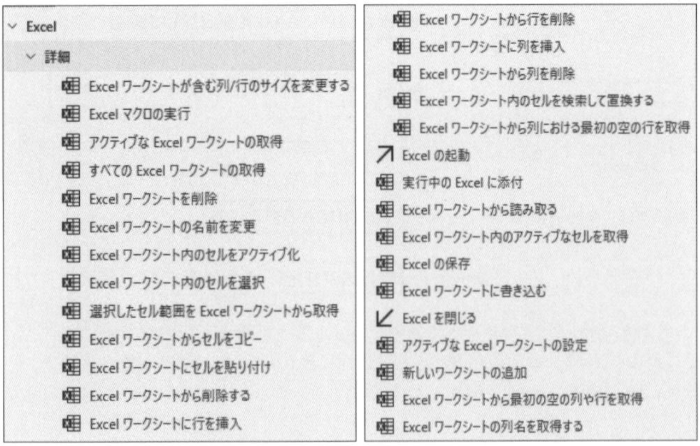


図1 [Excel] カテゴリーに用意されているExcelを操作するアクションの例

の画面は表示されず、バックグラウンドでExcelを操作する形になります。

もう1つ、同じ［Excelの起動］アクションを追加して、新規のファイルではなく既存のファイルを開く操作を設定してみましょう。それには、設定画面の［Excelの起動］欄で［次のドキュメントを開く］を選択します（図4）。［ドキュメントパス］

## Excelを起動してファイルを開く

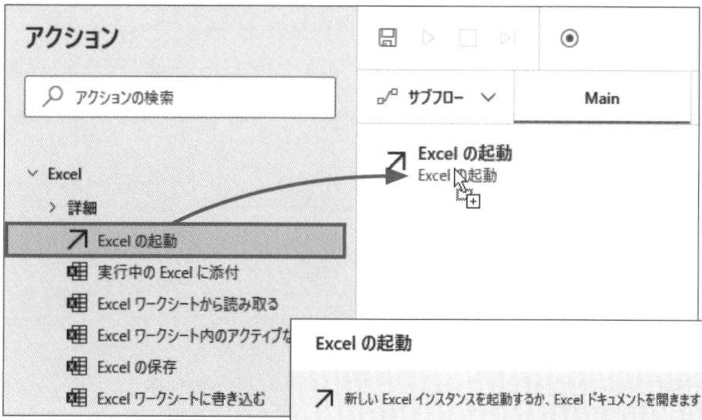


図2　［Excel］カテゴリーにある［Excelの起動］をワークスペースに追加する

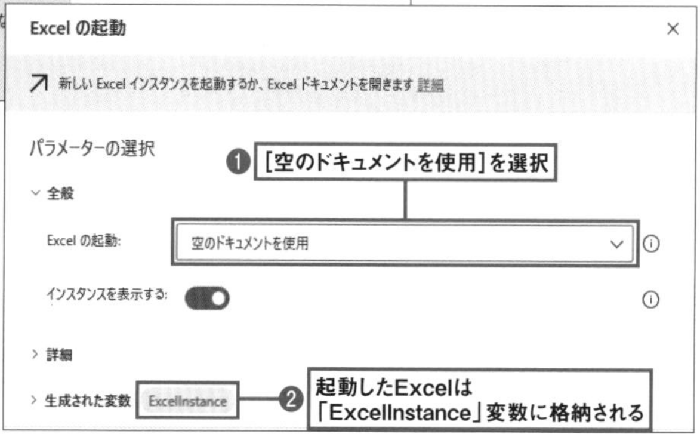


図3　［Excelの起動］欄で［空のドキュメントを使用］を選ぶと、Excelを起動して空白（新規）のファイルを開ける（❶）。起動したExcelは「ExcelInstance」変数に格納されるので（❷）、この後でExcelを操作したいときは、この変数を使って指定する

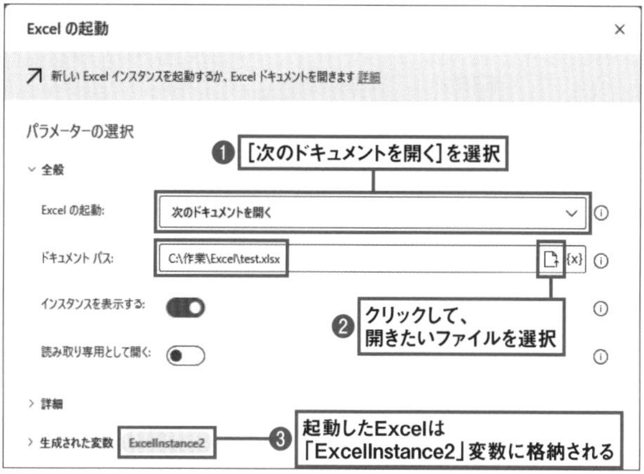


図4　［Excelの起動］アクションをもう1つ追加する。［Excelの起動］欄で［次のドキュメントを開く］を選ぶと、Excelを起動して任意のファイルを開ける（❶）。［ドキュメントパス］欄で［ファイルの選択］アイコンをクリックし、開きたいファイルを選択しよう（❷）。こちらのExcelは「ExcelInstance2」変数に格納される（❸）

欄で任意のExcelファイルを選択すれば、そのファイルを開いた状態でExcelを起動できるようになります。こちらのExcelは2つめなので、格納される変数が「ExcelInstance2」のように「2」が付いている点に注目してください。これにより、2つのExcelファイルを区別することができます。

図5のようにできたフローを試しに実行してみましょう。まず空白（新規）のファイルでExcelが起動した後、指定したファイルがExcelで起動することを確認できます。動作を確認できたら、開いた2つのExcelは閉じてください。

図4の［Excelの起動］アクションでは、既存のExcelファイルを直接指定しましたが、この場合は常に同じExcelファイルを開くことになります。フローの実

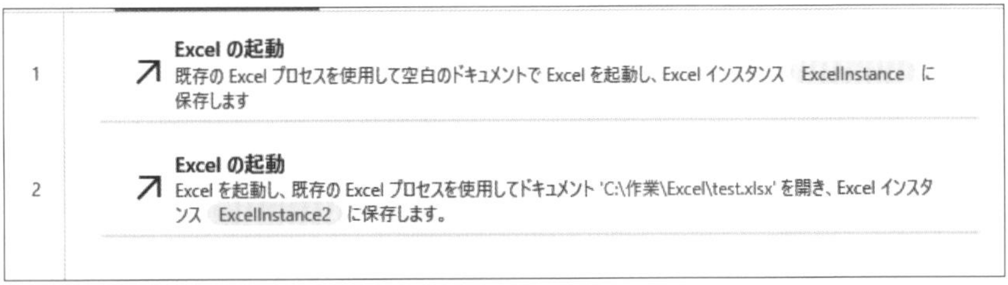


図5　［Excelを起動］アクションを2つ追加して図3、図4の設定をしたフロー。実行すると、空白（新規）のExcelファイルと、指定したExcelファイルの2つが順番に開く

## ●フロー実行時にファイルを選択する

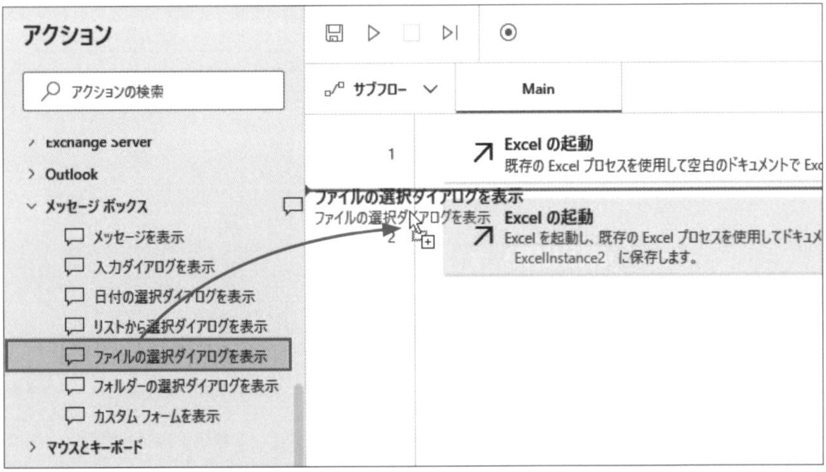


図6　フロー実行時に、ファイルの選択ダイアログを表示して、開くExcelファイルをユーザーが選択できるようにしたい。ここでは2つめの「Excelを起動」アクションの前に、［ファイルの選択ダイアログを表示］アクションを追加する

行時にそのつどファイルを選択できるようにしたければ、これまでも何度か使用してきた［ファイルの選択ダイアログを表示］アクションを組み合わせます。

ここでは2つめの［Excelの起動］アクションの前に、［メッセージボックス］カテゴリーにある［ファイルの選択ダイアログを表示］アクションを配置して、Excelで開くファイルを選択できるようにします（図6）。設定画面は図7の通り

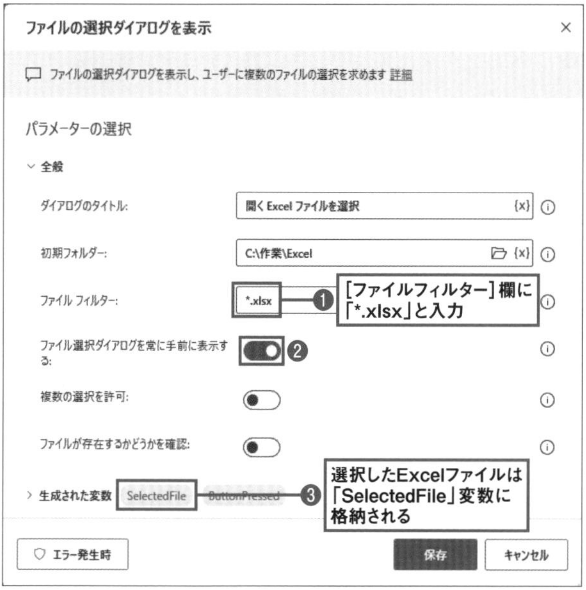


図7　［ファイルの選択ダイアログを表示］アクションの設定画面。タイトルや初期フォルダーを指定したら、［ファイルフィルター］欄に「*.xlsx」と入力して、Excelファイルだけを選択の対象にする（❶）。［…常に手前に表示する］はオンにしておこう（❷）。選択したファイルは「SelectedFile」変数に入る（❸）

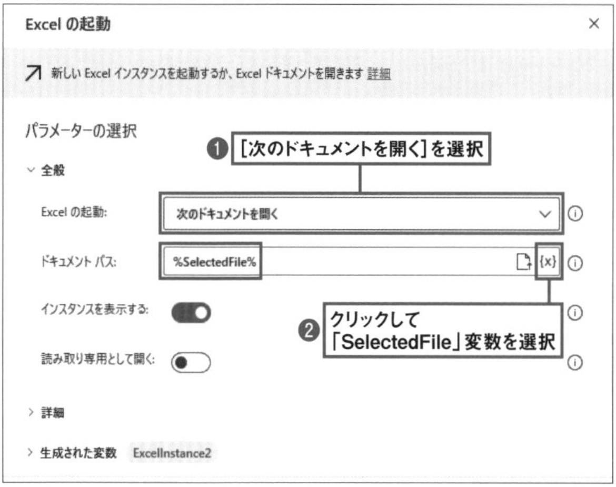


図8　［Excelの起動］アクションの設定画面。［Excelの起動］欄で［次のドキュメントを開く］を選び（❶）、［ドキュメントパス］欄を空欄に戻した後、右端の［{x}］をクリックして、「SelectedFile」変数を選択する（❷）

です。タイトルや初期フォルダーを指定し、Excelファイルだけを選択できるように［ファイルフィルター］欄に「*.xlsx」と入力します。その際、ファイル選択のダイアログがほかのウインドウの後ろに隠れてしまわないように、［ファイル選択ダイアログを常に手前に表示する］をオンにしておくとよいでしょう。このダイアログで選択したファイルは「SelectedFile」変数に入ります。

続いて、2つめの［Excelの起動］アクションをダブルクリックして開き、設定内容を編集します（前ページ図8）。［ドキュメントパス］欄に入っている「test.xlsx」のパスを削除した後、［{x}］をクリックして、前のアクションで選択したファイルが格納されている「SelectedFile」変数に指定し直します。

編集内容を保存したら、実行してみましょう。すると、①空白のExcelファイルが開く→②ファイルの選択ダイアログが開く→③選択したExcelファイルが開く、という動作になることを確認できます。

## Excelからの読み取り

さらに、Excelを2つ開いた後の動作を追加していきます。まず、ファイルを指定して開いたExcelから、データを読み取る操作を確認します。

Excelファイルから値を読み取る場合、「単一セル」「セル範囲」「選択範囲」「ワークシート内のすべての値」「名前付きセルの値」と、読み取りたい値を指定する方

### ● 今回使用するサンプルファイル

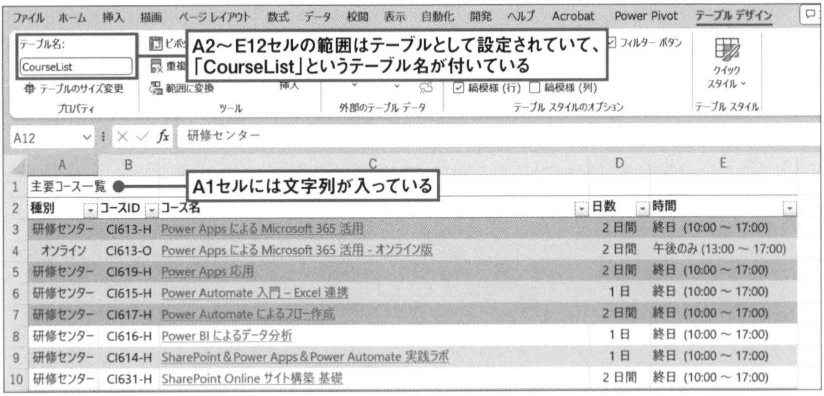


図9　ここで使用するサンプルファイルの内容。2つめの「ファイルの選択ダイアログを表示」アクションで、このファイルを選択して開くという前提で解説を進める

法が複数あります。ここでは、開いたExcelファイルから、単一セルとテーブルからデータを読み取ってみましょう。選択して開くExcelファイルには図9のような値が含まれていることを前提とします。

［Excelの起動］などこれまで追加した3つのアクションの下に、［Excelワークシートから読み取る］アクションを追加します（図10）。設定画面は、図11の通りです。まず、［Excelインスタンス］欄の右端にある「∨」をクリック。すると、

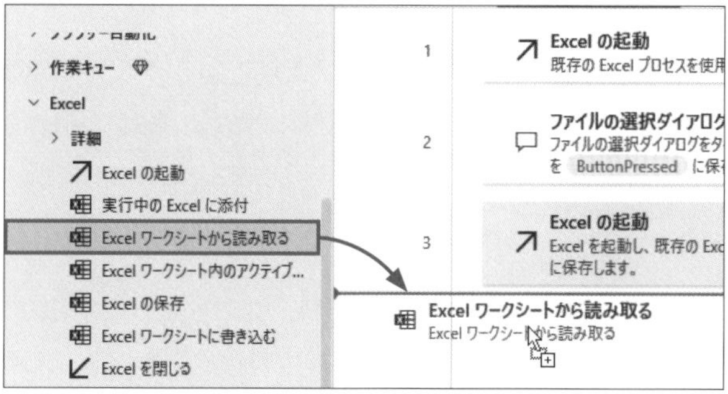


図10　開いたExcelファイルからデータを読み取るために、［Excelワークシートから読み取る］アクションを追加する

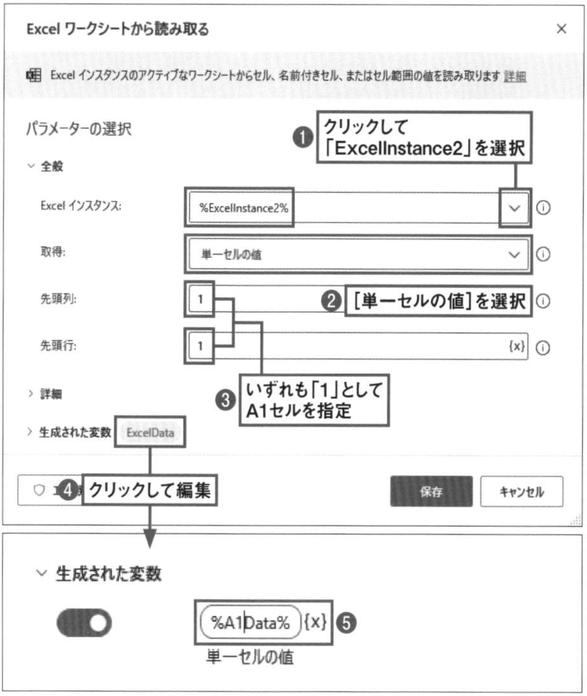


図11　［Excelワークシートから読み取る］アクションの設定画面。［Excelインスタンス］欄で、直前に開いたExcelが格納される「ExcelInstance2」変数を選択（❶）。［取得］欄は［単一セルの値］とし（❷）、［先頭列］と［先頭行］はいずれも「1」としてA1セルを指定する（❸）。ここでは標準の変数名である「ExcelData」をクリックして、「A1Data」に書き換える（❹❺）

これまでの2つの［Excelの起動］アクションで生成されたExcelを表す変数がメニュー表示されるので、2つめの「ExcelInstance2」変数を選択します。［取得］欄では［単一セルの値］を選択し、［先頭列］欄と［先頭行］欄にそれぞれに「1」と入力します。これで、1列目の1行目にあるA1セルの値を読み取ることができます。

このアクションで取得された値を保存する変数の名前は標準で「ExcelData」ですが、この名前ではわかりにくいので、ここでは「A1Data」へと変更します。変数名の部分をクリックすると、カーソルが現れて名前の編集ができます。前後の「%」は自動的に含まれます。

［Excelワークシートから読み取り］アクションをもう1点追加しましょう（図12）。［Excelインスタンス］は同じ「ExcelInstance2」とし、［取得］欄は［名前付

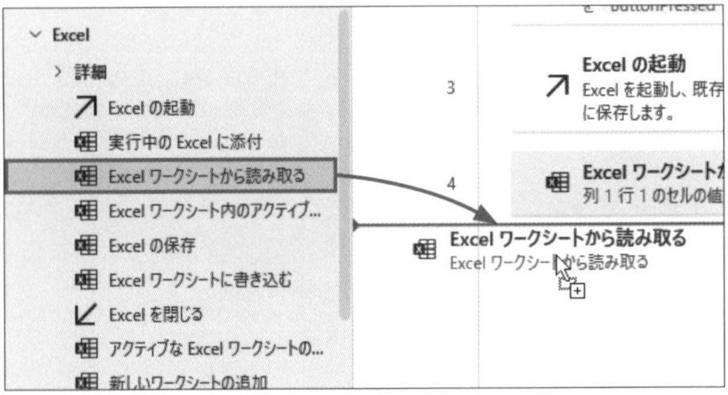


図12 もう1つ［Excelワークシートから読み取る］アクションを追加する

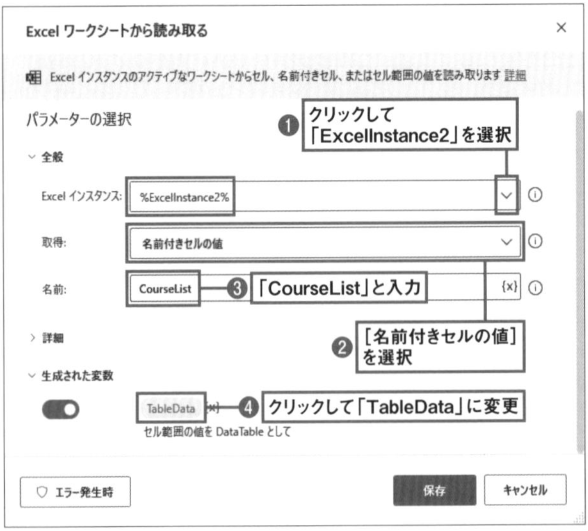


図13 ［Excelインスタンス］欄は、先ほどと同じく「ExcelInstance2」変数を選択（❶）。［取得］欄で［名前付きセルの値］を選択し（❷）、［名前］欄に「CourseList」と入力する（❸）。ここでは変数名を「TableData」に書き換える（❹）

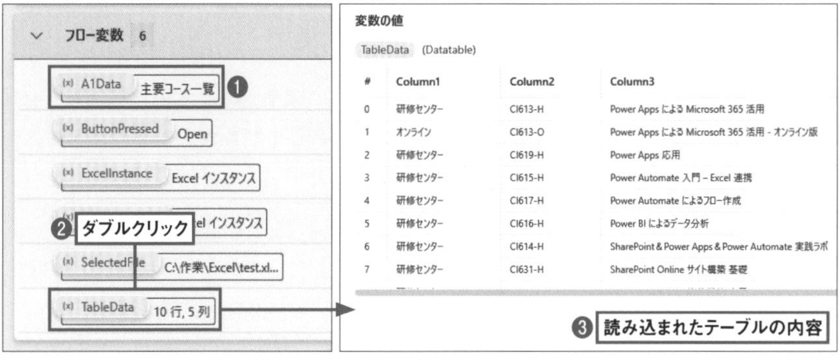


図14 実行後、変数ペインを確認すると、「A1Data」変数にA1セルの値が入っていることがわかる（❶）。「TableData」変数をダブルクリックすると（❷）、読み込まれているテーブルの内容を表示できる（❸）

きセルの値］を選択します。すると［名前］欄が現れるので、値を取得するテーブル名（ここでは「CourseList」）を入力。変数名は「TableData」へと変更します（図13）。

ここまでのフローを実行してみると、①空白のExcelファイルが開く→②ファイルの選択ダイアログが開く→③選択したExcelファイルが開く→④選択して開いたExcelファイルからデータを読み取る、という動作を確認できます。確認した後は、フローによって開かれたExcelは、保存せずに閉じてください。フローデザイナーの右側にある変数ペインを見ると、「A1Data」変数にA1セルの値、「TableData」変数に「CourseList」テーブルの内容が読み込まれていることを確認できます（図14）。

なお、［Excelワークシートから読み取る］アクションではほかに、［選択範囲の値］（実行時に選択している範囲の値を取得）、［ワークシートに含まれる使用可能なすべての値］（ワークシート内のすべての値）、［セル範囲の値］（先頭列、行および最終列、行を指定して値を取得）などの取得方法が選べます。

## Excelへの書き込み

続いて、Excelファイルへ値を書き込む方法を解説します。先ほどExcelファイルから読み取った「A1Data」変数および「TableData」変数の内容を、最初に空白で開いたExcelファイルに書き込む操作をしてみましょう。ここまでで追加したアクションの次（6行目）に［Excelワークシートに書き込む］アクションを追加します（図15）。設定画面は図16の通りです。

［Excelインスタンス］欄は、1つめのExcelを表す「ExcelInstance」変数を選択。［書き込む値］として「A1Data」変数を指定してください。［書き込みモード］欄で書き込む場所を指定できるので、［指定したセル上］を選択し、［列］［行］をそれぞれ「1」と設定します。

続いて、テーブルの内容を書き込むために、もう1つ［Excelワークシートに書き込む］アクションを追加します。［Excelインスタンス］欄には同様に「ExcelInstance」変数を指定。［書き込む値］欄で「TableData」変数を選んだら、［指定したセル上］を選択し、［列］を「1」、［行］は「2」を指定して、A2セル以下に書き込む指定とします（図17）。

## ● Excelワークシートに値を書き込む

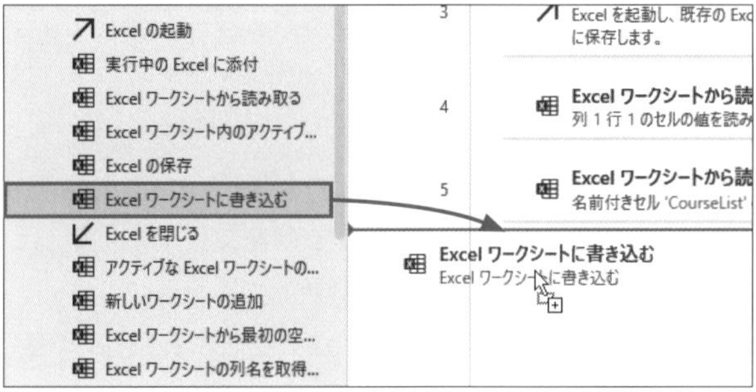


図15　読み取ったデータを、最初に開いた空白のExcelに書き込むために、［Excelワークシートに書き込む］アクションを追加する

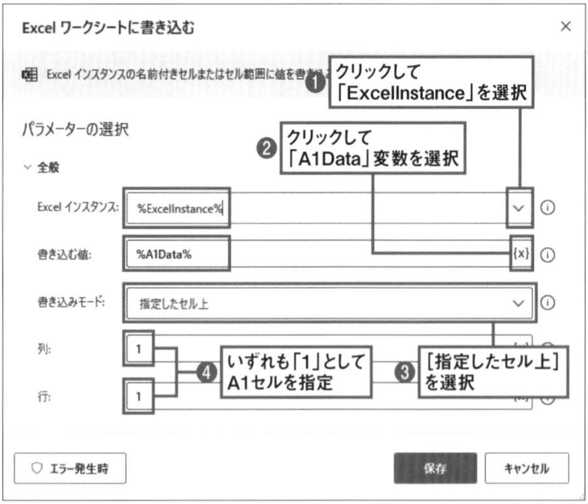


図16　［Excelワークシートに書き込む］アクションの設定画面。［Excelインスタンス］欄で、最初に開いたExcelが格納される「ExcelInstance」変数を選択（❶）。［書き込む値］欄で、値の入った「A1Data」変数を選ぶ（❷）。［書き込みモード］欄で［指定したセル上］を選び（❸）、［列］と［行］をいずれも「1」と入力すると、書き込み先としてA1セルを指定できる（❹）

実行すると、これまでの動作の流れの最後に、空白で開いたExcelファイルにデータが書き込まれていることを確認できます（図18）。コピー→貼り付けの操作とは異なり、書式は除いた値だけが読み取り→書き込みされている点に注意してください。これまでと同様、実行が完了した後は、ファイルを保存せずに閉じてください。

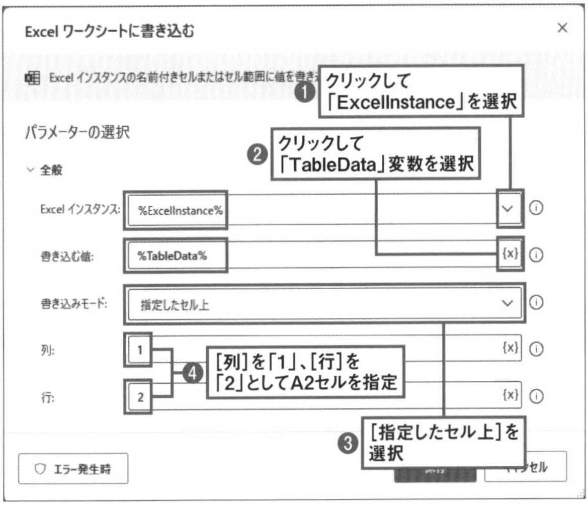


図17 ［Excelワークシートに書き込む］アクションをもう1つ追加し、［Excelインスタンス］欄で「ExcelInstance」変数を選択（❶）。［書き込む値］欄で、テーブルの入った「TableData」変数を選ぶ（❷）。［書き込みモード］欄を［指定したセル上］とし（❸）、［列］に「1」、［行］に「2」を指定すると、書き込み先としてA2セルを指定できる（❹）

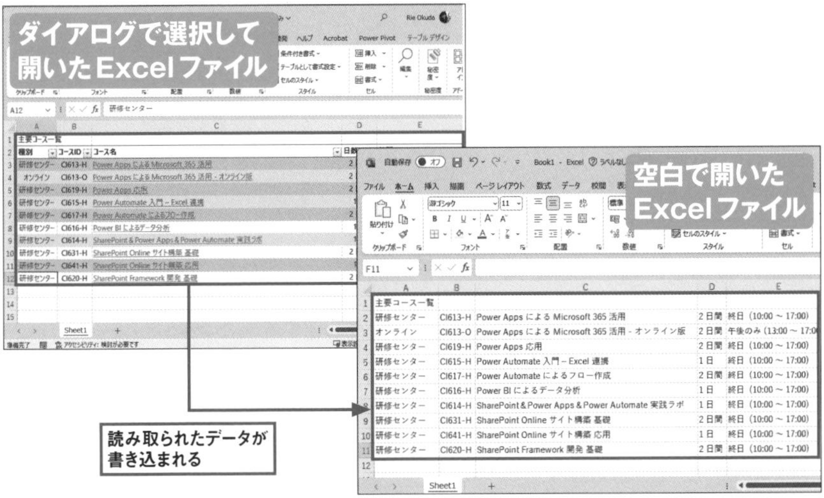


図18 フローを実行すると、ダイアログで選択したExcelファイルからA1セルとテーブルのデータが読み取られ、最初に開いた空白のExcelファイルに書き込まれる

# ワークシートの操作

次に、ワークシート自体に対する操作方法も確認しましょう。ワークシート自体を操作するアクションとして、[アクティブなExcelワークシートの取得][新しいワークシートの追加][すべてのExcelワークシートの取得][Excelワークシートを削除][Excelワークシートの名前を変更]などが用意されています。

## Excelワークシートの名前を変更

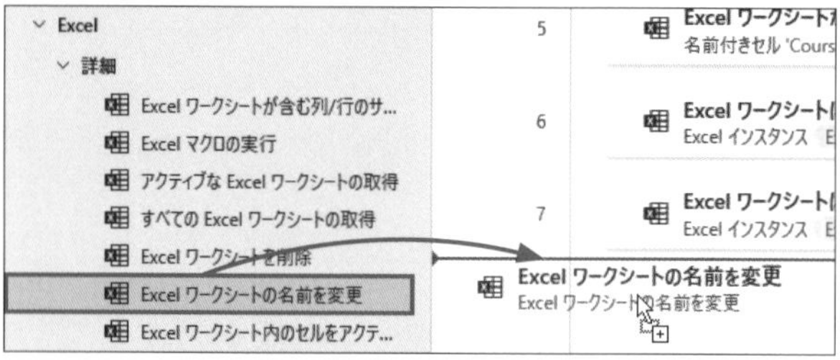


図19　ワークシートの名前を変えるには、[Excel]カテゴリーの[詳細]の中にある[Excelワークシートの名前を変更]アクションを追加する

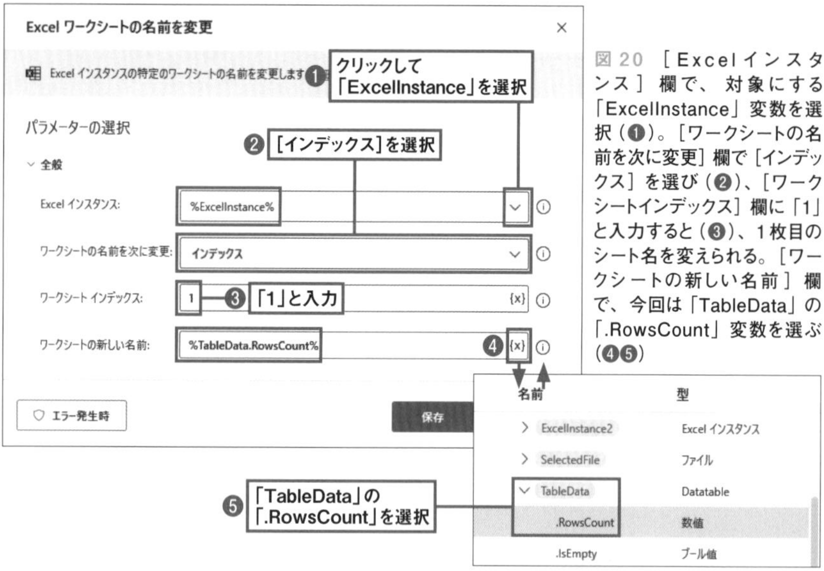


図20　[Excelインスタンス]欄で、対象にする「ExcelInstance」変数を選択(❶)。[ワークシートの名前を次に変更]欄で[インデックス]を選び(❷)、[ワークシートインデックス]欄に「1」と入力すると(❸)、1枚目のシート名を変えられる。[ワークシートの新しい名前]欄で、今回は「TableData」の「.RowsCount」変数を選ぶ(❹❺)

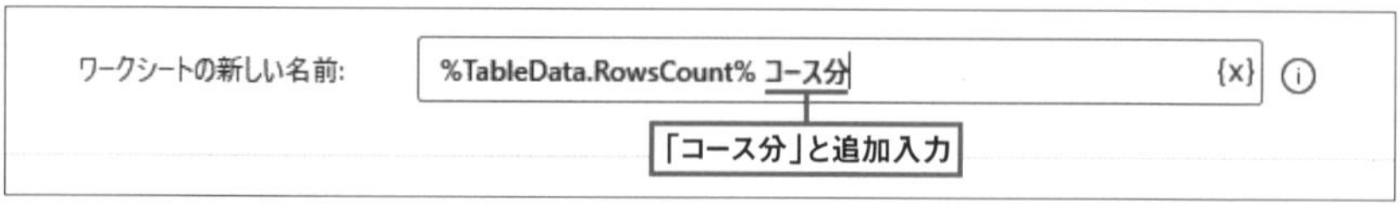


図21　「%TableData.RowsCount%」と指定されるので、ここではその後ろに「コース分」と追加する

まずはワークシートの名前を変更します。ここでは、空白で開いたExcelファイルの「Sheet 1」の名前を「TableData」変数の行数(テーブルから取得した値)に変更してみましょう。

[Excel] カテゴリーにある [詳細] の中に、[Excelワークシートの名前を変更] アクションがあります(図19)。設定画面は図20の通りです。

[Excelインスタンス] 欄は「ExcelInstance」変数を指定。[ワークシートの名前を次に変更] 欄で、名前を変更するワークシートを指定します。名前やインデックス(何番目のシートか)で指定が可能です。ここではインデックスで指定してみます。[インデックス] を選択し、[ワークシートインデックス] 欄に「1」と入力すれば、先頭(左端)のシートを指定できます。最後に [ワークシートの新しい名前] 欄に、変更後の名前を指定します。ここでは「TableData」変数内の「.RowsCount」を選択します。これがテーブルの行数が含まれる値です。「%TableData.RowsCount%」のように設定されたら、その後ろに「コース分」と手入力して追記しましょう(図21)。すると、「(行数) コース分」のような文字列

## テーブルの行数分シートを挿入し、名前の変更と値の書き込みを行う

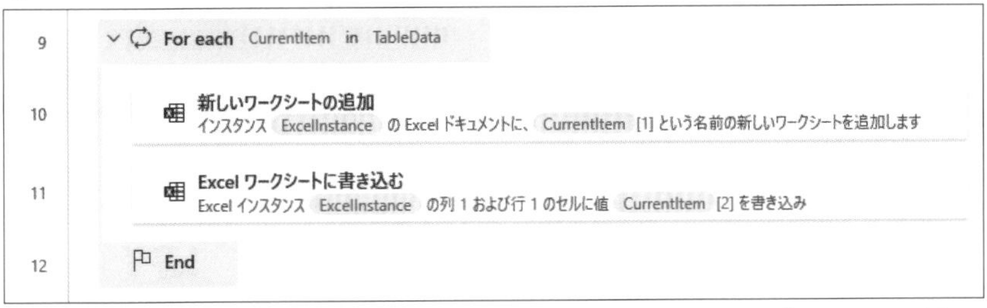


図22　先ほどの [Excelワークシートの名前を変更] アクションに続けて、[For each] アクションを追加し、その中に [新しいワークシートの追加] と [Excelワークシートに書き込む] のアクションを配置する

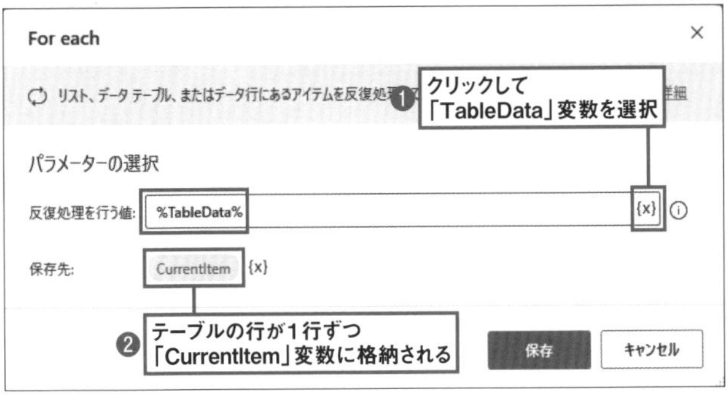


図23　[For each] アクションの設定画面。[反復処理を行う値] 欄で [{x}] をクリックし、「TableData」変数を選ぶ(❶)。すると、テーブルの各行を1行ずつ「CurrentItem」変数に格納しながら、処理が繰り返される(❷)

を作り、シート名にできます。

さらに、ワークシートの追加も行ってみましょう。ここでは、「TableData」変数に格納したテーブルの各行に対応するように、新しいワークシートを作成します。また新しく作成したワークシートに値の書き込みも行うように設定します。この部分の完成形を先に見ておくと、前ページ図22のようになります。

詳しく見ていきます。まず、テーブルに含まれる行数と同じ回数、繰り返し操作を行えるように［ループ］カテゴリーの［For each］を追加します。［反復処理を行う値］として、「TableData」変数を指定します（図23）。

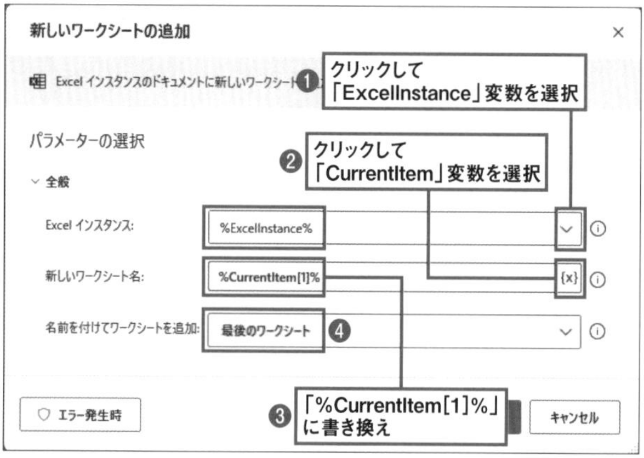


図24　［新しいワークシートの追加］アクションの設定画面。［Excelインスタンス］欄で「ExcelInstance」を選んだら（❶）、［新しいワークシート名］欄を「% CurrentItem［1］%」のように指定する（❷❸）。［名前を付けてワークシートを追加］欄を［最後のワークシート］として（❹）、一番右端にシートを追加する

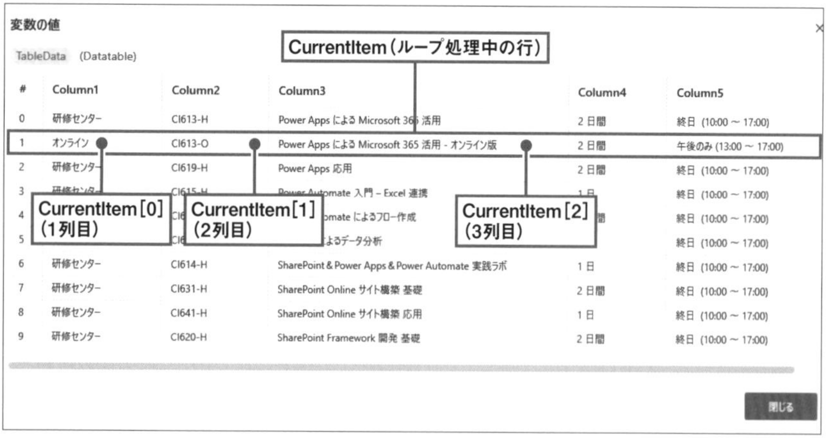


図25　［For each］でテーブルをループ処理すると、「CurrentItem」変数には行単位でデータが格納される。変数名の後ろに半角の角かっこでインデックス番号を指定することで、各列の個々の値を取得できる。インデックス番号は0から始まる点に注意しよう

[For each]と[End]の間に追加する1つめのアクションは、[新しいワークシートの追加]です(図24)。[Excelインスタンス]欄に「ExcelInstance」変数を指定。[新しいワークシート名]欄では、[{x}]をクリックして「CurrentItem」変数を選択した後、挿入された変数名の後ろに「[1]」と追加して「%CurrentItem[1]%」のように指定します。既存のワークシートの後に追加できるように、[名前を付けてワークシートを追加]欄は[最後のワークシート]を選択。これで「TableData」の行数分のワークシートを追加する動作を設定できます。

[For each]でデータテーブル型の変数を指定すると、繰り返し処理されるデータはテーブル内の“行”となります。処理する行は「CurrentItem」変数で取得できますが、変数名の後ろに、半角の角かっこで“インデックス番号”を指定することで、特定の列の値だけを取得できます。インデックス番号は0から始まるため、「CurrentItem[1]」のように指定すると、左から2列目の値を指定したこととなります。これにより、テーブル内の各行を1行ずつループしながら、それぞれ2列目に当たる値を取得して処理できます(図25)。

追加したワークシートのA1セルに、値を書き込む動作も追加しましょう。先ほどの[新しいワークシートの追加]アクションに続けて[Excelワークシートに書き込む]アクションを追加します(図26)。[Excelインスタンス]欄で「ExcelInstance」変数、[書き込む値]欄に「%CurrentItem[2]%」のように指定します。[書き込みモード]欄で[指定したセル上]を選択し、[列]と[行]にそれ

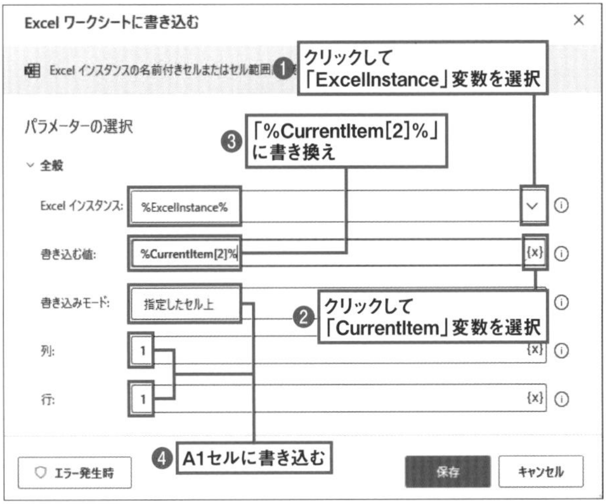


図26 [Excelワークシートに書き込む]アクションの設定画面。[Excelインスタンス]欄で「ExcelInstance」を選んだら(❶)、[書き込む値]欄を「%CurrentItem[2]%」のように指定する(❷❸)。[書き込みモード]欄を[指定したセル上]、[列]と[行]をそれぞれ「1」として、A1セルに書き込む(❹)

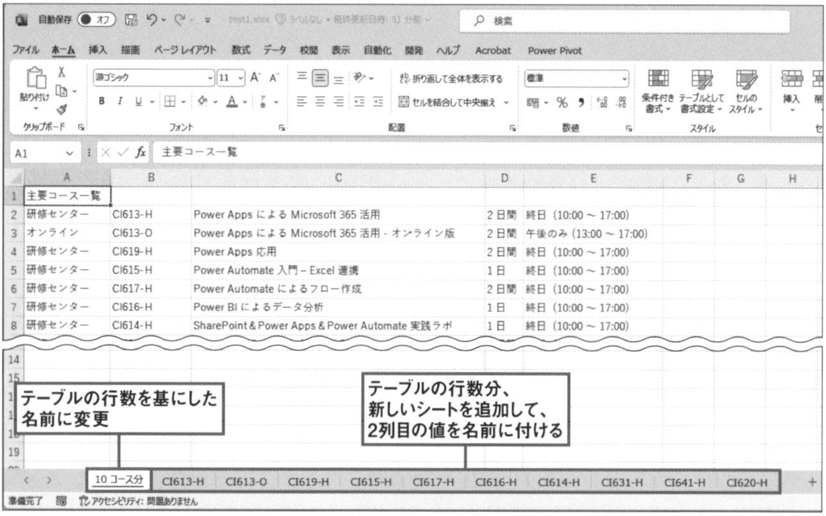


図27　フローを実行した結果。1枚目のシートにはテーブルのデータが書き込まれ、「(行数) コース分」という名前が付く。さらに、行数分のシートが作成され、それぞれ2列目の値がシート名になる

それ「1」を入力すれば、テーブルの各行を1行ずつループしながら、それぞれ3列目の値を取得し、A1セルに書き込みます。

以上のフローを実行すると、ワークシートは次のように変更されたことを確認できます（図27）。

## 保存方法を指定してExcelを閉じる

フローによって開いたExcelファイルを閉じる操作も説明しておきます。フローの最後に［Excelを閉じる］アクションを2つ追加してください（図28）。

ここでは、ダイアログで選択して開いたExcelファイルは上書きせずに閉じ、データを書き込んでシートを追加したもう1つのExcelファイルは、名前を付けて保存します。

1つめの［Excelを閉じる］アクションでは、［Excelインスタンス］欄で「ExcelInstance2」変数を選びます（図29）。［Excelを閉じる前］欄には、文字通り閉じる前の動作を指定しますが、［ドキュメントを保存しない］を選ぶことで、保存せずに閉じることができます。なお、上書きして保存したい場合は［ドキュメントを保存］を選びます。

もう1つの［Excelを閉じる］アクションでは、［Excelインスタンス］欄で「ExcelInstance」変数を選択、［Excelを閉じる前］欄で、［名前を付けてドキュメントを保存］を選びます（図30）。［ドキュメント形式］欄でファイル形式（拡張子）を選択できますが、既定のままでもかまいません。［ドキュメントパス］欄にファイルを保存したい場所とファイル名を指定します。

本節で作成したフローの全体像は、次ページ図31のようになります。

## 操作したExcelを閉じる

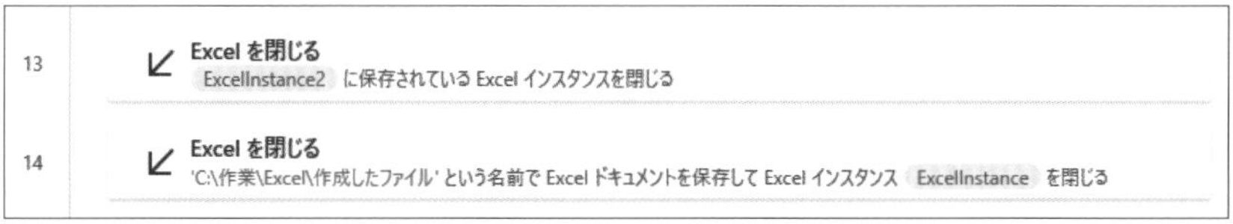


図28　フローの最後に、操作してきた2つのExcelを閉じる。［Excelを閉じる］アクションを2つ追加して、一方は保存せずに閉じ、もう一方は名前を付けて保存しよう

図29　1つめの［Excelを閉じる］アクションの設定画面。［Excelインスタンス］欄で「ExcelInstance2」変数を選んだら（❶）、こちらは保存せずに閉じたいので、［Excelを閉じる前］欄で［ドキュメントを保存しない］を選ぶ（❷）

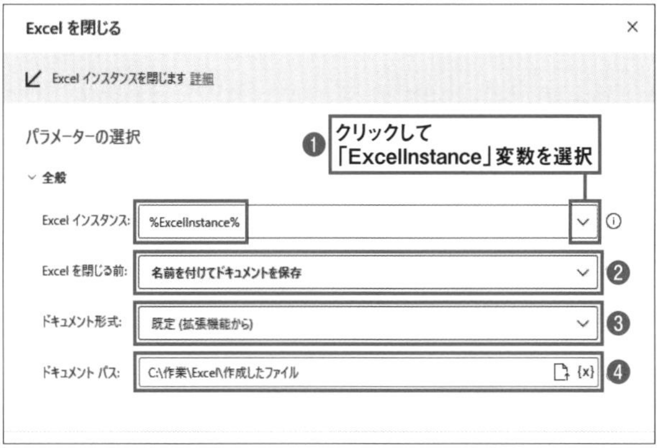


図30　2つめの［Excelを閉じる］アクションでは、［Excelインスタンス］欄で「ExcelInstance」変数を選択（❶）。［Excelを閉じる前］欄で［名前を付けてドキュメントを保存］を選び（❷）、［ドキュメント形式］欄は［既定］のまま（❸）、保存場所とファイル名を［ドキュメントパス］欄に指定する（❹）

## 本節で作成したフローの全体

1
Excel の起動
既存の Excel プロセスを使用して空白のドキュメントで Excel を起動し、Excel インスタンス ExcelInstance に保存します
2
ファイルの選択ダイアログを表示
ファイルの選択ダイアログをタイトル '開く Excel ファイルを選択' で表示し、ファイルの選択を SelectedFile に、押されたボタンを ButtonPressed に保存します
3
Excel の起動
Excel を起動し、既存の Excel プロセスを使用してドキュメント SelectedFile を開き、Excel インスタンス ExcelInstance2 に保存します。
4
Excel ワークシートから読み取る
列 1 行 1 のセルの値を読み取り、 A1Data に保存する
5
Excel ワークシートから読み取る
名前付きセル 'CourseList' の値を読み取って TableData に保存する
6
Excel ワークシートに書き込む
Excel インスタンス ExcelInstance の列 1 および行 1 のセルに値 A1Data を書き込み
7
Excel ワークシートに書き込む
Excel インスタンス ExcelInstance の列 1 および行 2 のセルに値 TableData を書き込み
8
Excel ワークシートの名前を変更
インスタンスが ExcelInstance に保存されている Excel ドキュメントからインデックス 1 のワークシートの名前を変更
9
For each CurrentItem in TableData
10
新しいワークシートの追加
インスタンス ExcelInstance の Excel ドキュメントに、 CurrentItem [1] という名前の新しいワークシートを追加します
11
Excel ワークシートに書き込む
Excel インスタンス ExcelInstance の列 1 および行 1 のセルに値 CurrentItem [2] を書き込み
12
End
13
Excel を閉じる
ExcelInstance2 に保存されている Excel インスタンスを閉じる
14
Excel を閉じる
'C:\作業\Excel\作成したファイル' という名前で Excel ドキュメントを保存して Excel インスタンス ExcelInstance を閉じる

図31　フローの全体像。Excelの起動方法、ファイルの開き方、データの読み取り方、書き込み方、ファイルの保存方法などを確認してほしい

# Section 09 Webブラウザーに対する操作

デスクトップフローでは、Webブラウザー上での操作を自動化することもできます。これにより、Webブラウザー上で動作するWebアプリケーションやWebサイト、社内サイトなどを操作することが可能です。

Power Automate for desktopでブラウザーを操作する場合、利用するブラウザーに、Power Automateの拡張機能をインストールしておく必要があります。また実行前には、拡張機能が有効となっているかどうかを確認しましょう（29ページ参照）。

ブラウザー操作を行うには、［ブラウザー自動化］カテゴリーに用意されているアクションを利用します（図1）。これらの一部を利用しながら、ブラウザーに対する操作の基本を確認していきましょう。

## ブラウザー操作の基本

まずはブラウザーを起動します。ここではマイクロソフトのブラウザー「Edge」を利用することにします。新しいフローを作成したら、［ブラウザー自動化］カテ

### ● Webブラウザーを対象にするアクション

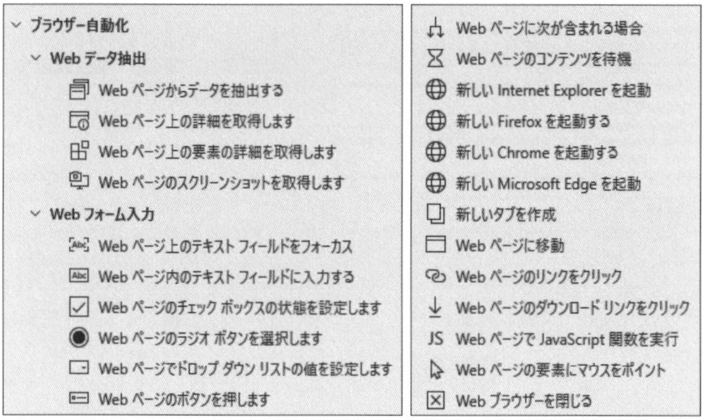


図1 ［ブラウザー自動化］カテゴリーに用意されている、ブラウザーを対象にしたアクションの例

ゴリーにある［新しいMicrosoft Edgeを起動］アクションを追加します（図2）。設定画面では、［起動モード］欄は既定値の［新しいインスタンスを起動する］のまま、［初期URL］欄に開きたいWebページのURLを指定します（図3）。このアクションで生成される「Browser」変数には、ここで起動したブラウザーが格納されます。Excelの場合と同様、この後のフローでブラウザー画面に対して操作を行いたいときは、この変数を「インスタンス」として指定します。

なお、グーグルの「Chrome」など他のブラウザーを利用する場合は、［新しいChromeを起動する］など、ブラウザーを起動する際に利用するアクションを変更してください。初期URLを指定するなど、設定方法は同様です。

## ● ブラウザーの「Edge」を起動する

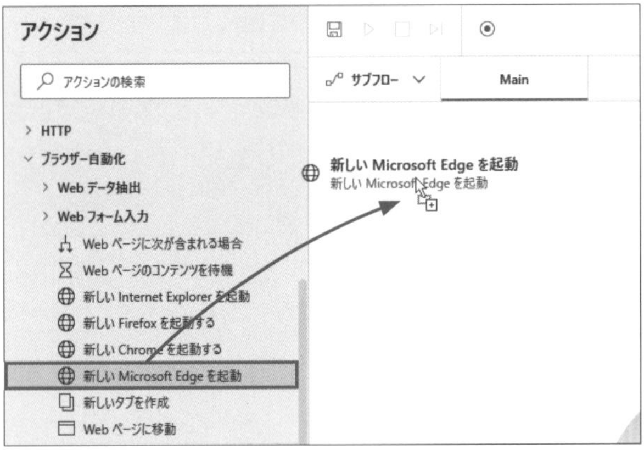


図2 ブラウザーのEdgeを起動するには、［ブラウザー自動化］カテゴリーにある［新しいMicrosoft Edgeを起動］アクションを追加する

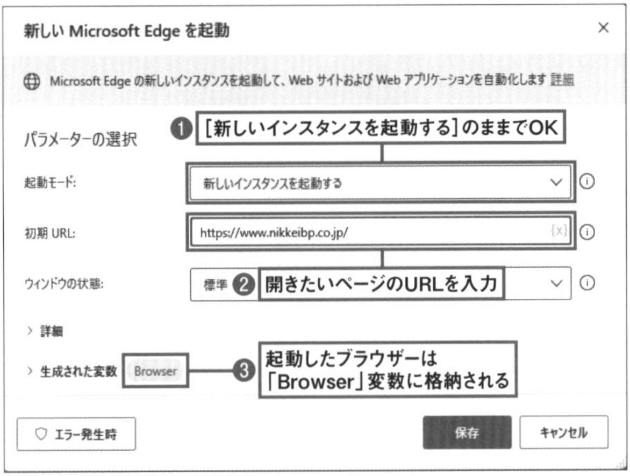


図3 ［新しいMicrosoft Edgeを起動］アクションの設定画面。［起動モード］欄を［新しいインスタンスを起動する］にすると、新規にブラウザーを起動できる（❶）。［初期URL］欄に、開きたいWebページのURLを入力（❷）。必要に応じて［ウィンドウの状態］も指定できる。起動したブラウザーは、生成される「Browser」変数を使って指定できるようになる（❸）

次に、開いたWebページのスクリーンショットを取得して保存してみます。[ブラウザー自動化] カテゴリーの [Webデータ抽出] の中にある [Webページのスクリーンショットを取得します] アクションを追加しましょう (図4)。設定画面の [Webブラウザーインスタンス] 欄には「Browser」変数がデフォルトで指定されているので、そのままとします (図5)。[キャプチャ] 欄で、ページ全体を取得するか部分的に取得するかを選択できますが、ここでは [Webページ全体] を選択します。[保存モード] 欄を [ファイル] とし、[画像ファイル] 欄に保存先の場所とファイル名を指定します。[ファイル形式] 欄は [BMP] のままで結構です。

ここまでの内容で実行してみると、指定したWebサイトが開き、指定した場

## Webページのスクリーンショットを撮る

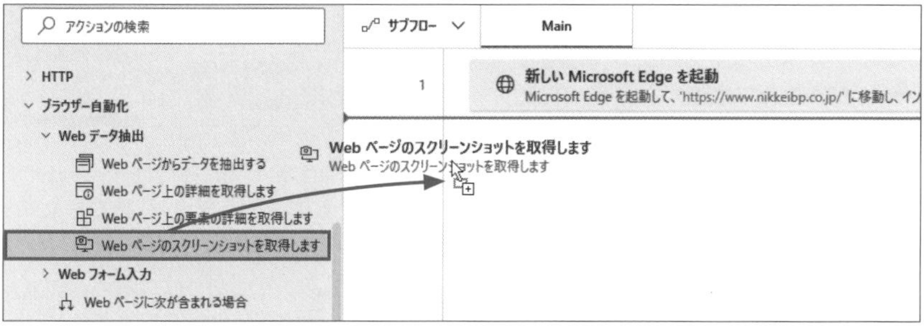


図4　ブラウザーの画面をスクリーンショットに収めるには、[ブラウザー自動化] カテゴリーの [Webデータ抽出] の中にある [Webページのスクリーンショットを取得します] アクションを追加する

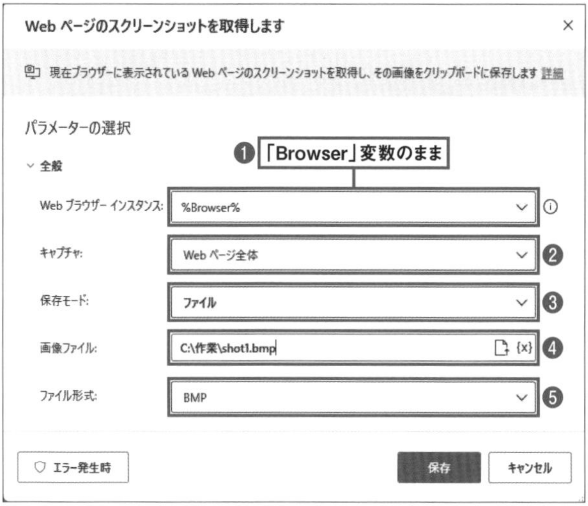


図5　[Webブラウザーインスタンス] 欄には標準で「Browser」変数が指定されているので、そのままでかまわない (❶)。[キャプチャ] 欄に指定する取得対象は [Webページ全体] とし (❷)、[保存モード] 欄で [ファイル] を選ぶ (❸)。すると保存場所とファイル名を指定する [画像ファイル] 欄と、画像の形式を選ぶ [ファイル形式] 欄が現れるので、それぞれ指定する (❹❺)。ここでは [BMP] 形式とした

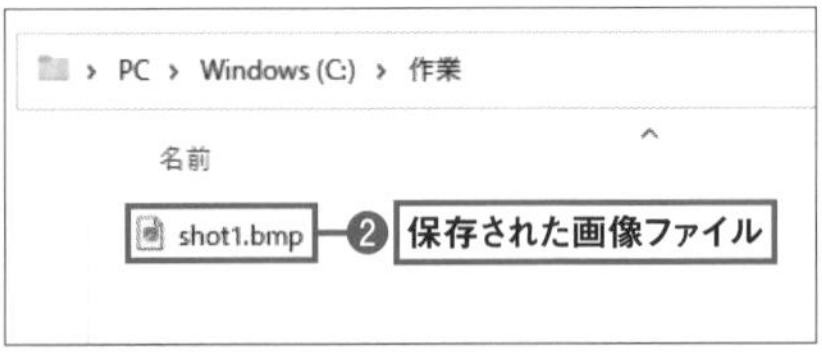


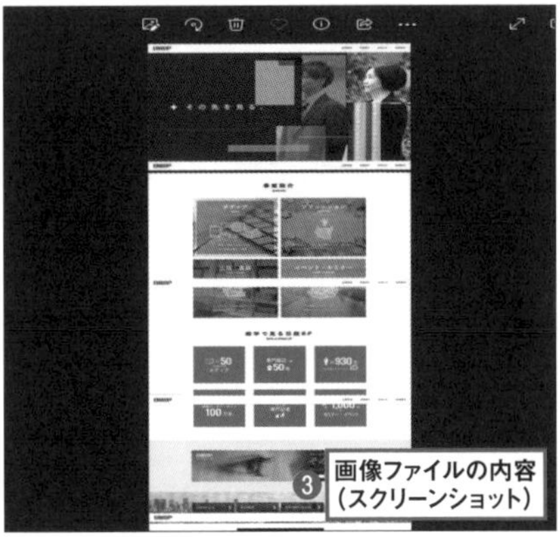


図6　フローを実行すると、まずEdgeが起動して、指定したURLのページが開く（❶）。続いて、指定したフォルダーにBMP形式の画像ファイルが保存される（❷）。それをダブルクリックして開くと、Webページのスクリーンショットになっている（❸）

所にスクリーンショットが保存されることを確認できます（図6）。確認できたら、フローによって開かれたブラウザーは閉じておきましょう。

ブラウザーを起動するアクションは動作するけれど、スクリーンショットが保存されないという場合は、ブラウザーに拡張機能がインストールされていないか、有効になっていない可能性があります。確認してみてください。

## ブラウザーからデータを取得する

次に、Webページ内にあるデータを抽出する操作について解説します。ここでは、先ほどのフローに続けて抽出の操作を加えることにします。

まずはデータを抽出したいページを開きましょう。ブラウザーの起動時にURLを指定することもできますが、今回はすでにブラウザーを起動済みなので、［Webページに移動］アクションを使って、ページを移動します（図7）。設定画面の［URL］欄に、データを抽出したい内容が含まれるWebページのURLを指定してください（図8）。

続いて、データを抽出する設定を行います。設定する際は、あらかじめデータを抽出したいWebページをブラウザーで開いておきます。そして［ブラウザー自動化]の[Webデータ抽出]にある[Webページからデータを抽出する]アクションを挿入します(次ページ図9)。設定画面は図10の通りです。

[Webブラウザーインスタンス]欄には、最初のアクションで起動したEdgeが格納されている「Browser」変数が指定されているので、そのままで結構です。また[データ保存モード]欄は[変数]となっていることを確認してください。これは、抽出したデータを変数に格納するという設定です。ちなみに、この欄で[Excelスプレッドシート]を選択した場合は、Excelを新規で起動して、そこにデータが書き込まれます。

この[Webページからデータを抽出する]アクションで抽出するデータを指定するためには、アクションの設定画面を表示している状態で、対象のブラウザーを最前面に表示します。すると、「ライブWebヘルパー」というウインドウが表示され、抽出する要素の選択モードに切り替わります(図11)。ブラウザー上で

## ● ブラウザーでページを移動する

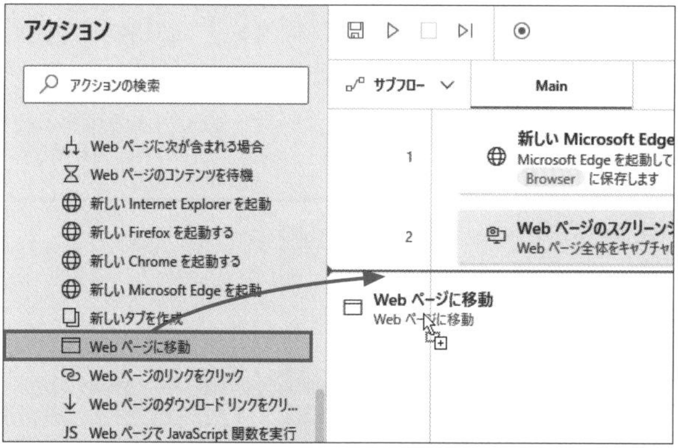


図7 先ほど起動したブラウザーで別のページに移動するために、[Webページに移動]アクションを追加する

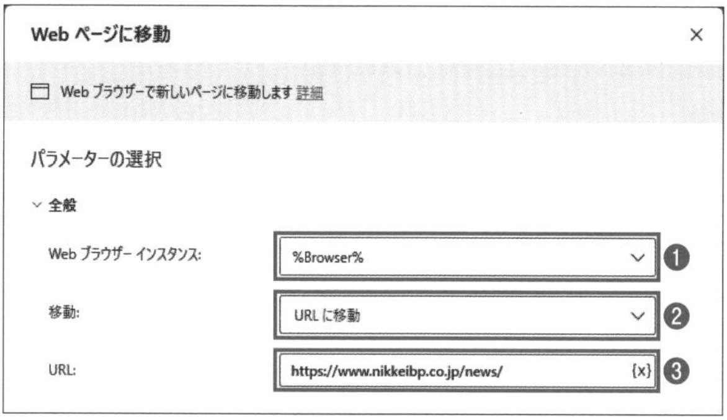


図8 [Webブラウザーインスタンス]欄は「Browser」変数(❶)、[移動]欄も[URLに移動]のまま(❷)、[URL]欄に移動先のURLを入力する(❸)

## Webページからデータを抽出する

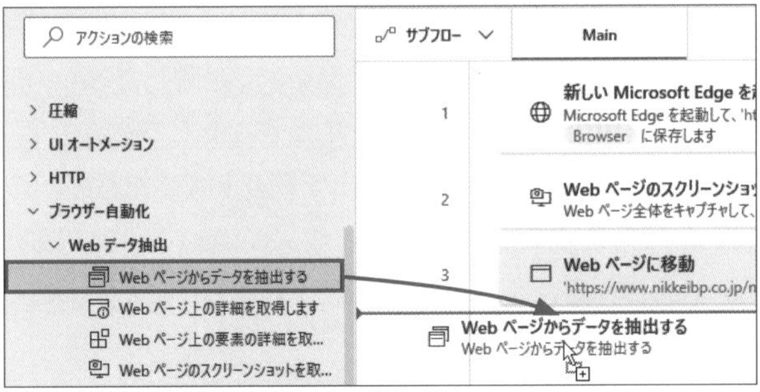


図9　Webページ上にある特定のデータを取得するには、[Webデータ抽出]の中にある[Webページからデータを抽出する]アクションを追加する

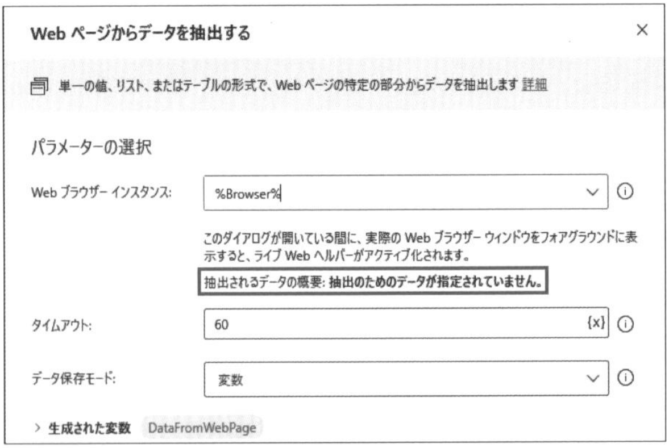


図10　[Webページからデータを抽出する]アクションの設定画面。標準の設定のまま特に変更する必要はないが、まだ抽出するデータが指定されていない。これを指定するために、ブラウザーを起動して、当該ページを開く

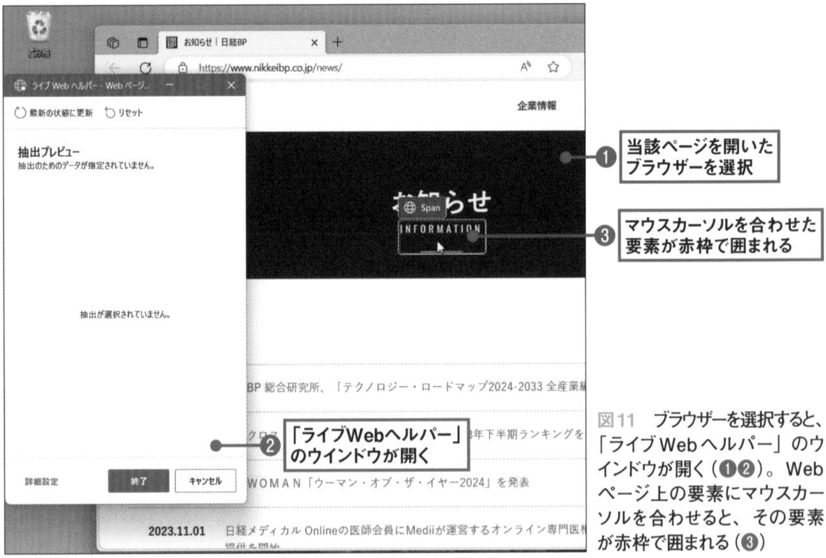


図11　ブラウザーを選択すると、「ライブWebヘルパー」のウインドウが開く(❶❷)。Webページ上の要素にマウスカーソルを合わせると、その要素が赤枠で囲まれる(❸)

抽出したいデータのある場所にマウスカーソルを合わせると、該当するHTML要素が赤枠で囲まれるので、目当ての場所が囲まれていることを確認し、右クリックします。メニューが表示されるので、[要素の値を抽出] から、[テキスト] などと抽出するデータを指定します (図12)。要素を選択できると、ライブWebヘルパーにプレビューとして、抽出した内容が表示されます。内容を確認して問題なければ [終了] をクリックしましょう (図13)。

するとフローデザイナーに戻り、[Webページからデータを抽出する] アクションの設定画面に、[抽出されるデータの概要] が表示されます。1つの要素だけを選択した場合は、「レコードを単純変数の形式で抽出します。」と表示されます。

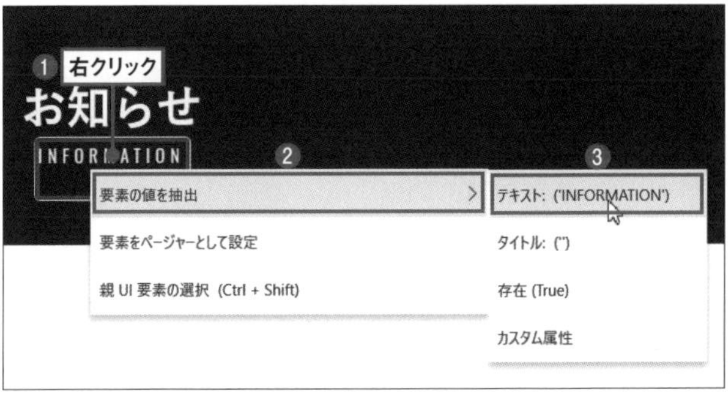


図12　取得したい要素を右クリックし (❶)、メニューから [要素の値を抽出] → [テキスト] を選ぶと (❷❸)、その要素として表示されている文字列を抽出できる

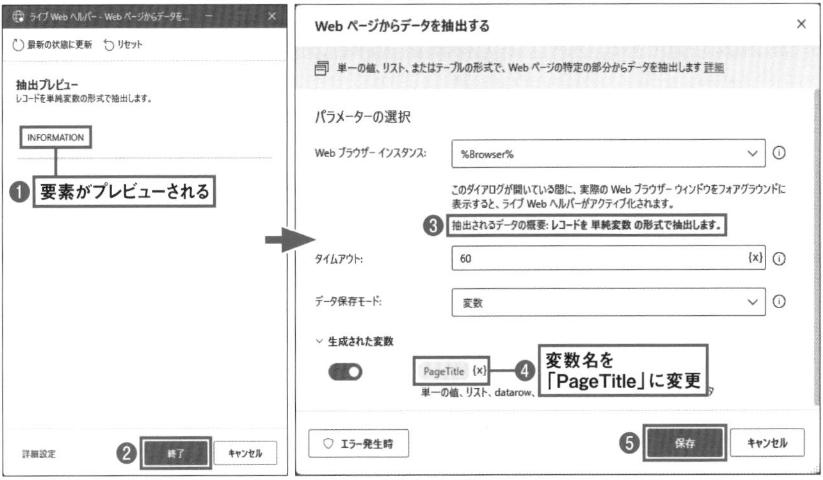


図13　ライブWebヘルパーの画面に、抽出される値がプレビューされる (❶)。問題なければ [終了] をクリック (❷)。アクションの設定画面に戻ったら、[抽出されるデータの概要] の表示を確認 (❸)。ここでは生成される変数の名前を「PageTitle」に変更して (❹)、[保存] を押す (❺)

抽出した要素は標準で「DataFromWebPage」変数に格納されますが、ここではページのタイトルを抽出したので、変数名を「PageTitle」に変更して［保存］をクリックします。

## ブラウザーから一覧データを取得する

次に、表やリストの形でまとめられたデータを取得してみましょう。先ほどと同様、［Webページからデータを抽出する］アクションを追加し、データを抽出したいWebページを開いたブラウザーを最前面に表示します（図14）。ライブWebヘルパーが表示されたら、まず1行目の1列目の値を取得します。データが赤枠で囲まれたら右クリックし、［要素の値を抽出］から［テキスト］を選択します。同様に1行目のほかの列の値を右クリックして、［要素の値を抽出］から［テキスト］を選択します。必要な列を選択したら、続いて2行目の1列目を右クリックして、［要素の値を抽出］から［テキスト］を選択します。すると、ライブWebヘルパー

### ● 表やリストなどをテーブルとして抽出する

図14　Webページ上にある表やリストなどの一覧をまとめて抽出することも可能だ。それには、［Webページからデータを抽出する］アクションを追加して、一覧の1行目にある抽出したい要素をそれぞれ指定（❶❷）。さらに2行目で抽出したい要素を1つ指定する（❸）。ここまで指定すると、一覧全体を抽出する設定になる

のプレビューに、一覧全体が「データテーブル」として抽出されることが示されます（図15）。2行目まで選択することで、列全体を抽出したいという意図をくんでくれるわけです。確認できたら［終了］を押します。

図15　［Webページからデータを抽出する］アクションを追加して、図14の3カ所で、図12と同じく右クリック→［要素の値を抽出］→［テキスト］の操作をする。するとライブWebヘルパーの画面に、一覧全体がプレビューされる（❶）。問題なければ［終了］をクリックする（❷）

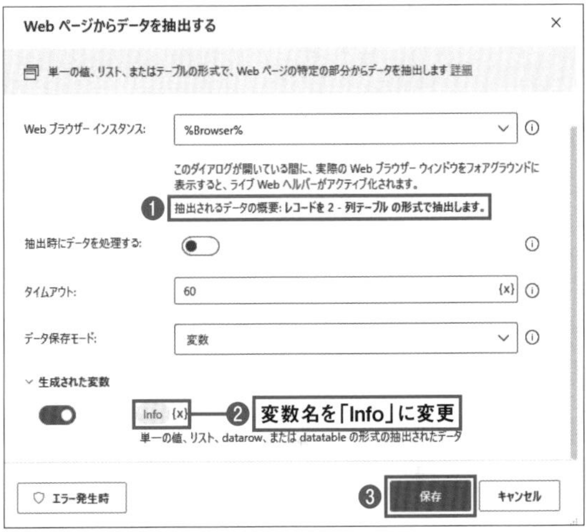


図16　設定画面の［抽出されるデータの概要］に、テーブルの形式で抽出されることが示される（❶）。ここでは生成される変数の名前を「Info」に変更して（❷）、［保存］を押す（❸）

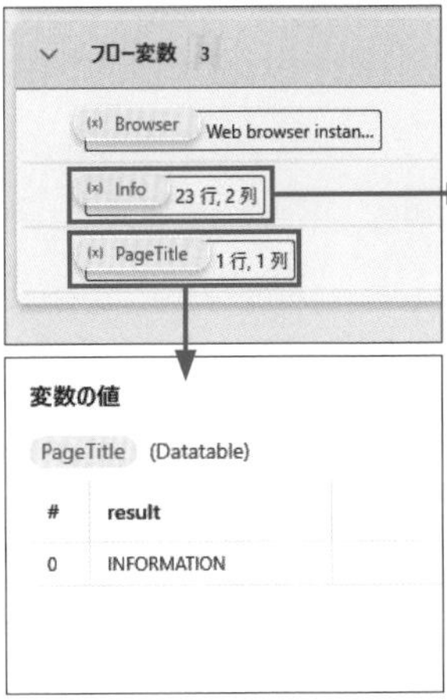


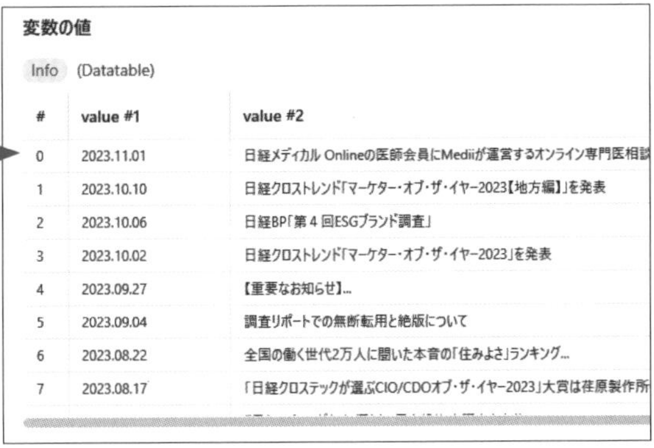


図17　フローをテスト実行した後、変数ペインで変数名をダブルクリックすると、「Info」変数には一覧全体のテーブルが、「PageTitle」変数には「INFORMATION」の文字列が格納されていることがわかる

フローデザイナーに戻ると、［Webページからデータを抽出する］アクションの設定画面に「レコードを○-列テーブルの形式で抽出します。」と表示されます。ここでは変数名を「Info」に変更して［保存］を押します（前ページ図16）。

ここまでの動作を確認してみましょう。フローを実行した後、変数ペインで「Info」変数や「PageTitle」変数をダブルクリックして開くと、指定したタイトルや一覧のデータが格納されていることが確認できます（図17）。

なお、Webサイトから必要な情報を自動化により取得する“Webスクレイピング”を行う場合、取得先サイトの利用規約を確認するようにしましょう。過度なWebスクレイピングはWebサーバーに負荷をかけることにつながる場合もあるため、Webサイトによっては利用規約により禁止されていたり、アクセスが制限されていたり、またデータ取得はAPIを経由することを推奨していたりするケースがあります。例えば、FacebookやX（旧Twitter）など多くのSNSプラットフォームではWebスクレイピングを禁止しています。対象のWebサイトの利用規約やポリシーを確認したうえで実施するようにしましょう。

Column

## HTMLテーブル全体を抽出する

抽出したい内容がHTMLテーブルの場合、ライブWebヘルパーを利用して抽出する値を指定する際に、右クリックメニューから［HTMLテーブル全体を抽出する］を利用できます（図A）。テーブル全体を一発で取得できるため便利ですが、この場合、取得する列の指定はできません。テーブル全体ではなく、任意の列だけを抽出したい場合は、1行目で対象の列をそれぞれ指定し、2行目でそのうちの1つを指定する前述の方法で、設定を行います。

図A　ライブWebヘルパーを利用して抽出する値を指定する際、右クリックメニューに［HTMLテーブル全体を抽出する］という項目があれば、テーブル全体を一発で取得できる

## CSVファイルとして保存する

Webページから抽出したデータを、CSV形式のファイルに書き込んで保存することもできます。先ほどのフローの最後に、この動作を追加してみましょう。[ファイル] カテゴリーから [CSVファイルに書き込む] アクションを追加します。また、起動したブラウザーを閉じる操作も加えます(図18)。

[CSVファイルに書き込む] アクションの設定画面は図19の通りです。[書き込む変数] 欄には、一覧のデータをテーブルとして取得した「Info」変数を指定します。また [ファイルパス] 欄にCSVファイルを保存する場所とファイル名を指定。[保存] をクリックしましょう。

### ● データをCSVファイルに保存し、ブラウザーを閉じる

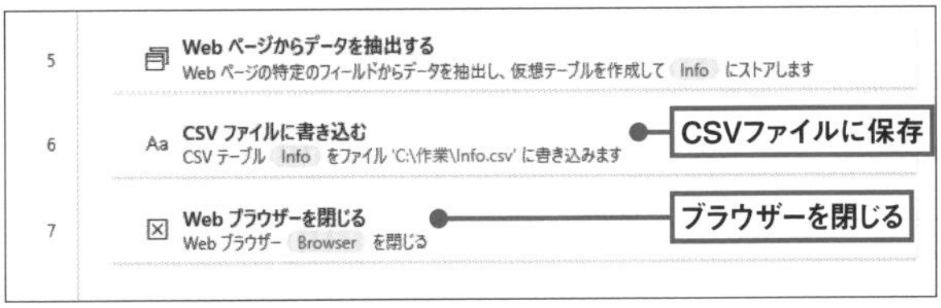


図18　Webページからデータを抽出したら、それをCSVファイルに保存して、ブラウザーを閉じよう。左の2つのアクションを追加する

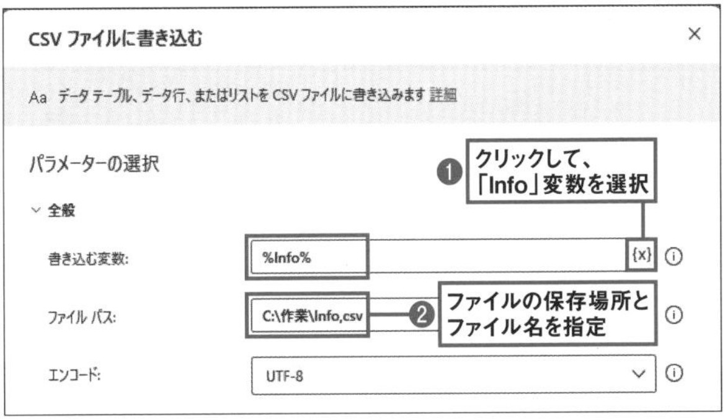


図19　[CSVファイルに書き込む] アクションの設定画面。[書き込む変数] 欄に、一覧データが格納されている「Info」変数を指定(❶)。[ファイルパス] 欄に、ファイルの保存場所とファイル名を指定する(❷)

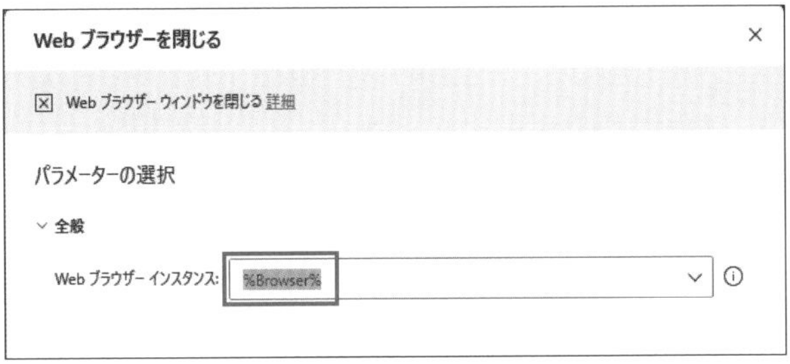


図20　[Webブラウザーを閉じる] アクションの設定画面。[Webブラウザーインスタンス] 欄に自動で「Browser」変数が指定されるので、そのまま保存すればよい

［Webブラウザーを閉じる］アクションの設定画面は、［Webブラウザーインスタンス］欄に、最初に起動したブラウザーを表す「Browser」変数が設定されていることを確認し、そのまま保存すれば完了です（前ページ図20）。

## Webフォームへの入力

ブラウザーの操作では、データの抽出だけではなく、フォームなどへの入力も可能です。［ブラウザー自動化］カテゴリーの［Webフォーム入力］の中に、文字入力をはじめ、ラジオボタンやドロップダウンメニューでの値選択、ボタンの押下といった操作を行うアクションが用意されています。

フォームへの入力を自動化したい場合、［新しいMicrosoft Edgeを起動］アクションでフォームのページを開いた後、［Webページ内のテキストフィールドに入力する］アクションを利用します（図21）。設定画面では、入力する箇所を［UI要素］として追加します（図22）。

### ● Web上のフォームに文字列を入力する

図21　ブラウザーでWebフォームを開き、その入力欄の1つに［Webページ内のテキストフィールドに入力する］アクションで文字列を入力する

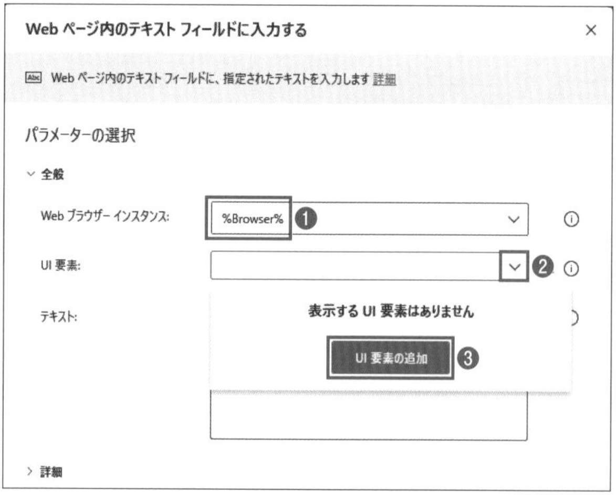


図22　［Webページ内のテキストフィールドに入力する］アクションの設定画面。［Webブラウザーインスタンス］欄に「Browser」変数が指定されていることを確認（❶）。［UI要素］欄の［∨］をクリックし（❷）、開くメニューで［UI要素の追加］をクリックする（❸）

具体的には、[UI要素]欄の「∨」をクリックして、表示される[UI要素の追加]ボタンをクリック。操作対象のWebページを最前面に表示すると、「UI要素ピッカー」のウインドウが開きます(図23)。入力させたい箇所にマウスカーソルを合わせると赤枠が表示されるので、[Ctrl] キーを押しながらクリックすると、UI要素として指定できます。フローデザイナーに戻り、アクションの設定画面で入力するテキストを指定します(図24)。テキストは設定画面に直接入力することもできますが、変数を使って指定することも可能です。

このように入力や選択、ボタンのクリックなどの操作を組み立てていけば、Web画面への入力作業などを自動化できます。

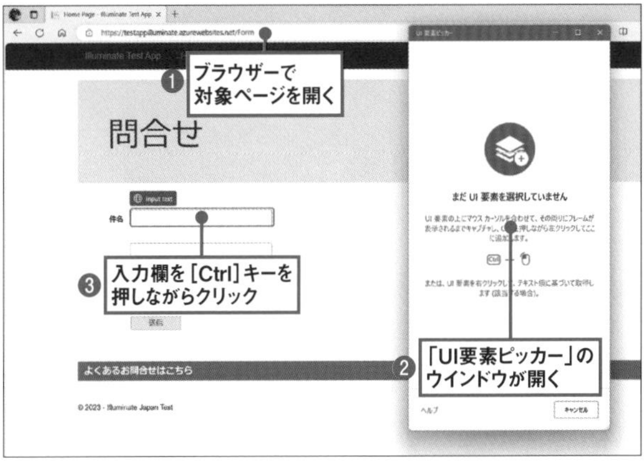


図23 ブラウザーを最前面に表示すると(❶)、「UI要素ピッカー」というウインドウが現れる(❷)。ページ内の要素にマウスカーソルを合わせると赤枠で囲まれるので、入力したい要素を選択し、[Ctrl] キーを押しながらクリックする(❸)

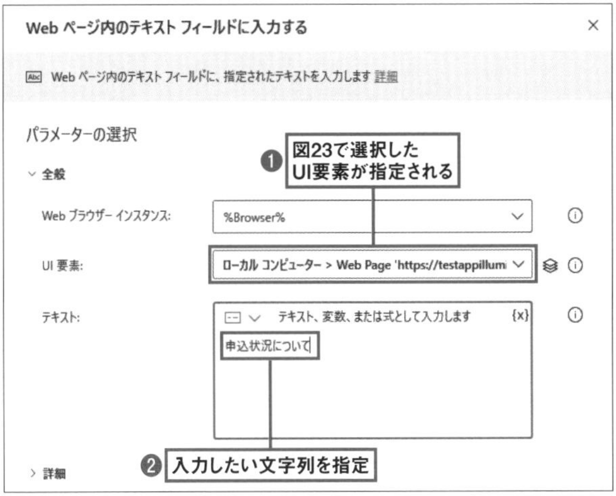


図24 クリックした要素が[UI要素]欄に指定されるので(❶)、[テキスト]欄に、入力したい文字列を指定する(❷)

Section

# 10 レコーダーの利用

　これまで解説してきたフローの作成手順は、1つ1つのアクションを手作業で配置し、設定画面で各アクションに対する必要な設定を行うものでした。一方、Power Automate for desktopには“レコーディング機能”が備わっているので、パソコン上で実際に行った操作を記録して、アクションを自動的に配置することも可能です。マウスやキーボードの動きも記録できるため、ブラウザーやデスクトップアプリケーションでの自動化を設定する際に便利です（図1）。

## 操作を記録してフローを作成する

　レコーディング機能を利用して、Webフォームへの入力および送信を行う操作を組み立ててみましょう。新しいフローを作成したら、今回は先に［新しいMicrosoft Edgeを起動する］アクションを追加して、Webフォームを開く動作を設定しておきます（図2）。

　Webフォームをブラウザーで開いて準備ができたら、フローデザイナーの上部にある［レコーダー］ボタンをクリックします（図2）。レコーダーが起動したら［記録］をクリックし、自動化したい操作を行います（図3）。操作箇所には赤枠が表

### ● 実際の操作を記録してフローを作成する「レコーダー」

図1　Power Automate for desktopには、ユーザーが実際に操作した内容を記録して、フローを自動作成するレコーディング機能がある。これを使うと、フローを効率良く作成できる場合がある

示されます。ひと通りの操作が終わったら、[完了] をクリックします (図4)。ここではWebフォームにある2つの項目への入力と、[送信] ボタンをクリックする操作を記録しています。

図2　ここではフローの先頭に、Edgeを起動してWebフォームを開くアクションを配置しておく。(❶)。そのうえで、上部のメニューにある[レコーダー]ボタンをクリックする(❷)

図3　「レコーダー」ウインドウが表示されるので(❶)、操作対象として準備しておいたWebフォームを確認(❷)。「レコーダー」ウインドウの[記録]ボタンをクリックして記録を開始する(❸)

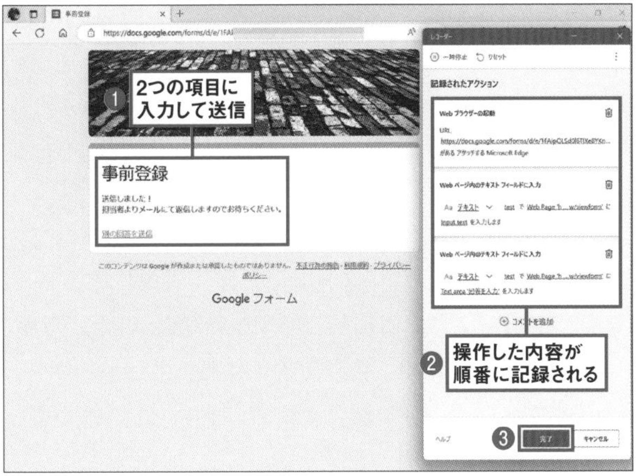


図4　ここでは2つの項目に入力して送信する操作を実行した(❶)。その内容は、「レコーダー」ウインドウに順次記録される(❷)。すべての操作が終わったら[完了]を押す(❸)

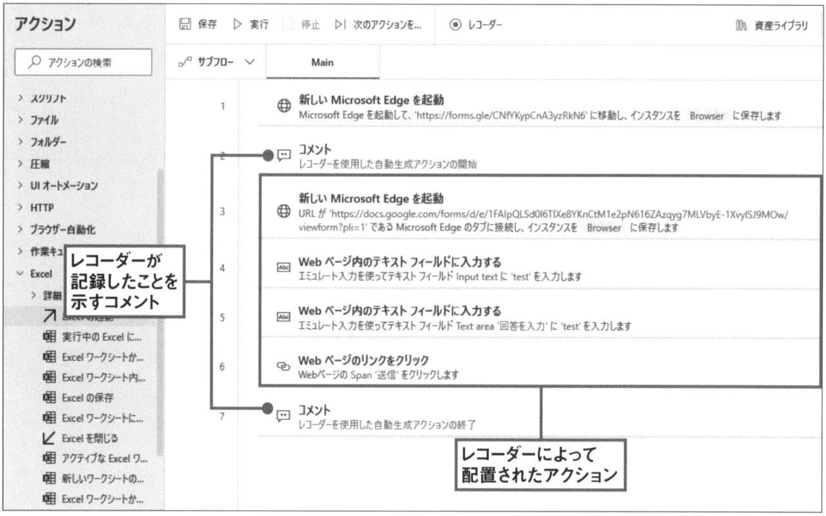


図5　レコーディングを完了すると、フローデザイナーのワークスペースに、記録された操作を実行するアクションが配置される。自動で配置されたアクションは、[コメント]というメモ書き用のアクションに挟まれる

フローデザイナーの画面に戻ると、レコーダーで記録した操作が[コメント]というアクションに囲まれて、アクションとして配置されていることを確認できます(図5)。操作の順番が異なる場合は、自動配置されたアクションをドラッグ操作で移動することもできます。

なお、[コメント]アクションは実際に何らかの操作を行うものではなく、文字通り、メモやコメントを書き込むためのものです。フローに必須のものではありません。ここでは、2つの[コメント]に囲まれた操作が、レコーダーによって記録されたものであることを示すために自動で追加されています。

## レコーダー利用時の注意点

レコーダーによって自動配置されたアクションには、不要な操作が含まれていることがあります。例えば、ここで作成したフローでは、操作対象にするWebフォームを開くアクションを、事前に手動で追加していました(図2)。ところが、ブラウザーでの操作をレコーディングした際、自動配置されたアクションの中にも[新しいMicrosoft Edgeを起動]アクションが含まれています。これは不要なので、削除する必要があります(図6)。

また、レコーディングを行っている途中で操作に迷ったり、やり直しをしたりした操作も、アクションとして配置されてしまいます。そのようなアクションも、実際にフローを利用するときには必要がないので、不要なものは削除しなければなりません。実際に実行してみながら、どのアクションが必要で、どのアクションが不要かを確認するとよいでしょう。

できるだけ不要な操作を記録しないようにするには、長い操作を1回でレコーディングするのではなく、区切りがよいところで操作を分割し、何回かに分けてレコーディングするのがコツです。

なお、ここではWebブラウザー上での操作をレコーディングする例を紹介しましたが、同様にほかのデスクトップアプリケーションの操作もレコーディングして、自動化することが可能です。

図6　不要な操作や間違った操作が記録されてしまったら、後から削除したり、修正したりできる。削除するには、ワークスペースに並んだアクションを右クリックして［削除］を選べばよい（❶❷）。［コメント］も不要なら削除してしまってかまわない。アクションをドラッグして順番を入れ替えることもできる

Column

## [UIオートメーション] での操作

Webブラウザー上の操作だけではなく、各種アプリケーションなどデスクトップ画面上での操作も、画面上のUI要素を指定して自動化できます。レコーダー機能を利用してフローを組み立てる方法もありますが、アクションを追加しながらフローを作成するには [UI オートメーション] カテゴリーのアクションを利用します（図A）。

操作対象とするアプリケーションを起動するには、[システム] カテゴリーにある [アプリケーションの実行] アクションを使います（図B）。そのうえで、[ウィンドウのUI要素をクリック] などのアクションで、メニューの操作やテキスト入力などを実行して、アプリを操作することができます。

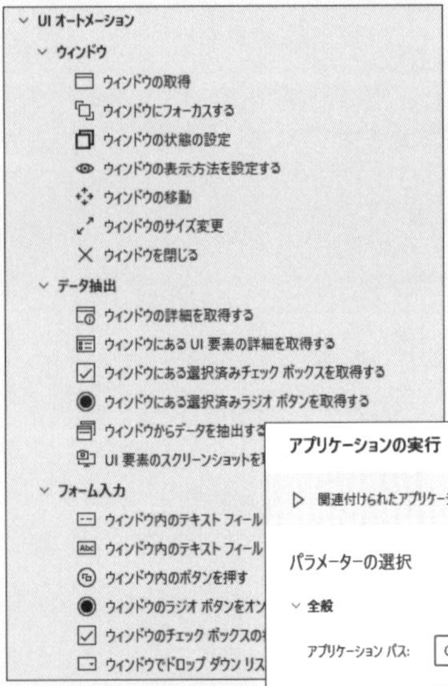


図A [UI オートメーション] カテゴリーにあるアクションの一部。メニューの選択や展開、折り畳み、ドラッグ・アンド・ドロップ、テキスト入力、ラジオボタンやチェックボックスのオンなど、さまざまな操作に対応したアクションが用意されている。画面のどの部分に対して操作を行うかは、UI要素を取得して設定する

図B アプリの起動には、[システム] カテゴリーにある [アプリケーションの実行] アクションを使う。[アプリケーションパス] 欄に、アプリの実行ファイルを指定する。[コマンドライン引数] 欄を指定すると、ファイルを開いて起動することもできる

# 第3章

## パソコン操作の自動化とExcel連携

デスクトップフローの基本を理解できたら、Power Automate for desktopのより実践的な活用方法を身に付けましょう。ビジネスの現場で特にニーズが高い「Excel」を使った操作例を中心に、自動化による業務効率化のテクニックを紹介します。

Section 01

# ブラウザーから収集したデータをExcelに保存

市場のトレンドや競合他社の情報、株価や天気といったリアルタイム性が重視される情報など、インターネット上で提供される各種情報を収集する作業は現在、日ごろの業務においても頻繁に発生する作業といえます。またインターネット上のWebサイトだけではなく、社内サイトやWebベースのアプリケーションから検索した情報を取りまとめたりする作業も同様です。

Power Automate for desktopには、ブラウザー画面の操作やデータの抽出を行うアクションも用意されています。例えば第2章で解説した［Webページからデータを抽出する］アクションを利用すると、ブラウザーで表示したWeb画面から、指定した箇所のデータを抽出して変数に格納、もしくはExcelに保存することができます。

本節では、Excelに含まれるURLの一覧を利用して、複数のWebサイトからデータを収集し、Excelに保存するフローの作り方を解説します。

## 自動化のシナリオ例

ここでは、次のような作業を定期的に実行する必要があることを想定し、フローを作成します（図1）。

**●Excelファイルに、データを収集したいWebページの一覧がある**

・一覧は「テーブル」になっていて、行数（対象Webページの数）は増減する
・各Web ページの体裁は同一である

**●上記Excelファイルに記載されたURLを巡回して、必要なデータを抽出し、すべてを1つの表としてExcelに書き込む**

・データ収集日をファイル名としてファイルを保存する
・メールに添付して関係者に送信する

## 本節で自動化する操作内容

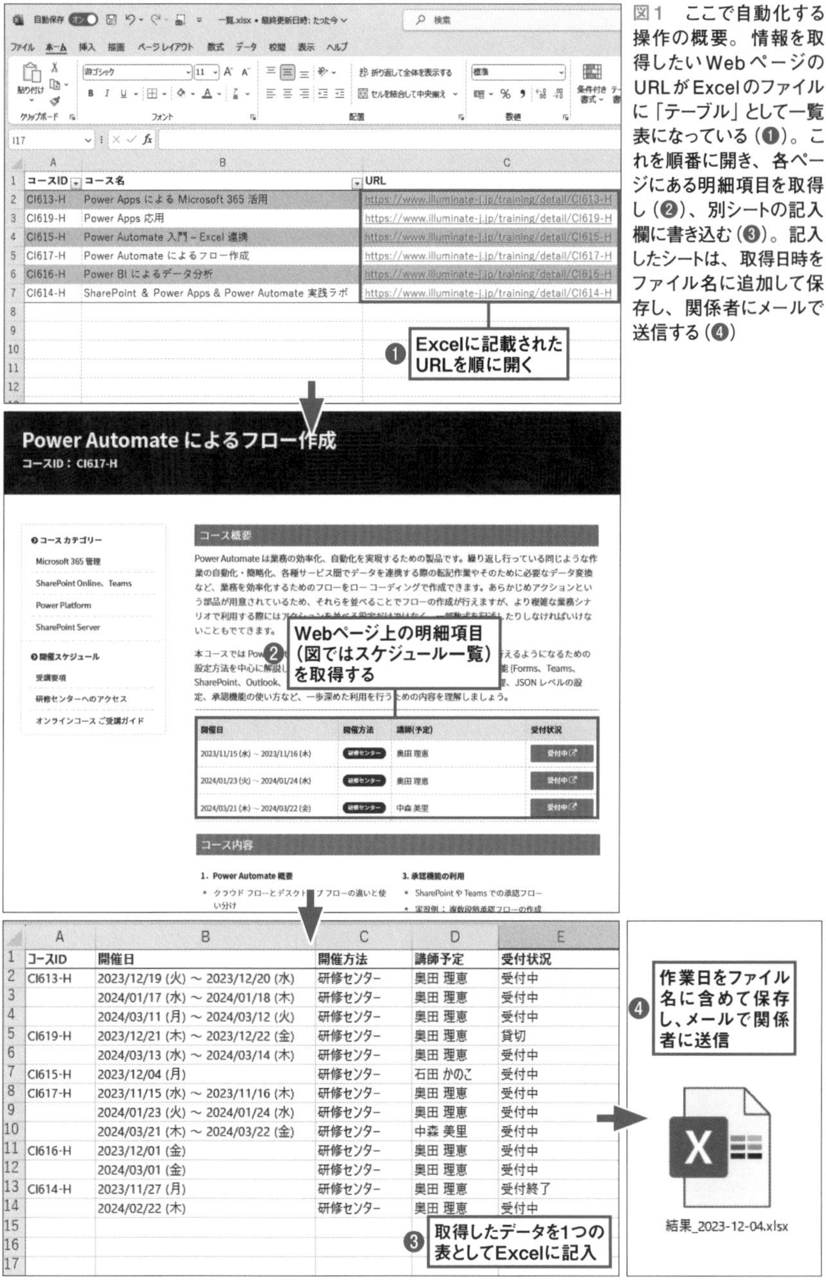


図1　ここで自動化する操作の概要。情報を取得したいWebページのURLがExcelのファイルに「テーブル」として一覧表になっている（❶）。これを順番に開き、各ページにある明細項目を取得し（❷）、別シートの記入欄に書き込む（❸）。記入したシートは、取得日時をファイル名に追加して保存し、関係者にメールで送信する（❹）

## 事前の準備

このフローを実現するために、ここでは次の2つを準備します。

### ●作業フォルダー

任意の場所に、作業用のExcelファイルを保存するためのフォルダーを作成しておきます。フォルダー名は何でもかまいません。

### ●Excelファイル

図2のような内容が含まれるExcelファイルを用意し、上記の作業フォルダー内に保存します。ファイルには2つのシートがあり、一方には情報を取得したいWebページのURLの一覧、もう一方には取得した明細を記入するための列名のみ入力しておきます。

| | A | B | C |
|---|---|---|---|
| 1 | コースID | コース名 | URL |
| 2 | CI613-H | Power Apps による Microsoft 365 活用 | https://www.illuminate-j.jp/training/detail/CI613-H |
| 3 | CI619-H | Power Apps 応用 | https://www.illuminate-j.jp/training/detail/ci619-h |
| 4 | CI615-H | Power Automate 入門 – Excel 連携 | https://www.illuminate-j.jp/training/detail/ci615-h |
| 5 | CI617-H | Power Automate によるフロー作成 | https://www.illuminate-j.jp/training/detail/CI617-H |
| 6 | CI616-H | Power BI によるデータ分析 | https://www.illuminate-j.jp/training/detail/CI616-H |
| 7 | CI614-H | SharePoint & Power Apps & Power Automate 実践ラボ | https://www.illuminate-j.jp/training/detail/CI614-H |
| 8 | | | |

1つめのシート

データの収集を行うWebページの一覧。
テーブルになっていることが前提。
ここではテーブル名を「CourseList」とする

| | A | B | C | D | E |
|---|---|---|---|---|---|
| 1 | コースID | 開催日 | 開催方法 | 講師予定 | 受付状況 |
| 2 | | | | | |
| 3 | | | | | |
| 4 | | | | | |
| 5 | | | | | |
| 6 | | | | | |
| 7 | | | | | |
| 8 | | | | | |
| 9 | | | | | |
| 10 | | | | | |
| 11 | | | | | |
| 12 | | | | | |
| 13 | | | | | |
| 14 | | | | | |

2つめのシート

複数のWebページから
取得した明細データを書き込むシート。
列名（見出し）のみ記入しておく

図2　ここで作成するフローに必要なExcelファイル。対象WebページのURL一覧は、「テーブル」の設定になっている前提で話を進める

# Excelやブラウザーの起動と開始時の事前処理

それではフローを作成していきましょう。最初に、Excelファイルやブラウザーを起動する設定を行います。また、Excelに記載された一覧を繰り返し処理する前に行っておきたい作業として、次のアクションを追加します。

① [Excelの起動]
② [アクティブなExcelワークシートの設定]
③ [Excelワークシートから読み取る]
④ [新しいMicrosoft Edgeを起動]
⑤ [変数の設定]
⑥ [アクティブなExcelワークシートの設定]

## ① [Excelの起動]

最初にExcelを起動するために、[Excelの起動]アクションを追加します(図3)。[Excelの起動]欄で[次のドキュメントを開く]を選び、[ドキュメントパス]欄で、事前に用意したExcelファイルを選択します。

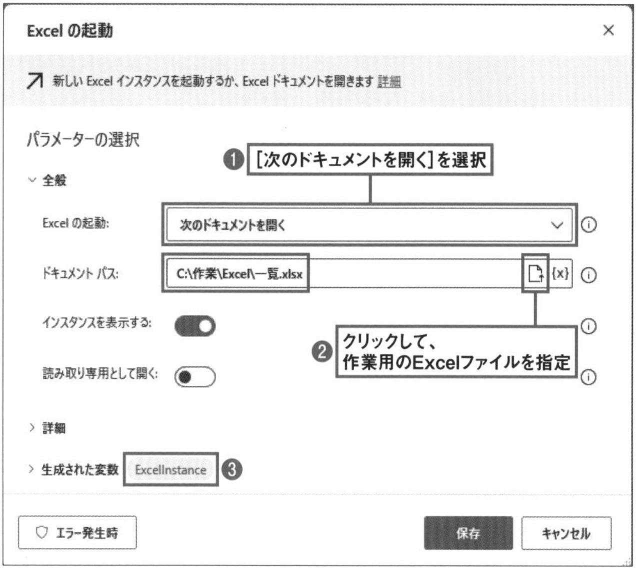


図3 [Excelの起動]アクションの設定画面。[Excelの起動]欄で[次のドキュメントを開く]を選び(❶)、[ドキュメントパス]欄に作業用のExcelファイルを指定する(❷)。このExcelファイルは「ExcelInstance」変数に格納される(❸)

### ②［アクティブなExcelワークシートの設定］

データを読み取るシートをアクティブにします。［Excelインスタンス］欄では、先に起動したExcelを格納した「ExcelInstance」変数を指定。［次と共にワークシートをアクティブ化］欄で［名前］を選択し、［ワークシート名］欄に、データを読み取るテーブルが含まれるシート名を指定します（図4）。

### ③［Excelワークシートから読み取る］

シート上のテーブルから、データを読み取ります。［Excelインスタンス］欄では、先ほどと同様、先に起動したExcelを格納した「ExcelInstance」変数を指定。

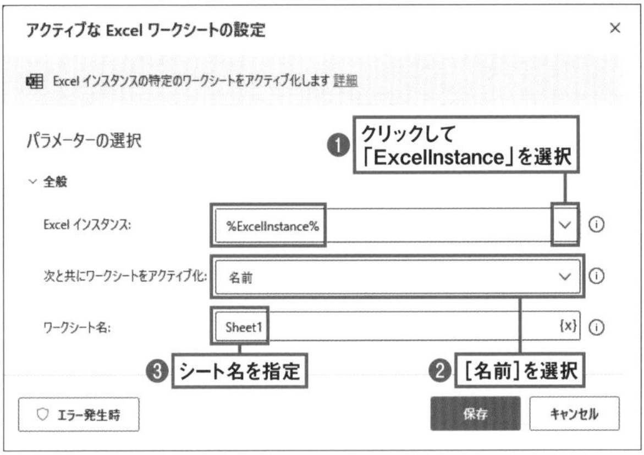


図4　［アクティブなExcelワークシートの設定］アクションの設定画面。［Excelインスタンス］欄で「ExcelInstance」変数を選び（❶）、［次と共にワークシートをアクティブ化］欄で［名前］を選択する（❷）。すると［ワークシート名］欄が現れるので、Webページの一覧が記載されたシート名（ここでは「Sheet1」）を入力する（❸）

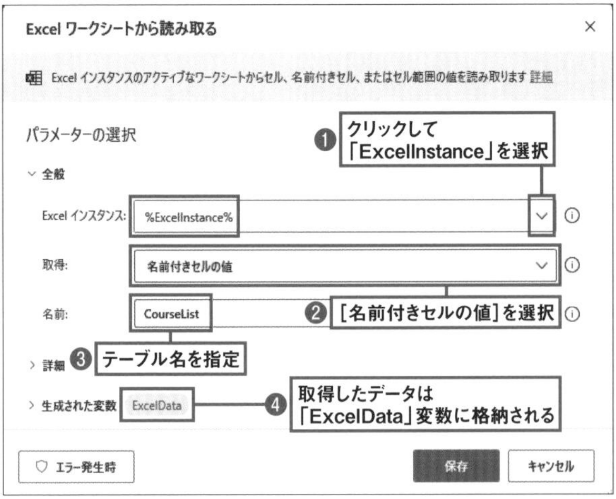


図5　［Excelワークシートから読み取る］アクションの設定画面。［Excelインスタンス］欄で「ExcelInstance」変数を選び（❶）、［取得］欄で［名前付きセルの値］を選択（❷）。すると［名前］欄が現れるので、Webページの一覧が記載されたテーブル名（ここでは「CourseList」）を入力する（❸）。取得したデータは「ExcelData」変数に格納される（❹）

[取得] 欄で [名前付きのセルの値] を選択し、[名前] 欄でデータを読み取るテーブル名を指定します。ここでは、「CourseList」という名前のテーブルを対象にしています (図5)。

### ④ [新しいMicrosoft Edgeを起動]

Webブラウザーを起動します。[起動モード] 欄は [新しいインスタンスを起動する] として、[初期URL] 欄に適当なURLを指定します (図6)。実際に開くURLは、Excelのファイルから読み取ることになりますが、このアクションは[初期URL] を指定しないと設定を完了できないので、直接データを取得するページ以外でもよいので、何かしら指定しておきます。

### ⑤ [変数の設定]

取得した値を書き込む際に、行番号を指定するために利用する変数を準備します。[変数] カテゴリーにある [変数の設定] アクションを使います (次ページ図7)。[変数] 欄で変数の名前を「Index」に変更。[値] 欄に「2」と入力します。書き込む位置は、シートの2行目から始まるので、変数の初期値を「2」としています。

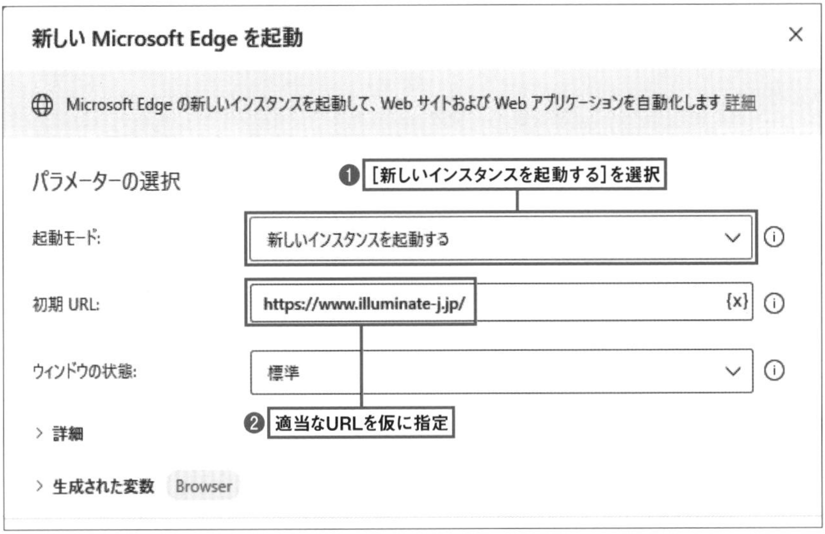


図6 [新しいMicrosoft Edgeを起動] アクションの設定画面。[起動モード] 欄は [新しいインスタンスを起動する] が選択された状態のままでよい (❶)。[初期URL] 欄が空欄だと設定を保存できないので、仮に適当なURLを指定する (❷)

⑥［アクティブなExcelワークシートの設定］

書き込むシートをアクティブにします。［Excelインスタンス］欄で「ExcelInstance」を選び、［次と共にワークシートをアクティブ化］欄で［インデックス］を選びます。ここでは2枚目のシートを選択したいので、［ワークシートインデックス］欄に「2」と指定しましょう（図8）。図4と同様、インデックスではなくシート名で指定してもかまいません。

ここまで設定したフローを確認すると、図9のようになります。

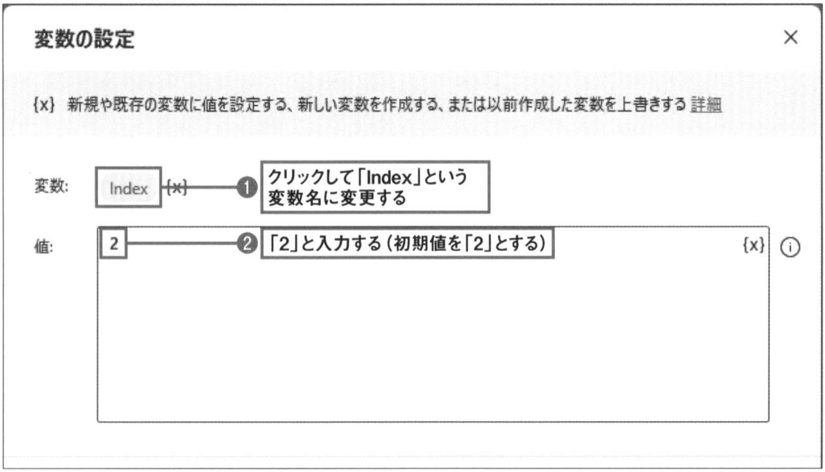


図7 ［変数の設定］アクションの設定画面。［変数］欄には標準で「NewVar」という名前の変数が設定されているので、これを「Index」という名前に変更する（❶）。［値］欄には変数の初期値を指定する。ここでは「2」と入力する（❷）。後ほどこの変数を使って、シートの何行目にデータを書き込むかを指定する

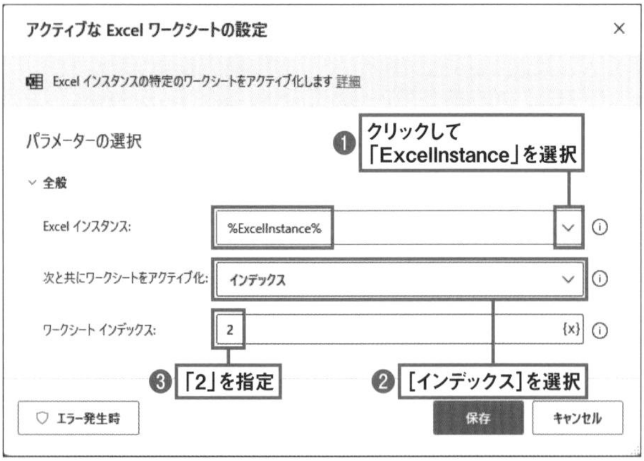


図8 ［アクティブなExcelワークシートの設定］アクションの設定画面。［Excelインスタンス］欄で「ExcelInstance」変数を選び（❶）、［次と共にワークシートをアクティブ化］欄で［インデックス］を選択（❷）。すると［ワークシートインデックス］欄が現れるので、取得したデータを書き込むシートのインデックス番号を指定する。ここでは2枚目のシートなので「2」と入力する（❸）

1
Excel の起動
Excel を起動し、既存の Excel プロセスを使用してドキュメント 'C:\作業\Excel\一覧.xlsx' を開き、Excel インスタンス ExcelInstance に保存します。
2
アクティブな Excel ワークシートの設定
Excel インスタンス ExcelInstance のワークシート 'Sheet1' をアクティブ化します
3
Excel ワークシートから読み取る
名前付きセル 'CourseList' の値を読み取って ExcelData に保存する
4
新しい Microsoft Edge を起動
Microsoft Edge を起動して、'https://www.illuminate-j.jp/' に移動し、インスタンスを Browser に保存します
5
{x}
変数の設定
変数 Index に値 2 を割り当てる
6
アクティブな Excel ワークシートの設定
Excel インスタンス ExcelInstance のインデックス 2 でワークシートをアクティブ化します

図9　ここまでで追加・設定したアクション。下準備として、Excelやブラウザーを起動し、変数の準備などを行っている

## ファイル名の生成を行うサブフロー

デスクトップフローは、ワークスペースにある［Main］タブの中にアクションを配置して作成するのが基本です。これをMainフローといいますが、実はMainフローだけでなく、サブフローを作成してMainフローから呼び出すことも可能です。アクション数が多い複雑なフローを作成する場合や、複数のアクションを組み合わせた操作を何度も繰り返す必要がある場合は、サブフローを利用することでフローを細かく分割して可読性を高めたり、繰り返し実行する処理内容を何度も設定する手間を省いたりできます。

ここで作成中のフローでは、ブラウザーから取得したデータをExcelに書き込んだ後、Excelファイルを上書きせずに別名で保存するように設定を行う予定です。またファイル名には実行した日付を含めます。そこで、現在の日付を取得して、ファイル名の一部として利用できるように書式を整えた文字列を作成する操作を、サブフローとして作成しましょう。

サブフローを作成するには、［Main］タブの左にある［サブフロー］をクリックして、［新しいサブフロー］をクリックします（次ページ図10）。開くダイアログで名前を付けて［保存］を押すと、サブフロー名のタブが追加されるので、そこにアクションを配置してサブフローを作成します。

ここでは、サブフロー内に［日時］カテゴリーにある［現在の日時を取得］アクションを追加します（図11）。設定画面の［取得］欄で［現在の日時］を選択。［タイムゾーン］欄は、使用中のパソコンの設定と同じになるように、［システムタイムゾーン］とします（図12）。取得された現在の日時は、「CurrentDateTime」変数に格納されます。

［現在の日時を取得］アクションで取得される現在日時は、例えば「2023年10月10日10時30分」の場合、「2023/10/10 10:30:00」のような形式の日付値になります。一方、今回のフローでは「2023-10-10」のような日付を表す文字列をファイル名に使いたいと考えています。そこで、前述のような日付値から「2023-10-10」

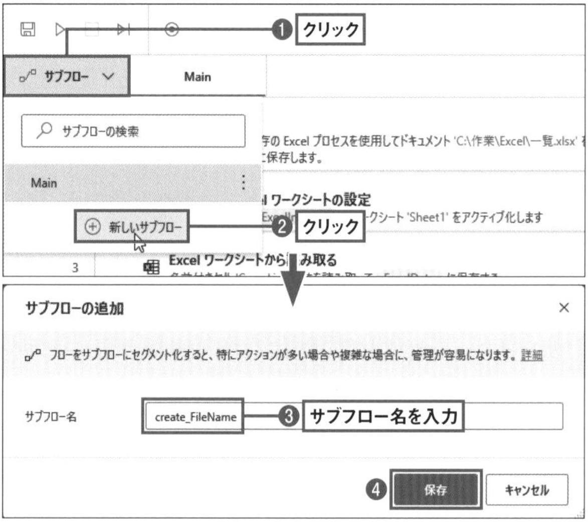


図10 ［Main］タブの左にある［サブフロー］をクリックするとメニューが開くので、［新しいサブフロー］をクリックする（❶❷）。開くダイアログでサブフロー名（ここでは「create_FileName」）を入力し（❸）、［保存］を押す（❹）

図11 ［Main］タブの右にサブフロー名の付いたタブが追加される（❶）。ここに、［日時］カテゴリーの［現在の日時を取得］アクションを追加する（❷）

のような日付文字列を作成する必要があります。

これに使うのが［テキスト］カテゴリーにある［datetimeをテキストに変換］アクションです（図13）。［変換するdatetime］欄で、取得した日時の入っている「CurrentDateTime」変数を指定。［使用する形式］欄を［カスタム］として、［カスタム形式］欄に「yyyy-MM-dd」と入力します。これは4桁の西暦年（yyyy）、2桁の月（MM）、2桁の日（dd）をハイフンでつないだ文字列にするという指定です。これにより、「2023-10-10」のような文字列を作成できます。こうして作成された文字列は、「FormattedDateTime」変数に格納されます。 今回のサブフローは、以上の2つのアクションで構成されます（次ページ図14）。

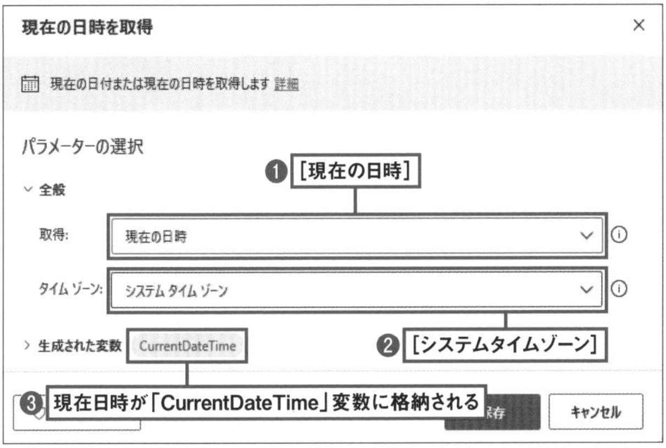


図12 ［現在の日時を取得］アクションの設定画面。［取得］欄で［現在の日時］（❶）、［タイムゾーン］欄で［システムタイムゾーン］が選ばれた状態のまま（❷）、［保存］を押す。すると現在日時が「2023/10/10 10:30:00」のような形式で「CurrentDateTime」変数に格納される（❸）

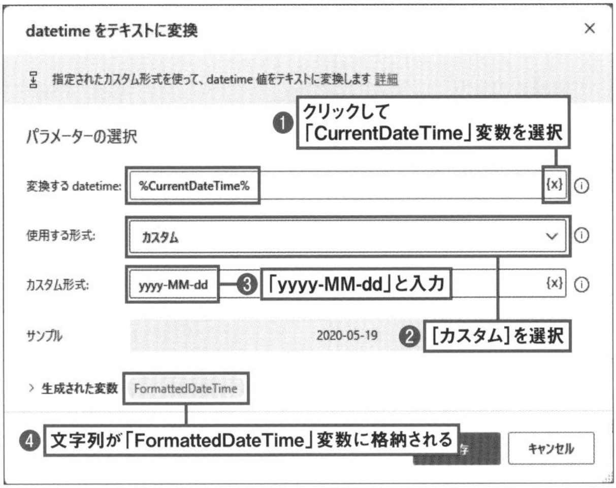


図13 ［datetimeをテキストに変換］アクションの設定画面。［変換するdatetime］欄で、現在日時が格納されている「CurrentDateTime」変数を選択（❶）。［使用する形式］欄で［カスタム］を選び（❷）、［カスタム形式］欄に「yyyy-MM-dd」と入力する（❸）。これで現在日時から「2023-10-10」のような文字列が作られ、「FormattedDateTime」変数に格納される（❹）

サブフロー
Main
create_FileName
1
現在の日時を取得
現在の日時を取得して、CurrentDateTime に保存します
2
datetime をテキストに変換
形式 'yyyy-MM-dd' を使って datetime CurrentDateTime を変換し、FormattedDateTime に保存する

図14 ここで作成したサブフロー「create_FileName」の全体像

## Excelの一覧を基に繰り返し処理

［Main］タブに戻って、今度はExcelから読み取った一覧（テーブル）から1行ずつデータを読み取り、記載されているURLを開いて値を取得して、Excelに書き込む操作を設定していきます。各Webページの体裁は同一であることが前提ですが、表形式の値が何行あるかはページによって異なります。Webページから取得した値は、Excelの表に、行を追加する形で書き込みます。

Mainのフローに戻り、次のアクションを追加します。②～⑧のアクションは、すべて［For each］の繰り返し処理の中に配置します。

①［For each］
②［Webページに移動］
③［Webページのコンテンツを待機］
④［Webページからデータを抽出する］
⑤［Excelワークシートに書き込む］
⑥［Excelワークシートに書き込む］
⑦［Excelワークシートから最初の空の列や行を取得］
⑧［変数の設定］

### ①［For each］

［反復処理を行う値］欄に、処置対象にするExcelの一覧（テーブル）が格納されている「ExcelData」変数を指定します（図15）。

### ②［Webページに移動］

［Webブラウザーインスタンス］欄に「Browser」変数が指定されていることを

確認し、[移動]欄で[URLに移動]を選択。[URL]欄では、[{x}]をクリックして「CurrentItem」変数を挿入した後、末尾の「%」の前に「[2]」を追記します(図16)。「CurrentItem」変数には、テーブルのデータが行ごとに格納されますが、「[2]」と追記することで、URLが記載されている3列目の値のみを利用することができます。

図15 [For each]アクションの設定画面。[反復処理を行う値]欄に「ExcelData」変数を指定(❶)。これで「ExcelData」変数に入っているテーブルの各行が順番に「CurrentItem」変数に格納され(❷)、繰り返し処理されることになる

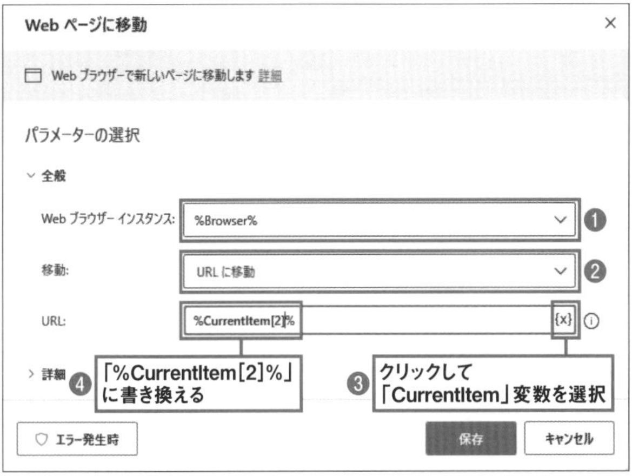


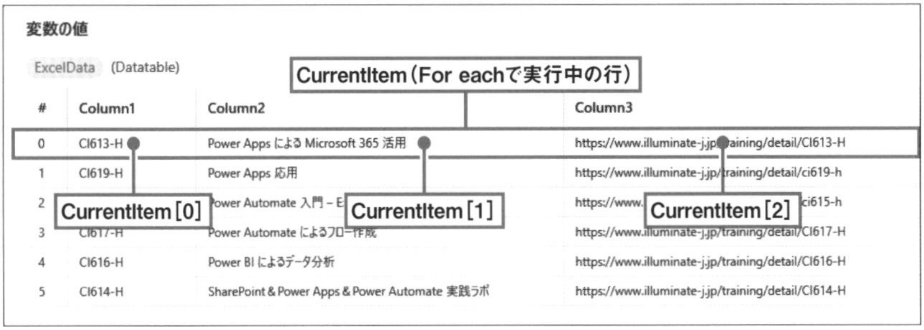


図16 [Webページに移動]アクションの設定画面。[Webブラウザーインスタンス]欄は「Browser」変数(❶)、[移動]欄も[URLに移動]のまま(❷)、[URL]欄で「CurrentItem」変数を選択(❸)。「%CurrentItem%」と挿入されたら、「[2]」を追加する(❹)。これで処理中の行の3列目にあるURLを開くように指定できる(下)

### ③［Webページのコンテンツを待機］

Webページに移動したら、データの読み取りを実行したいところですが、インターネット回線やWebサーバーの状態によっては、すぐにWebページが表示されないこともあります。ページが表示されない状態で読み取りを実行すると、目当ての値が見つからずエラーとなりますので、その内容がWeb ページに表示されるまで待機して次に進まないようにします。

データを取得するWebページの1つをブラウザーで開いてから、設定を始めましょう。［ブラウザー自動化］カテゴリーにある［Webページのコンテンツを待機］アクションを追加します（図17上）。［Webブラウザーインスタンス］欄は

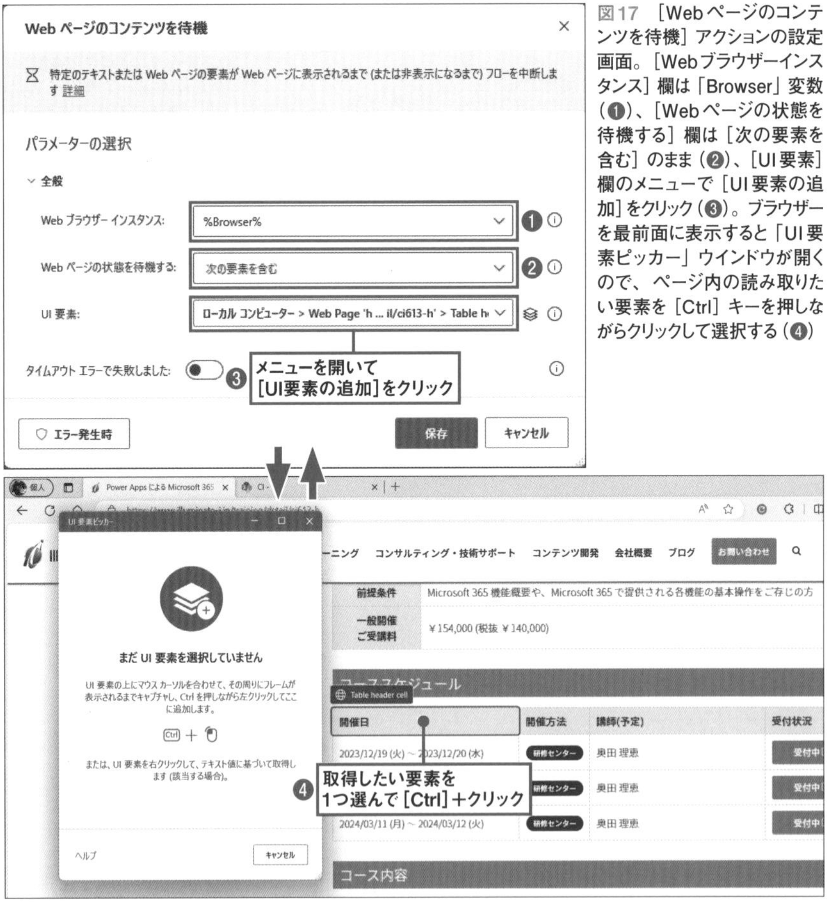


図17 ［Webページのコンテンツを待機］アクションの設定画面。［Webブラウザーインスタンス］欄は「Browser」変数（❶）、［Webページの状態を待機する］欄は［次の要素を含む］のまま（❷）、［UI要素］欄のメニューで［UI要素の追加］をクリック（❸）。ブラウザーを最前面に表示すると「UI要素ピッカー」ウインドウが開くので、ページ内の読み取りたい要素を［Ctrl］キーを押しながらクリックして選択する（❹）

「Browser」のままで結構です。［Webページの状態を待機する］欄も［次の要素を含む］のまま、［UI要素］欄のメニューで［UI要素の追加］をクリックし、ブラウザーを最前面に表示します。「UI要素ピッカー」のウインドウが開くので、読み取りたいコンテンツ（もしくはその一部）にマウスカーソルを合わせて、赤枠が表示された状態で［Ctrl］キーを押しながらクリックします（図17下）。この［Webページのコンテンツを待機］アクションは、検索結果の表示など、読み込みに時間を要するページに対して読み取り操作を行うときに利用するとよいでしょう。

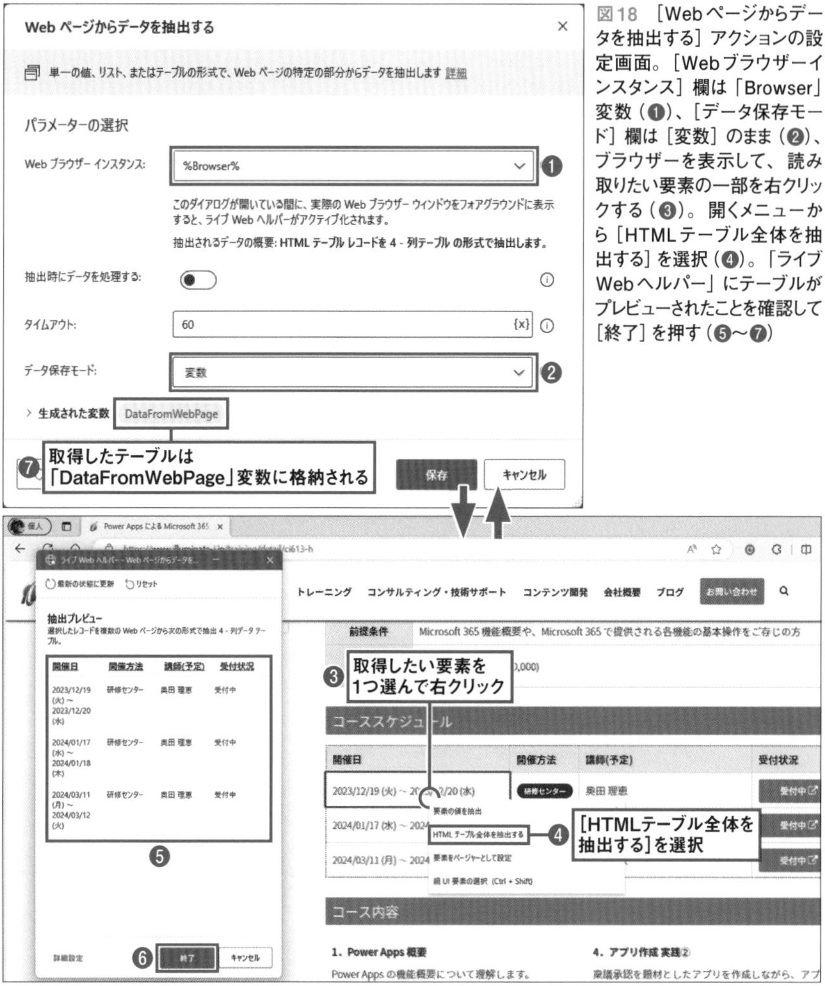


図18 ［Webページからデータを抽出する］アクションの設定画面。［Webブラウザーインスタンス］欄は「Browser」変数（❶）、［データ保存モード］欄は［変数］のまま（❷）、ブラウザーを表示して、読み取りたい要素の一部を右クリックする（❸）。開くメニューから［HTMLテーブル全体を抽出する］を選択（❹）。「ライブWebヘルパー」にテーブルがプレビューされたことを確認して［終了］を押す（❺～❼）

### ④［Webページからデータを抽出する］

続いて、データを取得します。設定画面が開いたら、［Webブラウザーインスタンス］欄で「Browser」変数、［データ保存モード］欄で［変数］が選択されていることを確認後、ブラウザーを最前面にします（前ページ図18）。「ライブWebヘルパー」が表示されるので、読み取りたいコンテンツ（もしくはその一部）にマウスカーソルを合わせ、赤枠が表示された状態で右クリックし、［HTMLテーブル全体を抽出する］を選びます。ライブWebヘルパーに読み取る内容がテーブルとしてプレビュー表示されていることを確認し、［終了］を押します。読み取ったテーブルのデータは「DataFromWebPage」変数に格納されます。

### ⑤［Excelワークシートに書き込む］

Excelファイルから読み取った一覧のうち、1列目の値をExcelに書き込みます。一覧の「コースID」という列です。これを見出し的に、書き込み先のシートの1列目に書き込みます。

［Excelインスタンス］欄は「ExcelInstance」変数を指定します（図19）。これは起動中のExcelを格納した変数ですが、138ページ図8のアクションで、書き込み先となる2枚目のシートがアクティブになっています。［書き込む値］欄では、［{x}］をクリックして「CurrentItem」変数を挿入した後、「[0]」を追記して

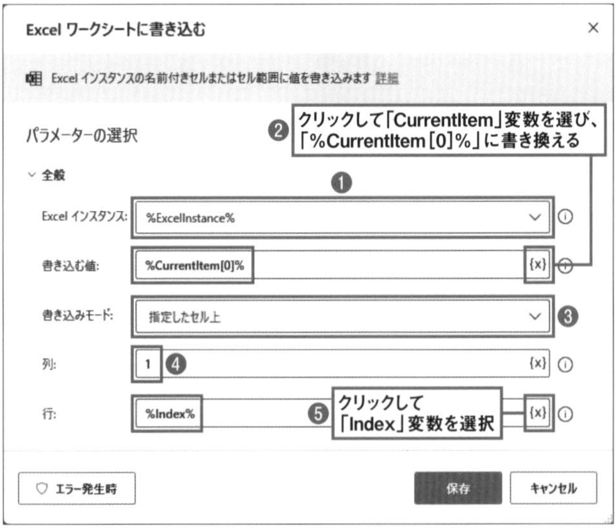


図19 ［Excelワークシートに書き込む］アクションの設定画面。［Excelインスタンス］欄に「ExcelInstance」変数を指定（❶）。［書き込む値］欄に「%CurrentItem[0]%」のように指定する（❷）。［書き込みモード］欄は［指定したセル上］（❸）、［列］欄に「1」と入力し（❹）、［行］欄に「Index」変数を指定する（❺）

「%CurrentItem［0］%」のように指定します。これで、処理中の行の1列目が書き込む値になります。

［書き込みモード］欄は［指定したセル上］とし、［列］欄に「1」と入力することで、1列目のA列に書き込めます。さらに［行］欄に「Index」変数を指定すれば、「Index」変数に応じた行に書き込めます。「Index」変数の初期値は「2」としていたので、最初は2行目に書き込み、その後のループ処理により、3行目、4行目……と書き込んでいくことになります。

### ⑥［Excelワークシートに書き込む］

次は、シートの2列目（B列）以降に書き込む操作です（図20）。2列目以降には、Webページから読み取ったテーブルのデータをそっくり書き込みます。［書き込

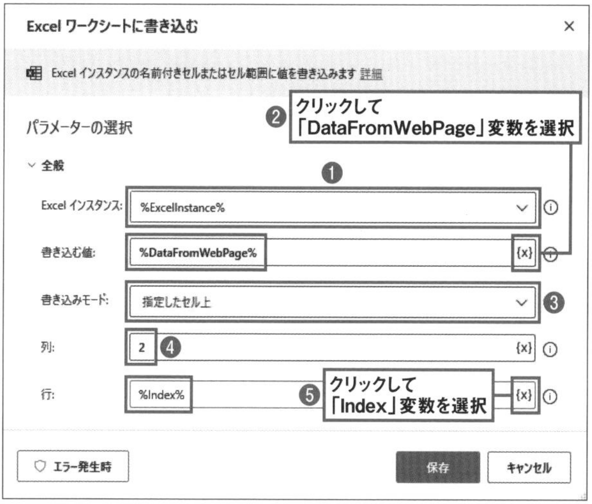


図20　［Excelワークシートに書き込む］アクションの設定画面。［Excelインスタンス］欄に「ExcelInstance」変数を指定（❶）。［書き込む値］欄に「DataFromWebPage」変数を指定する（❷）。［書き込みモード］欄は［指定したセル上］（❸）、［列］欄に「2」と入力し（❹）、［行］欄に「Index」変数を指定する（❺）

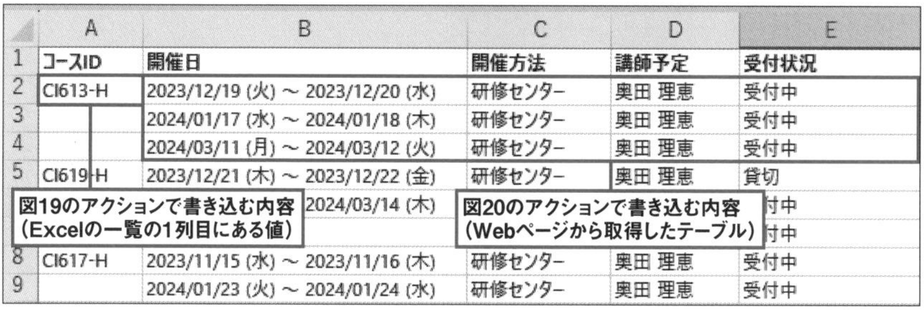

| | A | B | C | D | E |
|---|---|---|---|---|---|
| 1 | コースID | 開催日 | 開催方法 | 講師予定 | 受付状況 |
| 2 | CI613-H | 2023/12/19 (火) ～ 2023/12/20 (水) | 研修センター | 奥田 理恵 | 受付中 |
| 3 | | 2024/01/17 (水) ～ 2024/01/18 (木) | 研修センター | 奥田 理恵 | 受付中 |
| 4 | | 2024/03/11 (月) ～ 2024/03/12 (火) | 研修センター | 奥田 理恵 | 受付中 |
| 5 | CI619-H | 2023/12/21 (木) ～ 2023/12/22 (金) | 研修センター | 奥田 理恵 | 貸切 |
| | | 2024/03/14 (木) | | | 付中 |
| | | | | | 付中 |
| 8 | CI617-H | 2023/11/15 (水) ～ 2023/11/16 (木) | 研修センター | 奥田 理恵 | 受付中 |
| 9 | | 2024/01/23 (火) ～ 2024/01/24 (水) | 研修センター | 奥田 理恵 | 受付中 |



図21　図19、図20で設定した2つのアクションでExcelに書き込むデータのイメージ

む値］欄では、［{x}］をクリックして「DataFromWebPage」変数を選択。［書き込みモード］欄は［指定したセル上］、［列］欄に「2」と入力することで、2列目以降にデータを書き込めます。さらに［行］欄に「Index」変数を指定すれば、「Index」変数に入っている行番号に応じた行に書き込めます。

こうして、シートの1列目にはコースID、2列目以降にこのコースIDに対応する詳細なデータ（テーブル）が書き込まれることになります（前ページ図21）。

### ⑦［Excelワークシートから最初の空の列や行を取得］

1件目のデータを取得してシートに書き込んだ後は、2件目、3件目……とデータを取得して追記していきます。その際、同じ位置にデータを書き込んで上書きすることは避けなければなりません。書き込み先のシートを確認して、既存のデータのすぐ下に当たる空白行に、追記する必要があります。

このようなとき、書き込み先となる空白列や空白行を探すために使うのが、［Excel］カテゴリーにある［Excelワークシートから最初の空の列や行を取得］アクションです（図22）。ここでは、最初の空白行を特定したいので、

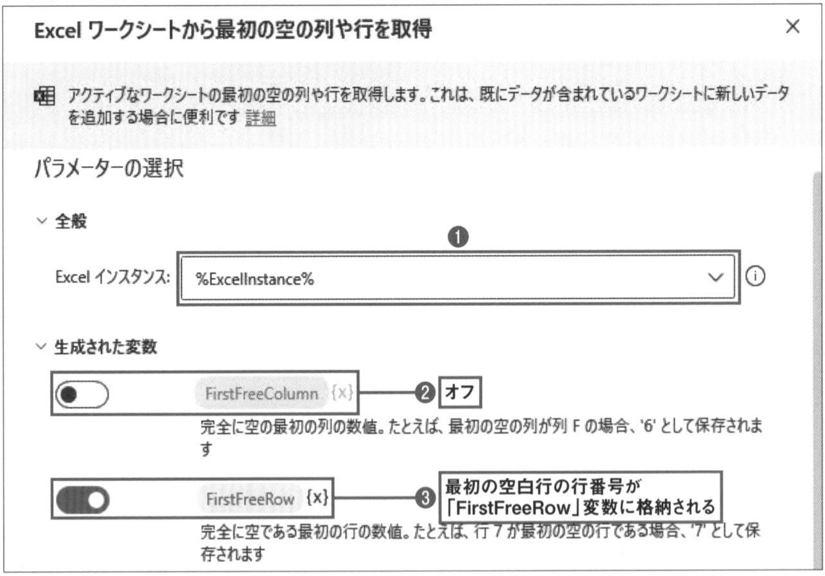
Excel ワークシートから最初の空の列や行を取得
アクティブなワークシートの最初の空の列や行を取得します。これは、既にデータが含まれているワークシートに新しいデータを追加する場合に便利です 詳細
パラメーターの選択
全般
❶
Excel インスタンス:
%ExcelInstance%
生成された変数
FirstFreeColumn {x}
❷ オフ
完全に空の最初の列の数値。たとえば、最初の空の列が列 F の場合、'6' として保存されます
FirstFreeRow {x}
❸ 最初の空白行の行番号が「FirstFreeRow」変数に格納される
完全に空である最初の行の数値。たとえば、行 7 が最初の空の行である場合、'7' として保存されます

図22 ［Excelワークシートから最初の空の列や行を取得］アクションの設定画面。［Excelインスタンス］欄に「ExcelInstance」変数を指定（❶）。ここでは「FirstFreeColumn」変数はオフにして（❷）。「FirstFreeRow」変数のみオンにして利用する（❸）

「FirstFreeColumn」変数はオフにして、「FirstFreeRow」変数のみ使用します。この変数には、1つもデータが入力されていない最初の空白行の行番号が格納されます。

### ⑧[変数の設定]

前のアクションで取得した最初の空白行の行番号を、「Index」変数に格納します。[変数]欄で変数の名前を「Index」に変更。[値]欄に「FirstFreeRow」変数を指定することで、書き込み先の行番号を指定する「Index」変数に、最初の空白行の行番号を格納できます(図23、図24)。

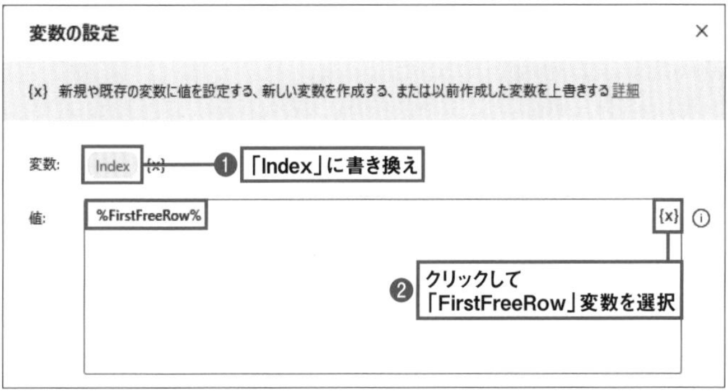
変数の設定
×
{x} 新規や既存の変数に値を設定する、新しい変数を作成する、または以前作成した変数を上書きする 詳細
変数:
Index
{x}
❶「Index」に書き換え
値:
%FirstFreeRow%
{x}
❷クリックして「FirstFreeRow」変数を選択

図23 [変数の設定]アクションの設定画面。[変数]欄にある名前を「Index」に変更(❶)。[値]欄にある[{x}]をクリックして、「FirstFreeRow」変数を選択する(❷)

7 For each CurrentItem in ExcelData
8 Web ページに移動
CurrentItem [2] に移動
9 Web ページのコンテンツを待機
Web ページに UI 要素 Table header cell '開催日' が表示されるまで待機します
10 Web ページからデータを抽出する
HTML テーブル レコードを抽出して、結果を DataFromWebPage にストアします
11 Excel ワークシートに書き込む
Excel インスタンス ExcelInstance の列 1 および行 Index のセルに値 CurrentItem [0] を書き込み
12 Excel ワークシートに書き込む
Excel インスタンス ExcelInstance の列 2 および行 Index のセルに値 DataFromWebPage を書き込み
13 Excel ワークシートから最初の空の列や行を取得
インスタンスが ExcelInstance に保存されている Excel ドキュメントのアクティブなワークシートの最初の空き行を取得し、FirstFreeRow に保存します
14 {x} 変数の設定
変数 Index に値 FirstFreeRow を割り当てる
15 End

図24 ここまでで作成した、[For each]で繰り返し処理するアクション

## 完了時の処理

［For each］の繰り返し処理の後には、操作の完了時の処理として、次のアクションを設定します。

①［Webブラウザーを閉じる］
②［サブフローの実行］
③［Excelの保存］
④［Excelを閉じる］
⑤［Outlookを起動します］
⑥［Outlookからのメールメッセージの送信］
⑦［Outlookを閉じます］
⑧［メッセージを表示］

### ①［Webブラウザーを閉じる］

データの取得は完了したので、Webブラウザーを閉じます。［Webブラウザーインスタンス］欄に「Browser」変数が指定された状態でそのまま保存すればOKです（図25）。

### ②［サブフローの実行］

今回のフローでは、取得したデータを別のExcelファイルとして保存しますが、そのファイル名に使うための日付文字列を準備します。すでに作成済みの「create_

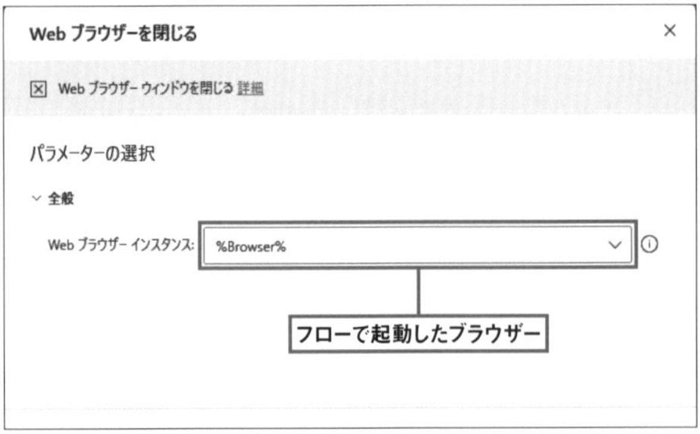


図25 ［Webブラウザーを閉じる］アクションの設定画面。［Webブラウザーインスタンス］欄に「Browser」変数が指定されていることを確認し、保存する

FileName」という名前のサブフローを［サブフローの実行］欄に指定して、実行します（図26）。

### ③［Excelの保存］

データを記入したExcelファイルに名前を付けて保存します（図27）。［Excelインスタンス］欄で「ExcelInstance」変数、［保存モード］欄で［名前を付けてドキュメントを保存］を選択。［ドキュメントパス］欄にファイルの保存場所とファイル名を指定します。［ファイルの選択］アイコンをクリックして保存先のフォルダーを選択し、［ファイル名］欄に「結果_」と入力して［開く］ボタンを押しましょう。すると、「C:\作業\Excel\結果_」のように入力されるので、その末尾にカーソルを置いて［{x}］をクリックし、「FormattedDateTime」変数を選びます。最

図26 ［フローコントロール］カテゴリーにある［サブフローの実行］アクションの設定画面。［サブフローの実行］欄に、ファイル名に使う日付文字列を作成するサブフロー「create_FileName」を指定する

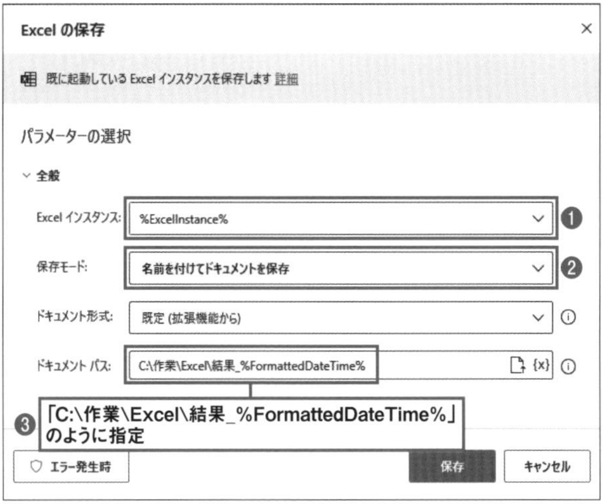


図27 ［Excelの保存］アクションの設定画面。［Excelインスタンス］欄で「ExcelInstance」変数（❶）、［保存モード］欄で［名前を付けてドキュメントを保存］を選択（❷）。［ドキュメントパス］欄に、図のようにファイルの保存場所とファイル名を指定する（❸）。「FormattedDateTime」変数には日付文字列が入っているので、「結果_2023-10-10」のようなファイル名で、指定の場所に保存できる

終的に「C:\作業\Excel\結果_%FormattedDateTime%」のように指定できれば、その場所に「結果_2023-10-10」のようなファイル名で、Excelファイルを保存できます。

### ④［Excelを閉じる］

これまで使用してきたExcelを終了して閉じます。［Excelインスタンス］欄で「ExcelInstance」変数を選び、［Excelを閉じる前］欄で［ドキュメントを保存しない］を選べば、最初に開いた作業用のExcelファイルを上書き保存せずに閉じることができます（図28）。これで、2枚目のシートは空白の状態に戻ります。

### ⑤［Outlookを起動します］

今回は、名前を付けて保存した処理済みのExcelファイルを、Outlookを使ってメールで送信します。そのためにまず、［Outlook］カテゴリーにある

図28 ［Excelを閉じる］アクションの設定画面。［Excelインスタンス］欄で「ExcelInstance」変数を選び（❶）、［Excelを閉じる前］欄で［ドキュメントを保存しない］を選べば（❷）、最初に開いた作業用のExcelファイルを上書き保存せずに閉じられる

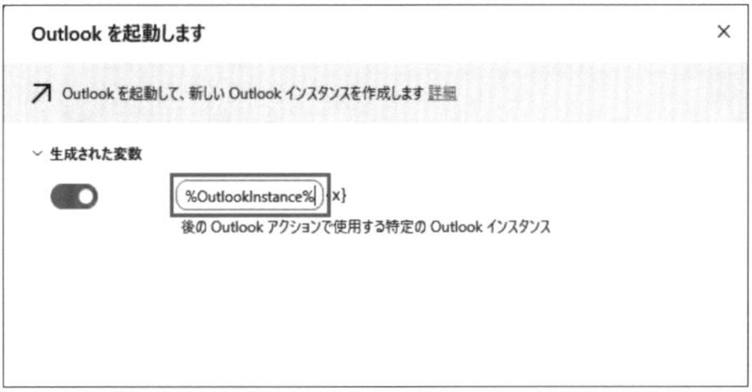


図29 ［Outlook］カテゴリーにある［Outlookを起動します］アクションの設定画面。起動したOutlookは「OutlookInstance」変数に格納される

［Outlookを起動します］アクションを追加して、Outlookを起動します。この設定画面は特に何もせずに保存してかまいません（図29）。起動したOutlookが「OutlookInstance」変数に格納される点を確認しておきましょう。

### ⑥［Outlookからのメールメッセージの送信］

Outlookからメールを送信するためのアクションです（図30）。［Outlookインスタンス］欄で「OutlookInstance」変数を選択。［アカウント］欄に、メールの送信に使うアカウント（メールアドレス）を指定します。［宛先］［CC］［BCC］の各欄には、必要な送信先のメールアドレスを指定してください。［件名］欄と［本文］欄に適当な件名や本文を入力します。［添付ファイル］欄には、送信するExcelファ

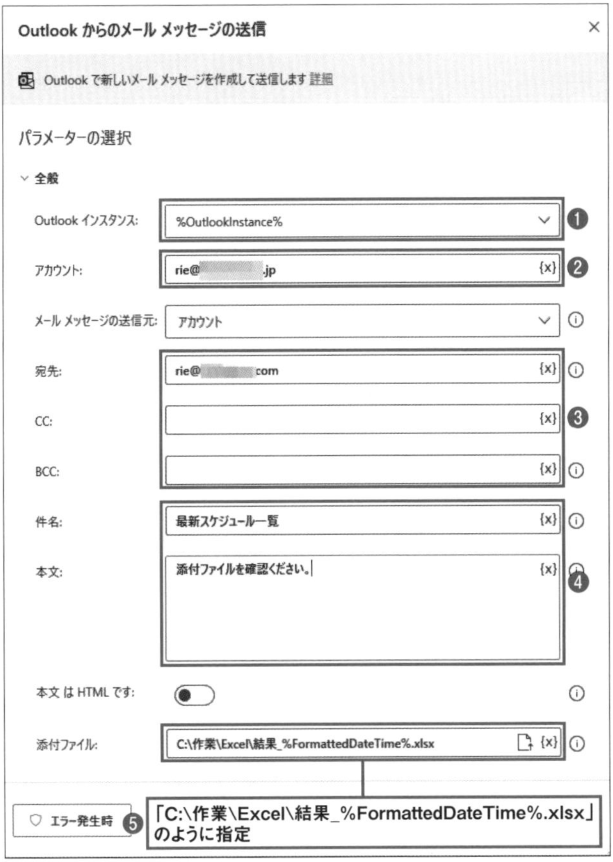


図30 ［Outlook］カテゴリーにある［Outlookからのメールメッセージの送信］アクションの設定画面。［Outlookインスタンス］欄で「OutlookInstance」変数を指定（❶）。［アカウント］欄に、送信に使うアカウント（メールアドレス）を指定する（❷）。［宛先］［CC］［BCC］欄に送信先のメールアドレスを指定（❸）。［件名］や［本文］の欄に、適当な内容を入力する（❹）。ファイルを送信するには、［添付ファイル］欄でファイルを選択するか、パスを指定する。ここでは図のようにファイルの保存場所とファイル名を指定する（❺）。「FormattedDateTime」変数を組み合わせて、図27のアクションで保存されるExcelファイルを指定した。末尾には拡張子「.xlsx」を付ける

イルを指定します。ただし、そのファイルはフローの実行時にそのつど保存されるものなので、特定のファイルを選択して指定することはできません。そこで図27と同様、ファイル名を変数を使って指定します。保存先のフォルダーを選んで、ファイル名を表す変数を指定するところまでは同じですが、こちらは「C:\作業\

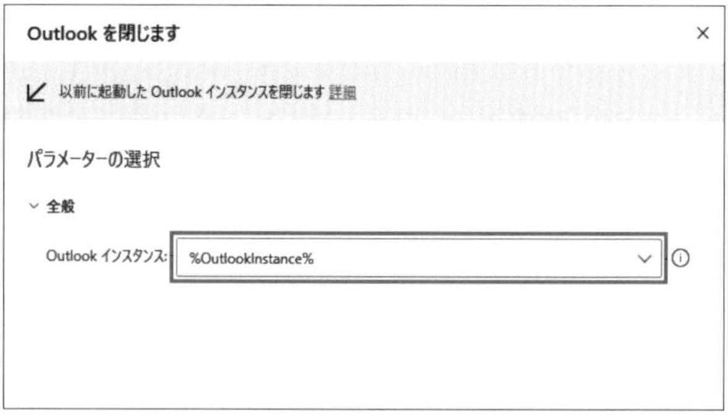


図31 ［Outlook］カテゴリーにある［Outlookを閉じます］アクションの設定画面。［Outlookインスタンス］欄が「OutlookInstance」変数になっていることを確認して保存する

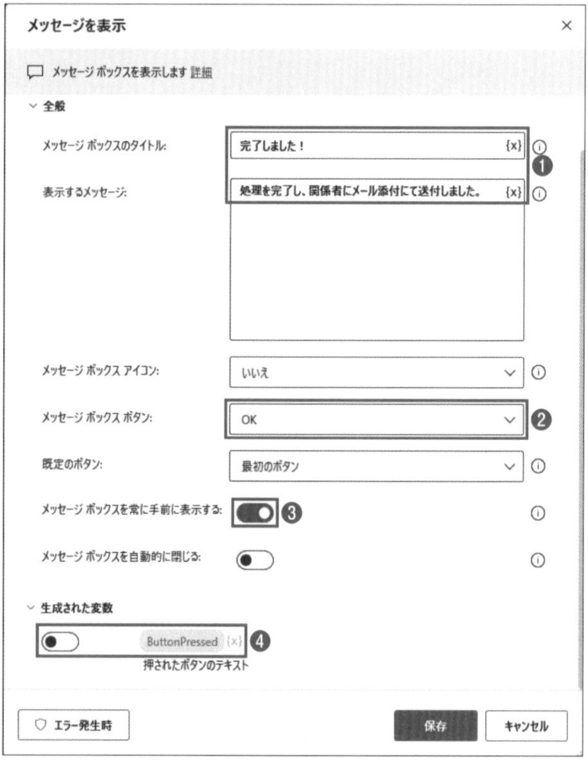


図32 ［メッセージを表示］アクションの設定画面。［メッセージボックスのタイトル］欄と［表示するメッセージ］欄に、処理が完了したことを告げるメッセージを入力（❶）。［メッセージボックスボタン］欄では［OK］を選択し、［OK］ボタンのみを設けたメッセージボックスとする（❷）。常に手前に表示する設定をオンにして（❸）、「ButtonPressed」変数は使わないのでオフにする（❹）

Excel\結果_%FormattedDateTime%.xlsx」のように、末尾に拡張子（.xlsx）も付けて指定します。拡張子を付けないと「添付ファイルが見つかりません」というエラーになるので注意してください。

### ⑦［Outlookを閉じます］

メールを送信した後は、Outlookを閉じます。［Outlookインスタンス］欄に「OutlookInstance」変数が指定されたまま保存すればOKです（図31）。

### ⑧［メッセージを表示］

最後に、すべての処理が完了したことを伝えるメッセージボックスを表示しましょう（図32）。タイトルやメッセージを適当に入力。［メッセージボックスボタン］欄は［OK］として、［OK］ボタンだけを持つメッセージボックスとします。見落としを防ぐために［メッセージボックスを常に手前に表示する］をオンにしておくとよいでしょう。ボタンを押した結果を後の処理で使うことはないので、［生成された変数］はオフにしておきます。

以上で追加した、［For each］～［End］に続くアクションは図33の通りです。本節で作成するフローはこれで完成となります。

16
Web ブラウザーを閉じる
Web ブラウザー Browser を閉じる
17
サブフローの実行 サブフロー create_FileName を実行する
18
Excel の保存
ExcelInstance に保存された Excel ドキュメントを 'C:\作業\Excel\結果_' FormattedDateTime として保存
19
Excel を閉じる
ExcelInstance に保存されている Excel インスタンスを閉じる
20
Outlook を起動します
Outlook を起動して OutlookInstance で作成されたインスタンスを保存する
21
Outlook からのメール メッセージの送信
件名 '最新スケジュール一覧' で 'rie@365demo.com' にメールを送信します
22
Outlook を閉じます
OutlookInstance に保存されている Outlook インスタンスを閉じます
23
メッセージを表示
タイトルが '完了しました！' である通知ポップアップ ウィンドウにメッセージ '処理を完了し、関係者にメール添付にて送付しました。' を表示します

図33 ［For each］の繰り返し処理の後に追加した、完了時の処理

Section 02

# Excelの一覧から別システムへの転記

業務で利用するシステムやアプリには、パッケージ製品として導入したアプリ、組織で独自開発した社内システム、クラウドサービスなどさまざまなものがあります。各システムやアプリに蓄積されたデータを取り出して活用する機会も多いでしょう。その際、データベースに直接アクセスして必要なデータを取得する、システムが備えるAPIを利用してデータを取得する、システムが備えるエクスポート機能を使いExcel形式やCSV形式で出力する、といったいくつかの方法があります。

システム同士を連携して業務を遂行できるように、データを異なるシステムにコピーしなければならないことも少なくありません。転記先のシステムがExcel形式やCSV形式のデータをインポートする機能を備えていたり、同等のことが行えるAPIを利用できたりする場合は、それらを使えば問題ないでしょう。しかし、すべてのシステムがデータの転記に利用できる機能を備えているとは限りません。手作業で入力したり、コピー&ペーストによる転記作業を行ったりする場合、作業に時間がかかるだけではなく、ミスや漏れが発生する恐れがあります。ダブルチェックを行うようにすれば、さらに手間も時間もかかってしまいます。

そんなときこそPower Automate for desktopの出番です。Power Automate for desktopでは、Excelファイル間のデータの読み書きだけではなく、Webブラウザーで開くアプリケーションや社内の別システムへ入力する作業も自動化できます。このようなシステム間のデータのやり取りを自動化することは、その効果が非常に大きく、自動化のよくある事例の1つといえます。

## 自動化のシナリオ例

ここでは、Excelデータに含まれる1行1行を別のシステムへ転記する次のような作業を自動化すると想定し、フローを作成していきます(図1)。別システムへの入力はWebフォームを利用します。

**●転記したいデータを含むExcelファイルをダイアログで選択して開く**

・Excelファイルには1件1行の形式で入力された一覧が含まれている

・別システムからエクスポートしたファイルをそのまま利用するため、データは「テーブル」として設定されていない

**●1行ずつ、他のシステムに転記する**

・列の値に応じて、転記する場合としない場合がある

・転記した行か、そうでない行かを確認できるように、処理日を列に書き込む

## ● 本節で自動化する操作内容

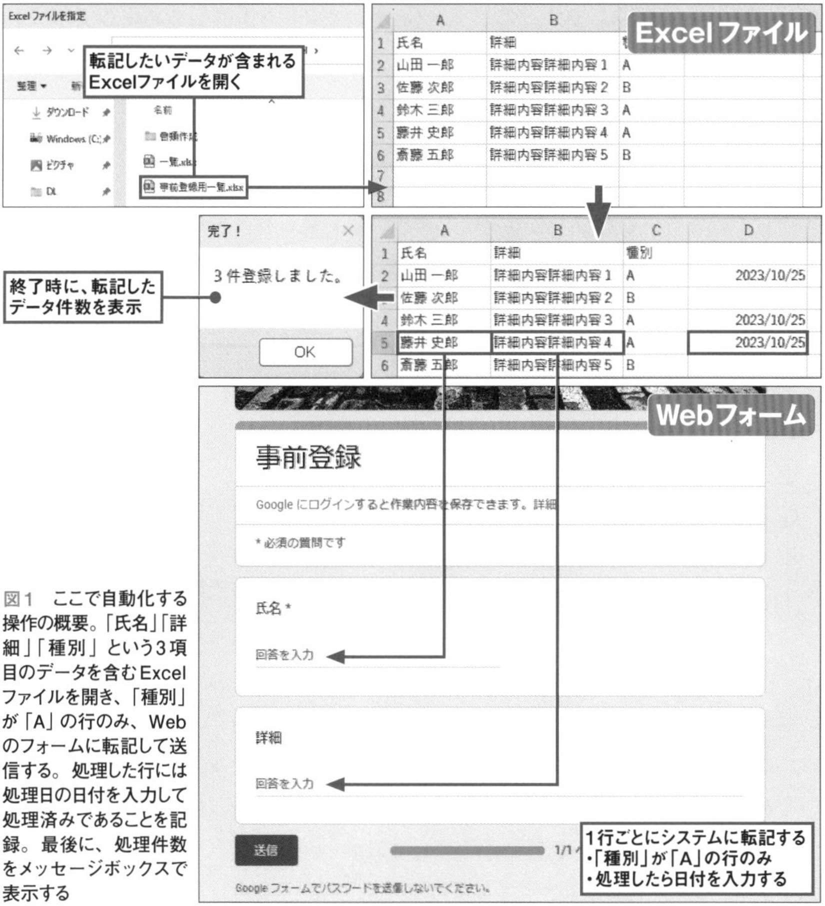


図1　ここで自動化する操作の概要。「氏名」「詳細」「種別」という3項目のデータを含むExcelファイルを開き、「種別」が「A」の行のみ、Webのフォームに転記して送信する。処理した行には処理日の日付を入力して処理済みであることを記録。最後に、処理件数をメッセージボックスで表示する

## 事前の準備

このフローを実現するために、ここでは次の2つを準備します。

**●Excelファイル**

「氏名」「詳細」「種別」という3項目からなる一覧を含みます。何行かデータが入っている状態とします。

**●書き込み先のWebフォーム**

書き込み先のシステムの例として、「氏名」「詳細」という2つの入力欄があるWebフォームを用意します。ここではGoogleフォームの機能を利用して作成したフォームを使います。

## Excelファイルの選択など開始時の処理

それではフローを作成していきましょう。最初に、ファイル選択ダイアログの表示、ブラウザーの起動、必要な値の用意など、転記作業に必要な準備を行います。次のアクションを追加します。

①［ファイルの選択ダイアログを表示］
②［Excelの起動］
③［Excelワークシートから最初の空の列や行を取得］
④［新しいMicrosoft Edgeを起動］
⑤［現在の日時を取得］
⑥［変数の設定］

①［ファイルの選択ダイアログを表示］

最初にExcelファイルを選択するダイアログを表示します（図2）。［ダイアログのタイトル］欄に適当なタイトルを入力したら、［初期フォルダー］欄に適当な場所を指定。［ファイルフィルター］欄に「*.xlsx」のように入力し、Excelファイルのみが対象になるように絞り込みます。［ファイル選択ダイアログを常に手前に表示する］もオンにしておくとよいでしょう。

### ② [Excelの起動]

上で選択したファイルをExcelで開きます（図3）。[Excelの起動] 欄で [次のドキュメントを開く] を選択。[ドキュメントパス] 欄に、上で選択したファイルが格納されている「SelectedFile」変数を指定します。

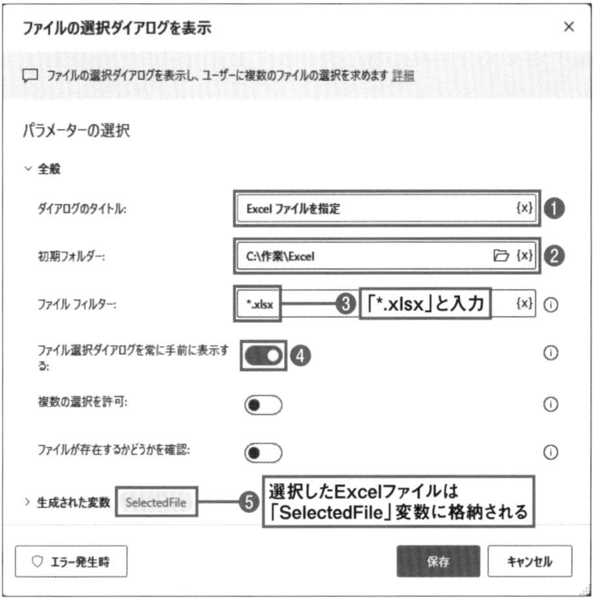


図2 [ファイルの選択ダイアログを表示] アクションの設定画面。[ダイアログのタイトル] 欄にタイトルを入力し（❶）、[初期フォルダー] 欄に適当な場所を指定（❷）。[ファイルフィルター] 欄に「*.xlsx」と入力して対象をExcelファイルに限定する（❸）。常に手前に表示する設定にして（❹）、保存しよう。選択したファイルは「SelectedFile」変数に格納される（❺）

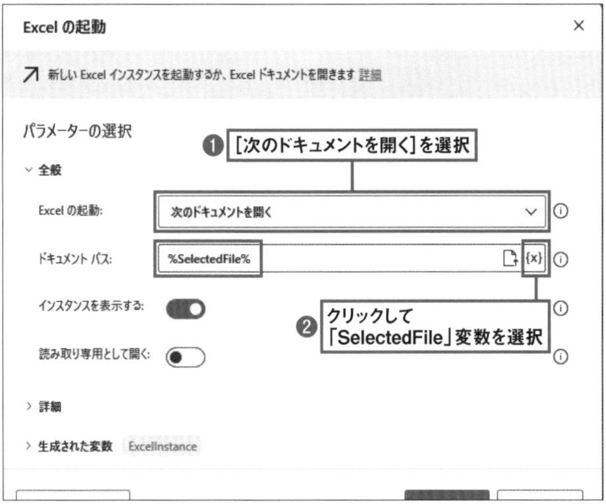


図3 [Excelの起動] アクションの設定画面。[Excelの起動] 欄で [次のドキュメントを開く] を選択（❶）。[ドキュメントパス] 欄に、図2のダイアログで選択したExcelファイルが格納されている「SelectedFile」変数を指定する（❷）

### ③ [Excelワークシートから最初の空の列や行を取得]

開いたExcelファイルのデータを1件ずつ処理するために、まず何件のデータがあるかを調べる必要があります。その件数に応じて、繰り返し処理をする回数を指定するためです。このようなときにも、[Excelワークシートから最初の空の列や行を取得]アクションを利用します（図4）。最初の空白列の列番号が「FirstFreeColumn」変数、最初の空白行の行番号が「FirstFreeRow」変数に格納されるので、その値を用いてデータの範囲を決められます。

### ④ [新しいMicrosoft Edgeを起動]

Webブラウザーを起動して、データを入力したWebフォームを開きます。[起動モード]欄は[新しいインスタンスを起動する]として、[初期URL]欄にWebフォームのURLを指定します（図5）。

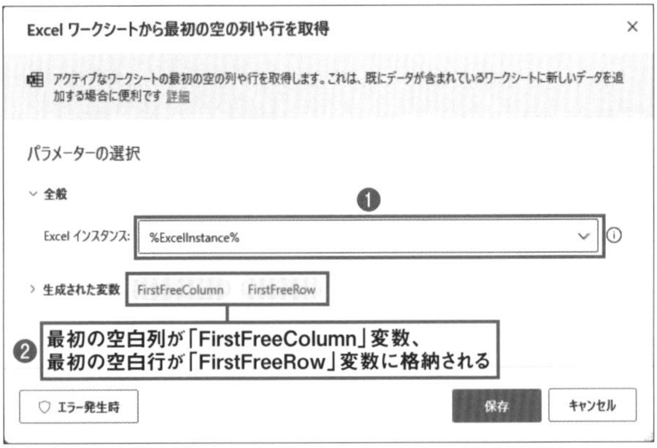


図4 [Excelワークシートから最初の空の列や行を取得]アクションの設定画面。[Excelインスタンス]欄に「ExcelInstance」変数を指定すると（❶）、そのExcelのアクティブシートにある最初の空白列の列番号が「FirstFreeColumn」変数、最初の空白行の行番号が「FirstFreeRow」変数に格納される（❷）

図5 [新しいMicrosoft Edgeを起動]アクションの設定画面。[起動モード]欄は[新しいインスタンスを起動する]のまま（❶）、[初期URL]欄にWebフォームのURLを指定する（❷）

### ⑤［現在の日時を取得］

今回の例では、Webフォームへの転記が済んだ行に処理した日付を入力して、転記済みとわかるようにします。そのために、現在の日時を取得しておきます。［取得］欄は［現在の日付のみ］とします（図6）。取得した日付は「CurrentDateTime」変数に格納されます。

### ⑥［変数の設定］

転記処理を繰り返す際に、転記したデータを数えるための変数を用意します。ここでは「Count」という変数名にして、初期値を「0」にしておきます（図7）。1件処理するごとに「Count」変数を1ずつ増やしていき、何件分を処理したかがわかるようにします。

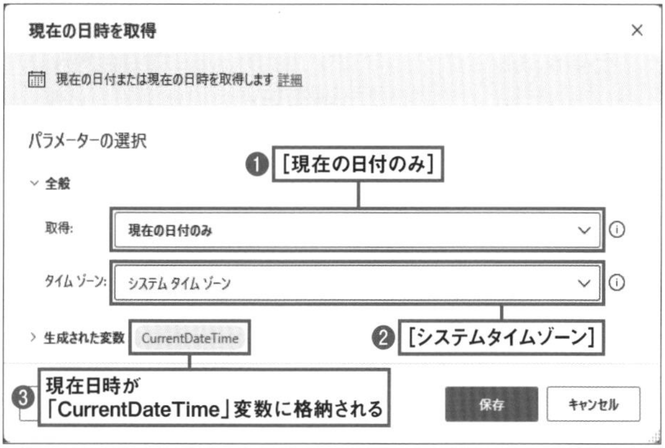


図6　［現在の日時を取得］アクションの設定画面。［取得］欄で［現在の日付のみ］を選択する（❶）、［タイムゾーン］欄は［システムタイムゾーン］のままでよい（❷）。取得した現在日時は「CurrentDateTime」変数に格納される（❸）

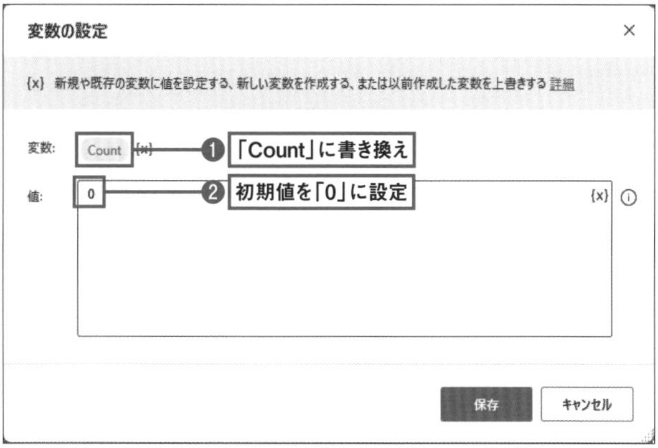


図7　［変数の設定］アクションの設定画面。［変数］欄にある名前を「Count」に変更（❶）。［値］欄に「0」と入力して初期値を「0」に設定する（❷）

## Webフォームに対する操作

ここまでで、転記作業に必要な準備はできました（図8）。次に、UI要素を指定しながら、Webフォームに値を書き込む操作を追加します。最終的にはExcel上のデータの行数分、繰り返し処理となるように設定しますが、まずはWebフォームに値を書き込む動作を設定します。追加するのは次のアクションです。あらかじめWebフォームをブラウザーで開いた状態にして設定を始めましょう。

①［Webページ内のテキストフィールドに入力する］
②［Webページ内のテキストフィールドに入力する］
③［Webページのリンクをクリック］

### ①［Webページ内のテキストフィールドに入力する］

1つめの入力欄にデータを書き込むアクションです（図9）。設定画面が開いたら、［Webブラウザーインスタンス］欄が「Browser」変数になっていることを確認。［UI要素］欄をクリックして、開くメニューで［UI要素の追加］をクリックします。ブラウザーを最前面に表示させると、「UI要素ピッカー」のウインドウが現れて要素の選択モードに切り替わるので、ブラウザー上で1つめの入力欄にマウスカーソルを合わせ、赤枠で囲まれた状態で［Ctrl］キーを押しながらクリックします。これで1つめの入力欄が［UI要素］として指定されます。

1
ファイルの選択ダイアログを表示
ファイルの選択ダイアログをタイトル 'Excel ファイルを指定' で表示し、ファイルの選択を SelectedFile に保存します
2
Excel の起動
Excel を起動し、既存の Excel プロセスを使用してドキュメント SelectedFile を開き、Excel インスタンス ExcelInstance に保存します。
3
Excel ワークシートから最初の空の列や行を取得
インスタンスが ExcelInstance に保存されている Excel ドキュメントのアクティブなワークシートから最初の空き列/行を取得し、 FirstFreeColumn と FirstFreeRow に保存します
4
新しい Microsoft Edge を起動
Microsoft Edge を起動して、'https://forms.gle/CNfYKypCnA3yzRkN6' に移動し、インスタンスを Browser に保存します
5
現在の日時を取得
現在の日時を取得して、 CurrentDateTime に保存します
6
変数の設定
変数 Count に値 0 を割り当てる
図8　ここまでで追加・設定したアクション。転記したいExcelデータや、対象のWebフォームを開き、変数の準備などを行っている

設定画面の［テキスト］欄には、入力する文字列を指定します。今回の例では、Excelから読み取ったデータを指定することになりますが、いったん「テスト」と仮の文字列を入力して、動作確認をすることにします。

図9 ［Webページ内のテキストフィールドに入力する］アクションの設定画面。［Webブラウザーインスタンス］欄は「Browser」変数のまま（❶）、［UI要素］欄を選択してメニューにある［UI要素の追加］を押す（❷❸）。ブラウザーを表示して、1つめの入力欄を［Ctrl］キーを押しながらクリック（❹）。UI要素が指定されたら、［テキスト］欄に「テスト」と仮の文字列を入力する（❺）

② [Webページ内のテキストフィールドに入力する]

2つめの入力欄にデータを書き込むアクションも、同様に設定します（図10）。UI要素を指定する手順は先ほどと同じで、Webフォーム上にある2つめの入力欄を[Ctrl]キーを押しながらクリックします。こちらは[テキスト]欄に「動作確認」と入力しておきましょう。

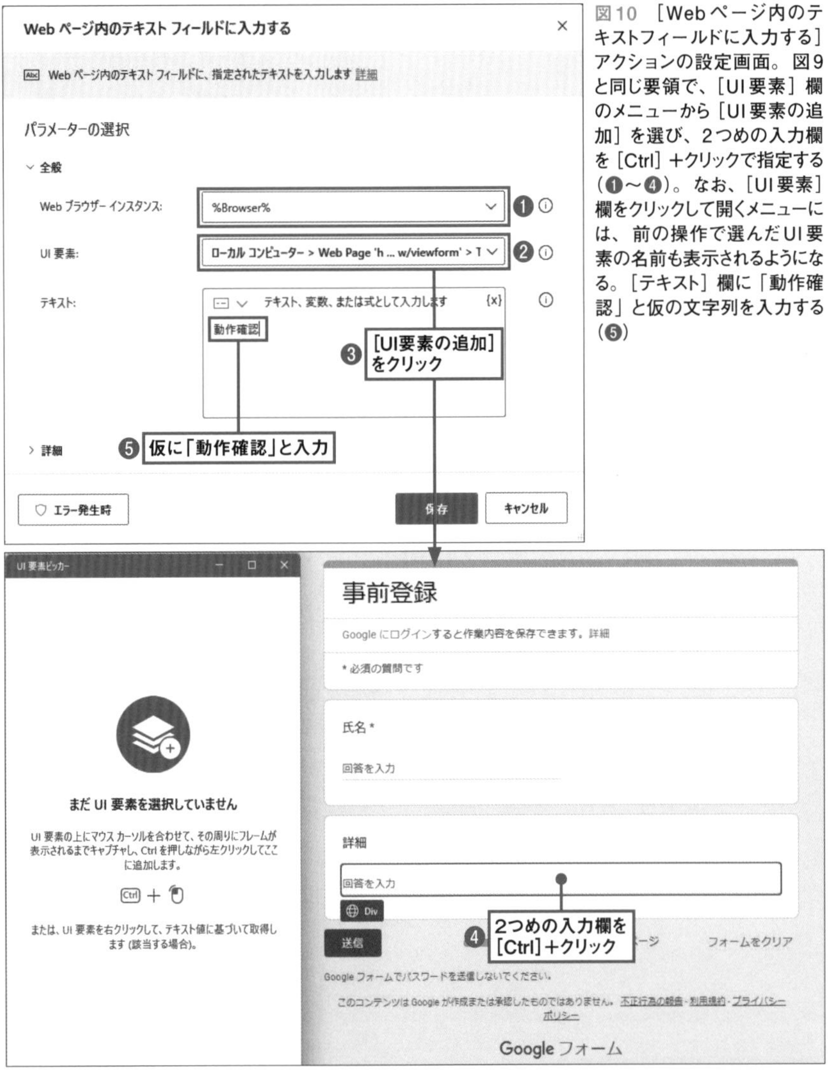


図10 [Webページ内のテキストフィールドに入力する] アクションの設定画面。図9と同じ要領で、[UI要素]欄のメニューから[UI要素の追加]を選び、2つめの入力欄を[Ctrl]+クリックで指定する（❶〜❹）。なお、[UI要素]欄をクリックして開くメニューには、前の操作で選んだUI要素の名前も表示されるようになる。[テキスト]欄に「動作確認」と仮の文字列を入力する（❺）

### ③[Webページのリンクをクリック]

Webフォーム上にある[送信]ボタンをクリックして、データを登録する操作を設定します。ここでは[Webページのリンクをクリック]アクションを使ってボタンをクリックすることにします。(図11)。今回のボタンをUI要素として指定する手順は、先ほど入力欄を設定したときと同様です。[UI要素]欄のメニューで[UI要素の追加]をクリックし、Webフォーム上のボタンを[Ctrl]キーを押しながらクリックします。UI要素が指定されたら、[クリックの種類]欄で[左クリック]を選びます。これで、マウスの左ボタンでボタンをクリックする操作を実行できます。ボタンではなく、文字列や画像のリンクでも、同様のことができます。

図11 [Webページのリンクをクリック] アクションの設定画面。図9と同じ要領で、[UI要素]欄のメニューから[UI要素の追加]を選び、Webフォーム上の[送信]ボタンを[Ctrl]+クリックで指定する(❶〜❹)。[クリックの種類]欄は[左クリック]と指定する(❺)

以上、ブラウザーで開いたWebフォームにデータを入力して送信する操作を、[ブラウザー自動化]カテゴリーにある各アクションを利用して設定しました。フォームに入力する値はいったん仮の文字列を設定しています。この状態で、UI要素として設定した箇所への入力やクリックが問題なく動作するかをテストしてみましょう。ここまで設定したフローの場合、4行目の[新しいMicrosoft Edgeを起動]アクションから実行することで確認できます。

[新しいMicrosoft Edgeを起動]アクションを右クリックして、開くメニューから[ここから実行]を選ぶと、Webフォームが開く→入力項目2カ所に「テスト」「動作確認」と入力される→[送信]ボタンがクリックされる、という動作を画面上で確認できます(図12)。

2
Excel の起動
Excel を起動し、既存の Excel プロセスを使用してドキュメント SelectedFile を開き、Excel インスタンス ExcelInstance に保存します。
3
Excel ワークシートから最初の空の列や行を取得
インスタンスが ExcelInstance に保存されている Excel ドキュメントのアクティ
の空き列/行を取得し、FirstFreeColumn と FirstFreeRow に保存します
❶ 右クリック
4
新しい Microsoft Edge を起動
Microsoft Edge を起動して、'https://forms.gle/CNfYKypCnA3yzRkN6' に移動し、イン
5
現在の日時を取得
現在の日時を取得して、CurrentDateTime に保存します
6
変数の設定
変数 Count に値 0 を割り当てる
7
Web ページ内のテキスト フィールドに入力する
エミュレート入力を使ってテキスト フィールド Input text に 'テスト' を入力します
8
Web ページ内のテキスト フィールドに入力する
エミュレート入力を使ってテキスト フィールド Text area '回答を入力' に '動作確認' を入力しま
9
Web ページのリンクをクリック
Webページの Span '送信' をクリックします
編集 Enter
❷ ここから実行 Alt+F5
元に戻す Ctrl+Z
やり直す Ctrl+Y
切り取り Ctrl+X
コピー Ctrl+C
貼り付け Ctrl+V
上に移動 Shift+Alt+Up
下に移動 Shift+Alt+Down
アクションを無効化する
フロー変
事前登録
* 必須の質問です
氏名 *
テスト
詳細
動作確認
送信
❸ Webフォームが開いて、入力・送信される
事前登録
送信しました！
担当者よりメールにて返信しますのでお待ちください。
別の回答を送信
❹ 送信結果の画面

図12 Edgeを起動するアクションを右クリックして[ここから実行]を選ぶと(❶❷)、Webフォームが開いて入力欄に「テスト」「動作確認」と入力され、[送信]ボタンがクリックされる(❸)。送信されたことを通知するメッセージが表示されれば成功だ(❹)

## ループ処理の設定

続いて、Excelファイルから1行ずつ読み取り、列の値をチェックした後、Webフォームに書き込む操作を繰り返すように設定を行います。新たに追加するアクションは次の6つです。

① [Loop]
② [Excelワークシートから読み取る]
③ [If]
④ [Excelワークシートに書き込む]
⑤ [変数を大きくする]
⑥ [Webページに移動]

### ① [Loop]

Excelからの読み取り操作を繰り返すために、ここでは［ループ］カテゴリーの［Loop］アクションを使います。［For each］と同様、［End］アクションがセットで追加され、［End］までの間に挿入したアクションが繰り返し処理されます。

［For each］と［Loop］の違いは、［For each］が指定した変数に含まれる要素をすべて繰り返し処理するのに対し、［Loop］は「変数が1から5へと変化する間だけ繰り返す」というように、変数の値を変化させながら、指定した範囲で繰り返し処理を実行できる点です。標準では「LoopIndex」という変数の値を変化させながら繰り返し処理を行います。

Excelのデータを処理する場合は、この「LoopIndex」変数で行番号を指定することにして、「『LoopIndex』変数が1から5へと変化する間だけ繰り返す」といった処理にするとわかりやすいでしょう。すると、シートの1行目から5行目までのデータを順番に繰り返し処理できるようになります。

ここで使うExcelファイルは、1行目が項目名となっていて、データは2行目から記載されています。そこで［Loop］アクションの設定画面では、［開始値］欄を「2」として、2行目から処理できるようにします（次ページ**図13**）。［終了］欄は今回、［{x}］をクリックして「FirstFreeRow」変数を選択した後、末尾の「%」の前に「－1」を追加入力して、「%FirstFreeRow－1%」のように指定します。この「FirstFreeRow」変数は、Excelファイルの「最初の空白行の行番号」が格納されるものでした。そのため、1を引くことで「空白行の1行前」、つまり「データの最終行の行番号」を計算できます。これで、データの最終行がそのつど違っていても、ぴったり最終行まで処理を繰り返せるようになります。

[増分] 欄には「1」を指定して、「LoopIndex」変数が1ずつ増えるように設定してください。

### ② [Excelワークシートから読み取る]

[Loop] と [End] の間に追加して、Excelからの読み取り操作を繰り返し行います (図14)。[取得] 欄で [セル範囲の値] を選ぶと対応する項目が現れるので、[先頭列] 欄に「1」、[最終列] 欄に「3」と入力し、シートの1列目から3列目の範囲を指定します。

そして [先頭行] と [最終行] の欄に「LoopIndex」変数を指定するのがポイントです。先ほど説明した通り、「LoopIndex」変数には、「2」から「データの最終行の行番号」までの値が順番に格納されます。これにより、[Loop] による繰り返し処理の間、2行目、3行目、4行目……とデータの最終行まで、1～3列目のデータが順番に読み取られることになります。

読み取られたデータは、「ExcelData」変数に格納されます。

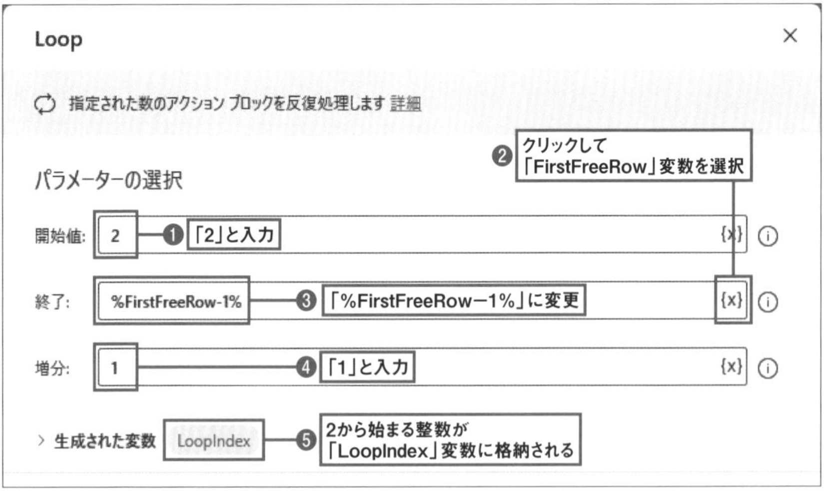


図13 [Loop] アクションの設定画面。[開始値] 欄を「2」(❶)、[終了] 欄を「%FirstFreeRow－1%」(❷❸)、[増分] 欄を「1」と指定する (❹)。すると「LoopIndex」変数の値が「2」から「データの最終行の行番号」になるまで、1ずつ増やしながら処理を繰り返す (❺)

③ [If]

続いて、読み取ったデータの3列目が「A」かどうかを判定します。今回の例では、3列目の「種別」が「A」のデータだけを転記することにしたいからです。

このような判定に使うのが、[条件]カテゴリーにある[If]アクションです。[If]も[End]とセットで追加され、指定した条件を満たす場合だけ、[End]との間に指定したアクションを実行します。設定画面は次ページ図15の通りです。

[最初のオペランド]欄には、判定したい対象を指定します。ここでは読み取ったExcelデータの3列目を判定したいので、「%ExcelData [0][2] %」のように指定します。「ExcelData」変数には、1行3列のセル範囲が格納されています。変

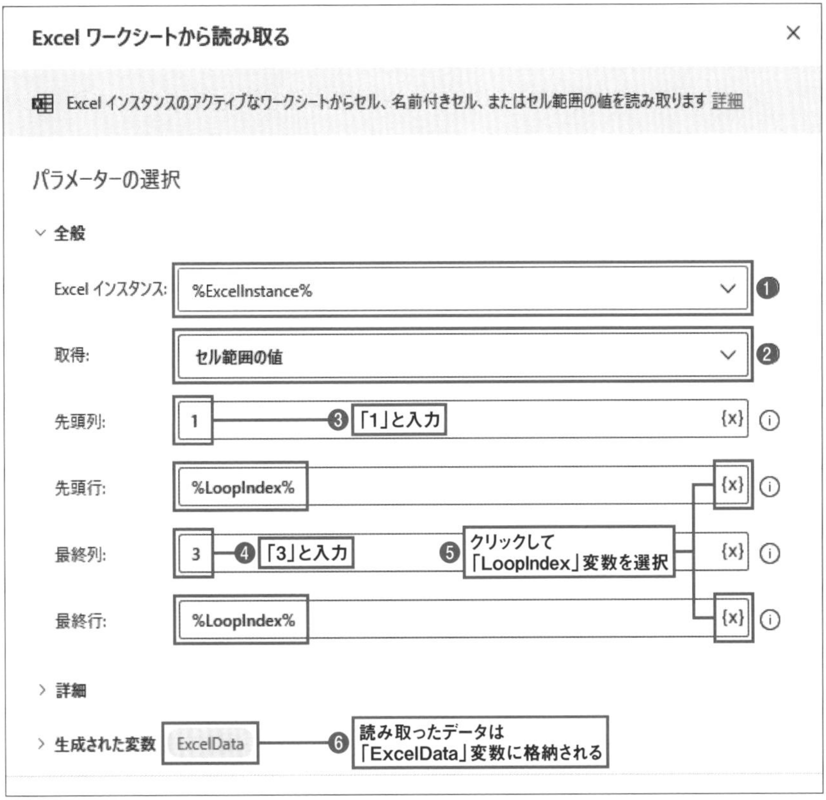


図14 [Excelワークシートから読み取る]アクションの設定画面。[Excelインスタンス]欄に「ExcelInstance」変数を指定(❶)。[取得]欄で[セル範囲の値]を選び(❷)、[先頭列]欄に「1」、[最終列]欄に「3」と入力する(❸❹)。[先頭行]欄と[最終行]欄には、「LoopIndex」変数を指定する(❺)。このセル範囲から読み取ったデータは「ExcelData」変数に格納される(❻)

数に格納されたセル範囲内のうち、特定のセルだけを指定するには、「変数名[行][列]」のように、変数名の後ろに角かっこを付けて「何行目の何列目か」を指定します。ただし、行数や列数を指定する数値は0から始まるので、「1行目の3列目」は「[0][2]」と指定します（図16）。

[演算子]欄で[と等しい(=)]を選択し、[2番目のオペランド]欄に「A」と入力すれば、「ExcelData」変数の1行3列目が「A」と等しいかどうかを判定できます。

[If]の設定が済んだら、[If]と[End]の間に、データを転記する処理を追加しましょう。具体的には、フローの7〜9番目のアクションとしてすでに作成してあるWebフォームへの入力・送信のアクションを、ドラッグ・アンド・ドロップで移動すればOKです（図17）。ただし、図9、図10で設定した通り、それらで入力するテキストは、「テスト」「動作確認」という仮の文字列になっています。これを、Excelから読み取ったデータに変更する必要があります。

1つめの[Webページ内のテキストフィールドに入力する]アクションをダブルクリックして開いたら、[テキスト]欄を「%ExcelData[0][0]%」に変更しましょ

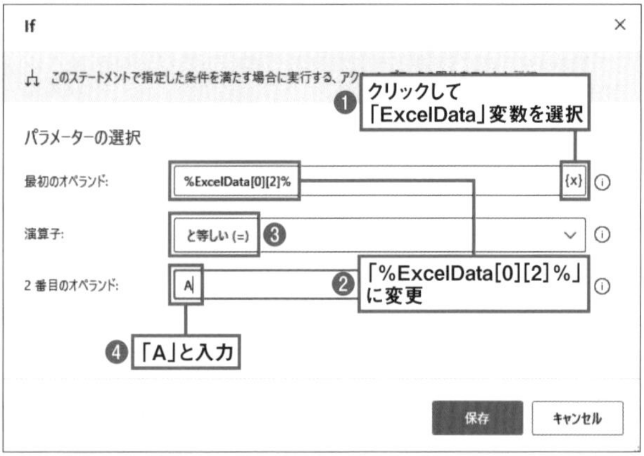


図15 [If]の設定画面。[最初のオペランド]欄で[{x}]をクリックして「ExcelData」変数を選択（❶）。挿入された変数名の後ろに「[0][2]」を追加入力する（❷）。[演算子]欄は[と等しい(=)]とし（❸）、[2番目のオペランド]欄に「A」と入力する（❹）

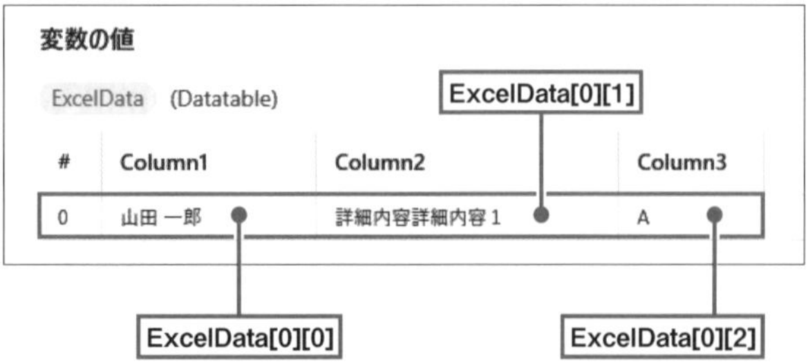


図16 変数に格納されたセル範囲の中で特定のセルを指定するには、「何行目の何列目か」を表す数値を角かっこでそれぞれ囲んで変数名の後ろに指定する。行と列を表す数値は0から始める点に注意

う（図18）。図16で示した通り、これでExcelから読み取ったデータの1列目の値を指定することができます。同様に、2つめの［Webページ内のテキストフィールドに入力する］アクションの［テキスト］欄は「%ExcelData［0］［1］%」に変更します（図19）。これで、Webフォームの入力欄2カ所に、Excelから読み取った1列目と2列目の値をそれぞれ自動入力し、送信できるようになります。

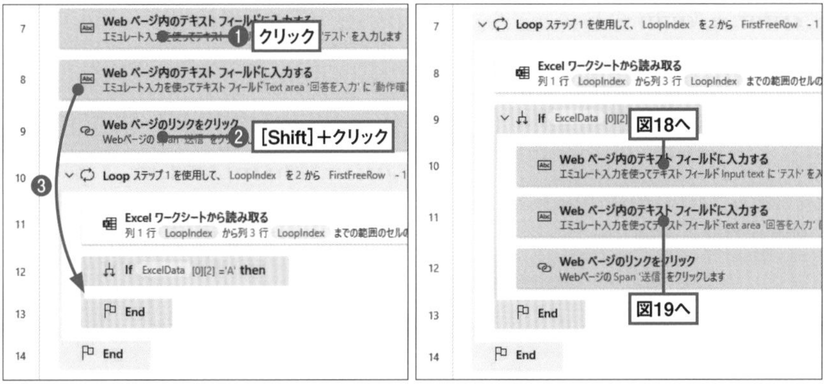


図17　フローの7～9番目に作成済みの3つのアクションを、［If］と［End］の間に移動する。7番目の［Webページ内のテキストフィールドに入力する］をクリックして選択した後（❶）、9番目の［Webページのリンクをクリック］を［Shift］キーを押しながらクリックすると（❷）、3つをまとめて選択できる。そのうえで、ドラッグ・アンド・ドロップすれば簡単だ（❸）

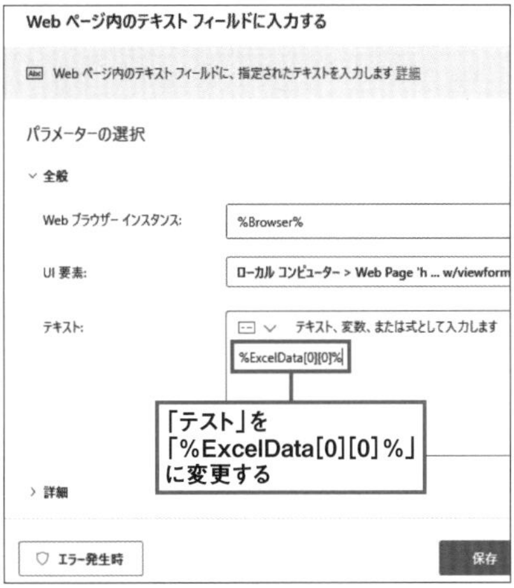


図18　フローの10番目に移動された［Webページ内のテキストフィールドに入力する］アクションをダブルクリックして開き、［テキスト］欄を「%ExcelData［0］［0］%」に変更する

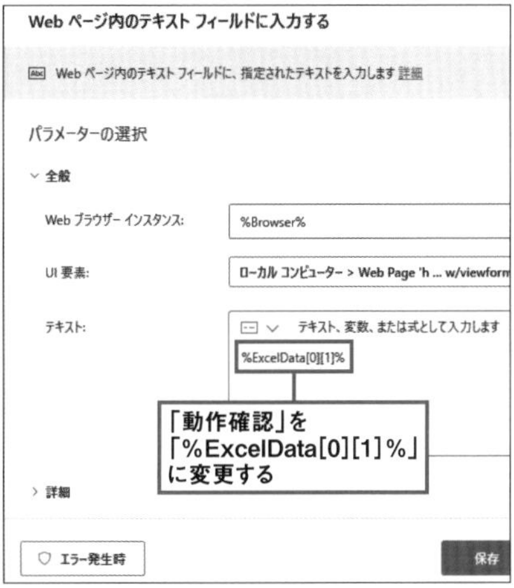


図19　同様に11番目に移動された［Webページ内のテキストフィールドに入力する］アクションをダブルクリックして開き、［テキスト］欄を「%ExcelData［0］［1］%」に変更する

### ④［Excelワークシートに書き込む］

次に、転記が完了したことを記録するために、元データのExcelファイルに、処理した日付（今日の日付）を入力します。この［Excelワークシートに書き込む］アクションも、［If］と［End］の間に追加します。

設定画面は図20の通りです。［書き込む値］欄には、161ページ図6で設定した［現在の日時を取得］アクションで生成される「CurrentDateTime」変数を指定します。［書き込みモード］欄で［指定したセル上］を選択。［列］欄には「FirstFreeColumn」変数、［行］欄には「LoopIndex」変数を指定します。これで、［Loop］による繰り返し処理で処理中の行の、最初の空白列（ここでは4列目）に、日付を書き込めます。

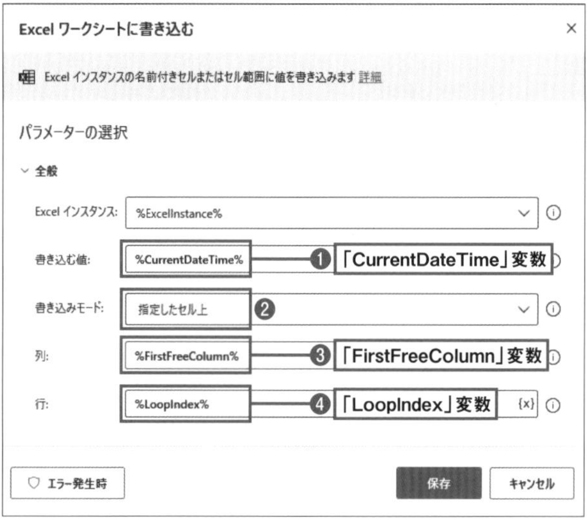


図20　［Excelワークシートに書き込む］の設定画面。［書き込む値］欄に、今日の日付が格納されている「CurrentDateTime」変数を指定（❶）。［書き込みモード］欄で［指定したセル上］を選択する（❷）。［列］欄に「FirstFreeColumn」変数を（❸）、［行］欄には「LoopIndex」変数を指定する（❹）

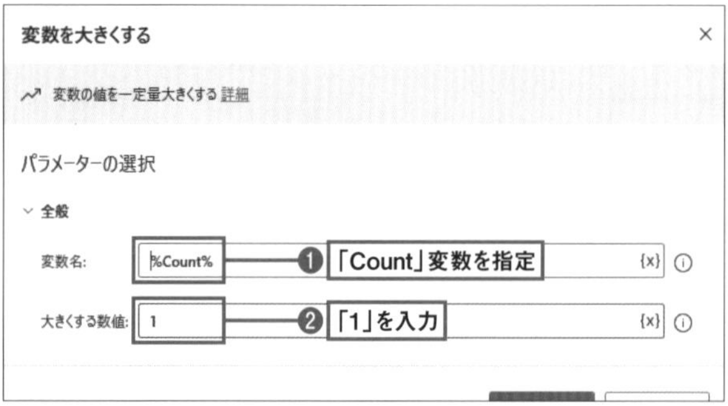


図21　［変数を大きくする］の設定画面。［変数名］欄で「Count」変数を選択（❶）。［大きくする数値］欄に「1」を入力する（❷）。これで、処理を繰り返すごとに「Count」変数を1ずつ増やせる

### ⑤［変数を大きくする］

続けて［If］と［End］の間に、［変数］カテゴリーにある［変数を大きくする］アクションを追加します（図21）。［変数名］欄には、161ページ図7で設定した「Count」変数を指定します。［大きくする数値］欄に「1」を入力することで、この「Count」変数に1を加えることができます。「Count」変数の初期値は0ですが、ここで1を加えることで、データを転記した回数だけ値が増えていきます。その結果、データを転記した件数を数えることができます。

### ⑥［Webページに移動］

今回利用しているGoogleフォームのページでは、フォームにデータを転記して送信すると、フォームの送信完了を伝えるページに切り替わります。そのため、繰り返し処理によって次のデータを入力する前に、再びフォームの入力画面に戻しておく必要があります。

そこで、［If］と［End］の間の最後に、［Webページに移動］アクションを追加します（図22）。［移動］欄で［URLに移動］を選択し、［URL］欄にWebフォームのURLを指定すればOKです。

図22　［Webページに移動］アクションの設定画面。［移動］欄を［URLに移動］とし（❶）、［URL］欄にWebフォームのURLを指定する（❷）

7
Loop ステップ 1 を使用して、 LoopIndex を 2 から FirstFreeRow - 1 までループ処理します
8
Excel ワークシートから読み取る
列 1 行 LoopIndex から列 3 行 LoopIndex までの範囲のセルの値を読み取り、 ExcelData に保存する
9
If ExcelData [0][2] = 'A' then
10
Web ページ内のテキスト フィールドに入力する
エミュレート入力を使ってテキスト フィールド Input text に ExcelData [0][0] を入力します
11
Web ページ内のテキスト フィールドに入力する
エミュレート入力を使ってテキスト フィールド Text area '回答を入力' に ExcelData [0][1] を入力します
12
Web ページのリンクをクリック
Webページの Span '送信' をクリックします
13
Excel ワークシートに書き込む
Excel インスタンス ExcelInstance の列 4 および行 LoopIndex のセルに値 CurrentDateTime を書き込み
14
変数を大きくする
変数 Count を 1 大きくする
15
Web ページに移動
'https://forms.gle/CNfYKypCnA3yzRkN6' に移動
16
End
17
End

図23　ここまでで追加・設定した繰り返し処理のアクション。9番目の［If］で、3列目に「A」と記載されていないと判定されれば、何も実行せずに、次の行の処理に移る

以上で繰り返し処理のアクションはすべて設定できました。フローを確認すると図23のようになります。

## 完了時の処理

［Loop］による繰り返し処理の後には、操作の完了時の処理として、次の3つのアクションを設定します。まずブラウザーを閉じ、Excelファイルは上書き保存して閉じます。最後に、処理した件数をメッセージボックスに表示します。

①［Webブラウザーを閉じる］
②［Excelを閉じる］
③［メッセージを表示］

### ①［Webブラウザーを閉じる］

データの転記は完了したので、Webブラウザーを閉じます。［Webブラウザーインスタンス］欄に「Browser」変数が指定されたまま保存します（図24）。

### ②［Excelを閉じる］

これまで使用してきたExcelを終了して閉じます（図25）。［Excelインスタンス］欄で「ExcelInstance」変数が指定されていることを確認し、［Excelを閉じる前］欄で［ドキュメントを保存］を選びます。これでファイルが上書き保存され、処理済みの行に入力した処理日の日付も保存されます。

### ③［メッセージを表示］

最後に、処理の完了を伝えるメッセージボックスを表示して、処理した件数を表示します（次ページ図26）。ポイントは［表示するメッセージ］欄。［{x}］を

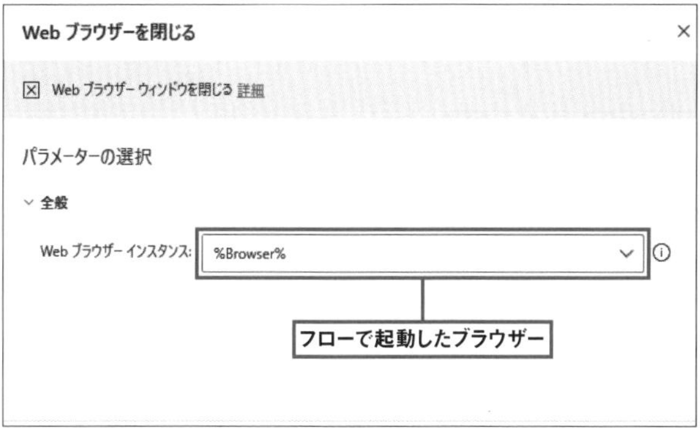


図24 ［Webブラウザーを閉じる］アクションの設定画面。［Webブラウザーインスタンス］欄に「Browser」変数が指定されていることを確認し、保存する

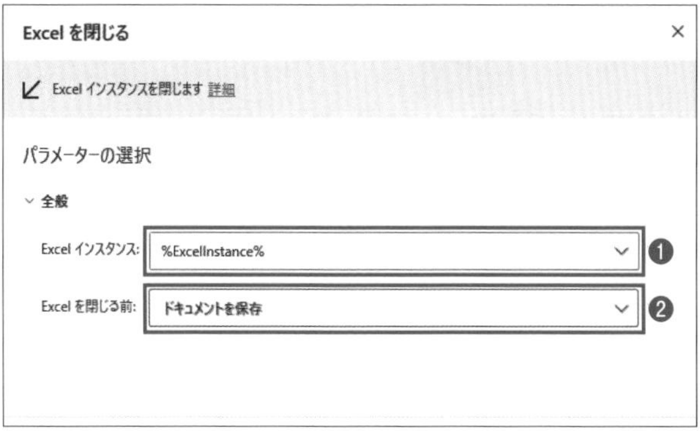


図25 ［Excelを閉じる］アクションの設定画面。［Excelインスタンス］欄で「ExcelInstance」変数を選び（❶）、［Excelを閉じる前］欄で［ドキュメントを保存］を選べば（❷）、ファイルを上書き保存して閉じられる

クリックして「Count」変数を選択したら、「%Count%」の後ろに「件登録しました。」と追加で入力します。すると、「Count」変数に格納されている処理済みの件数を「○件登録しました。」という形でそのつど表示できるようになります。[メッセージボックスボタン]欄では[OK]を選択して、[OK]ボタンだけを持つメッセージボックスとしましょう。

最後に追加したアクションは図27の通りです。本節で作成するフローはこれで完成となります。

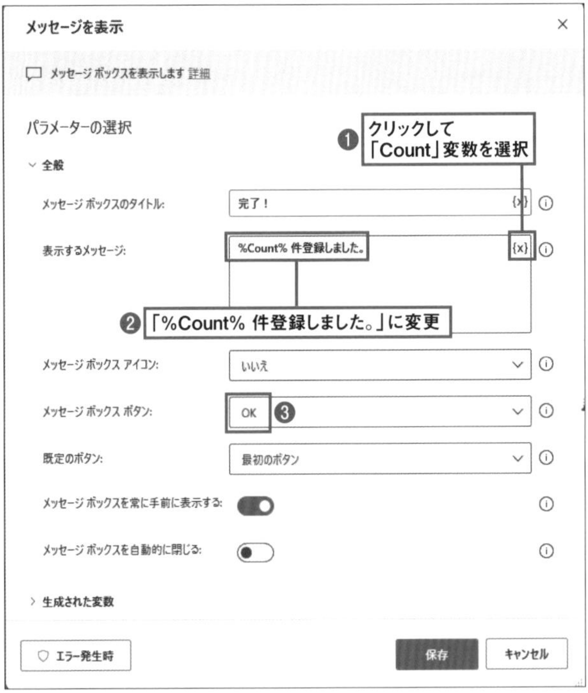


図26 [メッセージを表示]アクションの設定画面。適当なタイトルを入力したら、[表示するメッセージ]欄で[{x}]をクリックして、「Count」変数を選択(❶)。「%Count%」と挿入されたら、半角スペースを空けて「件登録しました。」と末尾に追加入力する(❷)。[メッセージボックスボタン]欄では[OK]を選び、[OK]ボタンのみを表示するメッセージボックスにしよう(❸)

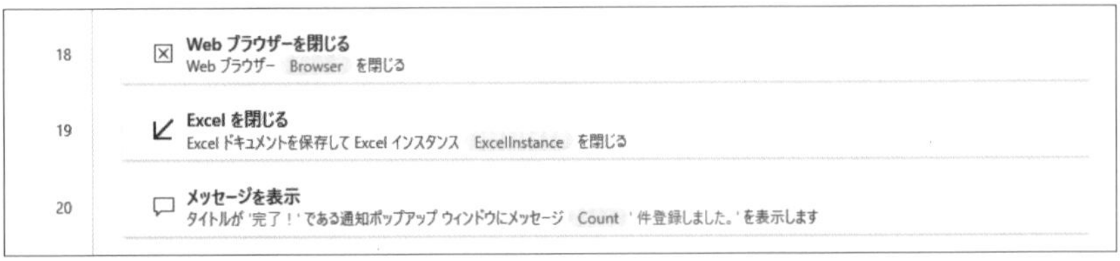


図27 完了時の処理として追加した3つのアクション。Excelファイルは上書き保存して閉じ、処理済みの件数をメッセージボックスで表示する

# Section 03 Excelの一覧から見積書を自動作成

プロジェクトの報告書、契約書や提案書、カタログ、給与明細、請求書など、業務ではさまざまな書類を扱います。「表形式の一覧データを基に定型の書類を作成する」「既存の書類から必要な情報を抽出・整理して台帳を作成する」といった作業は、書類を扱う際に発生する代表例ではないでしょうか（図1）。その作業の一部もしくは全工程で、Excelを利用しているケースもあるでしょう。いずれも定型的な業務といえ、自動化することで効率化や正確性の向上につなげられます。

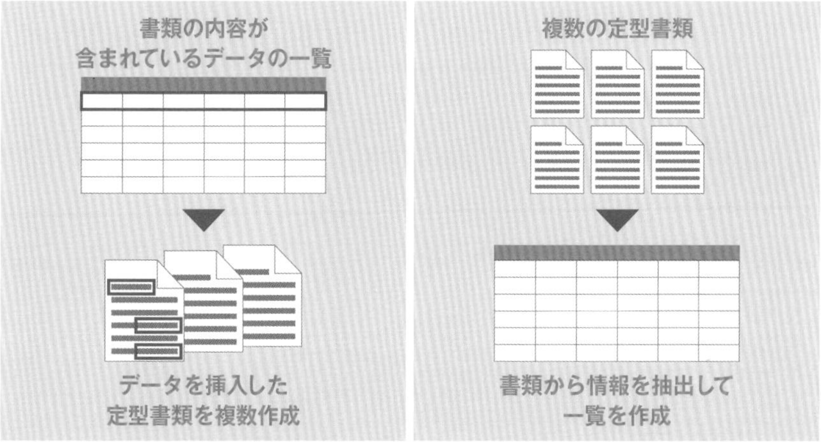


図1　Excelのデータを挿入して定型書類を複数作成したり、逆に複数の定型書類から情報を抜き出してExcelの一覧にまとめたりといった作業は、ビジネスの現場でよくあるものだろう。作業を自動化することで業務を効率化できる

## 自動化のシナリオ例

ここでは、明細が含まれている一覧から、書類のひな型に必要なデータを転記し、複数の書類を作成する作業を例とします（次ページ図2）。次のような作業が月に一度など定期的に発生することを想定し、自動化のフローを作成します。

## 本節で自動化する操作内容

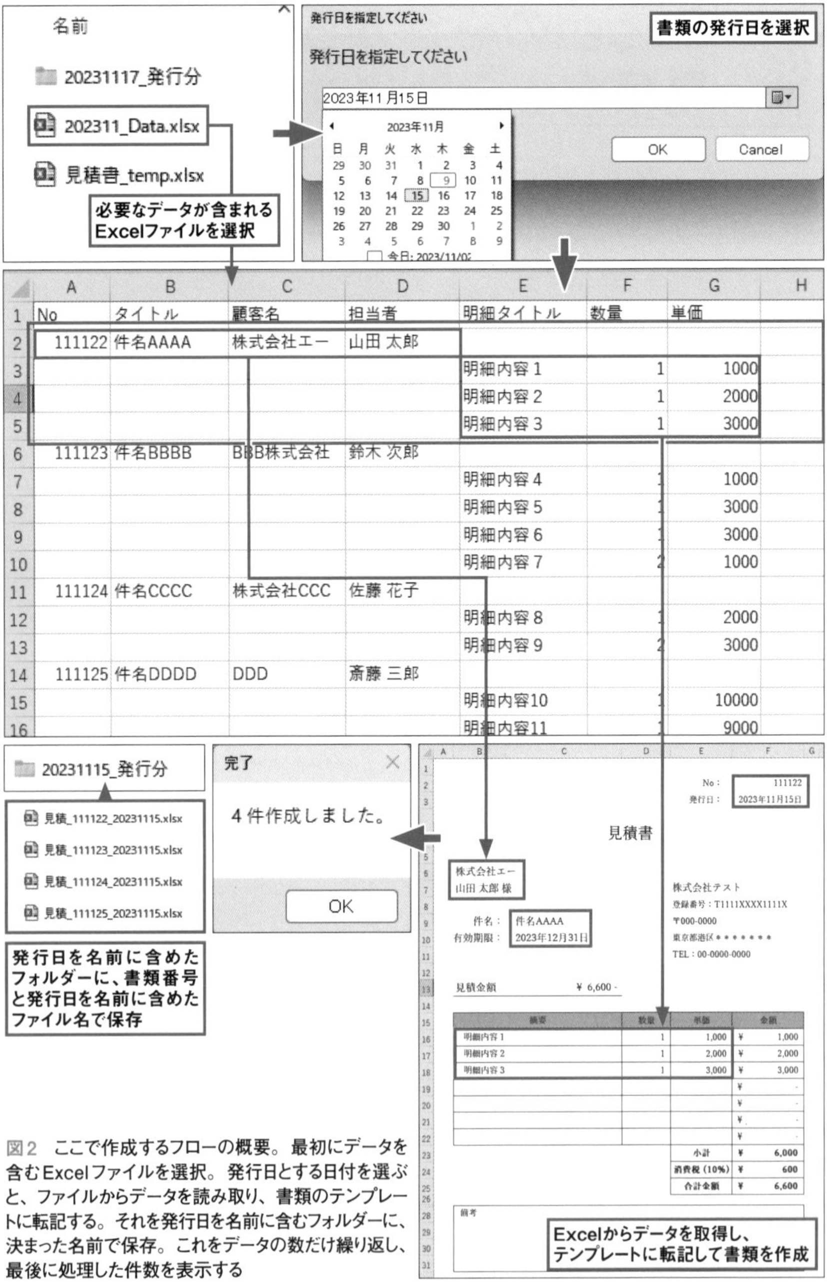


図2　ここで作成するフローの概要。最初にデータを含むExcelファイルを選択。発行日とする日付を選ぶと、ファイルからデータを読み取り、書類のテンプレートに転記する。それを発行日を名前に含むフォルダーに、決まった名前で保存。これをデータの数だけ繰り返し、最後に処理した件数を表示する

●**書類作成に利用するデータは、Excelにエクスポートした一覧**
・一覧に含まれるデータの件数(行数)は変動する
・一覧に含まれるデータの数だけ、書類を作成する

●**Excelに記載された一覧を基に、複数の書類を作成する**
・書類はテンプレート(ひな型)を利用して作成する
・フォルダーを作成し、その中に作成された書類を保存する
・書類の発行日はそのつど指定できるようにする
・発行日の翌月末日を有効期限とする
・フォルダー名やファイル名には書類の発行日を含める

## 事前の準備

このフローを実現するために、ここでは以下の2つを準備します。

●**作業フォルダー**

任意の場所に作業用フォルダーを作成しておきます。フォルダー名は何でもかまいません。フローではこのフォルダー内に、書類を保存するためのサブフォルダーを作成します。

●**Excelファイル**

次ページ図3のような2つのExcelファイルを用意します。1つは書類の作成に必要なデータを記録した一覧。もう1つは、書類のテンプレートです。ここでは、見積もりデータの一覧と、見積書のテンプレートを例として挙げます。

見積もりデータの一覧は、1行目が項目名(列名)となっていて、見積もりのデータが案件ごとにまとめられています。A～D列に見積もり番号(No)とタイトル、顧客名、担当者が記載されていて、その次の行から始まる形で、E～G列に明細を記した行が複数あります。明細行のA～D列は空欄になっています。この体裁で、案件ごとにまとめられています。

テンプレートには、見積もり番号(No)と発行日、会社名(顧客名)と担当者名、件名(タイトル)と有効期限、そして明細を入力する欄があります。そのほかの要素や数式は入力済みの状態になっています。

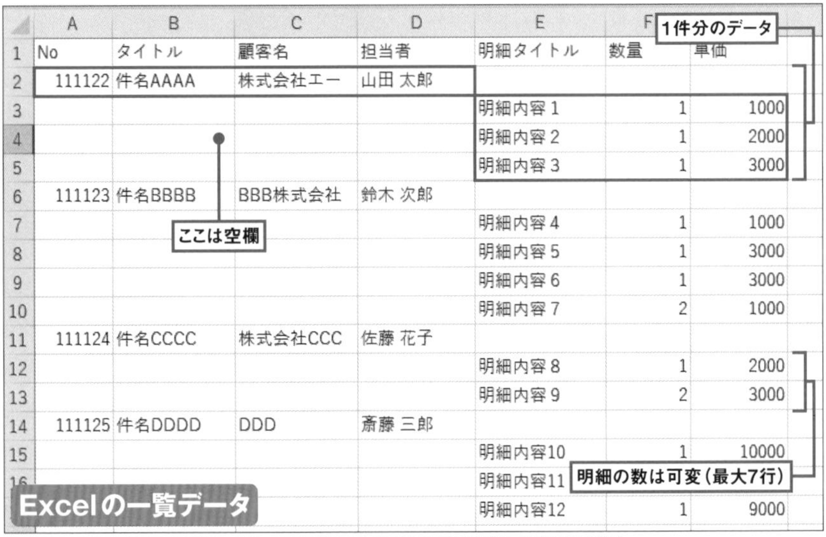

| No | タイトル | 顧客名 | 担当者 | 明細タイトル | 数量 | 単価 |
|---|---|---|---|---|---|---|
| 111122 | 件名AAAA | 株式会社エー | 山田 太郎 | | | |
| | | | | 明細内容1 | 1 | 1000 |
| | | | | 明細内容2 | 1 | 2000 |
| | | | | 明細内容3 | 1 | 3000 |
| 111123 | 件名BBBB | BBB株式会社 | 鈴木 次郎 | | | |
| | | | | 明細内容4 | 1 | 1000 |
| | | | | 明細内容5 | 1 | 3000 |
| | | | | 明細内容6 | 1 | 3000 |
| | | | | 明細内容7 | 2 | 1000 |
| 111124 | 件名CCCC | 株式会社CCC | 佐藤 花子 | | | |
| | | | | 明細内容8 | 1 | 2000 |
| | | | | 明細内容9 | 2 | 3000 |
| 111125 | 件名DDDD | DDD | 斎藤 三郎 | | | |
| | | | | 明細内容10 | 1 | 10000 |
| | | | | 明細内容11 | | |
| | | | | 明細内容12 | 1 | 9000 |



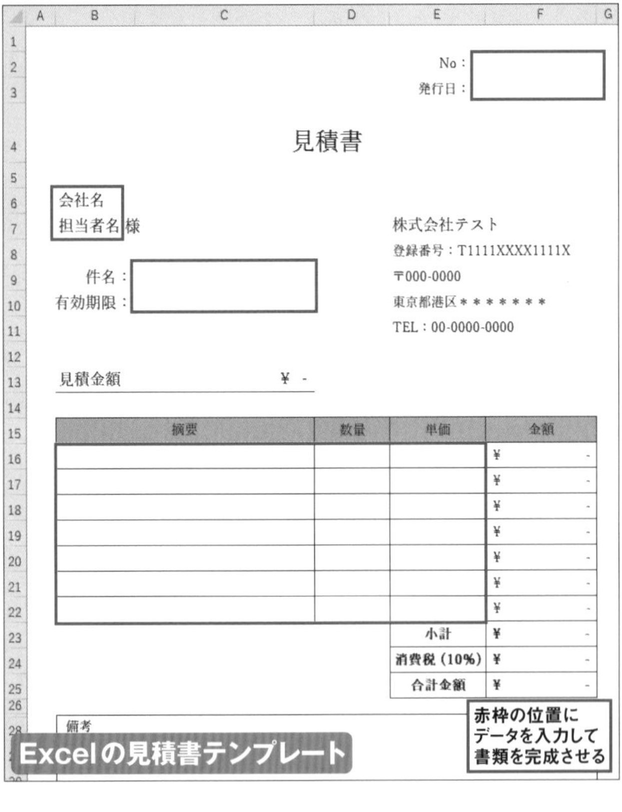



図3　今回使用するサンプルのファイル。受注システムからエクスポートしたExcelの一覧データ（上）と、Excelで作成した見積書のテンプレートだ（下）。一覧には、見積もり番号（No）やタイトル、顧客名などを記載した行と、その明細を記載した複数の行で1件分のデータとなっており、それが何件も続いている。テンプレートには、それらを転記する欄が設けられている

## Excelの起動や日付の選択など、開始時の処理

それではフローを作成していきましょう。最初に、Excelファイルを選択するダイアログの表示、発行日を指定するための日付選択ダイアログの表示、そこで選択した日付をファイル名として利用できる形式への変更、Excelデータの読み取り、書類の数を記録する変数の用意などを設定します。具体的には、次のアクションを追加します。

①［ファイルの選択ダイアログを表示］
②［日付の選択ダイアログを表示］
③［datetimeをテキストに変換］
④［Excelの起動］
⑤［Excelワークシートから読み取る］
⑥［Excelを閉じる］
⑦［変数の設定］

### ①［ファイルの選択ダイアログを表示］

最初にExcelファイルを選択するダイアログを表示します（次ページ図4）。適当なタイトルを入力したら、［初期フォルダー］欄に、事前に用意しておいた作業フォルダーを指定。［ファイルフィルター］欄に「*.xlsx」のように入力し、Excelファイルのみを対象に指定します。［ファイル選択ダイアログを常に手前に表示する］をオンにして、「ButtonPressed」変数はオフにしておきます。このダイアログで、書類作成に必要な一覧データを含むExcelファイルを選択します。

### ②［日付の選択ダイアログを表示］

発行日の日付を指定するための日付選択ダイアログを表示させる設定をします（図5）。タイトルとメッセージを入力したら、［ダイアログの種類］欄は［1つの日付］のままにして、日付を1日だけ選択できるように指定。［次のプロンプト］欄は［日付のみ］として、時刻の選択欄は表示させない設定にします。選択した日付は、「SelectedDate」変数に格納されますが、「2023/11/15 0：00：00」のように「/」（スラッシュ）記号や時刻の値（日付のみ選択の場合は0時）が含まれている点に注意してください。

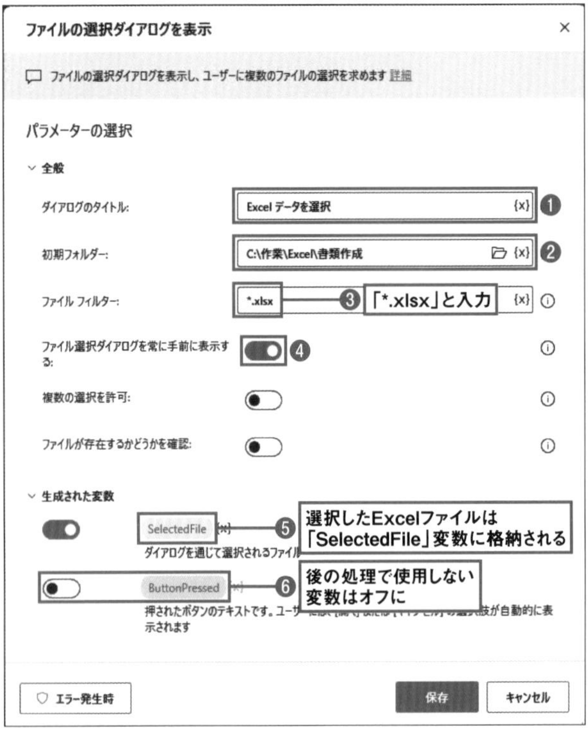


図4 ［ファイルの選択ダイアログを表示］アクションの設定画面。［ダイアログのタイトル］欄にタイトルを入力し（❶）、［初期フォルダー］欄に作業フォルダーを指定（❷）。［ファイルフィルター］欄に「*.xlsx」と入力して（❸）、常に手前に表示する設定にする（❹）。選択したファイルは「SelectedFile」変数に格納される（❺）。使用しない変数はオフにおく（❻）

図5 ［日付の選択ダイアログを表示］アクションの設定画面。タイトルとメッセージを適当に入力し（❶❷）、［ダイアログの種類］欄を［1つの日付］、［次のプロンプト］欄を［日付のみ］と指定する（❸❹）。選択した日付は「SelectedDate」変数に格納される（❺）

### ③［datetimeをテキストに変換］

前のアクションで選択した日付を、フォルダー名やファイル名で使える形式に変換します（図6）。時刻の値を取り除き、フォルダー名などで使えない「/」記号を削除します。［変換するdatetime］欄に、選択した日時の入っている「SelectedDate」変数を指定。［使用する形式］欄を［カスタム］として、［カスタム形式］欄に「yyyyMMdd」と入力します。すると、4桁の西暦年（yyyy）、2桁の月（MM）、2桁の日（dd）をつなげて、「20231115」のような8桁の数字にできます。作成した文字列は、「FormattedDateTime」変数に格納されます。

### ④［Excelの起動］

続いて、最初のアクションで選択したExcelファイルを開きます。［Excelの起動］アクションを追加したら、［Excelの起動］欄で［次のドキュメントを開く］を選択し、［ドキュメントパス］欄で「SelectedFile」変数を指定します（次ページ図7）。すると起動したExcelは「ExcelInstance」変数に格納されます。

### ⑤［Excelワークシートから読み取る］

開いたExcelファイルから、一覧データを読み取ります。［Excelインスタンス］欄で、前のアクションで生成された「ExcelInstance」変数を選び、［取得］欄で［ワークシートに含まれる使用可能なすべての値］を選びます（図8）。すると、ワー

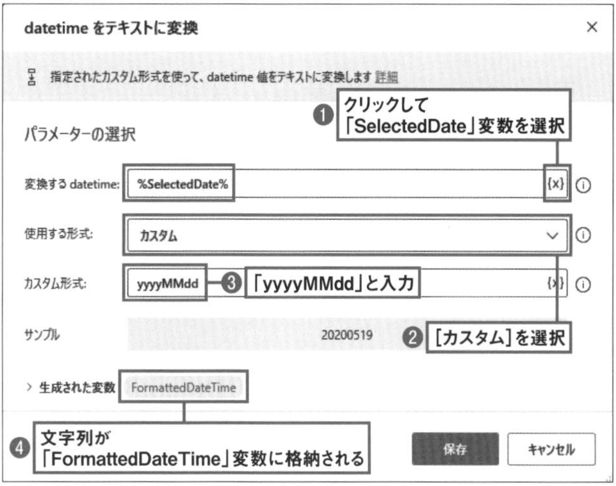


図6 ［テキスト］カテゴリーにある［datetimeをテキストに変換］アクションの設定画面。［変換するdatetime］欄で、先ほど選択した日時が格納されている「SelectedDate」変数を選択（❶）。［使用する形式］欄で［カスタム］を選び（❷）、［カスタム形式］欄に「yyyyMMdd」と入力する（❸）。これで「20231115」のような文字列が作られ、「FormattedDateTime」変数に格納される（❹）

クシートに含まれるすべての値が取得され、「ExcelData」変数に格納されます。この変数には、複数の列や行を持つデータテーブルが含まれます（図9）。

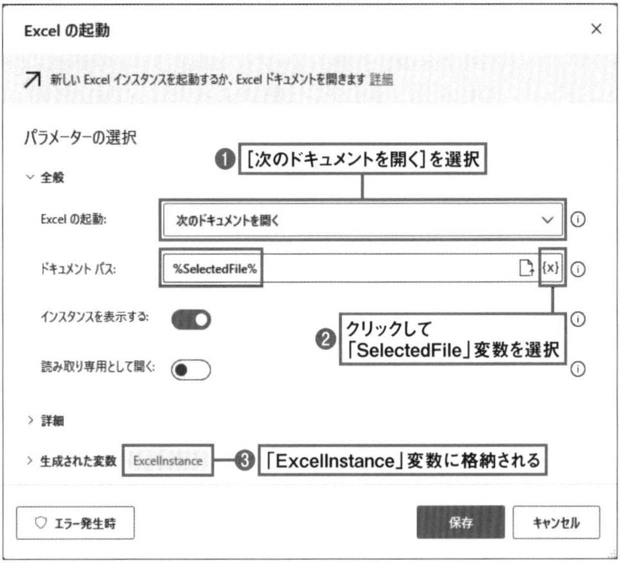


図7 ［Excelの起動］アクションの設定画面。［Excelの起動］欄で［次のドキュメントを開く］を選択し（❶）、［ドキュメントパス］欄で「SelectedFile」変数を指定する（❷）。起動したExcelファイルは「ExcelInstance」変数に格納される（❸）

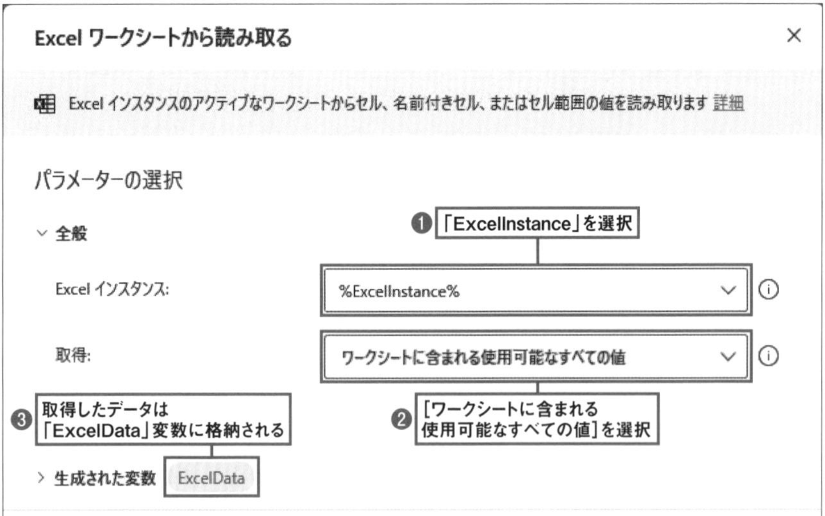


図8 ［Excelワークシートから読み取る］アクションの設定画面。［Excelインスタンス］欄で「ExcelInstance」変数を選び（❶）、［取得］欄で［ワークシートに含まれる使用可能なすべての値］を選択（❷）。すると、アクティブなワークシート上にあるすべてのデータが、テーブルとして「ExcelData」変数に格納される（❸）

### ⑥ [Excelを閉じる]

一覧データの読み取りが済んだら、Excelファイルは閉じてしまいましょう。[Excelを閉じる] アクションを追加して、[Excelを閉じる前] 欄で [ドキュメントを保存しない] を選びます（図10）。これでファイルを保存せずに閉じられます。

### ⑦ [変数の設定]

開始時の処理の終わりに、作成した書類の数を数えるための変数を用意します。ここでは「FileCount」という変数名にして、[値] 欄に初期値を「0」と入力してお

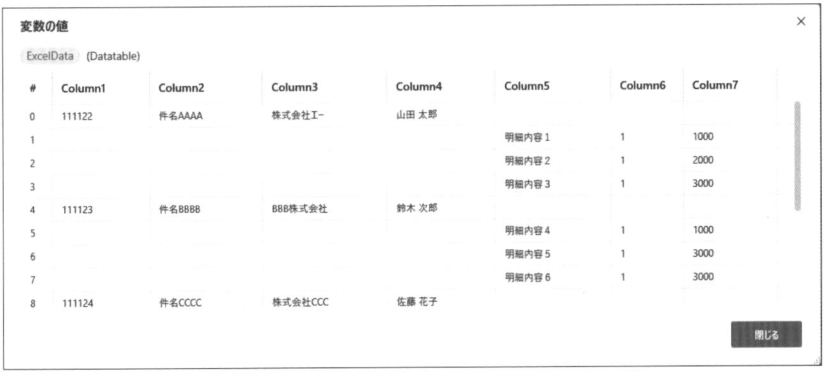

変数の値

ExcelData (Datatable)

| # | Column1 | Column2 | Column3 | Column4 | Column5 | Column6 | Column7 |
|---|---|---|---|---|---|---|---|
| 0 | 111122 | 件名AAAA | 株式会社エー | 山田 太郎 | | | |
| 1 | | | | | 明細内容1 | 1 | 1000 |
| 2 | | | | | 明細内容2 | 1 | 2000 |
| 3 | | | | | 明細内容3 | 1 | 3000 |
| 4 | 111123 | 件名BBBB | BBB株式会社 | 鈴木 次郎 | | | |
| 5 | | | | | 明細内容4 | 1 | 1000 |
| 6 | | | | | 明細内容5 | 1 | 3000 |
| 7 | | | | | 明細内容6 | 1 | 3000 |
| 8 | 111124 | 件名CCCC | 株式会社CCC | 佐藤 花子 | | | |

閉じる

図9 「ExcelData」変数に格納されるデータテーブルのイメージ。実行後、変数ペインから変数の中身を開いて確認すると、このように表示される

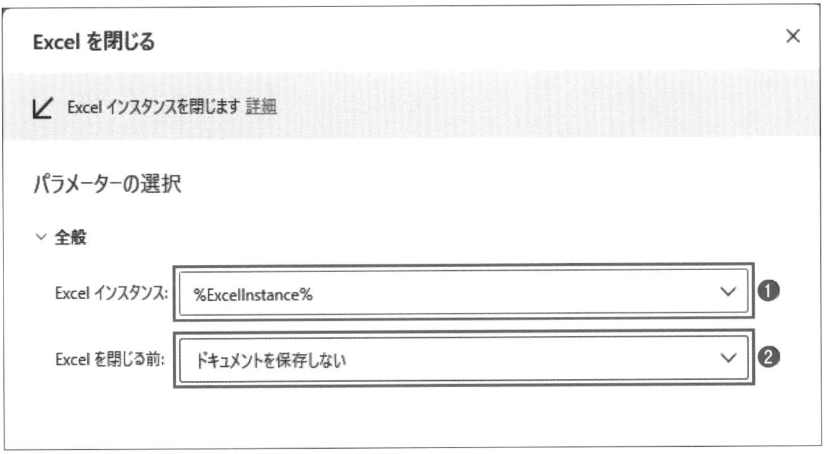


図10 [Excelを閉じる] アクションの設定画面。[Excel インスタンス] 欄で「ExcelInstance」変数を選び（❶）、[Excelを閉じる前] 欄で [ドキュメントを保存しない] を選ぶ（❷）

きます（図11）。1つ書類を作成するごとに「FileCount」変数を1ずつ増やしていけば、何個の書類を作成したかを記録し、フローの最後に表示させることができます。ここまでで作成したフローの内容は図12のようになります。

変数の設定
×
{x} 新規や既存の変数に値を設定する、新しい変数を作成する、または以前作成した変数を上書きする 詳細
変数:
FileCount {x}
❶「FileCount」に書き換え
値:
0
❷初期値を「0」に設定
{x}
保存
キャンセル

図11　［変数の設定］アクションの設定画面。［変数］欄にある名前を「FileCount」に変更（❶）。［値］欄に「0」と入力して初期値を「0」に設定する（❷）

1
ファイルの選択ダイアログを表示
ファイルの選択ダイアログをタイトル 'Excel データを選択' で表示し、ファイルの選択を SelectedFile に保存します
2
日付の選択ダイアログを表示
メッセージ '発行日を選択してください。' を含む日付選択ダイアログを表示し、ユーザーの入力を SelectedDate に保存します
3
datetime をテキストに変換
形式 'yyyyMMdd' を使って datetime SelectedDate を変換し、FormattedDateTime に保存する
4
Excel の起動
Excel を起動し、既存の Excel プロセスを使用してドキュメント SelectedFile を開き、Excel インスタンス ExcelInstance に保存します。
5
Excel ワークシートから読み取る
ワークシート内のすべてのセルの値を読み取り、ExcelData に保存する
6
Excel を閉じる
ExcelInstance に保存されている Excel インスタンスを閉じる
7
変数の設定
変数 FileCount に値 0 を割り当てる

図12　ここまでで追加・設定したアクション。Excelファイルからのデータ読み取り、発行日とする日付の選択、書類の数を記録する変数の準備などを行っている

## 書類を保存するフォルダーを作成する処理

次に、作成した書類のファイルを保存するためのフォルダーを作成します。ここでは、発行日の日付を8桁の数字にして、「20231115_発行分」のような名前のフォルダーを作ります。また同じ発行日での書類作成は複数回行わないことを前提とし、同じ名前のフォルダーがすでに存在する場合はメッセージを表示して、書類作成を行わずにフローを停止するように設定します。具体的には、次の4つのアクションを追加します。

① [フォルダーの作成]
② [フォルダーが存在する場合]
③ [メッセージを表示]
④ [フローを停止する]

### ① [フォルダーの作成]

書類ファイルを保存するフォルダーを作成します（図13）。[新しいフォルダーを次の場所に作成] 欄で、フォルダーを作成する作業用フォルダーを指定。[新しいフォルダー名] 欄で「FormattedDateTime」変数を選択した後、挿入された「%FormattedDateTime%」の後ろに「_発行分」という文字列を付け足します。「FormattedDateTime」変数には、日付選択ダイアログで選択した発行日の日付が、

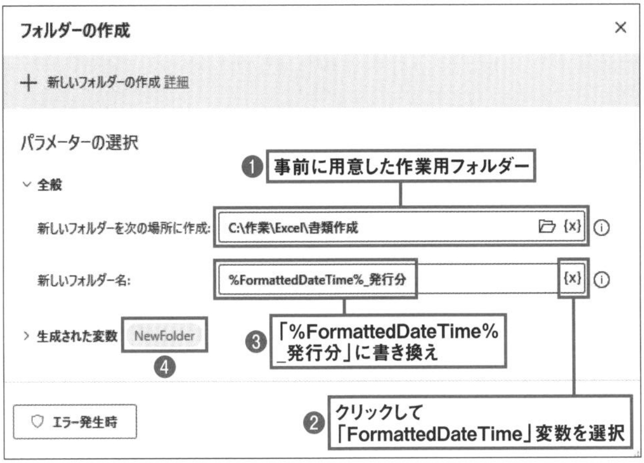


図13 [フォルダーの作成] アクションの設定画面。[新しいフォルダーを次の場所に作成] 欄に作業用フォルダーを指定（❶）。[新しいフォルダー名] 欄で「FormattedDateTime」変数を選択し（❷）、挿入された「%FormattedDateTime%」の後ろに「_発行分」と追加入力する（❸）。これで発行日の日付を8桁の数字にしてフォルダー名にできる。作成されたフォルダーは「NewFolder」変数に格納される（❹）

8桁の数字に変換されて格納されています。この変数に「_発行分」と追加することで、「20231115_発行分」のようなフォルダー名にできます。作成されたフォルダーは「NewFolder」変数に格納されます。

### ②［フォルダーが存在する場合］

ここで、［フォルダーの作成］アクションで作成するフォルダーと同名のフォルダーがすでに存在していた場合の処理を追加します。今回は同じ発行日での書類作成は複数回行わない前提ですので、同じ名前のフォルダーが存在するときには、新たに書類を作成せずに、その場でフローを終了することにします。

このように処理を分岐させたいとき［If］アクションを使う方法もありますが、ここでは［フォルダーが存在する場合］というアクションを利用します。フォルダーの有無をチェックして、その結果により処理を分岐できる便利なアクションです。

このアクションは、3番目の［datetimeをテキストに変換］アクションの直後に挿入しましょう。発行日の日付から8桁の数字を作成した時点で、それを名前に含むフォルダーの有無をチェックできるからです。存在したときは、その時点でフローを終了することで、［Excelの起動］以降のアクションを無駄に実行せずに済みます。

設定画面は図14の通りです。［フォルダーが次の場合］欄を［存在する］とし、［フォルダーパス］欄に指定したフォルダーが存在するかどうかをチェックします。

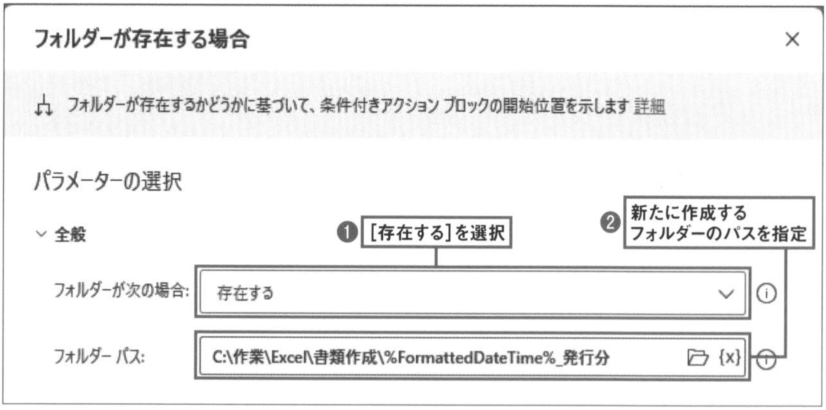


図14 ［フォルダーが存在する場合］アクションの設定画面。［フォルダーが次の場合］欄で［存在する］を選択（❶）。［フォルダーパス］欄に、作業フォルダーのパスに続けて半角の「¥」を入力し（「\」と表示される）、先ほどと同じ「FormattedDateTime」変数を用いた新しいフォルダー名を指定する（❷）

［フォルダーパス］欄には、作業用フォルダーのパスに続けて半角の「¥」記号を入力し(「\」と表示される)、「%FormattedDateTime%_発行分」というフォルダー名の指定を付け加えます。フォルダー名の指定方法は図13と同様です。

### ③［メッセージを表示］

［フォルダーが存在する場合］アクションを追加すると、［End］もセットで追加されます。この間に挿入したアクションが、フォルダーが存在する場合に実行される仕組みです。そこで、この間に［メッセージを表示］アクションを追加して、フォルダーが存在する場合にメッセージを表示します(図15)。

タイトルや必要なメッセージを入力したら、［メッセージボックスボタン］欄は［OK］、［メッセージボックスを常に手前に表示する］をオンにしましょう。「ButtonPressed」変数は使用しないのでオフにしておきます。

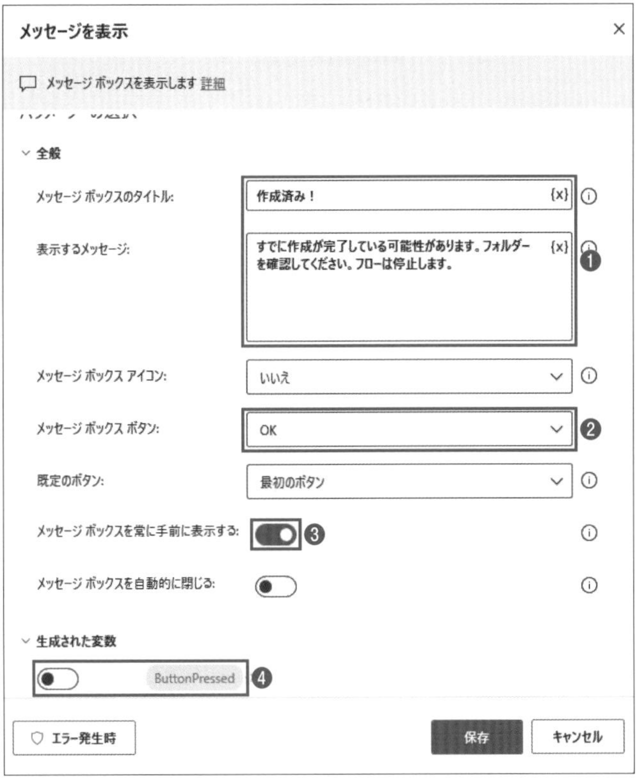


図15 ［メッセージを表示］アクションの設定画面。適当なタイトルやメッセージを入力(❶)。［メッセージボックスボタン］欄では［OK］を選び(❷)、［OK］ボタンのみを表示するメッセージボックスにする。見落とさないように常に手前に表示する設定にして(❸)、不要な「ButtonPressed」変数はオフにする(❹)

### ④［フローを停止する］

［フォルダーが存在する場合］と［End］の間にもう1つ、［フローコントロール］カテゴリーにある［フローを停止する］アクションを追加します（図16）。設定画面の［フローの終了］欄は［成功］のままで結構です。これで、同名のフォルダーがすでに存在した場合に、メッセージを表示した後、フローを終了することができます。ここまで追加した内容は図17の通りです。

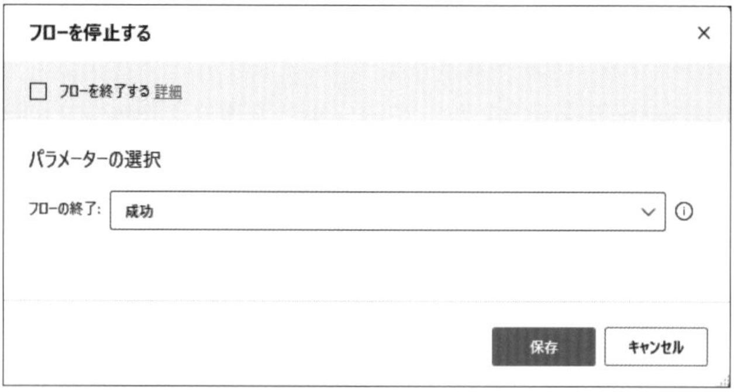

フローを停止する
フローを終了する 詳細
パラメーターの選択
フローの終了:
成功
保存
キャンセル

図16 ［フローを停止する］アクションの設定画面。［フローの終了］欄は［成功］のまま、保存すればよい

4
フォルダーが存在する場合
フォルダー 'C:\作業\Excel\書類作成\' FormattedDateTime '_発行分' が存在する場合
5
メッセージを表示
タイトルが '作成済み！' である通知ポップアップ ウィンドウにメッセージ 'すでに作成が完了している可能性があります。フォルダーを確認してください。フローは停止します。' を表示します
6
フローを停止する フローを停止してエラー メッセージを表示します
7
End
8
Excel の起動
Excel を起動し、既存の Excel プロセスを使用してドキュメント SelectedFile を開き、Excel インスタンス ExcelInstance に保存します。
9
Excel ワークシートから読み取る
ワークシート内のすべてのセルの値を読み取り、 ExcelData に保存する
10
Excel を閉じる
ExcelInstance に保存されている Excel インスタンスを閉じる
11
変数の設定
変数 FileCount に値 0 を割り当てる
12
フォルダーの作成
フォルダー FormattedDateTime '_発行分' を 'C:\作業\Excel\書類作成' に作成

図17 4～7番目のアクションが、ここで追加した、フォルダーが存在する場合にメッセージを表示してフローを終了するアクション。この後に、先に設定した［Excelを起動］以降のアクションが続き、12番目のアクションでフォルダーの作成を行う

## 翌月末を取得するサブフロー

今回のサンプルでは、発行日の「翌月末日」の日付を書類内に含めます。翌月末日を取得する動作は、アクションを3つ組み合わせて設定します。またその内容はサブフローとして作成します。

サブフローを作成するには、[Main] タブの左にある [サブフロー] をクリックし、開くメニューにある [新しいサブフロー] をクリックします (図18)。設定画面が開いたら、「翌月末日取得」というサブフロー名を付けて保存します。

このサブフローに追加するアクションは次の3つです。

① [テキストをdatetimeに変換]
② [加算する日時]
③ [加算する日時]

#### ① [テキストをdatetimeに変換]

[テキスト] カテゴリーにある [テキストをdatetimeに変換] は、日付や時刻を表す文字列を、日付や時刻として扱える「datetime値」に変換するアクションです。

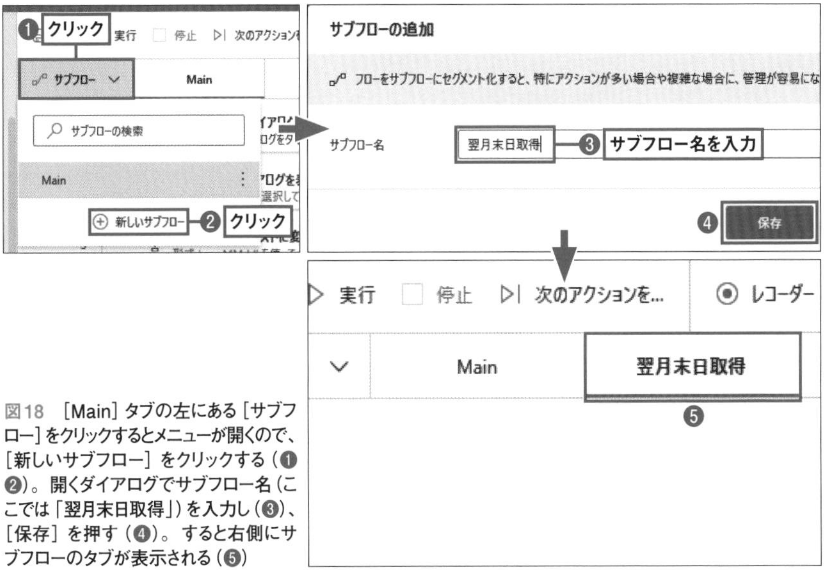


図18 [Main] タブの左にある [サブフロー] をクリックするとメニューが開くので、[新しいサブフロー] をクリックする (❶❷)。開くダイアログでサブフロー名 (ここでは「翌月末日取得」) を入力し (❸)、[保存] を押す (❹)。すると右側にサブフローのタブが表示される (❺)

例えば「2023/11/15」という文字列を、日付として計算、処理できるデータに変換します。ここでは、前のアクションで取得済みの発行日の日付から、その月の「1日」(「2023/11/01」など)を求めるために利用します。

設定画面では、図19のように指定します。「SelectedDate」変数は、ダイアログで選択した発行日の日付です。この変数名の後ろに「.Year」と付けるとその日付の「年」の数字、「.Month」と付けると「月」の数字を取得できます。そのため、「%SelectedDate.Year + '/' + SelectedDate.Month + '/01'%」のように指定すると、例えば発行日が「2023/11/15」のとき、「2023/11/01」という文字列を作成できます。「+」記号は文字列を連結する記号で、連結したい文字は「'」(シングルクォーテーション)で挟みます。こうして「2023/11/01」のような文字列を作る組み合わせを[変換するテキスト]欄に指定すれば、その文字列が表す日付を、日付として扱えるdatetime値に変換できます。変換してできた日付が格納される変数の名前は、わかりやすいように「FirstDay」に変更します。

### ② [加算する日時]

続いて、先ほど求めた「発行月の1日」の日付を基に、「2カ月後の1日」を求めます。[日時]カテゴリーにある[加算する日時]アクションを使います(図20)。

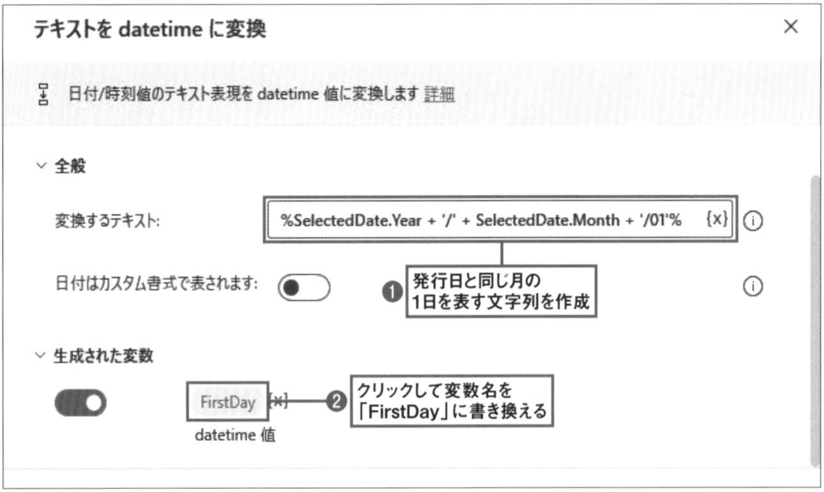


図19 [テキストをdatetimeに変換]アクションの設定画面。[変換するテキスト]欄を図のように入力し、「SelectedDate」変数に入っている発行日と同じ月の1日を表す文字列を指定する(❶)。生成される変数の名前は標準で「TextAsDateTime」となっているが、ここでは「FirstDay」に変更する(❷)

設定画面の［日時］欄に、先ほどの「FirstDay」変数を指定。［加算］欄に「2」と入力し、［時間単位］欄で「月」を選べば、元の日付の「月」の数字に2を足して、2カ月後の同じ日付を計算することができます。例えば元の日付が「2023/11/01」なら、「2024/01/01」を自動で計算できます。このような日付の計算を簡単にできるのが、datetime値のメリットです。求められた日付が格納される変数の名前は「NextMonthFirstDay」に変更します。

③［加算する日時］

もう1つ［加算する日時］アクションを追加します。そして今度は、先ほど求めた「2カ月後の1日」の「1日前」を計算します。設定画面は図21の通りです。［日時］欄に先ほどの「NextMonthFirstDay」変数を指定。［加算］欄に「－1」と入力

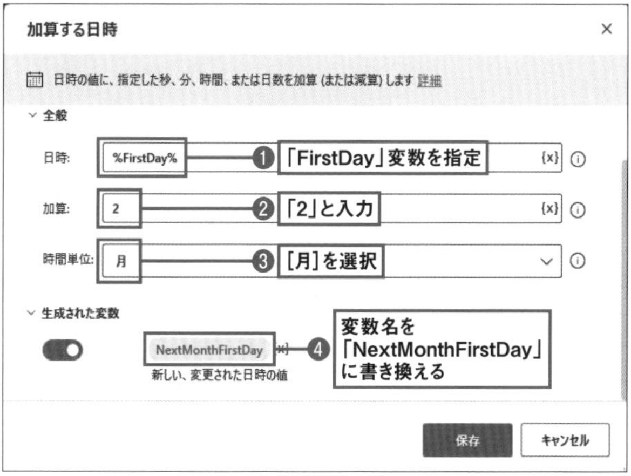


図20 ［加算する日時］アクションの設定画面。［日時］欄に「FirstDay」変数を指定（❶）。［加算］欄に「2」と入力し（❷）、［時間単位］欄で［月］を選択する（❸）。これで2カ月後の日付が求められる。変数の名前は標準で「ResultedDate」だが、「NextMonthFirstDay」に変更する（❷）

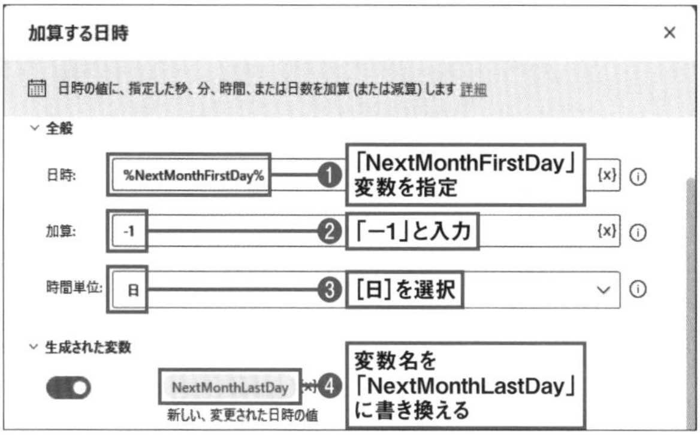


図21 2つめの［加算する日時］アクション。［日時］欄に「NextMonthFirstDay」変数を指定（❶）。［加算］欄に「－1」と入力し（❷）、［時間単位］欄で［日］を選択する（❸）。これで1日前の日付が求められる。変数名は「NextMonthLastDay」に変更する（❹）

し、[時間単位] 欄で [日] を選択します。これで、1日をマイナスして「1日前」を求められます。「NextMonthFirstDay」変数に「2024/01/01」が格納されているときは、1日前の「2023/12/31」になります。求めた日付を格納する変数の名前は、「NextMonthLastDay」に変更しておきます。

月末の日付は、30日であったり31日であったりと、1つの決まった数字で表すことができません。そのため、datetime値を用いて翌1日の前日を計算するという方法で月末を求めるテクニックがよく用いられます。

こうして完成したサブフローは図22の通りです。これら3つのアクションを実行することで、元の日付から見た「翌月末」を求められることになります。

サブフロー
Main
翌月末日取得
1
テキストを datetime に変換
テキスト SelectedDate .Year + '/' + SelectedDate .Month + '/01' を datetime に変換し、 FirstDay に保存する
2
加算する日時
2 月を FirstDay に追加して、結果を NextMonthFirstDay に保存する
3
加算する日時
-1 日を NextMonthFirstDay に追加して、結果を NextMonthLastDay に保存する

図22　サブフロー「翌月末日取得」の全体

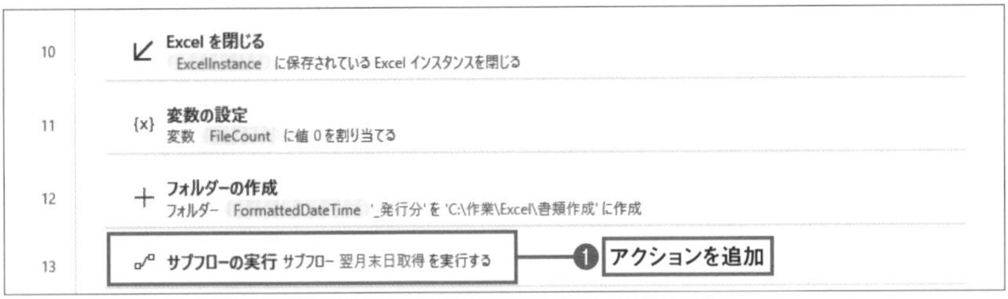
10
Excel を閉じる
ExcelInstance に保存されている Excel インスタンスを閉じる
11
変数の設定
変数 FileCount に値 0 を割り当てる
12
フォルダーの作成
フォルダー FormattedDateTime '_発行分' を 'C:\作業\Excel\書類作成' に作成
13
サブフローの実行 サブフロー 翌月末日取得 を実行する
❶ アクションを追加

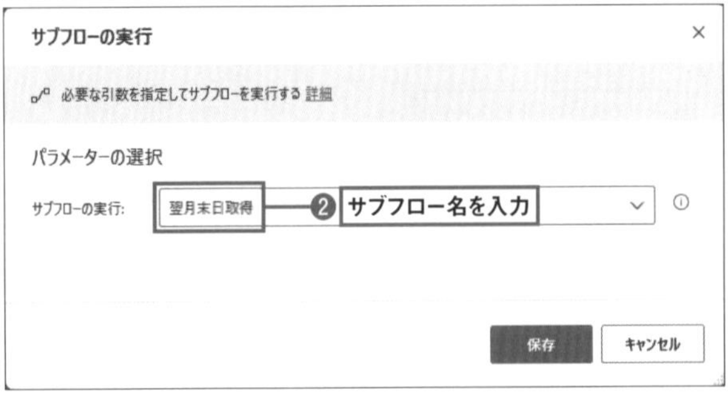
サブフローの実行
必要な引数を指定してサブフローを実行する 詳細
パラメーターの選択
サブフローの実行:
翌月末日取得
❷ サブフロー名を入力
保存
キャンセル

図23　[Main] タブに戻り、フローの12番目にある [フォルダーの作成] アクションの下に、[サブフローの実行] アクションを追加する (❶)。設定画面の [サブフローの実行] 欄にサブフロー名 (ここでは「翌月末日取得」) を入力すると (❷)、ここでサブフローを実行して、翌月末の日付を取得できる

元の日付が「2023/11/15」なら、当月の1日である「2023/11/01」→2カ月後の「2024/01/01」→1日前の「2023/12/31」と計算できるわけです。

サブフローが完成したら、[Main]のフローに、サブフローを呼び出すアクションを追加します(図23)。

## 書類を繰り返し作成する処理

ここからは、実際に書類を作成する処理を設定していきます。書類作成の条件と手順は次の通りです(図24)。

- **1行目のデータは項目名(列名)なのでスキップする**
- **2行目以降は「No」列に値が含まれる場合のみ、書類を作成する**
- **書類作成は、以下の流れで行う**

(1) テンプレートのファイルをコピーして書類用ファイルを作る
(2) 書類用ファイルの名前を変更(名前には「No」列の値と発行日を含める)
(3) 書類用ファイルに値を書き込む
(4) 作成した書類を数えるための「FileCount」変数に1を加える

| | A | B | C | D | E | F | G |
|---|---|---|---|---|---|---|---|
| 1 | No | タイトル | 顧客名 | 担当者 | 明細タイトル | 数量 | 単価 |
| 2 | 111122 | 件名AAAA | 株式会社エー | 山田 太郎 | | | |
| 3 | | | | | 明細内容1 | 1 | 1000 |
| 4 | | | | | 明細内容2 | 1 | 2000 |
| 5 | | | | | 明細内容3 | 1 | 3000 |
| 6 | 111123 | 件名BBBB | BBB株式会社 | 鈴木 次郎 | | | |
| 7 | | | | | 明細内容4 | 1 | 1000 |
| 8 | | | | | 明細内容5 | 1 | 3000 |
| 9 | | | | | 明細内容6 | 1 | 3000 |
| 10 | | | | | 明細内容7 | 2 | 1000 |
| 11 | 111124 | 件名CCCC | 株式会社CCC | 佐藤 花子 | | | |
| 12 | | | | | 明細内容8 | 1 | 2000 |
| 13 | | | | | 明細内容9 | 2 | 3000 |
| 14 | 111125 | 件名DDDD | DDD | 斎藤 三郎 | | | |
| 15 | | | | | 明細内容10 | 1 | 10000 |
| 16 | | | | | 明細内容11 | 1 | 9000 |

図24 今回使用するサンプルの体裁(上)。書類作成は2行目から開始し、1列目の「No」列に値がある行でのみ書類作成処理を実行する。作成するファイル名には、「No」列の値と、発行日を表す8桁の数字を追加する

具体的にはまず、以下のアクションを追加します。

①[For each]
②[If]
③[次のループ]
④[If]
⑤[ファイルのコピー]
⑥[ファイルの名前を変更する]
⑦[Excelの起動]
⑧[Excelワークシートに書き込む]
⑨[変数を大きくする]

### ①[For each]

繰り返し処理を行うために、[For each]アクションを追加します。[反復処理を行う値]欄には、9番目のアクションでExcelから読み取ったデータテーブルを格納している「ExcelData」変数を指定します(図25)。すると[保存先]欄に示された「CurrentItem」変数には、「ExcelData」変数内のテーブルの各行が順番に格納されます。その1行ずつに対し、[End]までの間に挿入したアクションを実行します。

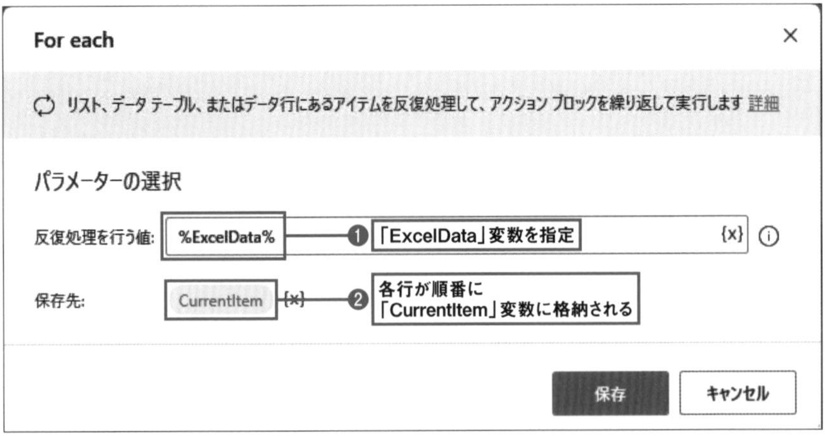


図25 [For each]アクションの設定画面。[反復処理を行う値]欄に「ExcelData」変数を指定(❶)。これで「ExcelData」変数内の各行が順番に「CurrentItem」変数に格納され(❷)、繰り返し処理される

### ②[If]

繰り返し処理をする際に、項目名（列名）が記入された1行目をスキップするための条件分岐を設定します。[最初のオペランド]欄を「%CurrentItem[0]%」のように指定し、[演算子] 欄で「と等しい（=）」を選択、[2番目のオペランド] 欄に「No」と入力します（図26）。「CurrentItem [0]」は行内の1列目（インデックス番号は0）の値を指すので、これが「No」と等しければ、項目名の行だということになります。

### ③[次のループ]

先ほど追加した[If]と[End]の間に、[ループ]カテゴリーにある[次のループ]アクションを追加します（図27）。繰り返し処理の中で、現在の処理対象をスキップして、次の対象の処理に移るためのアクションです。設定すべき項目はなく、設定画面も開きません。これで、処理対象の行が1行目の項目名だった場合は、処理をスキップする流れになります。

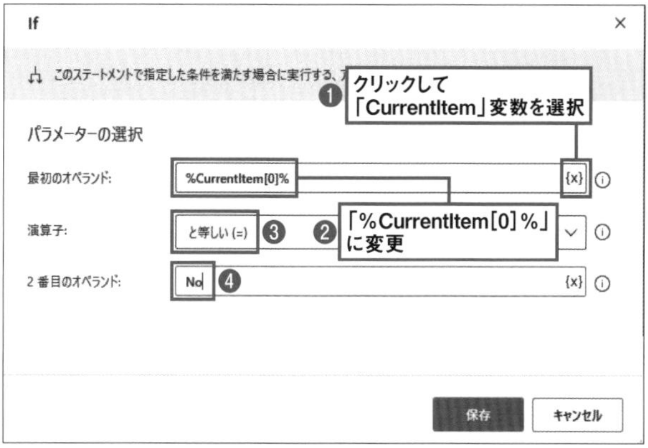


図26 [If]の設定画面。[最初のオペランド] 欄で [{x}] をクリックして「CurrentItem」変数を選択（❶）。挿入された変数名の後ろに「[0]」を追加入力する（❷）。[演算子] 欄は[と等しい(=)]とし(❸)、[2番目のオペランド] 欄に「No」と入力する（❹）

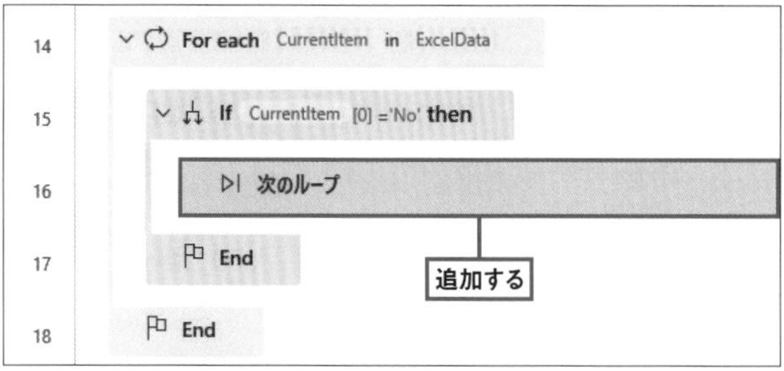


図27 [ループ] カテゴリーにある [次のループ] アクションを図の位置に挿入する。設定すべき項目はないので、設定画面は開かない

④ [If]

[For each] の中にもう1つ [If] を挿入して、「No」列に値が含まれる場合のみ書類作成の処理を実行するように条件分岐します。[最初のオペランド] 欄は1つめの [If] と同じ「%CurrentItem [0] %」を指定。[演算子] 欄で「空でない」を選択します (図28)。これで、「No」列の値が空白でない、すなわち値が含まれる場合にのみ、[End] までの間に挿入したアクションを実行する流れにできます。

⑤ [ファイルのコピー]

上記の2つめの[If]と[End]の間に、[ファイルのコピー]アクションを追加して、テンプレートファイルをコピーして書類用のファイルを作ります(図29)。[コピー

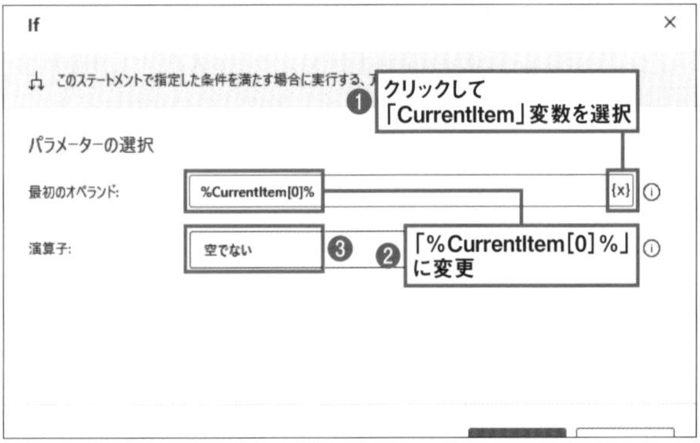


図28 [If] の設定画面。[最初のオペランド] 欄で [{x}] をクリックして「CurrentItem」変数を選択 (❶)。挿入された変数名の後ろに「[0]」を追加入力する (❷)。[演算子] 欄は [空でない] を選ぶ (❸)。これで、1列目 (「No」列) の値が空でない場合の処理を設定できる

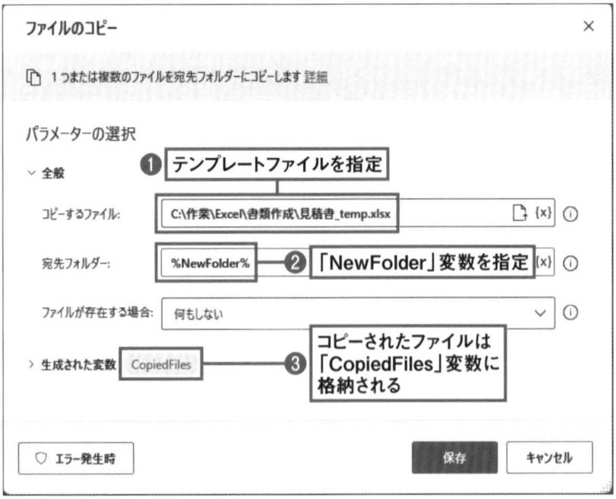


図29 [ファイルのコピー] アクションの設定画面。[コピーするファイル] 欄に、コピーするテンプレートファイルを指定 (❶)。[宛先フォルダー] 欄に、コピー先のフォルダーである「NewFolder」変数を指定する (❷)。コピーされたファイルは「CopiedFiles」変数に格納される (❸)

するファイル］欄で［ファイルの選択］ボタンをクリックしてテンプレートファイルを選択。［宛先フォルダー］欄は、187ページ図13のアクションで作成済みのフォルダーを「NewFolder」変数を用いて指定します。

するとこのフォルダーに、テンプレートファイルがコピーされます。コピーされた書類用ファイルは「CopiedFiles」変数に格納されます。

### ⑥［ファイルの名前を変更する］

［ファイルのコピー］アクションに続けて、［ファイルの名前を変更する］アクションを2つめの［If］と［End］の間に挿入します。先ほどコピーした書類用ファイルの名前を、「見積_（No）_（発行日）.xlsx」のような形に変更するためです。設定画面は図30の通りです。

［名前を変更するファイル］欄には、コピーした書類用ファイルが格納されている「%CopiedFiles%」変数を指定します。［名前の変更の方法］欄で［新しい名前を設定する］を選択し、［新しいファイル名］欄に「見積_%CurrentItem［0］%_%FormattedDateTime%」のように指定します。「CurrentItem［0］」変数には「No」列の値、「FormattedDateTime」変数には発行日を8桁の数字で表した文字列が入っているので（183ページ図6）、これで「見積_111122_20231115.xlsx」のようなファイル名に変えることができます。

名前を変更した書類用ファイルは、「RenamedFiles」変数に格納されます。

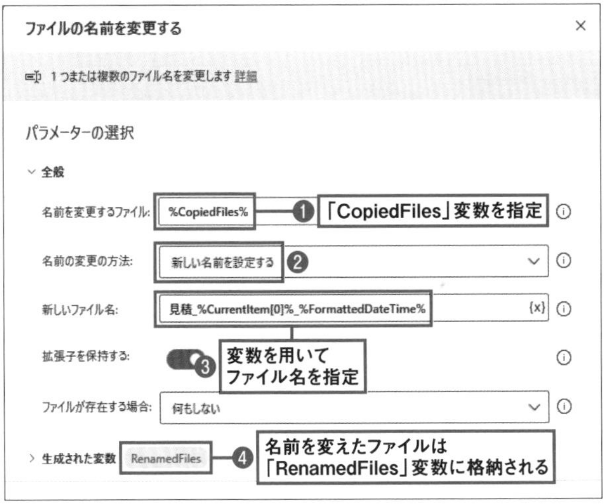


図30 ［ファイルの名前を変更する］アクションの設定画面。［名前を変更するファイル］欄に「CopiedFiles」変数を指定（❶）。［名前の変更の方法］欄で［新しい名前を設定する］を選ぶ（❷）。［新しいファイル名］欄は、2つの変数を用いて図のように指定（❸）。名前を変えたファイルは「RenamedFiles」変数に格納される（❹）

### ⑦［Excelの起動］

上記の書類用ファイルをExcelで開きます。［Excelの起動］アクションを2つめの［If］と［End］の間に追加し、［Excelの起動］欄で［次のドキュメントを開く］を選択、［ドキュメントパス］欄に「%RenamedFiles［0］%」と指定します（図31）。「RenamedFiles」変数は複数のファイルを含むことができるリスト型なので、そのうちの1つめのファイルを指すインデックス番号0を追記します。開かれたExcelファイルは「ExcelInstance2」変数に格納されます。

### ⑧［Excelワークシートに書き込む］

2つめの［If］と［End］の間に［Excelワークシートに書き込む］アクションを6つ追加し、図32の設定を行います。［Excelインスタンス］欄に、コピーした書類用のExcelファイルである「ExcelInstance2」変数を指定。［書き込みモード］欄で［指定したセル上］を選択し、［書き込む値］および［列］と［行］の欄はそれ

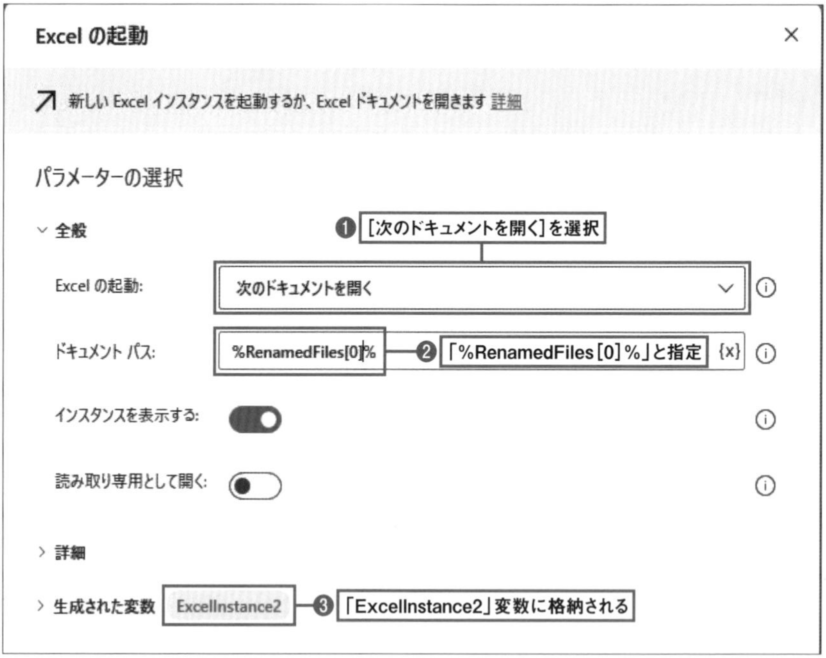


図31 ［Excelの起動］アクションの設定画面。［Excelの起動］欄で［次のドキュメントを開く］を選択（❶）。［ドキュメントパス］欄に、「%RenamedFiles［0］%」のように指定する（❷）。これで先ほど名前を変えたファイルをExcelで開ける。このExcelは「ExcelInstance2」変数に格納される（❸）

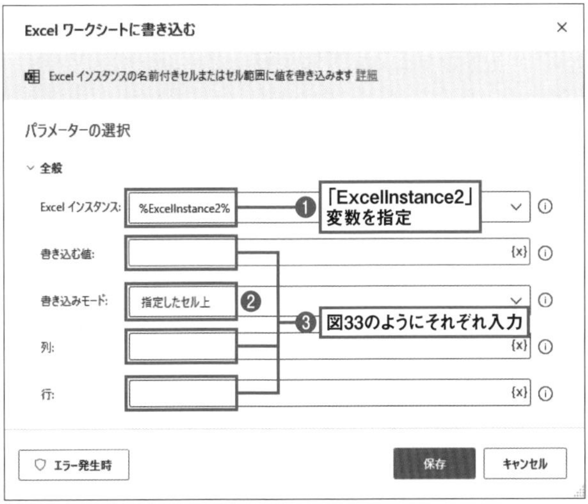


図32 ［Excelワークシートに書き込む］の設定画面。［Excelインスタンス］欄に、コピーした書類用ファイルである「ExcelInstance2」変数を指定（❶）。［書き込みモード］欄を［指定したセル上］とし（❷）、［書き込む値］［列］［行］の各欄には、図33で示すような変数名と値を指定する（❸）

| アクション（上から） | 書き込む値 | 列 | 行 |
|---|---|---|---|
| 1つめ | %CurrentItem[0]% | 6 | 2 |
| 2つめ | %SelectedDate% | 6 | 3 |
| 3つめ | %CurrentItem[1]% | 3 | 9 |
| 4つめ | %NextMonthLastDay% | 3 | 10 |
| 5つめ | %CurrentItem[2]% | 2 | 6 |
| 6つめ | %CurrentItem[3]% | 2 | 7 |

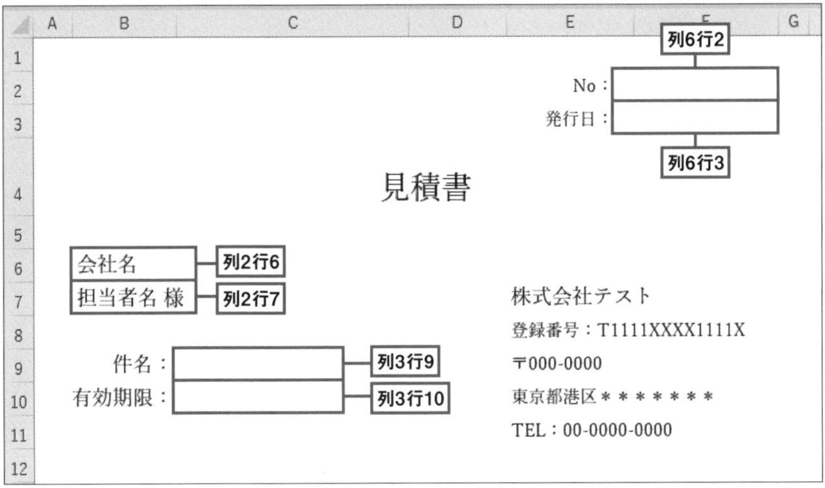


図33 6つの［Excelワークシートに書き込む］アクションに設定する変数と値は上表の通り。書き込む場所は、下図のような位置にあるセルとする

ぞれ前ページ図33のように指定します。いずれも今回使用するサンプルの書類用ファイルに用意された入力セルの位置を表しています。

### ⑨［変数を大きくする］

上記の［Excelワークシートに書き込む］アクション6点に続けて、［変数を大きくする］アクションを追加します（図34）。［変数名］欄には、書類の数を数える

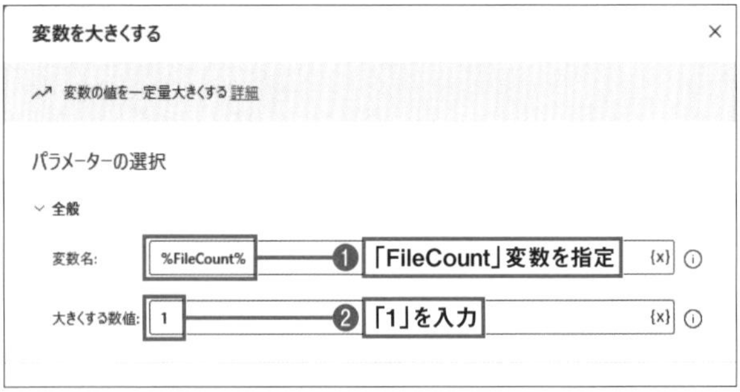
変数を大きくする
変数の値を一定量大きくする 詳細
パラメーターの選択
全般
変数名:
%FileCount%
❶「FileCount」変数を指定
{x}
大きくする数値:
1
❷「1」を入力
{x}

図34 ［変数］カテゴリーにある［変数を大きくする］の設定画面。［変数名］欄で「FileCount」変数を選択（❶）。［大きくする数値］欄に「1」を入力する（❷）。これで、処理を繰り返すごとに「FileCount」変数を1ずつ増やせる

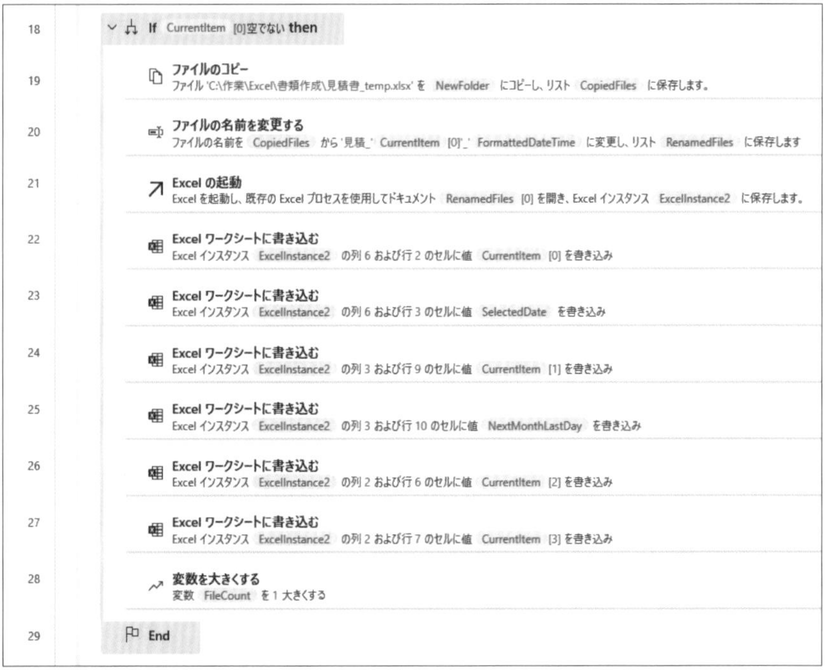
18 If CurrentItem [0]空でない then
19 ファイルのコピー
ファイル 'C:\作業\Excel\書類作成\見積書_temp.xlsx' を NewFolder にコピーし、リスト CopiedFiles に保存します。
20 ファイルの名前を変更する
ファイルの名前を CopiedFiles から '見積_' CurrentItem [0]'_' FormattedDateTime に変更し、リスト RenamedFiles に保存します
21 Excel の起動
Excel を起動し、既存の Excel プロセスを使用してドキュメント RenamedFiles [0] を開き、Excel インスタンス ExcelInstance2 に保存します。
22 Excel ワークシートに書き込む
Excel インスタンス ExcelInstance2 の列 6 および行 2 のセルに値 CurrentItem [0] を書き込み
23 Excel ワークシートに書き込む
Excel インスタンス ExcelInstance2 の列 6 および行 3 のセルに値 SelectedDate を書き込み
24 Excel ワークシートに書き込む
Excel インスタンス ExcelInstance2 の列 3 および行 9 のセルに値 CurrentItem [1] を書き込み
25 Excel ワークシートに書き込む
Excel インスタンス ExcelInstance2 の列 3 および行 10 のセルに値 NextMonthLastDay を書き込み
26 Excel ワークシートに書き込む
Excel インスタンス ExcelInstance2 の列 2 および行 6 のセルに値 CurrentItem [2] を書き込み
27 Excel ワークシートに書き込む
Excel インスタンス ExcelInstance2 の列 2 および行 7 のセルに値 CurrentItem [3] を書き込み
28 変数を大きくする
変数 FileCount を 1 大きくする
29 End

図35 図28～図34で設定したアクション。［Excelワークシートに書き込む］アクションは6つ追加した

ために用意した「FileCount」変数を指定。［大きくする数値］欄に「1」と入力します。これで、書類の作成処理を1回行うごとに「FileCount」変数が1ずつ増えるので、繰り返し処理によって作成された書類の数が記録されることになります。ここまで設定した9つのアクションは図35のようになります。

## 明細行を書き込む処理

続いて、書類ファイルに明細行を書き込む操作を設定します。「No」列に値が含まれない場合に、前の処理でコピーしたExcelファイルへ明細項目を書き込みます（図36）。具体的にはまず、以下のアクションを追加します。

① ［変数の設定］
② ［If］
③ ［Excelワークシートに書き込む］
④ ［変数を大きくする］

### ① ［変数の設定］

図34で追加した［変数を大きくする］アクションの次（［End］の前）に、［変数の設定］アクションを追加します。明細行に値を書き込む際に、何行目に書き

| | A | B | C | D | E | F | G |
|---|---|---|---|---|---|---|---|
| 1 | No | タイトル | 顧客名 | 担当者 | 明細タイトル | 数量 | 単価 |
| 2 | 111122 | 件名AAAA | 株式会社エー | 山田 太郎 | | | |
| 3 | | | | | 明細内容 1 | 1 | 1000 |
| 4 | | | | | 明細内容 2 | 1 | 2000 |
| 5 | | | | | 明細内容 3 | 1 | 3000 |
| 6 | 111123 | 件名BBBB | BBB株式会社 | 鈴木 次郎 | | | |
| 7 | | | | | 明細内容 4 | 1 | 1000 |
| 8 | | | | | 明細内容 5 | 1 | 3000 |
| 9 | | | | | 明細内容 6 | 1 | 3000 |
| 10 | | | | | 明細内容 7 | 2 | 1000 |
| 11 | 111124 | 件名CCCC | 株式会社CCC | 佐藤 花子 | | | |
| 12 | | | | | 明細内容 8 | 1 | 2000 |
| 13 | | | | | 明細内容 9 | 2 | 3000 |
| 14 | 111125 | 件名DDDD | DDD | 斎藤 三郎 | | | |
| 15 | | | | | 明細内容10 | 1 | 10000 |
| 16 | | | | | 明細内容11 | 1 | [illegible] |

［For each］で
繰り返し処理
「No」列に値が含まれない
行は明細行として扱う

図36　1列目の「No」列に値がない場合は、明細行と見なして書類ファイルの明細行に転記する。これを［For each］で繰り返し処理する

込むかを決める変数を用意するためです。[変数] 欄を「DetailRowIndex」に変更し、[値] 欄にここでは「16」と入力してください(図37)。今回使用しているExcelの見積書ファイルでは、16行目から明細行が始まっているからです。「DetailRowIndex」変数の初期値を「16」にすることで、16行名から書き込みを始められるようにします。

② [If]

2つめの[If]の下に、3つめの[If]を追加します。1行目の「No」列が空であるかどうかを判定し、空の場合は明細行の転記を実行するという条件分岐を設定するためです(図38)。

[最初のオペランド]欄に、「% CurrentItem [0] %」と指定して、1行目の「No」列の値を判定対象に指定します(図39)。[演算子]欄で[空である]を選択すると、「No」列の値が空のときだけ、[End]の間に挿入した処理を実行できます。

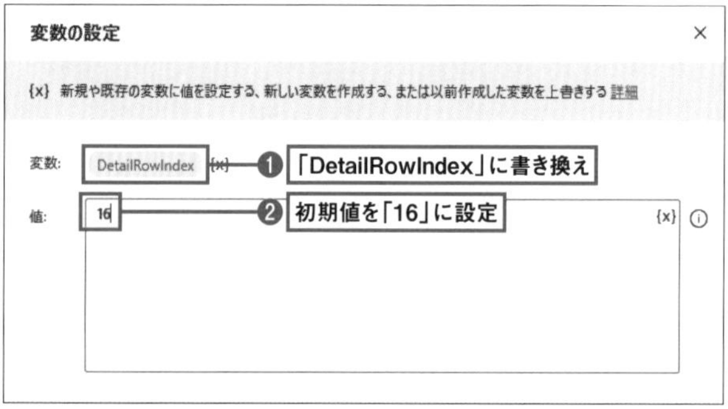


図37 [変数の設定]アクションの設定画面。[変数]欄にある名前を「DetailRowIndex」に変更(❶)。[値]欄に「16」と入力して初期値を「16」に設定する(❷)。この変数を使って書き込み先の行番号を指定する

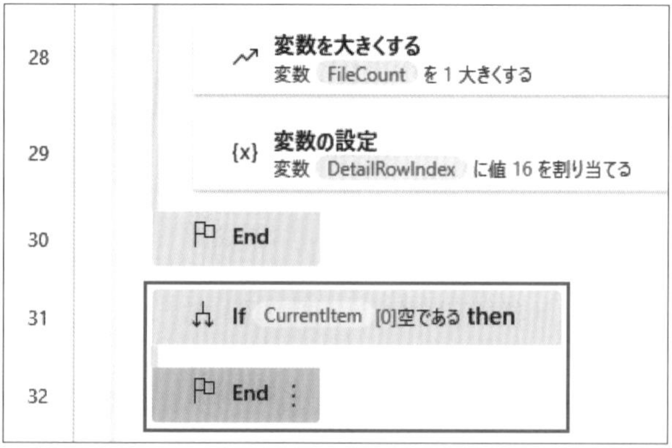


図38 2つめの[If]の[End]に続けて、3つめの[If]を追加する。設定の内容は図39を参照

### ③［Excelワークシートに書き込む］

上記の3つめの［If］と［End］の間に、［Excelワークシートに書き込む］アクションを3つ挿入して、明細行を転記する処理を行います（図40）。201ページ図32と同様に［Excelインスタンス］欄に、書類用のExcelファイルである「ExcelInstance2」変数を指定。［書き込みモード］欄で［指定したセル上］を選択し、［書き込む値］［列］［行］の欄はそれぞれ次ページ図41のように指定します。

［書き込む値］欄には、処理中の明細行データのうち、5～7列目の値（明細タイトル、数量、単価）をそれぞれ指定します。「CurrentItem」変数に格納された行データの5列目の値は「CurrentItem［4］」のように指定します。インデックス番号は0から始まる点に注意してください。

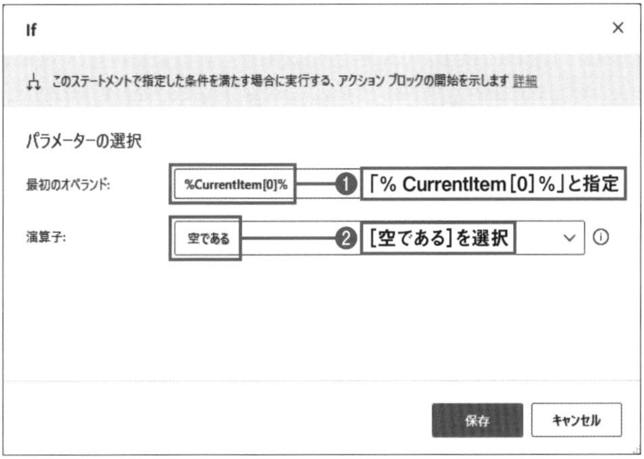


図39 ［If］の設定画面。［最初のオペランド］欄で［{x}］をクリックして「CurrentItem」変数を選択。挿入された変数名の後ろに「[0]」を追加入力する（❶）。［演算子］欄は［空である］を選択（❷）。これで1列目の「No」列の値が空であるときのみ、［End］までの間に挿入したアクションを実行する

図40 3つめの［If］と［End］の間に、［Excelワークシートに書き込む］アクションを3つ追加する。書き込む位置はそれぞれ、図41のように指定する

書き込み先の書類ファイルでは、2列目に「摘要」(明細タイトル)、4列目に「数量」、5列目に「単価」を入力したいので、[列] 欄には「2」「4」「5」をそれぞれ指定します。[行] 欄に指定する「DetailRowIndex」変数は、何行目に書き込むかを指定するために用意した変数です。初期値を「16」としていたので、最初は16行目に書き込みます。これら3つの [Excelワークシートに書き込む] アクションで、1行分の明細を入力できます。

④ [変数を大きくする]

3つの [Excelワークシートに書き込む] アクションで明細の1行分を処理したら、書き込み先の行番号を指定する「DetailRowIndex」変数の値を1増やします。3つめの [If] と対になる [End] の直前に、[変数を大きくする] アクションを追加してください (図42)。

[変数名] 欄に「DetailRowIndex」変数、[大きくする数値] に「1」を指定すれば、「DetailRowIndex」変数が1増えます (図43)。これで、次のデータの書き込み先

| アクション (上から) | 書き込む値 | 列 | 行 |
|---|---|---|---|
| 1つめ | %CurrentItem[4]% | 2 | %DetailRowIndex% |
| 2つめ | %CurrentItem[5]% | 4 | %DetailRowIndex% |
| 3つめ | %CurrentItem[6]% | 5 | %DetailRowIndex% |

図41　3つの [Excelワークシートに書き込む] アクションに指定する内容。処理中の行データに含まれる5～7列目の値を、書類ファイルの2、4、5列目に書き込む

31
If CurrentItem [0]空である then
32
Excel ワークシートに書き込む
Excel インスタンス ExcelInstance2 の列 2 および行 DetailRowIndex のセルに値 CurrentItem [4] を書き込み
33
Excel ワークシートに書き込む
Excel インスタンス ExcelInstance2 の列 4 および行 DetailRowIndex のセルに値 CurrentItem [5] を書き込み
34
Excel ワークシートに書き込む
Excel インスタンス ExcelInstance2 の列 5 および行 DetailRowIndex のセルに値 CurrentItem [6] を書き込み
35
変数を大きくする
変数 DetailRowIndex を 1 大きくする
ここに追加
36
End
37
End

図42　上図の位置に [変数を大きくする] アクションを追加する

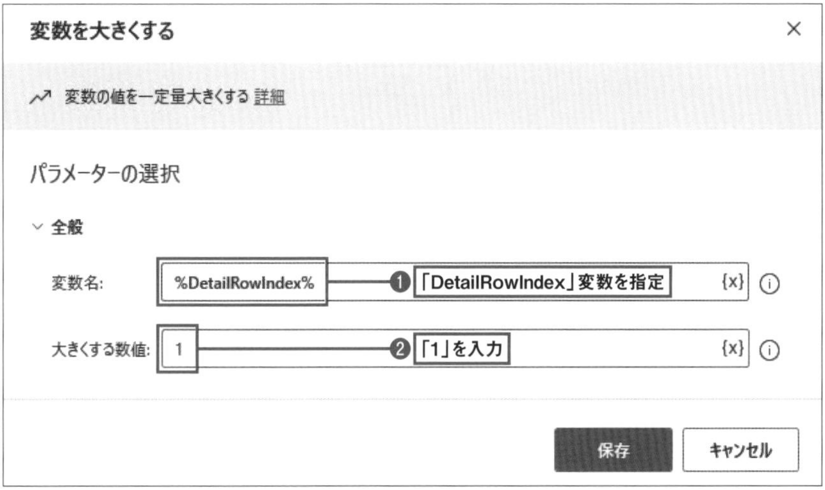


図43 [変数を大きくする] アクションの設定画面。[変数名] 欄に「DetailRowIndex」変数を指定し(❶)。[大きくする数値] 欄に「1」を入力する(❷)。これで「DetailRowIndex」変数が1増えて、次の書き込み先が1行下になる

は、1行下にずれることになります。

ここまでアクションが実行されると、その後は[For each]のループ処理によって、1つめの[If](1列目が「No」かどうかの判定)に戻ります。1行目以外は「No」ではないので、2つめの[If](1列目が空でないかどうかの判定)に移ります。空のときは明細の行なので、2つめの[If]の中の処理([ファイルのコピー]など)は実行せずに、3つめの[If]の中の処理(明細を1行分書き込む処理)を実行します。これを繰り返すことで、明細行の数だけ1行ずつ明細を書き込みます。

## ファイルを保存する

明細の書き込みが終わり、1つの書類が完成したら、書類ファイルを閉じましょう。明細の書き込みが終わったかどうかは、新たに処理する行の1列目が、再び「空でない」と判定されるかどうかでわかります。そこで、空でないときに実行する2つめの[If]の中の先頭に、「処理が2回目以降なら、前の処理で作成した書類ファイルを閉じる」という操作を追加します。

具体的には、次ページ図44のようにアクションを追加します。設定画面は図45、図46の通りです。「FileCount」変数は、書類ファイルを1つ作成するたび

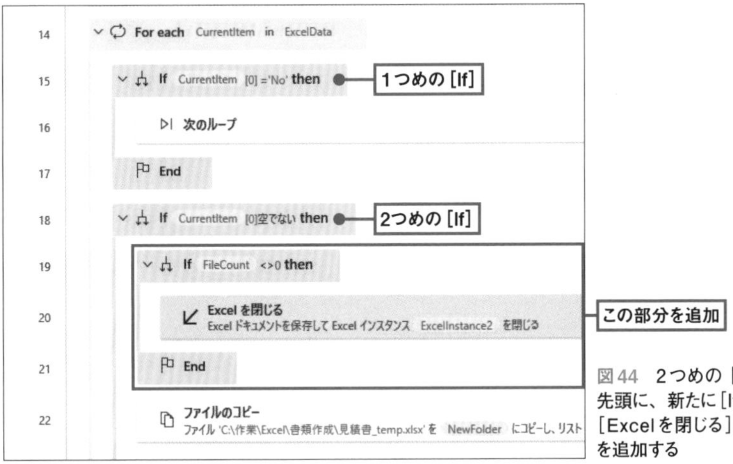


図44　2つめの［If］の中の先頭に、新たに［If］を挿入し、［Excelを閉じる］アクションを追加する

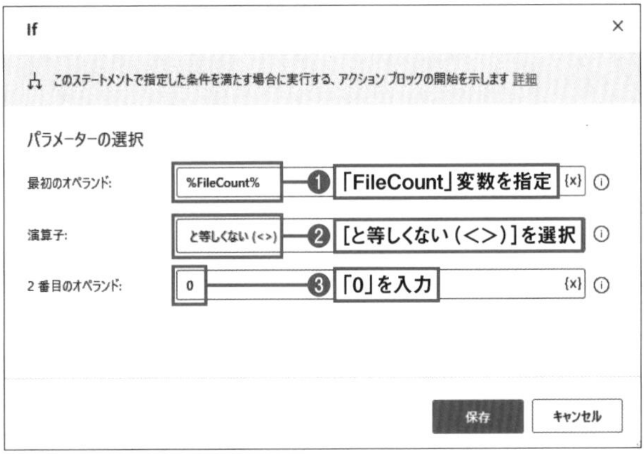


図45　［If］の設定画面。［最初のオペランド］欄には、作成済みの書類の数が格納されている［FileCount］変数を指定（❶）。［演算子］欄で［と等しくない（<>）］を選択し（❷）、［2番目のオペランド］欄に「0」を入力する（❸）。これで、書類ファイルが1つ以上作成されている場合にだけ、［Excelを閉じる］アクションが実行される

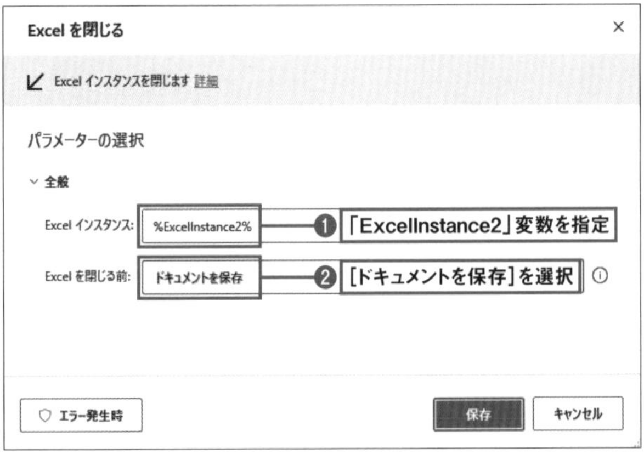


図46　［Excelを閉じる］の設定画面。［Excelインスタンス］欄には、書類ファイルが格納されている［ExcelInstance2］変数を指定（❶）。［Excelを閉じる前］欄で［ドキュメントを保存］を選ぶ（❷）。すると上書き保存して閉じる

に1ずつ増えるので、「0」でなければ2回目以降だとわかります。このような［If］のブロックを追加すれば、初回の処理では［Excelを閉じる］アクションをスキップして［ファイルのコピー］アクション以降の処理を実行。2回目以降の処理では、前の処理で作成した書類ファイルを閉じてから、新たに［ファイルのコピー］からやり直す、という流れにできます。

こうして、Excelから読み取ったデータテーブルのすべての行が終わるまで、書類ファイルの作成を繰り返せるようになりました。ただし、最後の明細行を処理し終わると、［For each］のループからは抜けてしまうので、先頭に戻って書類ファイルを閉じる流れにはなりません。そのため、別途［Excelを閉じる］アクションを追加する必要があります。

さらに、処理の終了と、作成した書類ファイルの数を伝えるメッセージを表示させると、より親切なフローになるでしょう。図47のように2つのアクションを追加し、メッセージボックスを図48のように設定すれば、このフローは完成です。

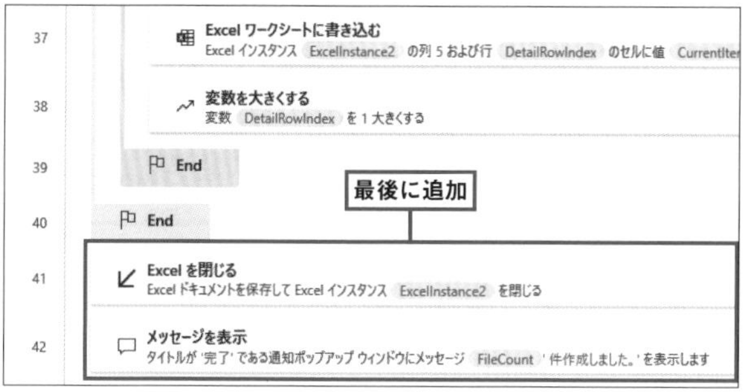


図47　［Excelを閉じる］と［メッセージを表示］の2つのアクションを最後に追加する。［Excelを閉じる］アクションの設定は、図46と同様にする

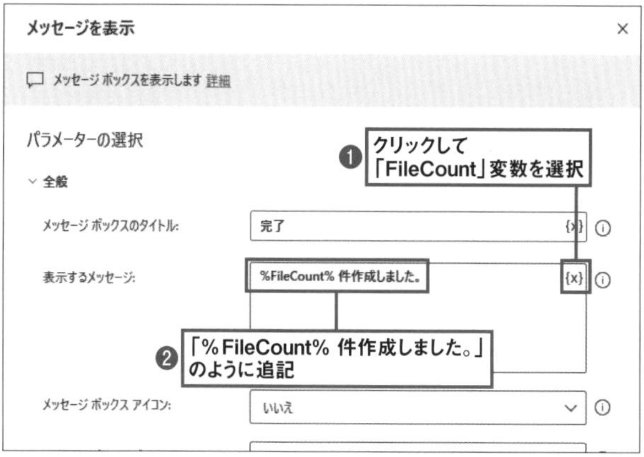


図48　［メッセージを表示］アクションの設定画面。［表示するメッセージ］欄に、「FileCount」変数を挿入した後（❶）、「件作成しました。」と追記すれば（❷）、「○件作成しました。」のように件数を表示できる

Column

## デスクトップフローでマクロを実行する

デスクトップフローでは［Excelマクロの実行］アクションを使ってマクロを呼び出すことができます（図A）。利用する際は、マクロを含むExcelファイルを開いておき、［Excelインスタンス］欄にそのExcelを表す変数（インスタンス）、［マクロ］欄にマクロ名を指定することで実行できます（図B）。

Power Automate for desktopには、Excelを操作するためのさまざまなアクションが用意されていますが、すべての操作がアクションとして用意されているわけではありません。自動化したい操作を行うアクションがない場合は、Excelマクロで自動化したい処理内容を組み立てておき、そのほかの自動化操作と組み合わせたフローを作成する方法もあります。

すでに作成済みのExcelマクロがある場合は、その資産を生かせるうえ、さらに効率化、省力化を実現できるでしょう。

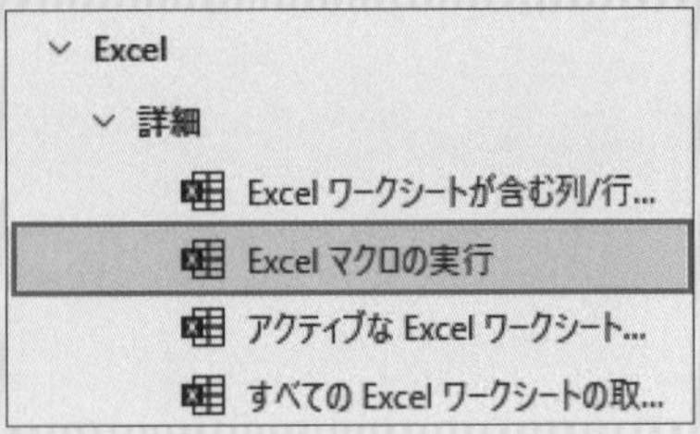


図A ［Excel］カテゴリーにある［詳細］の中に、［Excelマクロの実行］アクションがある。これを使うと、デスクトップフローからExcelのマクロを呼び出して実行できる

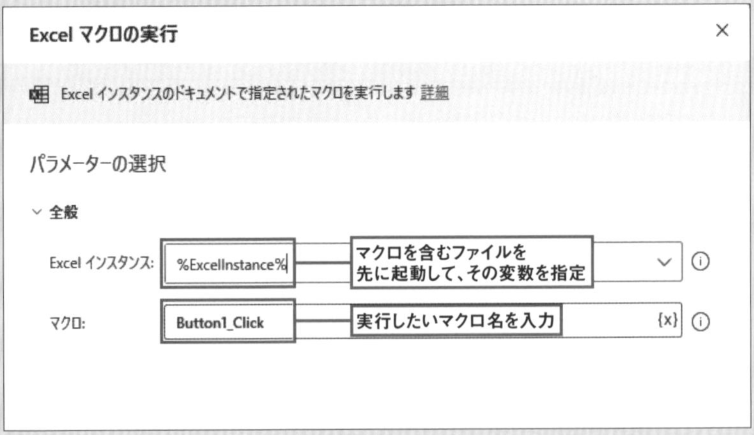


図B あらかじめ起動しておいたマクロを含むExcelファイルを［Excelインスタンス］欄に指定。［マクロ］欄にマクロ名を指定すれば、そのマクロを実行できる

# 第4章

## クラウドフローの基本

クラウドフローを使うと、業務で利用するさまざまなクラウド上のアプリ／サービスに関する作業を自動化できます。クラウドストレージへのファイル保存、受信メールに対する操作、「Teams」へのチャット投稿など、クラウドフローでできることの基本を理解しましょう。

Section 01

# クラウドフローの基本を確認

パソコン上で行う操作の自動化はデスクトップフローを利用します。それに対して、クラウドサービスやクラウド上のデータに接続した作業の自動化にはクラウドフローを利用します。クラウドフローでは「コネクタ」と呼ばれる各種クラウドサービスやデータに接続するための部品が用意されています。多数のコネクタが用意されており、OneDriveやTeams、Outlook、SharePointなどのマイクロソフト関連のアプリはもちろん、Googleドライブ、Gmail、Slack、Box、Salesforce、Dropboxといった数多くのクラウドベースのアプリに接続でき、接続したアプリ上での操作を組み合わせて自動化するフローが作成できます。

## クラウドフローはWeb上で作成・管理する

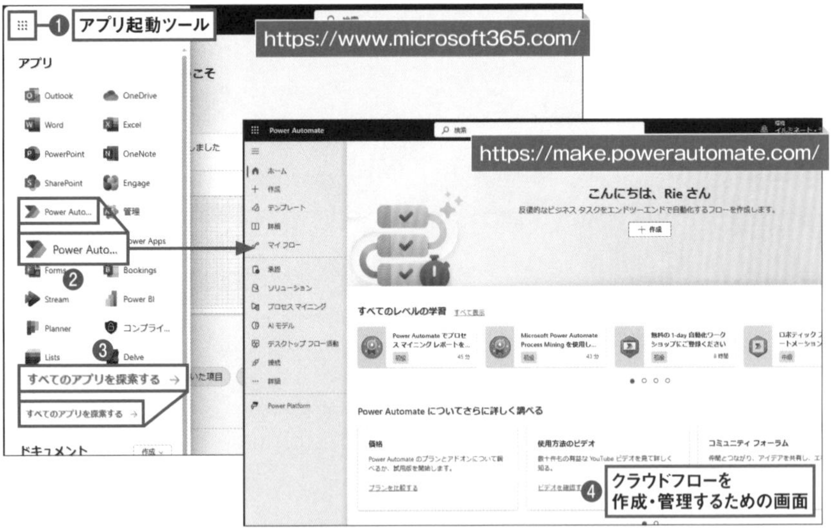


図1 クラウドフローを作成・管理する画面を開くには、「Microsoft 365」のホーム画面などにある「アプリ起動ツール」をクリックして（❶）、［Power Automate］を選ぶ（❷）。アプリ起動ツールのメニューに［Power Automate］がない場合は、下にある［すべてのアプリを探索する］をクリックすると、アプリの一覧画面で見つけられるはずだ（❸）。［Power Automate］を選ぶとPower AutomateのWebサイトが開く（❹）。Webブラウザーのアドレスバーに上記URLを入力して直接開いてもよい

## Power AutomateのWeb画面

クラウドフローは、Power AutomateのWebサイトの画面（https://make.powerautomate.com/）上でフローの作成や管理を行います（図1）。第1章で説明した通り、Webブラウザーにurlを入力してアクセスしてもかまいませんし、Microsoft 365のホーム画面（https://www.microsoft365.com/）や「Microsoft 365」アプリの画面などから［Power Automate］を選んで開くことも可能です。サインインを求められた場合はPower Automateが利用できるMicrosoft 365のアカウントでサインインしてください。無料で使える個人用のMicrosoftアカウントでも、基本的な機能を利用することができます。

## 「コネクタ」を利用してさまざまなアプリに接続

クラウドフローではコネクタを利用して各種クラウド上のアプリやデータと接続し、さまざまな処理を自動化します。コネクタを利用することで、自分でプロ

### ● 各種アプリを利用するための「コネクタ」が用意されている

図2　左側にあるメニューで［接続］を選ぶ（❶）。［接続］が表示されていないときは、［詳細］をクリックすると開くメニューから選択できる。右画面の上端にある［新しい接続］をクリックすると（❷）、利用可能なコネクタが一覧表示される（❸）。「プレミアム」と付いているものは、プレミアムプランの契約者のみが使える

グラミング（コーディング）しなくても、各種クラウドサービスで用意されているAPI（Application Programming Interface）を利用して接続を行い、処理を自動化するための設定が行えます。

Power AutomateのWeb画面の左にあるメニューで［接続］をクリックし、さらに［新しい接続］をクリックすると、利用できるコネクタを一覧で確認できます（前ページ図2）。コネクタは多数用意されており、さまざまなアプリと接続できます。「標準」と「プレミアム」の2つに分類されており、プレミアムコネクタを利用するためには「Power Automateプレミアム」プランが必要です。

コネクタを利用して各アプリに接続するためには、接続先のアプリを利用するためのアカウントも必要です。例えば、TeamsやSharePointなどのMicrosoft 365で提供されるアプリに接続し、操作の自動化を行いたい場合、Microsoft 365にアクセスできるアカウントでの認証が必要です。Microsoft 365の場合は、Power AutomateもMicrosoft 365アカウントを用いるため、認証および接続はシームレスに行われます（図3）。そのため、あまり意識しなくてもよいかもしれませんが、接続アプリを操作するためのアカウントや権限が必要なことは知っておきましょう。一方、マイクロソフト以外のベンダーが提供するアプリに接続するときは、それらにアクセスするためのアカウントが別途必要になります。

### 接続先のアカウントでサインインする必要がある

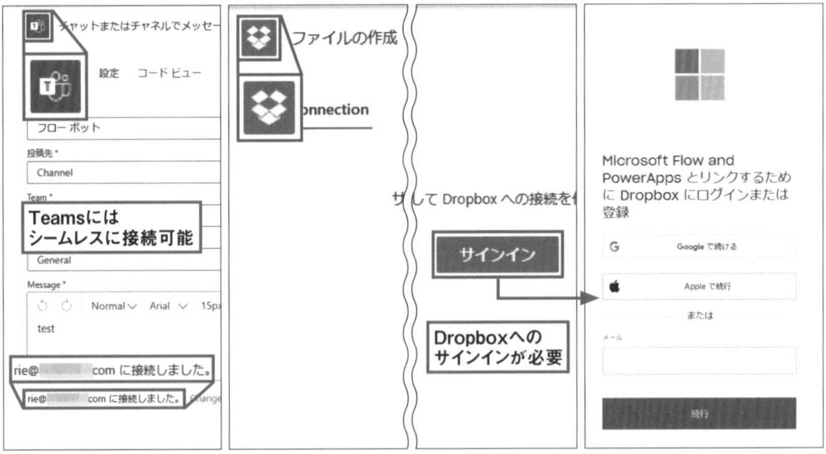


図3　TeamsなどMicrosoft 365のアプリに接続するときは、Power Automateと同じMicrosoft 365アカウントを利用するので、特に意識することなく接続が可能（左）。一方、Dropboxのようなマイクロソフト以外のアプリに接続するときは、そのアプリにアクセス可能なアカウントでサインインする必要がある（右）

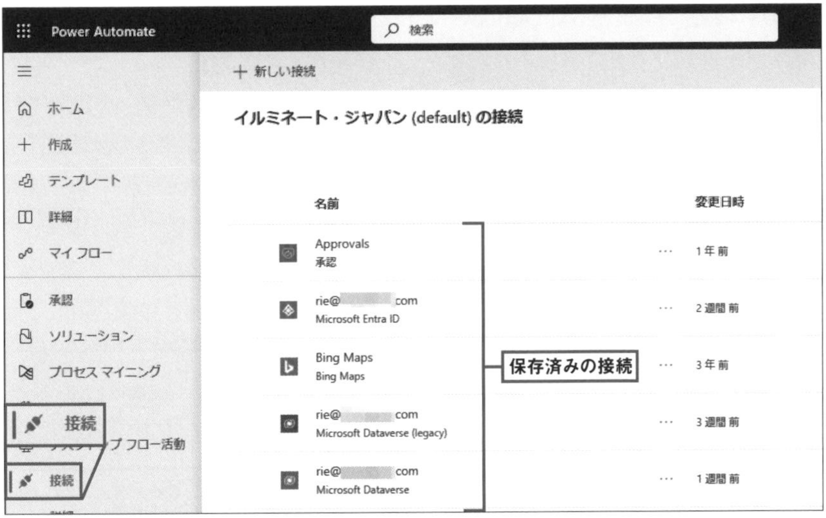


図4　左側にあるメニューで［接続］を選ぶと、一度設定したコネクタの認証情報が一覧表示される。ここに保存されている接続は、ほかのフローで利用する際などに、改めてサインイン操作をする必要がない

コネクタを利用すると「接続」として認証情報が保存され、フロー作成時や実行時に利用されます。そのため、一度接続したアプリに対するコネクタを別のフローなどで利用する際は、改めてサインインする必要はありません。自分が作成した接続の一覧は、［接続］の画面で確認できます（図4）。なお、このアカウントはフローの実行時にも利用されるため、接続を行ったアカウントが接続先アプリで行える操作が、フローで実行できる操作範囲である点も考慮が必要です。

## フローに含まれる要素

クラウドフローで自動化したい内容が実現可能かを知るには、まず自動化対象のアプリとつながるかどうか、つまりコネクタが用意されているかどうかを確認しましょう。コネクタによる接続が可能なら、次に自動化のために行いたい操作がアクションとして用意されているかを確認します。接続先のアプリで操作できる内容は「アクション」、またフローを起動するための条件は「トリガー」と呼ばれ、コネクタごとに用意されています。

クラウドフローはトリガーおよびアクションを組み合わせて作成します。1つのクラウドフロー内には、1つのトリガーと1つ以上のアクションが含まれます

(図5)。例えば「Office 365 Outlook」コネクタには、「新しいメールが届いたとき」「電子メールにフラグが設定されたとき」「イベントが変更されたとき」といったトリガーが用意されていて、その名前が示すようなタイミングでフローを自動実行することができます。またアクションとして「イベントの作成」「メールの送信」「イベントの削除」などを実行できます(図6)。「Dropbox」コネクタであれば、「ファイルが作成されたとき」「ファイルが変更されたとき」などのトリガーと、「ファイ

### クラウドフローは「トリガー」と「アクション」から成る

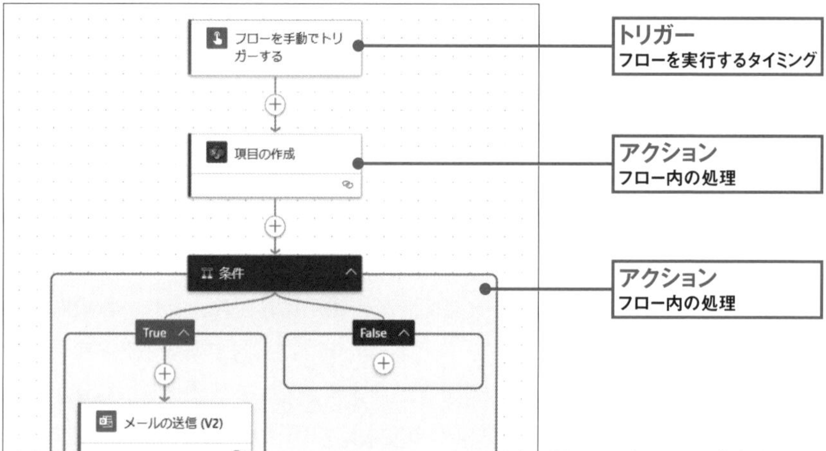


図5 クラウドフローの基本的なイメージ。「クラウドフローデザイナー」画面で、実行するタイミングを決める「トリガー」と、実際の処理を指定する「アクション」を順番に並べて作成する

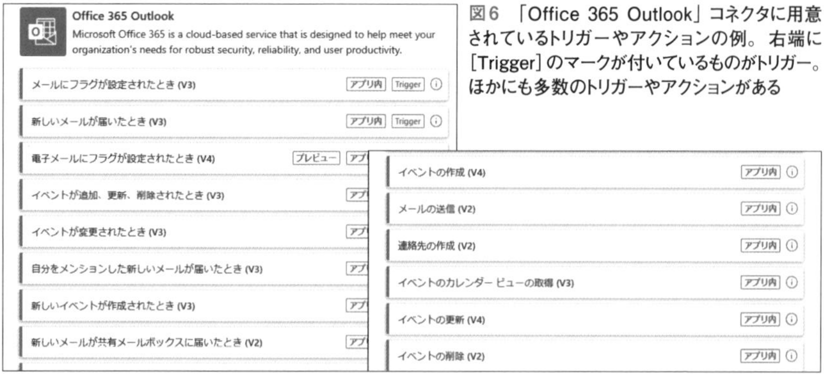


図6 「Office 365 Outlook」コネクタに用意されているトリガーやアクションの例。右端に[Trigger]のマークが付いているものがトリガー。ほかにも多数のトリガーやアクションがある

ルの作成」「ファイルコンテンツの取得」「ファイルのコピー」などのアクションが用意されています。コネクタによって用意されているトリガーやアクションは異なります。一覧に［Trigger］と記載されているものがトリガー、その記載がないものがアクションです。

## 3種類のトリガー

クラウドフローの作成はトリガーの設定から始まります。トリガーはフローを開始するタイミングや条件を設定するためのもので、コネクタごとにさまざまなトリガーが用意されていますが、トリガーには大きく分けて3種類あります。フローの作成画面で図7の3種類のメニューから選択して作成を行います。

### ●自動トリガー

［自動化したクラウドフロー］を選択して作成します。「クラウド上のフォルダーに新しいファイルが保存された」「メールを受信した」「Teamsチャネルに新しいメッセージが投稿された」など特定のイベントが発生した際に動作します。

### ●インスタントトリガー（手動トリガー）

［インスタントクラウドフロー］を選択して作成します。ユーザーによって行われた手動の開始操作によって実行されます。フローの開始操作は、Power AutomateのスマホアプリやTeams、SharePoint、Power Appsアプリ、Excel

**● 3種類のトリガーを使い分けてフローを作成**

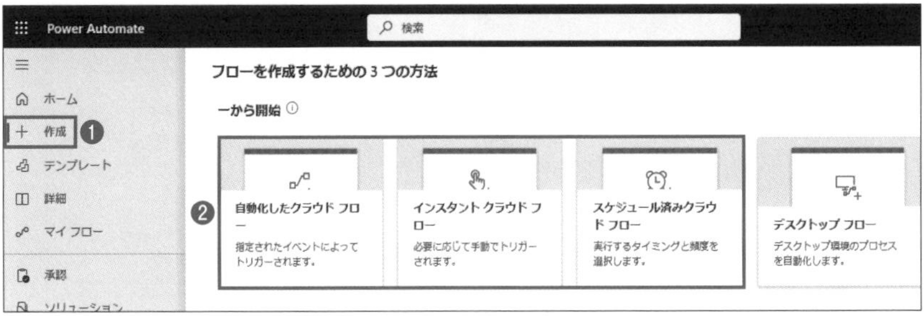


図7　左側にあるメニューで［作成］を選ぶとフローの作成を開始できる（❶）。右側の［一から開始］欄にある［自動化したクラウドフロー］を選ぶと「自動トリガー」、［インスタントクラウドフロー］を選ぶと「インスタントトリガー」、［スケジュール済みクラウドフロー］を選ぶと「スケジュールトリガー」を利用したフローを作成できる（❷）

など、Power Automateと連携するさまざまなアプリで行えます。

**●スケジュールトリガー**

［スケジュール済みクラウドフロー］を選択して作成します。指定されたタイミングで自動的に動作します。毎日特定の時刻に実行させたり、10分ごとなどに繰り返し実行させたりすることが可能です。

フロー作成時には、トリガーごとのメニューをクリックして作成を行いますが、トリガーは後からでも変更が可能です。例えば［インスタントクラウドフロー］を選択して手動で開始するトリガーを用いてフローを作成した場合も、後からスケジュールトリガーや自動トリガーへ変更できます。

Column

## テンプレートの利用

Power Automateにはクラウドフローのテンプレートが数多く用意されています。一からフローを作成することももちろん可能ですが、メール通知の送信やファイル送信などのよくある作業の自動化は、テンプレートを利用することでほんの数分で実現できます。なお、テンプレートを利用してもしなくても、クラウドフローで利用できる設定内容は同じですので、フロー内でできることに差はありません。

# Section 02 フロー作成の基本

クラウドフローはトリガーとアクションを配置しながら作成します。その具体的な作成手順と、動作テストを行う方法を基本から解説しましょう。メールの送信、Teamsへのメッセージ投稿といった簡単な操作を行うフローを作成しながら、クラウドフロー作成の流れを確認します。

## フローの作成

初めに、手動の操作でフローを開始できるインスタントトリガーを利用します。Power Automate画面の左のメニューで［作成］を選び、右画面で［インスタントクラウドフロー］をクリックしてください（図1）。ダイアログが表示されるので、フローに適当な名前を付けます（次ページ図2）。また、手動で実行できるトリガーが複数表示されるので、利用したいトリガーを選択します。ここでは［フローを手動でトリガーする］を選択し、［作成］をクリックします。

ここで選択した［フローを手動でトリガーする］を利用すると、スマートフォンにインストールした「Power Automate」アプリから実行したり、ブラウザー上で開始操作を行ったりできます。外出中などパソコンを利用しにくいタイミングでもスマホから実行でき、またブラウザー上でも任意のタイミングで実行でき

### ● クラウドフローの作成を開始する

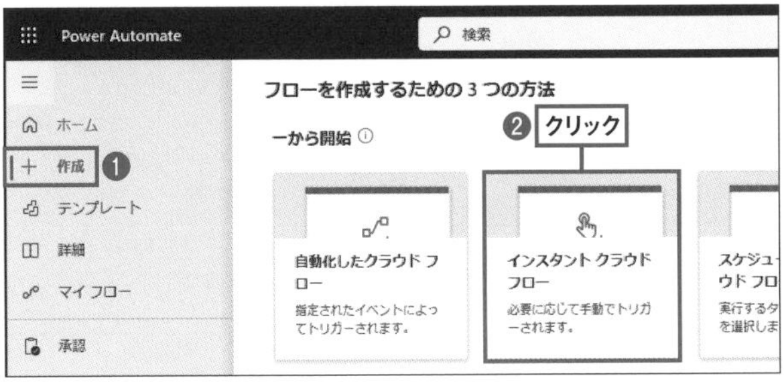


図1　クラウドフローを一から作成してみよう。まず左のメニューで［作成］を選択（❶）。右に表示される画面でここでは［インスタントクラウドフロー］をクリックする（❷）

るため、業務で利用するフローだけではなく、アクションの動作を確認するためにテスト用のフローを作成する際にも、よく利用されます。

図2で［作成］をクリックすると、クラウドフローの作成画面である「クラウドフローデザイナー」が開きます。最初は、先ほど選択したトリガーが1つ含まれ

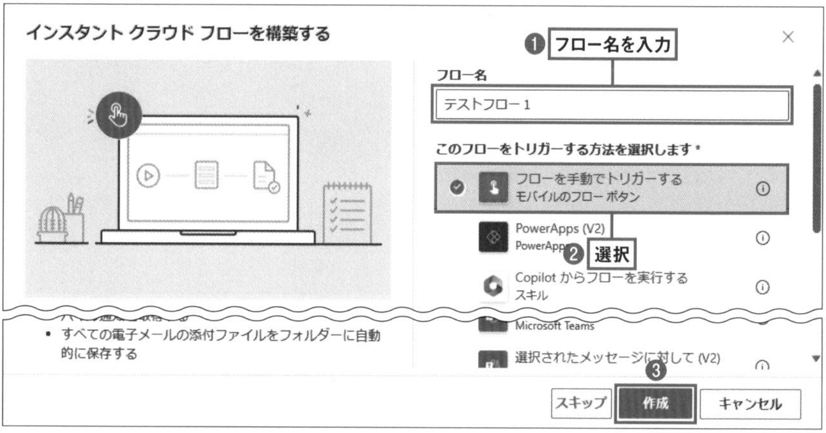


図2　開く画面で適当なフロー名を入力（❶）。このフローを実行するトリガーとして、［フローを手動でトリガーする］を選択し（❷）、［作成］をクリックする（❸）

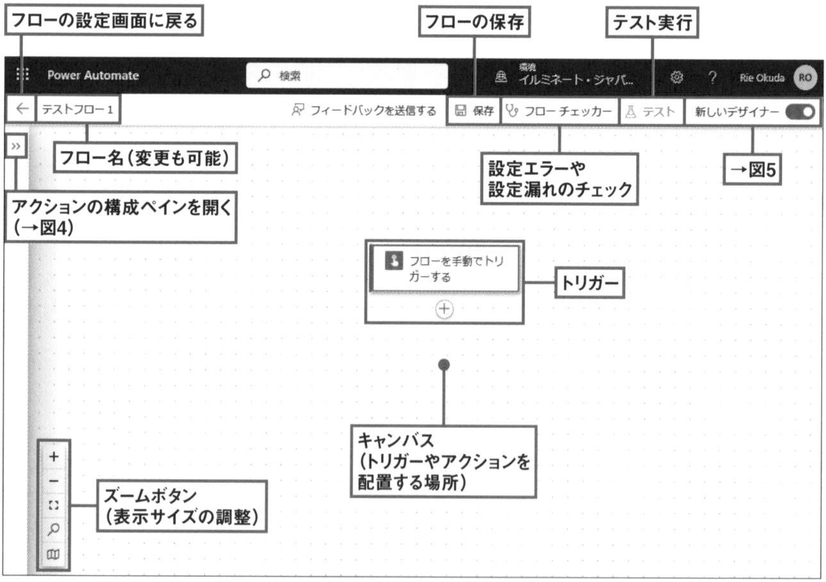


図3　新しい「クラウドフローデザイナー」の画面構成

ただけの状態です。クラウドフローデザイナーの画面構成は図3の通りです。中央の「キャンバス」と呼ばれる領域が、トリガーやアクションを配置してフローを作成する場所です。右上には、フローの保存や動作テストなどを行うメニューがあります。左上隅にある[←]をクリックすると、フローの所有者や接続、状況、実行履歴などをまとめた画面に移動します。その下にある[>>]をクリックすると、「アクションの構成ペイン」が開きます(図4)。これは、キャンバス内で選択したトリガーやアクションに対する設定画面です。

本書執筆時点(2023年12月現在)では、画面の右上隅に[新しいデザイナー]と書かれたスイッチがあり、デフォルトでオンになっています。この「新しいデザイナー」というのがクラウドフローデザイナーのことで、これをオフにすると従来の「クラシックデザイナー」に画面の構成が変わります(図5)。クラウドフロー

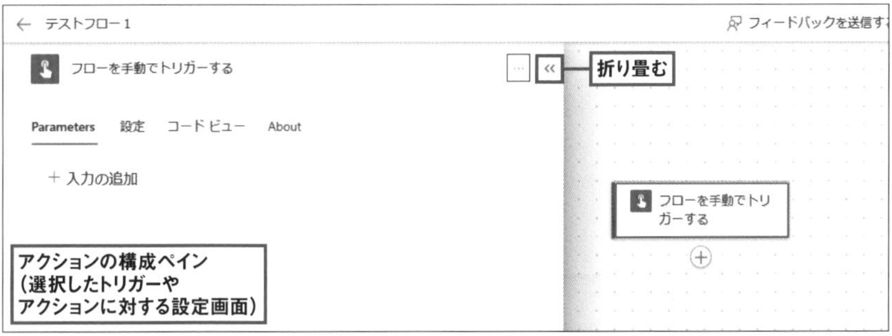


図4　トリガーなどを選択するか、左上にある[>>]をクリックすると、アクションの構成ペインが開く

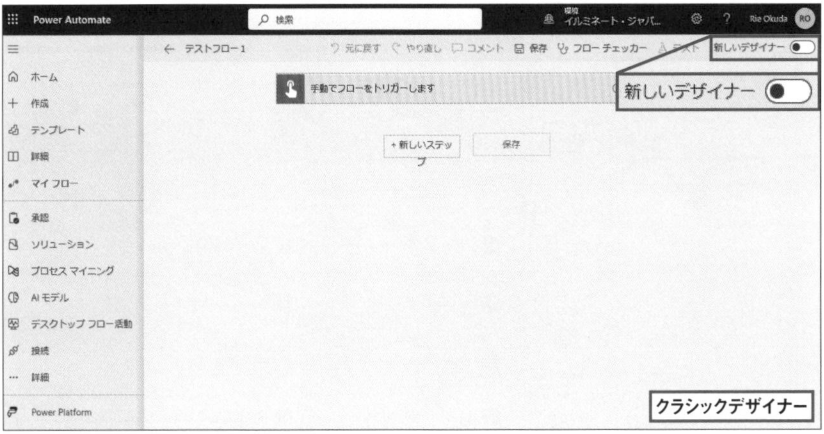


図5　[新しいデザイナー]というスイッチをオフにすると、従来のクラシックデザイナーに切り替わる

デザイナーとクラシックデザイナーの切り替えに対応しているフローであれば、このスイッチをオン／オフすることで、画面を切り替えられます。本書執筆時点ではアクションのコピーや一部のトリガーなどクラシックデザイナーでのみ利用できる操作や機能があるため、フロー作成時に適宜切り替えて利用するのがよいでしょう。また本書執筆時点でプレビュー機能である「Copilot」によるフロー作成支援機能は、クラウドフローデザイナーで提供されます。

## アクションの追加

メールを送信するアクションを追加してみましょう。それには、キャンバス上に配置されているトリガーの下にある［+］をクリックし、表示される［アクションの追加］をクリックします。すると、アクションを一覧から選択するウインドウが開きます（図6）。

さまざまなアクションが多数ありますので、目当てのアクションは、上部にあるボックスで検索するのが早いです。ここでは「メール」と入れて検索します（図7）。新しいデザイナーの場合、［コネクタでグループ化］のチェックボックスをオンにすると、コネクタごとに一覧表示できるので探しやすくなります。

ここでは「Office 365 Outlook」コネクタの［さらに表示］をクリックして、その中から［メールの送信］をクリックしてフローに追加します。

### ● アクションを追加する

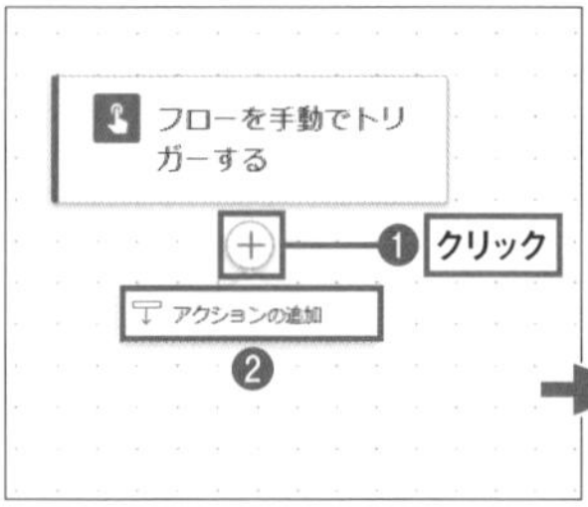

図6 トリガーの下にある［+］をクリックし（❶）、表示される［アクションの追加］をクリックすると（❷）、アクションの一覧画面が開く（❸）

アクションが追加されると、左側にアクションの構成ペインが表示され、そのアクションに対する設定が行えます（図8）。［メールの送信］アクションの場合、送信するメールの［宛先］［件名］［本文］などの入力欄があります。ここでは動作確認のために［宛先］に自分のメールアドレス、［件名］や［本文］に「テスト」などと入力します。

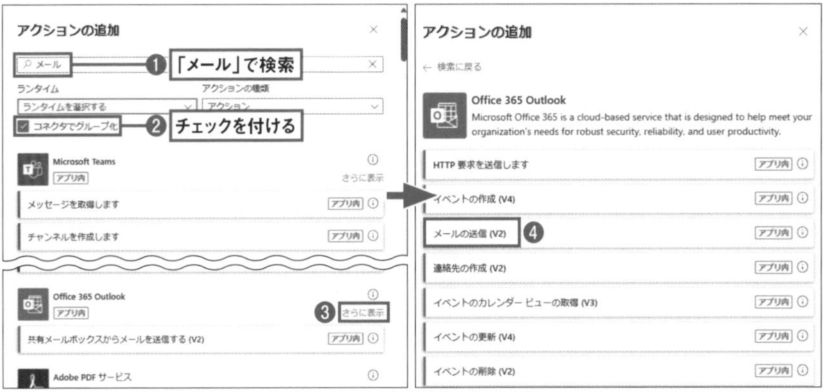


図7　上端のボックスに「メール」と入力して検索（❶）。［コネクタでグループ化］にチェックを付けて（❷）、「Office 365 Outlook」コネクタを探す。見つけたら、その右にある［さらに表示］をクリック（❸）。すると、このコネクタで利用できるアクションが一覧表示されるので、［メールの送信］をクリックして選ぶ（❹）

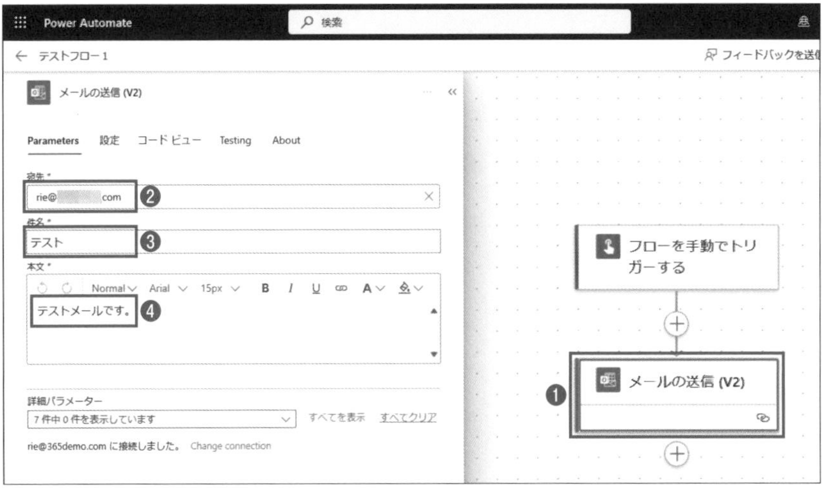


図8　トリガーの下に［メールの送信］アクションが追加され（❶）、画面左側にアクションの構成ペインが開く。［宛先］欄を選択したら、［カスタム値の入力］という表示を選択してから送信先のメールアドレス（ここでは自分のメールアドレス）を入力する（❷）。［件名］と［本文］の欄に適当な文字列を入力しよう（❸❹）

さらに、Teamsのチャネルに投稿するアクションを追加してみましょう。今度は[メールの送信]アクションの下にある[+]をクリックして[アクションの追加]をクリックします。「メッセージ」のキーワードで検索するなどして、「Microsoft Teams」コネクタの[チャットまたはチャネルでメッセージを投稿する]アクションを追加します(図9)。

新たにアクションが追加されると、画面左側のアクション構成ペインが、追加したアクションの設定画面に切り替わります(図10)。[投稿者]欄は[フローボット]

Column

## さまざまなアクションの追加方法

アクションを追加する際、アクション名やコネクタ名で必要なものを検索する方法がありますが、コネクタの種類で絞り込みを行うこともできます(図A)。[ランタイム]欄のリストで[標準]にだけチェックを付けると、標準コネクタのみに絞り込まれ、Microsoft 365ユーザーがよく利用するコネクタを見つけやすくなります。[プレミアム]を選択した場合は、プレミアムコネクタが表示されます。

なお、クラシックデザイナーではアクションを追加する際の画面構成が異なりますが、探し方の基本は同様です(図B)。

図A　アクションを追加する際、[ランタイム]欄のリストでコネクタの分類を選び、絞り込むこともできる

図B　クラシックデザイナーの場合は、[新しいステップ]をクリックしてアクションを追加する。画面構成は異なるが、アクション名やコネクタ名で検索するなど、アクションの探し方は同様

のまま、[投稿先] 欄で [Channel] を選択します。すると [Team] 欄と [Channel] 欄が現れるので、メッセージを投稿するチームとチャネルを指定します。チーム名やチャネル名はTeamsから読み込まれるので、リストから選択できます。[Message] 欄に任意のメッセージを入力します。

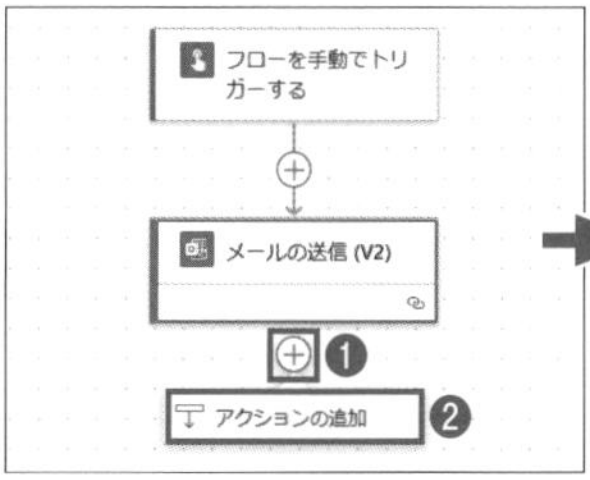

図9　[メールの送信] の下にある [+] をクリックして [アクションの追加] を選ぶ (❶❷)。「メッセージ」で検索するなどして (❸)、「Microsoft Teams」コネクタで利用できる [チャットまたはチャネルでメッセージを投稿する] アクションを追加する (❹)

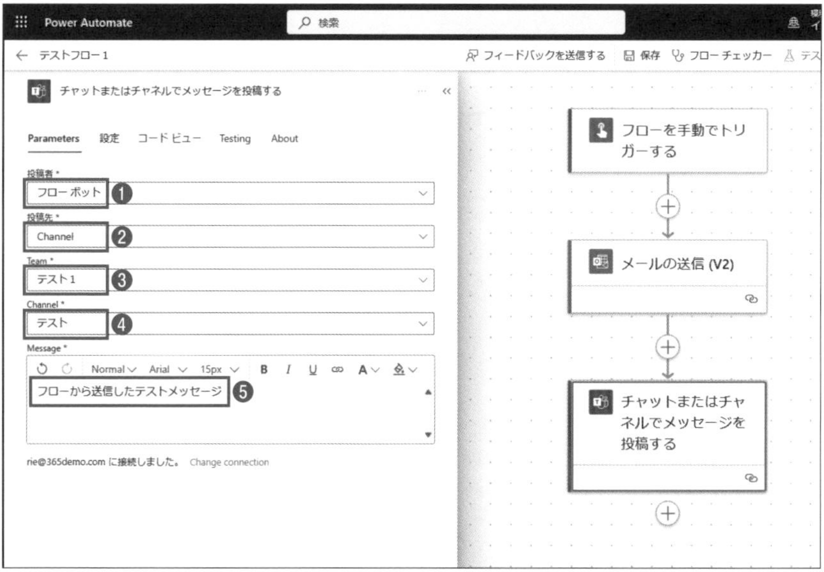


図10　アクションが追加され、アクションの構成ペインがその設定項目に切り替わる。[投稿者] 欄は [フローボット] のまま (❶)、[投稿先] 欄を [Channel] とし (❷)、現れる [Team] 欄と [Channel] 欄に、投稿先のチームとチャネルを指定する。今回テスト用に「テスト1」というチームに「テスト」というチャネルを用意して、これらを指定した (❸❹)。[Message] 欄に適当なメッセージを入力すれば設定完了 (❺)

### フローを保存する

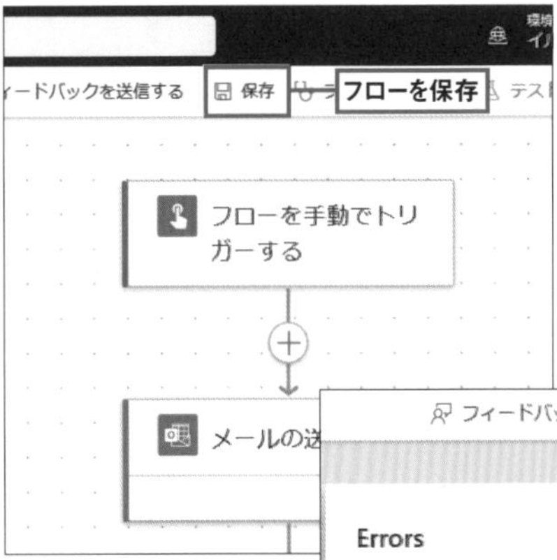


図11　アクションの設定が済んだら、右上のメニューにある［保存］をクリックしてフローを保存する。このとき、設定漏れなどがあるとフローチェッカーによりエラーが表示される（→図12）

図12　フローチェッカーはメニューから手動で実行することもできる。［操作を開きます］をクリックすると該当するアクションの設定が表示される

追加したアクションの設定が完了したら、キャンバスの右上にあるメニューで［保存］をクリックし、ここまでのフローを保存しましょう（図11）。フローの保存時に設定エラーや設定漏れがあった場合にはフローチェッカーによりエラーが表示されます（図12）。また保存時だけではなくメニューで［フローチェッカー］をクリックしてチェックを実行してもかまいません。

## テスト実行

保存したフローの動作を確認してみましょう。右上のメニューにある［テスト］をクリックし、［手動］を選択後、［テスト］をクリックします（図13）。

インスタントクラウドフローをテスト実行する場合、フロー内で利用されているコネクタへの接続が必要です。確認画面で緑のチェックマークが表示されていれば、各コネクタに接続可能な状態です。問題なければ［続行］をクリックして、さらに［フローの実行］をクリックします（図14）。

テストによる実行が完了したら、結果を確認しましょう。宛先に指定した自分のメールアドレスにメールが届いていること、また指定したTeamsのチャネルにメッセージが投稿されていることが確認できます（次ページ図15）。

テスト実行を行った結果として、各アクションに実行されたことを表す緑色のチェックマークと実行にかかった時間も表示されます。左側の画面では各アクションの実行結果の詳細も確認できます（図16）。

ここで利用したテスト機能では、図13右で［手動］を選択して実行しました。インスタントトリガーの場合、2度目以降のテストは［自動］を選択し、以前のトリガー時の内容を基にテスト実行を行うことも可能です。また、テスト時に［手動］

## ● フローの動作をテストする

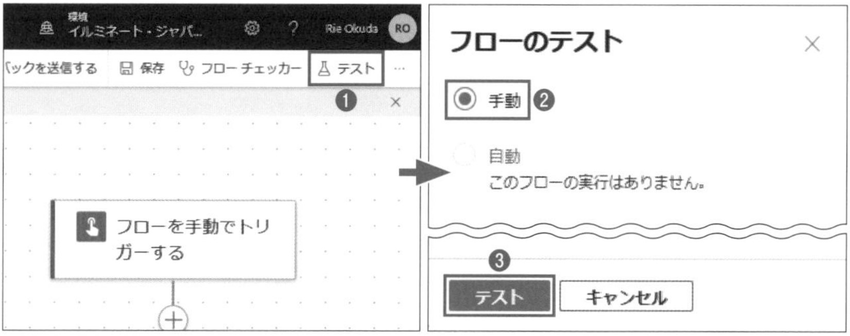


図13　保存したフローの動作を確認するには、右上のメニューで［テスト］をクリック（❶）。開く画面で［手動］を選択して（❷）、［テスト］ボタンを押す（❸）

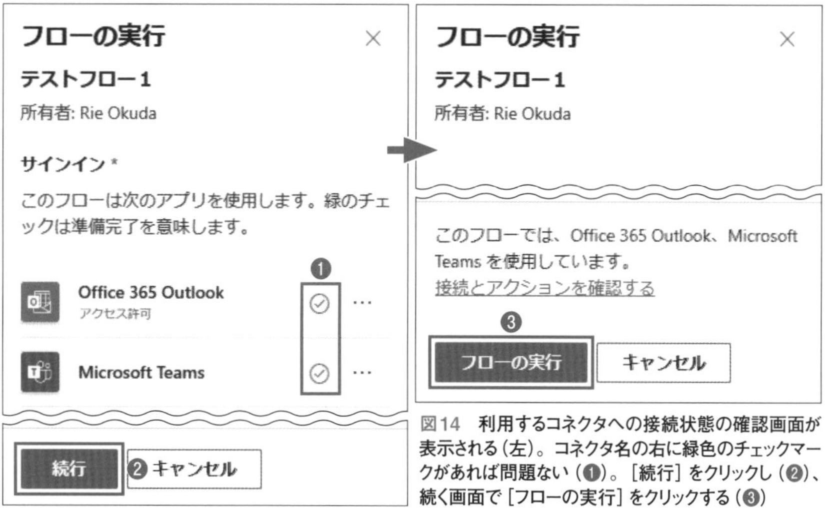


図14　利用するコネクタへの接続状態の確認画面が表示される（左）。コネクタ名の右に緑色のチェックマークがあれば問題ない（❶）。［続行］をクリックし（❷）、続く画面で［フローの実行］をクリックする（❸）

を選択して実行できるのはインスタントトリガーとスケジュールトリガーの場合です。自動トリガーの場合、フローを起動させる条件となる操作を実行する必要があります。例えば、「添付ファイル付きのメールを受信したときに自動実行する」といった自動トリガーのフローの動作を確認したい場合は、実際に添付ファイル付きのメールを受信させる必要があります。

### テストの結果を確認する

図15　Outlookの受信トレイとTeamsのチャネルを開いてそれぞれ確認すると、テスト用のメール（左）とメッセージ（右）が届いていることがわかる

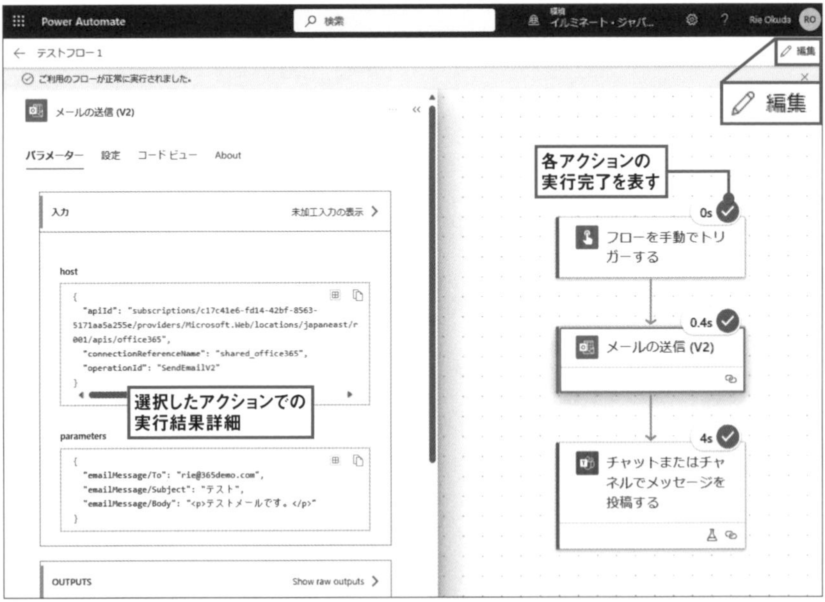


図16　テストの完了画面で［完了］をクリックすると、各アクションやトリガーの右上に実行完了を表す緑色のチェックマークと、実行にかかった時間（秒数）が表示される。アクションを選択してアクションの構成ペインを開くと、実行結果の詳細が表示される。画面右上の［編集］をクリックすると、元のフロー作成画面に戻る

## 作成したフローを再度デザイナーで開く

作成して保存したクラウドフローは、Power AutomateのWeb画面の［マイフロー］内に一覧で表示されます。フロー名をクリックすると、そのフローの詳細画面が表示され、［編集］をクリックすることで、フローをデザイナーで開いて再び編集ができます（図17）。

図17　Power AutomateのWeb画面の左にあるメニューから［マイフロー］を選ぶと（❶）、保存したフローが一覧表示される。フロー名をクリックすると（❷）、詳細画面が表示される（❸）。上のメニューで［編集］をクリックすると（❹）、クラウドフローデザイナーが開いて編集できる（❺）

Section 03

# 動的なコンテンツや式の挿入

クラウドフローでは各アクション間で処理をつなげるために、アクションを実行した結果得られた値を「動的なコンテンツ」として後のアクションで利用できる仕組みになっています。デスクトップフローで「フロー変数」と呼ばれていたものと同等の機能といえます。ここでは動的なコンテンツの利用方法や、それを利用した式の挿入方法を理解しましょう。

## 動的なコンテンツの利用

新しいクラウドフローを作成しながら練習していきます。画面左にあるメニューの［作成］から［インスタントクラウドフロー］をクリックして作成を開始します。フロー名を付けて、［フローを手動でトリガーする］を選択し、［作成］をクリックします（図1）。

クラウドフローデザイナーが開いたら、フローを手動で開始するときに、文字やファイルを入力できるように設定を追加してみましょう。トリガーを選択し、設定画面（アクションの構成ペイン）で［入力の追加］をクリックすると、入力のタイプを選択する一覧が表示されます（図2）。まずは［Text］を選択し、項目名を「件名」に変更します（図3）。

### フローの開始時に入力を行う

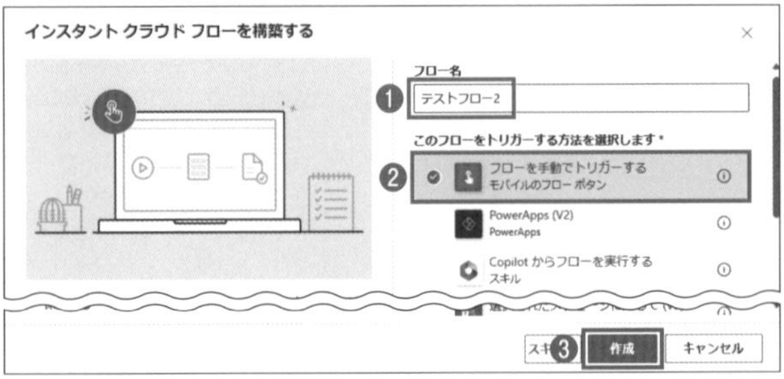


図1　画面左にあるメニューの［作成］から［インスタントクラウドフロー］をクリックし、開く画面でフロー名を入力（❶）。［フローを手動でトリガーする］を選んで（❷）、［作成］を押す（❸）

さらに入力項目をもう1つ追加します。[入力の追加] を選んだ後、[File] を選択し、項目名を「ファイル」に変更します (図4)。

次に、トリガーの下に「SharePoint」コネクタの [ファイルの作成] アクションを追加します (次ページ図5)。SharePointサイト内の指定したライブラリに、ファイルを保存できるアクションです。ここではトリガー時に選択されたファイルを、ライブラリに保存する動作を設定します。[サイトのアドレス] 欄でファイルを保存したい任意のSharePointサイトを指定します。[フォルダーのパス] 欄ではフォルダーのアイコンをクリックし、保存先のライブラリやフォルダーを選択します。

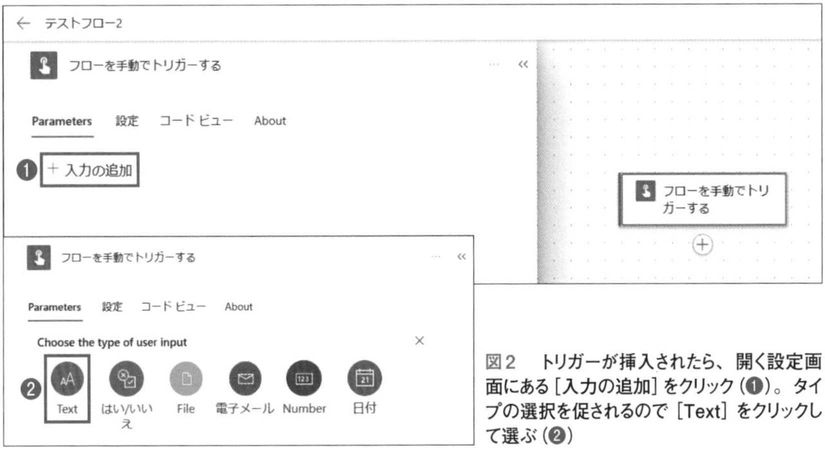


図2　トリガーが挿入されたら、開く設定画面にある [入力の追加] をクリック (❶)。タイプの選択を促されるので [Text] をクリックして選ぶ (❷)

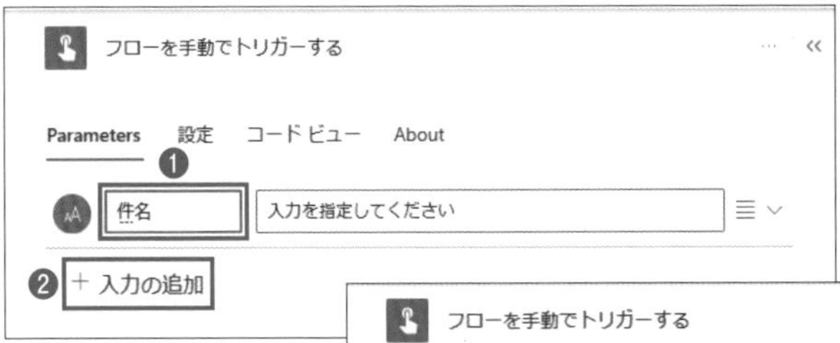


図3　入力項目の説明などを入力する欄が現れるので、「input」という項目名を「件名」に書き換える (❶)。再度 [入力の追加] をクリックする (❷)

図4　開く図2下の一覧で今度は [File] を選択すると、図のように2つめの項目が表示される。「ファイルの…」という項目名を「ファイル」に変更する

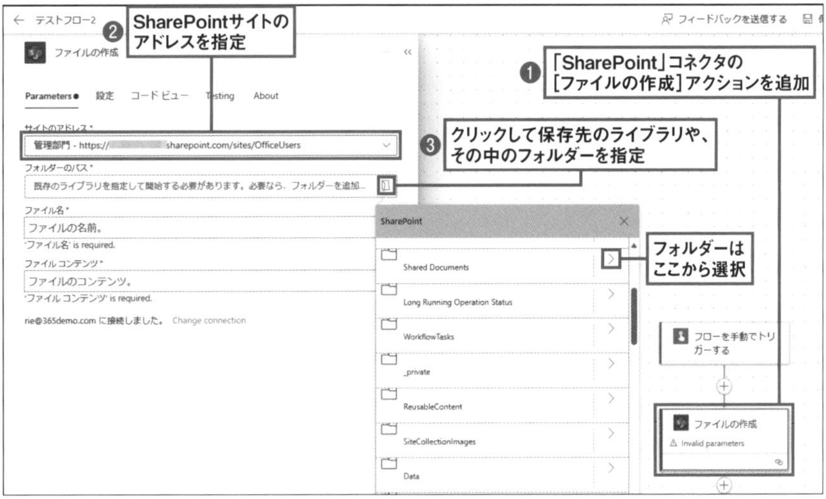


図5 トリガーの下に「SharePoint」コネクタの［ファイルの作成］アクションを追加（❶）。［サイトのアドレス］欄で任意のSharePointサイトを指定（❷）。［フォルダーのパス］欄で、保存先のライブラリやフォルダーを選択する（❸）

Column

## SharePointライブラリを指定する際の注意点

サイト内のライブラリを選択する際、フォルダーアイコンをクリックして表示されるのはライブラリ名ではなく、ライブラリのパスです。ライブラリパスがわからない場合は、一度ブラウザーでライブラリを開き、パスを確認するとよいでしょう。

Teamsのチャネル内の［ファイル］タブにファイルを保存する際も「SharePoint」コネクタの［ファイルの作成］アクションを利用します。Teamsのチーム内に保存されたファイルはチームとひも付くSharePointサイト内の［ドキュメント］ライブラリに保存されるためです。

続いて［ファイル名］欄と［ファイルコンテンツ］欄には、動的なコンテンツを指定します。［ファイル名］欄をクリックして選択すると、右端に「稲妻」と「fx」の青いアイコンが現れます。稲妻をクリックすると、ここで使える動的なコンテンツの一覧が表示されるので、［ファイル name］を選択して指定します（図6）。これで、トリガー実行時に入力したファイルの名前が指定されます。同様に［ファイルコンテンツ］欄で稲妻アイコンをクリックして、［ファイル contentBytes］を指定します。これがファイルの実体を表すものです。今後の参考として動的なコンテンツの一覧を確認し、トリガーの実行結果としてどのような値が利用できるか見ておくとよいでしょう。

さらに「Office 365 Outlook」コネクタの［メールの送信］アクションを追加します（次ページ図7）。設定画面では、［宛先］欄に動作確認のため自分のメールアドレスを指定。［件名］欄には、図6と同じ要領で動的なコンテンツの中から［件名］を選択して指定します。メールの本文も、動的なコンテンツを利用して指定してみましょう。稲妻のアイコンをクリックして動的なコンテンツの一覧を開き、［Timestamp］と［ファイル name］を本文の一部に組み込みます。今回のトリガー

## ● 動的なコンテンツを設定する

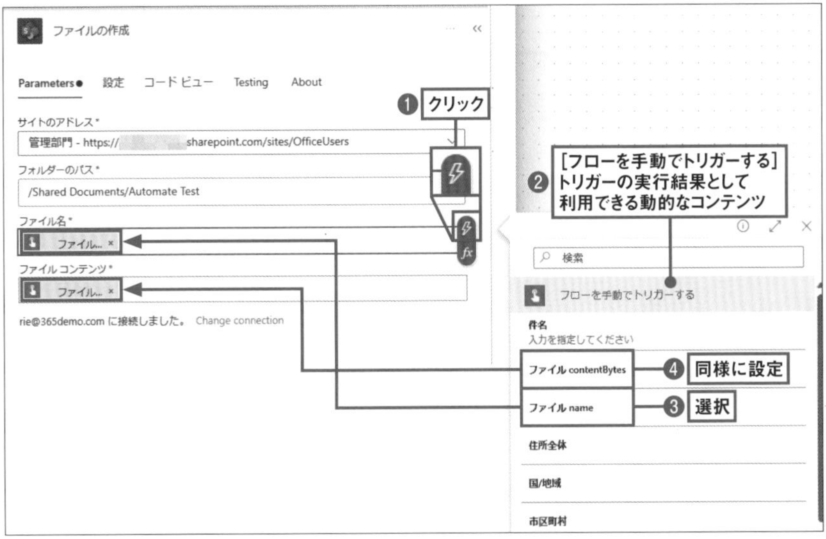


図6　［ファイル名］欄を選択して、右端に表示される稲妻のアイコンをクリック（❶）。すると、前のトリガーで作成された動的なコンテンツの一覧が表示されるので（❷）、［ファイル name］を選択して指定する（❸）。同様に、［ファイルコンテンツ］欄で、［ファイル contentBytes］を選択して指定する（❹）

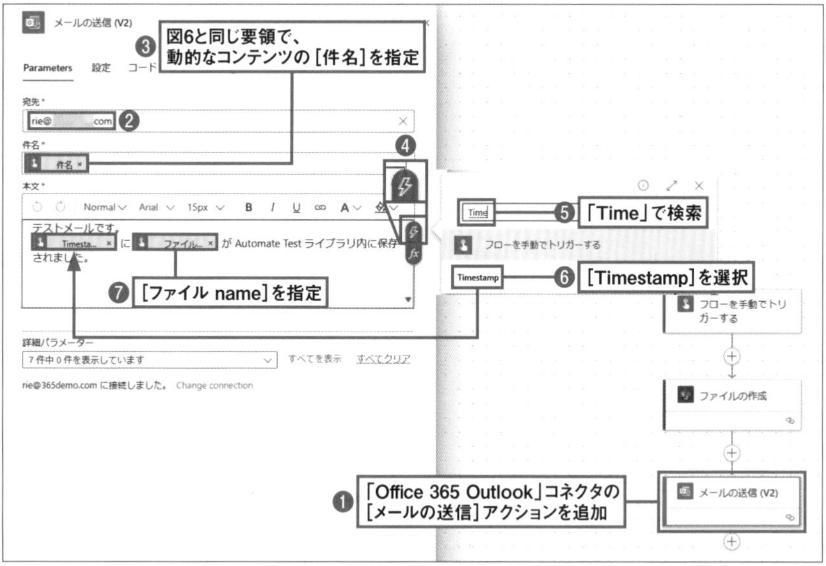


図7　［ファイルの作成］アクションの下に、［メールの送信］アクションを追加（❶）。［宛先］欄を指定したら（❷）、［件名］欄に動的なコンテンツの［件名］を指定する（❸）。［本文］欄も、動的なコンテンツを使って文を組み立てる。稲妻アイコンをクリックしたら（❹）、リスト上端のボックスに「Time」と入力して検索し、［Timestamp］を探そう（❺❻）。同様に［ファイル name］も追加して（❼）、「［Timestamp］と［ファイル name］が Automate Testライブラリに保存されました。」という文になるように、文字を追加入力する

の動的なコンテンツには［日付］もありますが、ここでは日付と時刻の両方が含まれる［Timestamp］を利用しています。設定できたら、画面上部の［保存］をクリックします。

なお、アクションのより詳細な設定項目を確認したい場合は、［詳細パラメーター］の［すべてを表示］のクリックで表示されます。「Office 365 Outlook」コネクタの［メールの送信］アクションではCCやBCC、添付ファイルや重要度などの設定項目が確認できます。

## テスト実行して動作を確認

ここまでで作成し保存したフローの動作を確認してみましょう。画面右上のメニューにある［テスト］をクリックしてテスト画面を開き、［手動］を選択して［テスト］をクリックします。すると、トリガーの入力として設定した2つの項目（件名とファイル）を入力する欄が表示されるので、［件名］欄に件名を入力し、［ファ

イル］欄にファイルを指定して、［フローの実行］を押します（図8）。

実行結果として、指定したライブラリにファイルが保存されていること、指定した宛先にメールが届いていることを確認します（図9）。メールの件名には図8

## フローをテスト実行する

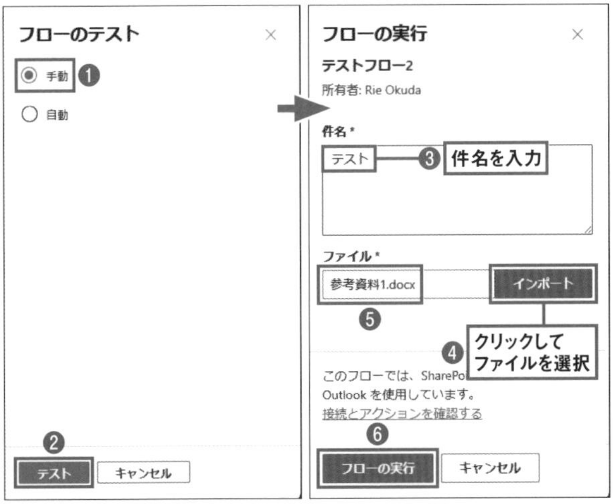


図8　画面右上のメニューから［テスト］を実行し、開く画面で［手動］を選んで［テスト］をクリックする（❶❷）。続く画面に［件名］と［ファイル］の指定欄が表示されるので、［件名］欄に任意の件名（ここでは「テスト」）を入力（❸）。［ファイル］欄では、［インポート］をクリックして適当なファイルを選択する（❹）。ファイルが指定されたことを確認し（❺）、［フローの実行］を押す（❻）

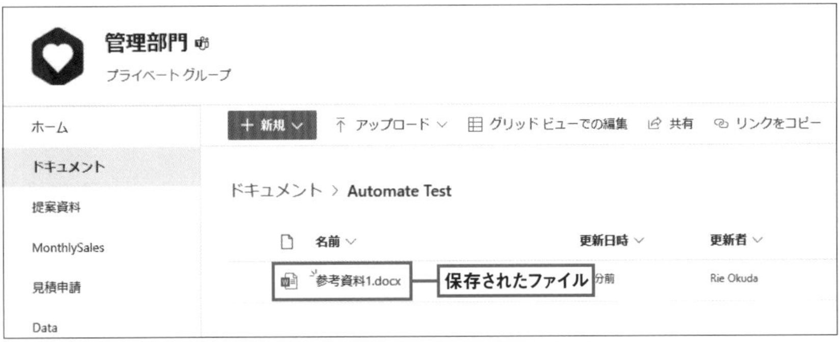


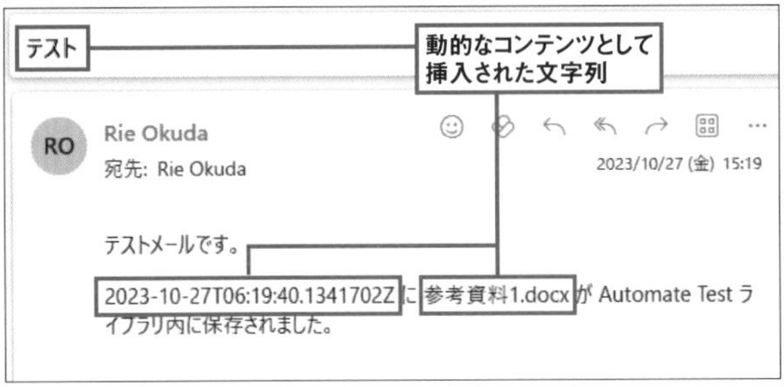


図9　テスト実行を問題なく完了できれば、指定したライブラリにファイルが保存され（上）、入力した件名と、設定した通りの本文を含むメールが届く（左）

右で入力した件名、本文には動的なコンテンツとして指定した［Timestamp］と［ファイル name］が含まれていることを確認してください。タイムスタンプには日付と時刻が含まれていますが、内容を確認すると日本時間とは異なることがわかります。クラウドフローが内部で扱う日時は基本的にUTC（協定世界時）です。日本時間とは9時間の時差があるため、時刻を確認すると－9時間で表示されていることがわかります。

## 式の挿入

クラウドフローでは動的なコンテンツを用いてアクション間での値の受け渡しを行えます。また動的コンテンツの値を利用した計算を行いたい場合、関数を用いて式を記述することも可能です。日付や文字列、また数値処理などさまざまな処理を行うための関数が用意されています。ここでは日時を日本時間に変換する設定を行いながら、式を記述する方法を確認しましょう。

「日付や時刻を記録する」「○月から○月までのデータを取得したい」「日付が○○を超えているかどうかを判断して通知処理を行う」など、フローの中で日時の値を扱うことは多くあります。ところが前述のように、クラウドフローでは日時の値がUTC（協定世界時）で扱われるため、日本時間で表記したい場合は

### 日時の調整を行うアクションの例

図10　UTCの日時を日本時間に変換するなど、日時の調整を行うには、アクションを用いる方法と式を用いる方法がある。左は「Date Time」（日時）コネクタに含まれるアクションの一部

+9時間するための処理が必要です。また日時値の表示形式は国際規格であるISO8601の形式（yyyy-MM-ddThh:mm:ssZ）で取り扱われるため、表示形式を見やすいように整えたいこともあるでしょう。

日時の調整を行いたい場合、［タイムゾーンの変換］などのアクションを利用する方法もあります（図10）。また、関数を利用した式を記述して日時を調整することも可能です。ここでは式の記述方法を学ぶために、アクションではなく式により日時の調整を行います。

図7で設定した［メールの送信］アクションに式を追加して、日時の調整をしてみましょう。アクションを選択し、［本文］欄の先頭にマウスカーソルを置いたら、右端に表示される［fx］のアイコンをクリックします（図11）。すると、式を記述する欄と、利用できる関数を一覧表示するウインドウが現れます（図12）。式が

## ● 式を挿入する

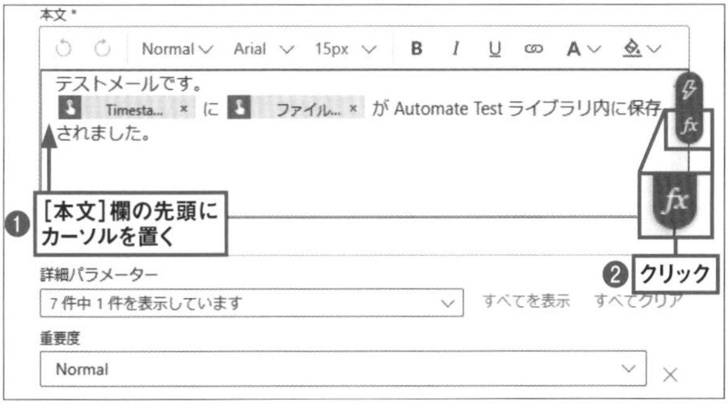


図11 ［メールの送信］アクションの設定画面で、［本文］欄の先頭にカーソルを置いて（❶）、右端に表示される［fx］のアイコンをクリックする（❷）

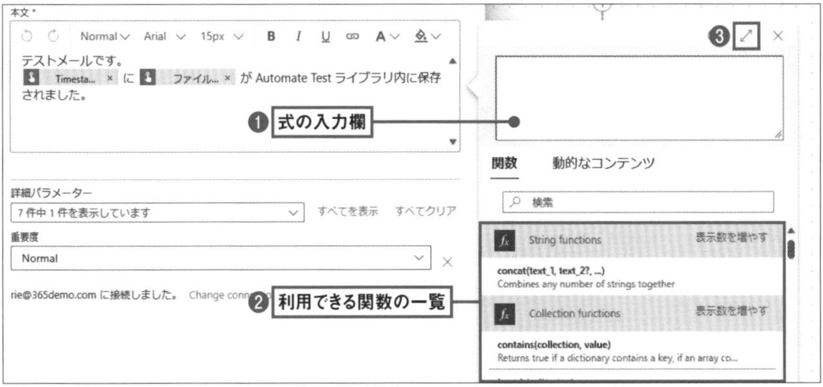


図12 ［本文］欄の右側に、式の入力欄が現れる（❶）。その下には、利用できる関数の一覧が表示される（❷）。右上の両矢印をクリックすると、入力欄を広げられる（❸）

見やすくなるように、右上の両矢印をクリックして、入力欄を広げます。

ここでは、UTCで表された日時に＋9時間するために、「addHours」という関数を利用します。以下のような書式で3つの引数を指定すると、元の時間に対し、指定した時間を加算（減算）したうえで、指定した書式に変換できます。

**addHours（元の日付, 加える時間, 書式指定文字列）**

一覧から探してもよいですが、式の入力欄に「add」を入れ始めると、入力支援機能により候補が表示されるので手早く選べます（図13）。引数を指定するた

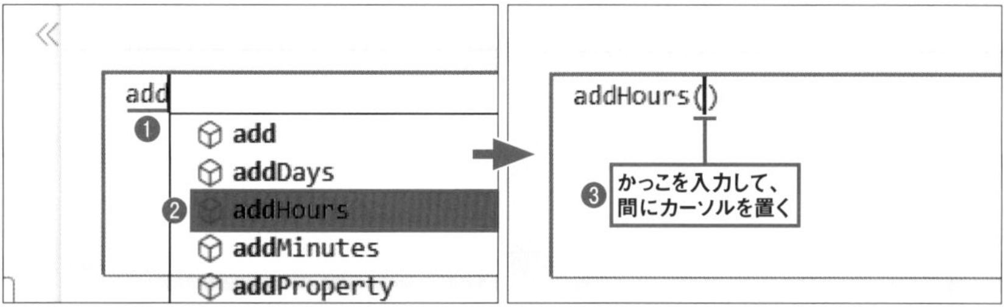


図13　式の入力欄に「add…」と関数名を入れ始めると（❶）、候補がリスト表示されるので、上下の矢印キーで「addHours」を選択し（❷）、［Tab］キーを押す。関数名が入力されたら、引数を入れるためのかっこを入力し、その間にカーソルを置く（❸）

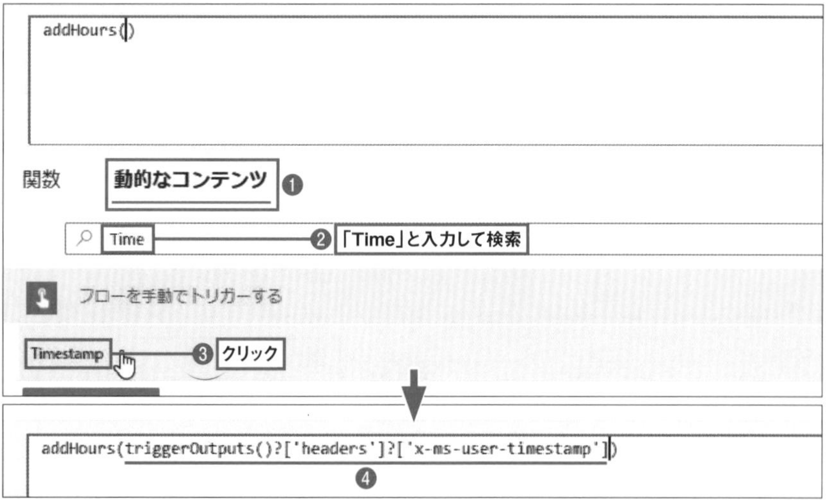


図14　入力欄の下で［動的なコンテンツ］タブを選択（❶）。検索ボックスに「Time」と入力して［Timestamp］を探してクリックする（❷❸）。すると、［Timestamp］を表す式が、引数に指定される（❹）

めの「( )」を入力した後、その中にカーソルを置いて、1番目の引数として動的なコンテンツ［Timestamp］を指定します。［動的なコンテンツ］タブを選択し、その下の検索ボックスに「Time」と入力すれば検索されるので、クリックして挿入してください。すると、動的なコンテンツの値を取得するための式が、自動的に追加されます（図14）。

1番目の引数として元の日時を指定できたので、さらに残りの引数を追加します。2番目の引数として「9」を指定すれば、＋9時間することができます。また3番目の引数として「'yyyy/MM/dd H:mm'」という書式文字列を指定することで、「2023/10/27 12:26」のような日時表記にできます（図15）。式の作成後、［Add］をクリックすると、［本文］欄に式を表すマークが挿入されます。図7で挿入して

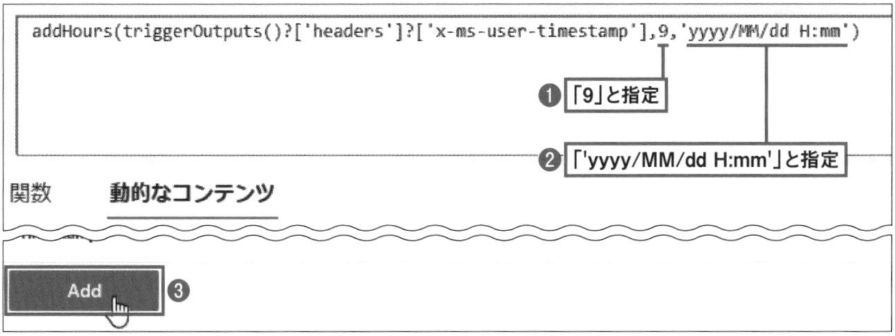


図15　コンマを入力した後に、2番目の引数として「9」を入力（❶）。さらにコンマの後ろに3番目の引数として「'yyyy/MM/dd H:mm'」という書式文字列を入力する（❷）。式が完成したら、下方にある［Add］ボタンをクリックする（❸）

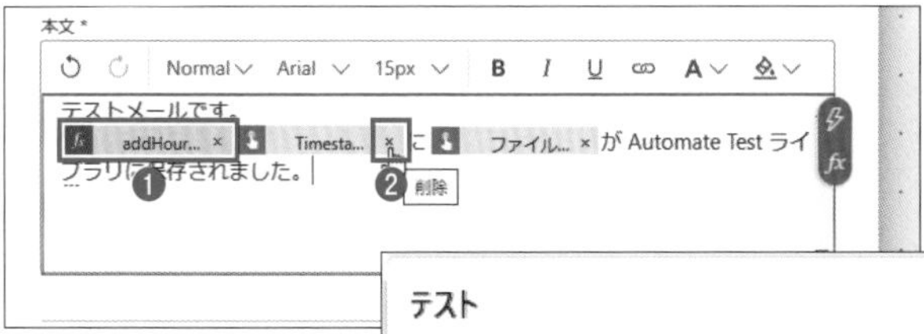


図16　［本文］欄に式が追加される（❶）。先に挿入されていた［Timestamp］は不要なので、［×］をクリックして削除する（❷）

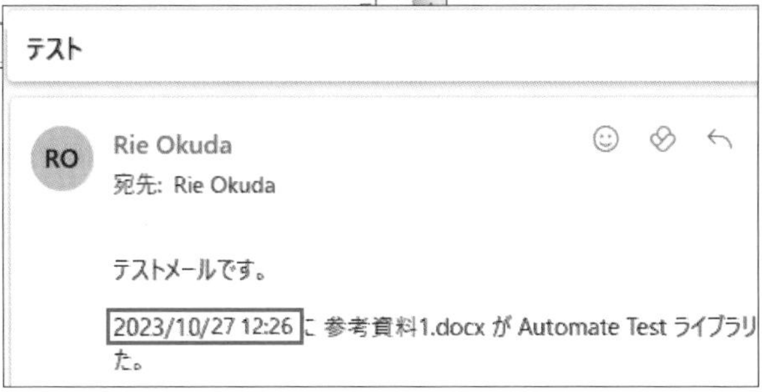


図17　テスト実行してみると、届いたメールの本文には、指定した書式の日本時間で日時が挿入されていることが確認できる

いた動的なコンテンツ［Timestamp］は不要なので、［×］をクリックして削除してください（前ページ図16）。

ここまでできたら、フローを保存して、テスト実行してみましょう。届いたメールの本文に、指定した書式に従った日本時間の日付と時刻が記載されていれば成功です（図17）。

なお、クラシックデザイナーでも同様に式を記述できますが、新しいクラウドフローデザイナーと比較すると、式の入力欄が狭くて記述しにくいと感じることがあります（図18）。式の中に動的なコンテンツを挿入できる点は同じですが、その際に［動的なコンテンツ］の一覧に、すべての動的なコンテンツが表示されないこともあります。その場合は式以外の場所に事前に挿入したものをコピーしておいて、式の中に貼り付けるなどの工夫が必要です。

## クラシックデザイナーで動的なコンテンツを追加

図18　クラシックデザイナーの場合、各項目の入力欄を選択すると表示される［動的なコンテンツの追加］のウインドウから動的なコンテンツや式を挿入できる

Column

## モバイルアプリを導入してスマホから実行

Power Automateにはスマートフォン用のモバイルアプリも提供されています。トリガーとして［手動でフローをトリガーする］を選んだフローは、モバイルアプリからの実行も可能です（図A）。アプリを起動してサインインすると、作成済みのフローが一覧表示されます。画面下端で［インスタントフロー］を選ぶと、モバイルアプリから実行できるフローが表示され、タップで実行できます（図B）。本節で作成したフローの場合、実行時に［件名］と［ファイル］を入力する設定になっているので、モバイルアプリでも入力欄が表示されます（図C）。ファイルはスマホ内に保存されているファイルなどを選択できるほか、カメラで撮影した画像をファイルとして指定することも可能です。

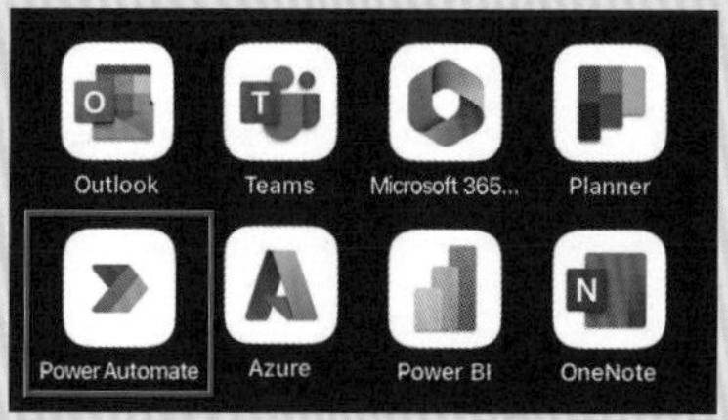


図A　モバイル用の「Power Automate」アプリも提供されている。「App Store」や「Google Playストア」から入手できる

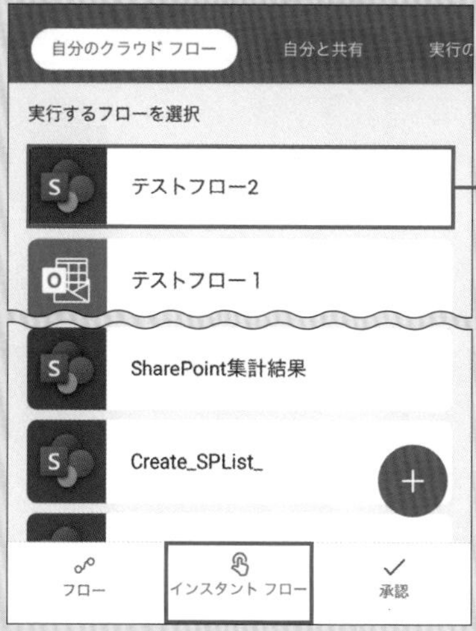


図B　画面下端で［インスタンスフロー］を選ぶと、［手動でフローをトリガーする］と設定されたアプリが一覧表示される。タップして実行できる

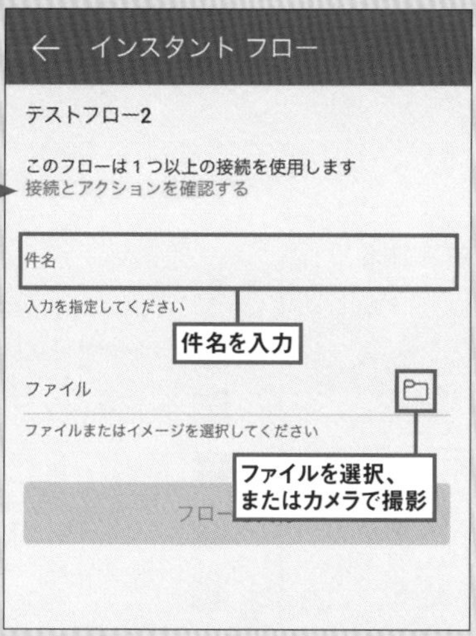


図C　このサンプルでは実行時に［件名］と［ファイル］を入力するように設定したので、入力画面が開く。［ファイル］欄では写真の撮影もできる

Section
# 04 フローの管理と共有

作成したフローは、[マイフロー] の画面に一覧として表示されます。ここからフローの再編集やフロー利用時などに行う各種設定が行えます。[マイフロー] から特定のフローの詳細画面を開けますが、詳細画面でどのような設定やフローに対する管理が行えるかを確認しましょう。

## フローの詳細画面

[マイフロー] を開くと自分が作成したクラウドフローが一覧表示されます（図1）。マウスカーソルを合わせると表示される [⋮] をクリックするとメニューが開

### ● [マイフロー] の画面

図1 左のメニューで [マイフロー] を選ぶと（❶）、[クラウドフロー] タブに作成したフローの一覧が表示される（❷）。フロー名の右に表示される [⋮] をクリックすると、フローに対する各種操作をするためのメニューが開く（❸）

き、さまざまな操作を実行することができます。またフロー名をクリックすると、より詳細な情報が確認できるフローの詳細画面が開きます(図2)。フローの状況、接続(利用するコネクタ)、実行履歴などの詳細を確認できるほか、フローの管理を行うためのさまざまなメニューが利用できます。

## 実行履歴

詳細画面では、過去28日分のフローの実行履歴を確認できます(次ページ図3)。フローの実行日時や、そのとき成功したか失敗したかなどが一覧表示されます。各履歴の開始日時をクリックすると、各アクションの実行にどのくらい時間を要したかや、各アクションでの入出力値を確認できます。フローが思い通りに動作しないときなど、原因を確認するためによく利用します。

自動トリガーの場合など、フローの内容によってはそもそもフローが動作して

### フローの詳細画面

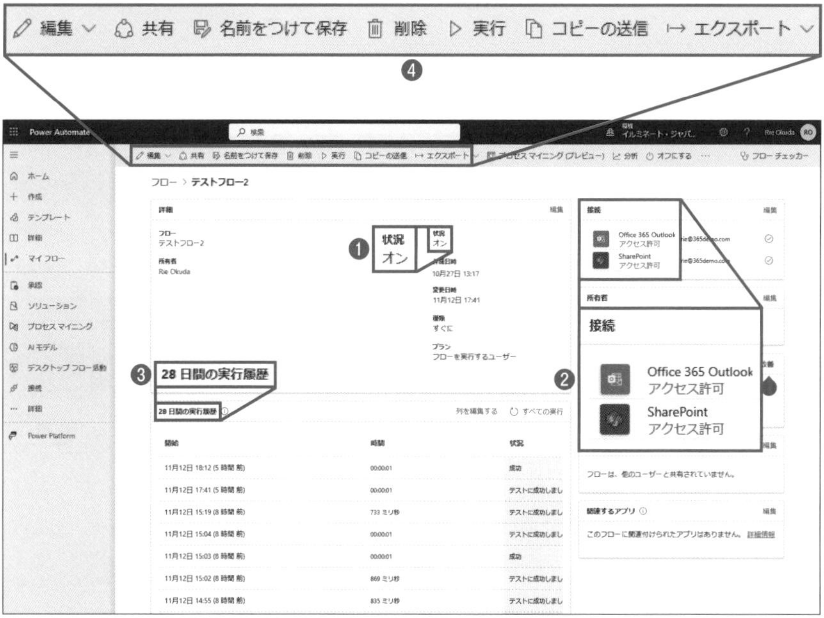


図2 [マイフロー]でフロー名をクリックするか、図1の[⋮]で表示されるメニューで[詳細]を選ぶと、フローの詳細画面が開く。フローの状況(❶)や利用するコネクタ(❷)、28日間の実行履歴(❸)などを確認できるほか、上部のメニューでさまざまな操作を実行できる(❹)

いるかどうかがわかりにくいケースがあります。そのようなフローでも、履歴が増えているかをチェックすれば、動作していることを確認できます。

また、成功して完了したにもかかわらず想定通りの動作になっていない場合、エラーにならないだけでフロー内の設定に矛盾点が含まれている可能性があります。そのようなときは、さらに詳細を確認するために、実行履歴で日時をクリックしてみましょう。すると、各アクションを実行したときに取得された値の内容や形式を細かく確認できます（図4）。

## 実行履歴からさらに詳細を確認

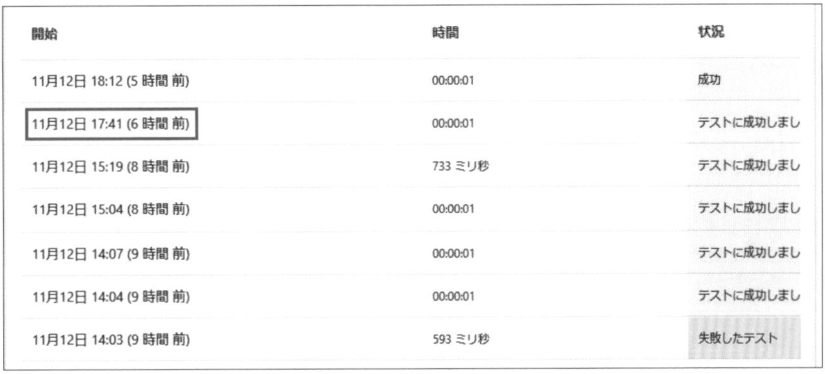

| 開始 | 時間 | 状況 |
| --- | --- | --- |
| 11月12日 18:12 (5 時間 前) | 00:00:01 | 成功 |
| 11月12日 17:41 (6 時間 前) | 00:00:01 | テストに成功しまし |
| 11月12日 15:19 (8 時間 前) | 733 ミリ秒 | テストに成功しまし |
| 11月12日 15:04 (8 時間 前) | 00:00:01 | テストに成功しまし |
| 11月12日 14:07 (9 時間 前) | 00:00:01 | テストに成功しまし |
| 11月12日 14:04 (9 時間 前) | 00:00:01 | テストに成功しまし |
| 11月12日 14:03 (9 時間 前) | 593 ミリ秒 | 失敗したテスト |

図3　詳細画面の実行履歴では、実行した日時や要した時間、成功／失敗のいずれかを確認できる

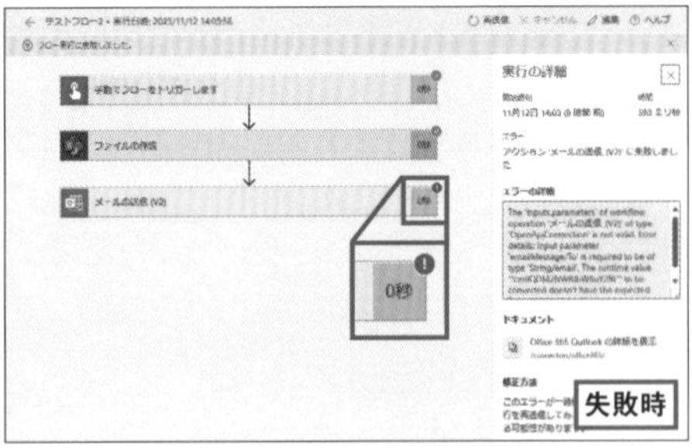


図4　実行履歴の［開始］の日時をクリックすると、その実行時のさらなる詳細を確認できる。各アクションの実行時に取得された値の内容や形式を確認できるほか（左）、失敗時には、エラーとなったアクションやエラーの詳細を確認できる（右）

## フローの削除・無効化

不要になったフローは、フローの詳細画面の上部にあるメニューから［削除］をクリックするか、［マイフロー］の画面で図1の［⋮］のメニューを開いて［削除］を選ぶことで削除できます（図5）。削除前に表示される確認画面に記載があるように、削除したフローはユーザーの操作では元に戻すことができません。そのため削除操作は慎重に行いましょう。フローの利用は停止したいけれど、削除はしたくないという場合は、フローを「オフ」にして無効化しておくという手もあります（図6）。

なお、誤って削除してしまったフローをどうしても復元したい場合は、管理者に相談してみるとよいでしょう。管理者はPower Automate管理コネクタやPowerShellを用いて削除されたフローの復元が可能です。ただし、削除から21日を超えると管理者であっても復元できません。また組織の運用ポリシーによっては管理者による復元作業に対応していないこともあります。いずれにせよ、フ

### フローの削除と無効化

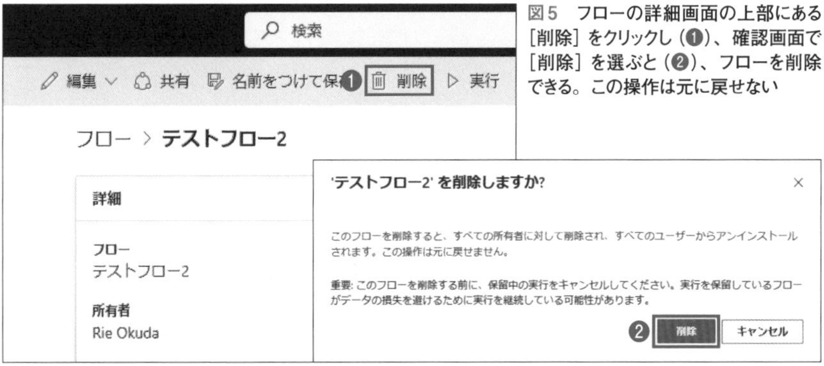


図5　フローの詳細画面の上部にある［削除］をクリックし（❶）、確認画面で［削除］を選ぶと（❷）、フローを削除できる。この操作は元に戻せない

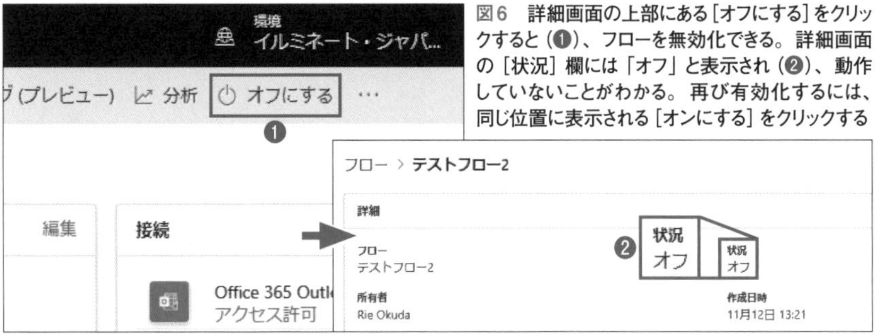


図6　詳細画面の上部にある［オフにする］をクリックすると（❶）、フローを無効化できる。詳細画面の［状況］欄には「オフ」と表示され（❷）、動作していないことがわかる。再び有効化するには、同じ位置に表示される［オンにする］をクリックする

ローの削除は慎重に行い、誤って大事なフローを削除しないように注意すべきであることに変わりはありません。

## 共同所有者の追加

フローの編集や実行履歴の確認、および各種管理を行うためには、フローの「所有者」である必要があります。フローの作成者はフローの所有者となります。組織内でフローを共同利用している場合など、フローの編集や管理を行えるユーザーを増やして複数名でフローを管理したいときは、「共同所有者」を設定します。共同所有者はフローごとに設定できます。

それには、フローの詳細画面で［所有者］欄の右上にある［編集］をクリックします（図7）。開く画面の上端にあるボックスに、ユーザー名やグループ名を入力

### フローの共同所有者を追加する

共有
フロー > テストフロー2
所有者
Rie Okuda
❶ 編集
所有者
所有者を追加すると、このフローのコントロールがすべて許可されるため、信頼できるユーザーに限ってフローを共有することが重要です。共有すると、他のユーザーを所有者として追加または削除したり、実行履歴にアクセスしたり、このフローの更新、変更、削除を行うことが許可されます。
詳細情報
ユーザーまたはグループを所有者として追加する
名前、電子メール、またはユーザー グループを入力する
❷ 共同所有者にするユーザーを検索して選択
Rie Okuda
Illumi Nihon
Sales Operation Team

図7　フローの詳細画面には、［所有者］欄にフローを作成したユーザーが表示されている。共同所有者を追加するには、右にある［編集］をクリックするか（❶）、画面上部のメニューで［共有］をクリックする。開く画面でユーザー名など入力すると、該当するユーザーが候補として表示されるので、クリックして選択する（❷）

すると候補が表示されるので、クリックして選択します。すると、フロー内で利用している接続を使ったフローの変更が可能であることを確認する画面が表示されます(**図8**)。[OK]をクリックすると、フローの共同所有者が追加されます。

共同所有者を追加したフローは、[マイフロー]の画面で[クラウドフロー]タブではなく、[自分と共有]タブに移動します(**図9**)。これは自分が作成したフローでも(自分が所有者でも)、共同所有者でも同様です。

なお、フローの所有者はあくまでフローを作成したユーザーであり、共同所有者を追加することはできても、所有者自体の変更はできません。

**図8** フロー内で利用している接続を使ったフローの変更が可能であることを確認する画面が表示されるので、[OK]をクリックする

**図9** 共同所有者を追加したフローは、[マイフロー]の画面で[クラウドフロー]タブではなく、[自分と共有]タブの一覧に表示される

## フローを複製する

そのほか、既存のフローをベースに別のフローを作成したい場合や、ほかのユーザーにフローを渡したい場合に行える操作は複数あります。いずれも、[マイフロー]の画面で[⋮]から開くメニューや、フローの詳細画面の上端から選択できます。

### ●[名前をつけて保存]

フローを別名で保存してコピーを作成します(図10)。既存のフローはそのままで、別のフローとしてコピーを作成できるため、内容を一部修正して別のフローを作成したい場合に適した方法です。この操作は所有者もしくは共同所有者が行えます。また[名前をつけて保存]を実行したユーザーが、コピーしたフローの所有者となります。コピーしたフローは既定で無効化された状態となるため、利用時には図1の[⋮]メニューなどで[オンにする]を選び有効化しましょう。

### ●[コピーの送信]

[名前をつけて保存]を使ってフローのコピーを作成することも可能ですが、その場合、操作を行った所有者もしくは共同所有者が、コピーしたフローの所

**●[名前をつけて保存]でフローをコピーする**

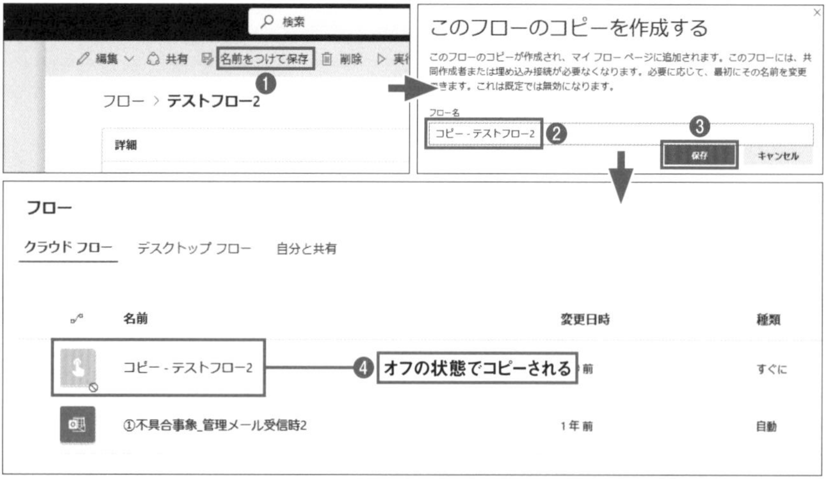


図10 [名前をつけて保存]をクリック(❶)。必要に応じてフロー名を変更し(❷)、[保存]をクリックする(❸)。コピーしたフローは無効化されているので(❹)、利用するときはメニューから[オンにする]を選ぼう

### ● [コピーの送信] でテンプレートとして渡す

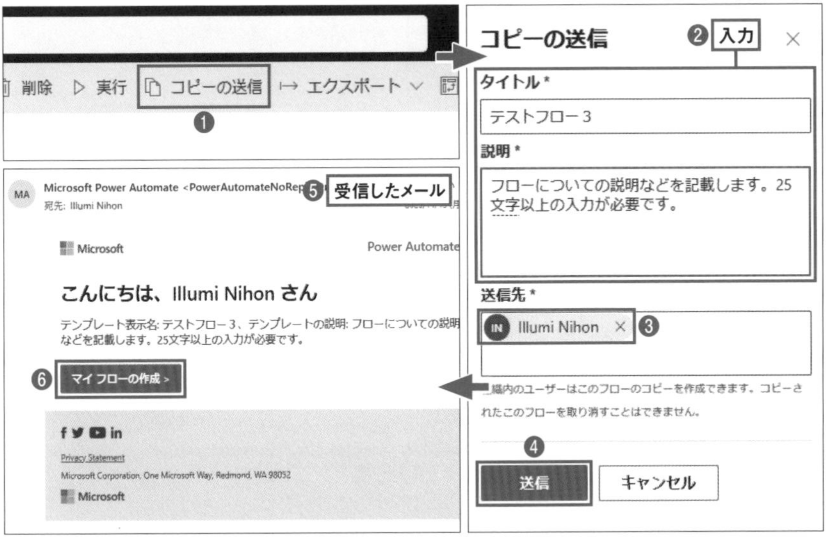


図11　フローの所有者が [コピーの送信] を実行 (❶)。開く画面でタイトルやメッセージを入力して [送信先] を指定して送信する (❷～❹)。相手にはリンク付きのメールが送られ (❺)、[マイフローの作成] をクリックすると、送信されたフローのコピーをテンプレートにして新たなフローを作成できる (❻)

有者となります。そのため、設定の参考としてもらうためにほかのユーザーにフローを渡したいときなど、コピー元フローの所有者や共同所有者がコピー後のフローに関わる必要がないケースでは、[名前をつけて保存] は不向きといえます。

こんなときは、[コピーの送信] がお勧めです。指定したユーザーに、フローのコピーをテンプレートとして渡すことができます (図11)。送信先として指定したユーザーにはメールが届きます。受信したユーザーは送信されたコピーをテンプレートとして利用し、新しいフローを作成できます。

## 「実行のみのユーザー」への共有

インスタントトリガーを利用している場合、フローをほかのユーザーと共有することが可能です。共有しない限り、フローを実行できるのは所有者や共同所有者のみとなります。手動で開始するインスタントクラウドフローは、実行だけ可能なユーザーを「実行のみのユーザー」として指定できます。実行のみのユーザーとして追加されたユーザーは、Power Automateのモバイルアプリなどを通じて

### 実行のみできるユーザーを追加する

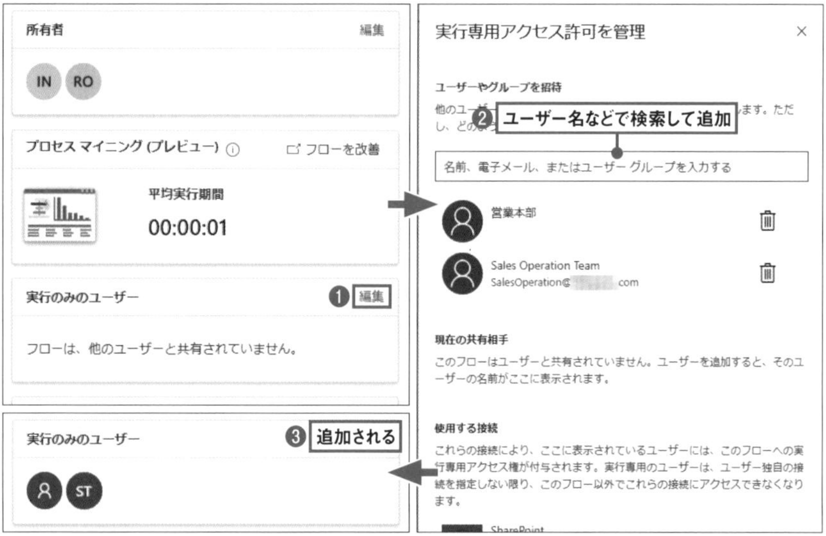


図12　インスタントトリガーを使用しているフローの詳細画面では、右側に［実行のみのユーザー］欄が表示される。そこで［編集］をクリックすると（❶）、開く画面で実行専用のユーザーを指定できる（❷❸）。これらのユーザーは、フローの編集や管理はできないが、実行はできる

フローの実行は可能ですが、フローの編集や管理は行えません。

インスタントトリガーを利用しているフローの詳細画面には、［実行のみのユーザー］欄が表示されます。そこで［編集］をクリックし、フローの実行を許可するユーザーやグループを指定します（図12）。

実行のみのユーザーの設定は、インスタントトリガーだけが対象です。自動トリガーやスケジュールトリガーのフローでは設定を行う必要がなく、フローの詳細画面を開いても設定項目は表示されません。自動トリガーやスケジュールトリガーは、フローを開始するための条件が発動したり、スケジュールされた日時になったりすればフローが実行されるからです。

## フロー実行に利用される接続

自動トリガーやスケジュールトリガーのフローは、フローを作成したユーザーの接続が作成時に埋め込まれ、実行時に利用されます。それに対してインスタントトリガーのフローは、既定ではフローを開始したユーザーの接続を利用して

実行されます。例えばOffice 365 Outlookでメールを送信するという同じアクションを利用している場合でも、誰がメールの送信元になるかはフローのトリガーによって異なります。

**自動／スケジュールトリガー ➡ メールの送信元はフローの作成者**
**インスタントトリガー ➡ メールの送信元はフローの実行者**

特にインスタントトリガーの場合は、フローに含まれる操作内容が、利用するユーザーの権限で実行できる操作であるかどうかに注意しましょう。例えばライブラリにファイルを作成するアクションを利用した場合、フロー内のこのアクションを問題なく実行するためには、該当ライブラリにファイルを保存できる権限が必要です。

フローを実行するユーザーが権限を持たない操作をフロー内に含めたいケースや、フローの実行者を送信元としてメールを送信したくないケースなど、フロー実行者の接続で動作をさせたくない場合は、自動トリガーやスケジュールトリガーと同様にフロー所有者の接続で動作するように設定を変更することも可能です。実行のみのユーザーの設定を行う図12右の画面で、利用しているコネクタ単位で設定できます（図13）。

## 使用する接続を変更する

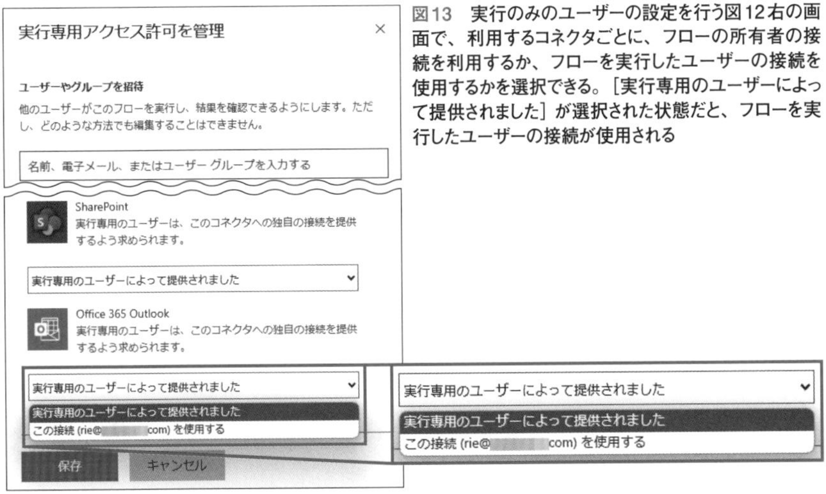


図13　実行のみのユーザーの設定を行う図12右の画面で、利用するコネクタごとに、フローの所有者の接続を利用するか、フローを実行したユーザーの接続を使用するかを選択できる。［実行専用のユーザーによって提供されました］が選択された状態だと、フローを実行したユーザーの接続が使用される

既定では［実行専用のユーザーによって提供されました］という設定になっており、この場合はフローを実行したユーザーの接続で動作します。これを［この接続（接続を埋め込んだユーザーのメールアドレス）を使用する］に変更すると、フロー所有者の接続で動作するようになります。

また、所有者の接続で実行するフローの場合、所有者の退職などにより所有者の接続が利用できなくなるとフローの実行は続けられなくなってしまう点も注意が必要です。大事な役割を担っているフローを止めてしまわないように、少なくとも共同所有者は追加しておくべきでしょう。共同所有者はフローの編集画面を開き、埋め込む接続を自分のものに変更することが可能です（図14、図15）。

## 接続を自分のものに変更する

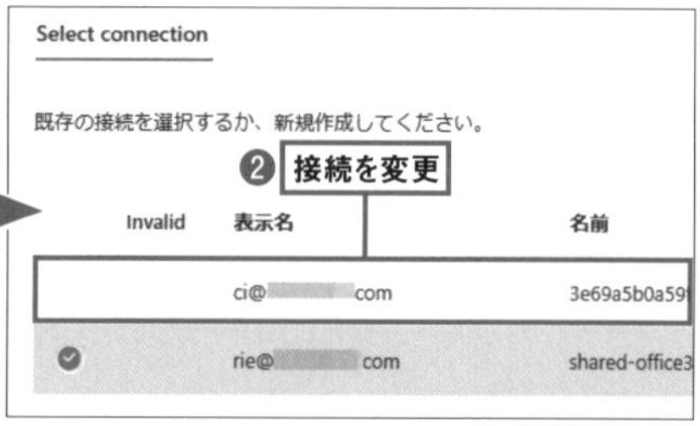


図14　クラウドフローデザイナーでは、アクションの設定画面にある［Change connection］（接続の変更）をクリックすると（❶）、開く画面で利用する接続を選択できる（❷）

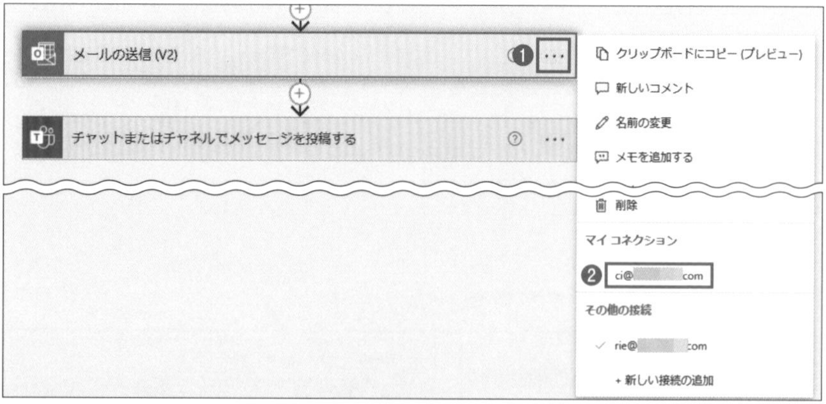


図15　クラシックデザイナーでは、アクション名の右端にある［…］を押してメニューを開くと（❶）、接続を変更できる。［マイコネクション］欄で自分の接続を選べばよい（❷）

Section 05

# メールの添付ファイルを共有場所へ自動保存

メールの受信をきっかけに行う作業を自動化してみましょう。特定の差出人から届いたメールや特定のキーワードが含むメールなど、いつも決まった形式で届くメールの場合、その後に行わなければいけない作業が決まっていることが少なくありません。人から送られてくるメールはもちろんですが、システムから自動送信されるメールの場合には特にそうだといえます。

## 自動化のシナリオ例

ここでは決まった差出人から届くメールの添付ファイルを共有場所に自動保存し、Teamsへ通知を行うフローを作成してみます（次ページ図1）。メールが届いたことをきっかけに動作させたいので、自動トリガーによるフローを作成します。

**①次の条件に合うメールが受信されたときにフローを開始**
・指定したキーワードが件名に含まれる
・特定の差出人からのメールである
・ファイルが添付されている
**②SharePointサイト内の指定したライブラリにフォルダーを作成**
・フォルダー名はメールの受信日時をベースとする
**③作成したフォルダー内に添付ファイルを保存**
・複数のファイルが添付されていた場合は、すべてのファイルを保存する
**④Teamsに通知メッセージを投稿**
・関係者が参加しているTeamsのチャネルにメッセージを投稿する

## 自動トリガーによるフローを作成

早速、作成を始めましょう。Power AutomateのWeb画面の左にあるメニュー

から［作成］を開き、［自動化したクラウドフロー］を選択します（図2）。開く画面で任意の名前を付けて、「Office 365 Outlook」コネクタの［新しいメールが届いたとき］を選択して、［作成］をクリックします（図3）。このトリガーは検索ボックスに「メール」と入力すると表示されます。

なお、クラウドフローデザイナーの画面が開いたら、221ページ図5の手順で［新しいデザイナー］のスイッチをオフにして、クラシックデザイナーに切り替えてください。本書執筆時点（2023年12月現在）では、これから追加・設定するアクショ

## ここで作成するフローの概要

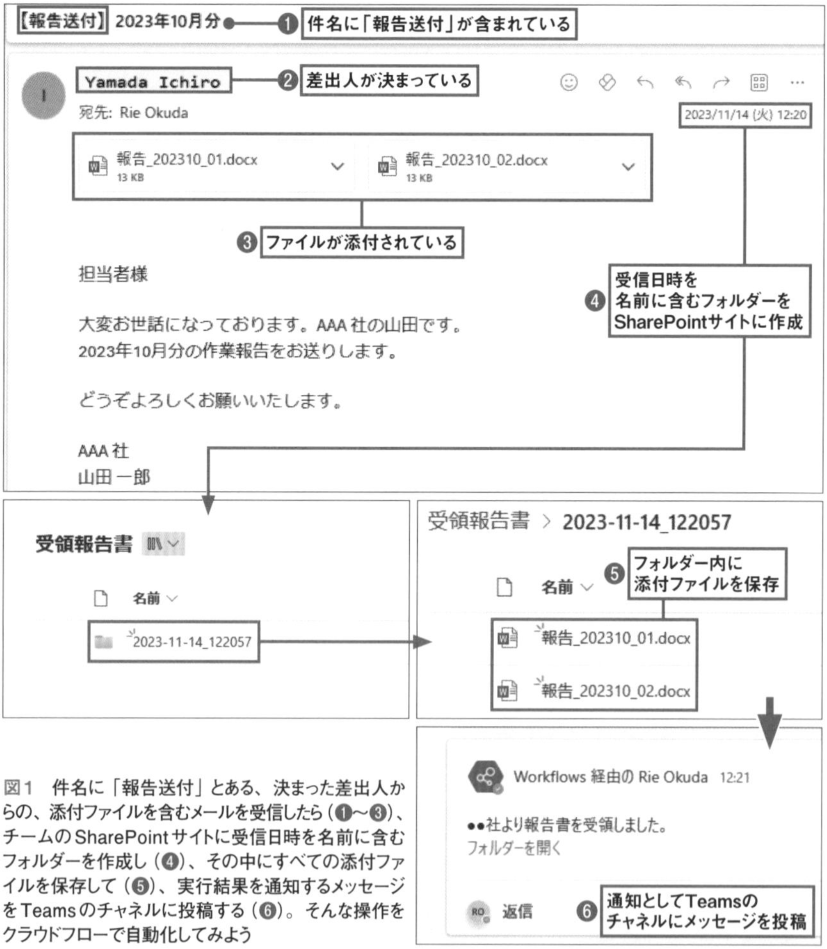
【報告送付】 2023年10月分
❶ 件名に「報告送付」が含まれている
Yamada Ichiro
❷ 差出人が決まっている
宛先: Rie Okuda
2023/11/14 (火) 12:20
報告_202310_01.docx
13 KB
報告_202310_02.docx
13 KB
❸ ファイルが添付されている
担当者様
大変お世話になっております。AAA社の山田です。
2023年10月分の作業報告をお送りします。
どうぞよろしくお願いいたします。
AAA社
山田一郎
❹ 受信日時を名前に含むフォルダーをSharePointサイトに作成
受領報告書
名前
2023-11-14_122057
受領報告書 > 2023-11-14_122057
名前
❺ フォルダー内に添付ファイルを保存
報告_202310_01.docx
報告_202310_02.docx
Workflows 経由の Rie Okuda 12:21
●●社より報告書を受領しました。
フォルダーを開く
RO 返信
❻ 通知としてTeamsのチャネルにメッセージを投稿

図1　件名に「報告送付」とある、決まった差出人からの、添付ファイルを含むメールを受信したら（❶〜❸）、チームのSharePointサイトに受信日時を名前に含むフォルダーを作成し（❹）、その中にすべての添付ファイルを保存して（❺）、実行結果を通知するメッセージをTeamsのチャネルに投稿する（❻）。そんな操作をクラウドフローで自動化してみよう

ンの一部が、クラシックデザイナーを利用するほうが設定しやすいためです。

まずは先頭に配置されている［新しいメールが届いたとき］トリガーの設定を行います。［詳細オプションを表示する］をクリックし、今回のフローで処理対象にするメールの条件を指定します（次ページ図4）。

詳細オプションでは、どのようなメールを受信したときにフローを実行するか、細かい条件を設定することができます。［差出人］欄にはメールの差出人を設定しますが、ここでは動作確認がしやすいように自分のメールアドレスを指定しましょう。［添付ファイルを含める］欄で［はい］を選択すると、後の操作で添付ファイルを処理対象にできます。［件名フィルター］欄には、「報告送付」と件名に含まれる文字列を入力。［添付ファイル付きのみ］欄を［はい］とすることで、ファイルが添付されているときだけフローを実行できます。

どのようなメールが届いたときに動作するか、条件の指定が完了したら、［新しいステップ］をクリックし、次のアクションを追加します。「フォルダーの作成」

## ● メールを受信したときにフローを自動実行

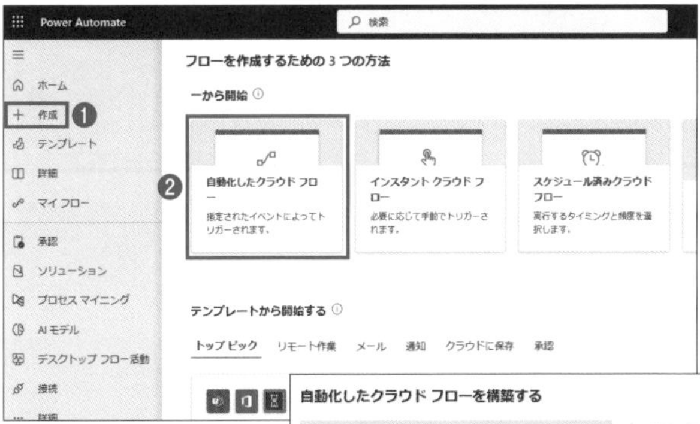


図2　メールの受信をきっかけに自動で実行するフローを作るので、［作成］の画面にある［自動化したクラウドフロー］をクリックする（❶❷）

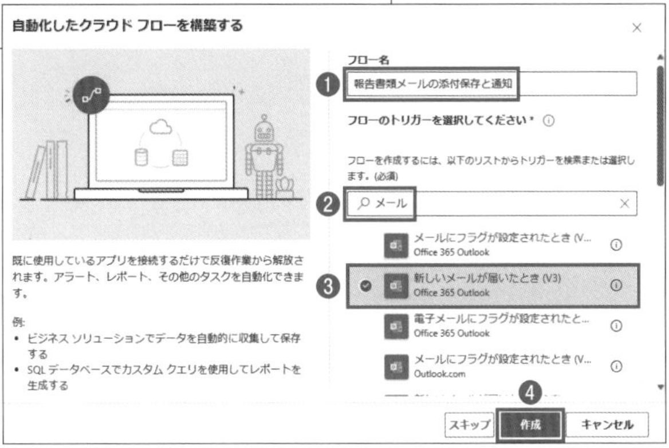


図3　［フロー名］欄に適当な名前を入力（❶）。その下のボックスに「メール」と入力して検索し（❷）、「Office 365 Outlook」コネクタの［新しいメールが届いたとき］を選んで（❸）、［作成］を押す（❹）。なお、個人用の「Outlook.com」で利用できる同名のコネクタもある

というキーワードで検索し、「SharePoint」コネクタの［新しいフォルダーの作成］アクションを追加します（図5）。

［新しいフォルダーの作成］アクションは、図6のように設定します。［サイト

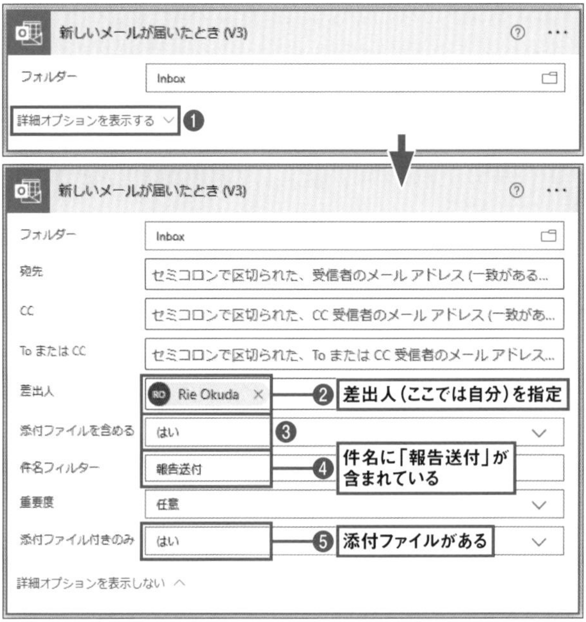


図4　先頭に配置されたトリガーの［詳細オプションを表示する］をクリックして開く（❶）。条件とする［差出人］欄には、動作確認用にいったん自分を指定（❷）。［添付ファイルを含める］欄は［はい］を選ぶ（❸）。［件名フィルター］欄に、対象メールの条件とする「報告送付」を入力し（❹）、［添付ファイル付きのみ］欄で［はい］を選ぶ（❺）

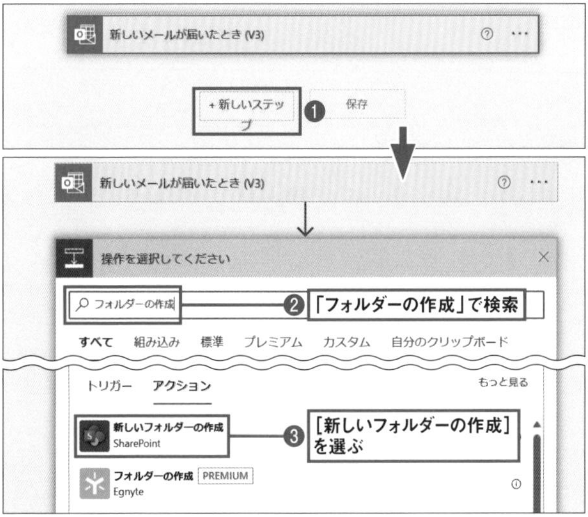


図5　［新しいステップ］をクリックして次のアクションを追加する（❶）。ボックスに「フォルダーの作成」と入力して検索し（❷）、「SharePoint」コネクタの［新しいフォルダーの作成］を選ぶ（❸）

のアドレス］欄には、保存先にするSharePointサイトのアドレスを指定します。クリックすると表示されるメニューにアクセス可能なサイトが表示されるので、該当するものを選んでください。目当てのサイトが一覧に表示されない場合は、［カスタム値の入力］をクリックした後、URLを直接入力してもかまいません。同様に［一覧またはライブラリ］欄で、保存先にするライブラリを選択します。

［フォルダーのパス］欄には、フォルダー名（階層がある場合はそのパス）を指定します。ここでは、メールを受信した日時を基にしたフォルダー名にしたいので、［動的なコンテンツの追加］の画面で式を作成して挿入します。式の記述方法は、前述の236ページ以降を参考にしてください。そこでは［Timestamp］の値をaddHours関数を使って日本時間かつ「yyyy/MM/dd H:mm」という書式に変更しましたが、ここでは［受信日時］の値を日本時間かつ「yyyy-MM-dd_Hmmss」という書式に変換します。UTC（協定世界時）ではなく日本時間で表示したいため＋9時間をして、またそのままだと「/」や「：」などフォルダー名に利用できない文字が含まれるため、「2023-11-14_122057」のような文字列になるように指定するわけです。動的なコンテンツの追加画面を［式］に切り替えてaddHours関

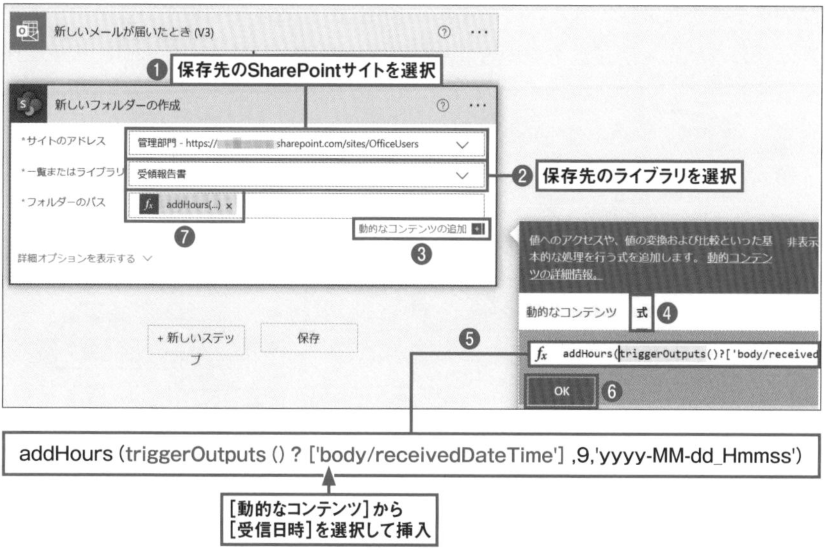


図6 ［サイトのアドレス］欄と［一覧またはライブラリ］欄をそれぞれ指定したら（❶❷）、［フォルダーのパス］欄に、受信日時を基にしたフォルダー名を生成できるように式を指定する。［動的なコンテンツの追加］を開いたら（❸）、［式］を選択して（❹）、❺の式を指定する。赤字の部分は、［動的なコンテンツ］に切り替えてから［受信日時］を選択すると挿入できる。［OK］を押すと（❻）、❼のように追加される

数を挿入し、1番目の引数部分として、[動的なコンテンツ]から[受信日時]を選んで挿入します。2番目の引数に「9」、3番目の引数に「'yyyy-MM-dd_Hmmss'」を指定した式を記述して、[OK]をクリックすると、[フォルダーのパス]欄に指定されます。

さらに[新しいステップ]をクリックし、「SharePoint」コネクタの[ファイルの作成]アクションを追加します(図7)。[サイトのアドレス]欄で、保存先のSharePointサイトのアドレスを指定。[フォルダーのパス]欄には、[動的なコンテンツの追加]から、[新しいフォルダーの作成]アクションの動的なコンテンツである[完全パス]を挿入します。[完全パス]には、前のアクションで作成したフォルダーパスが含まれています。動的なコンテンツは、数が増えると探しにくくなりますが、上端のボックスにキーワードを入れて検索すると挿入しやすくなります。

さらに[ファイル名]欄に[新しいメールが届いたとき]の動的なコンテンツである[添付ファイル 名前]を、[ファイルコンテンツ]欄には[添付ファイル コンテンツ]を指定します(図8)。これらを設定することで[ファイルの作成]アクションが、自動的に[Apply to each]内に再配置されます。1つのメールに対してファイルが複数添付されている可能性があるため、メールに添付されたファイルは配列データとして扱われるためです。[Apply to each]を利用することで、メールに添付ファイルが複数ある場合でも同じフォルダー内にすべてのファイルを保

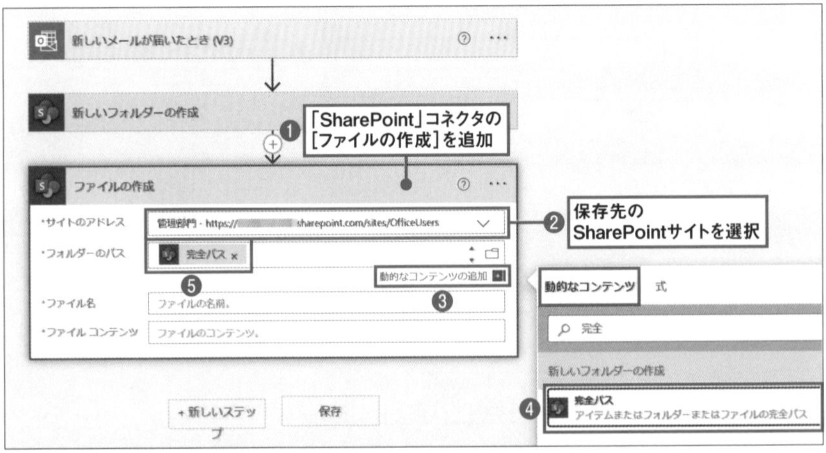


図7 [新しいステップ]をクリックして、「SharePoint」コネクタの[ファイルの作成]アクションを追加する(❶)。[サイトのアドレス]欄で、保存先のSharePointサイトのアドレスを指定(❷)。[フォルダーのパス]欄には、[動的なコンテンツの追加]から[新しいフォルダーの作成]アクションの[完全パス]を挿入する(❸~❺)

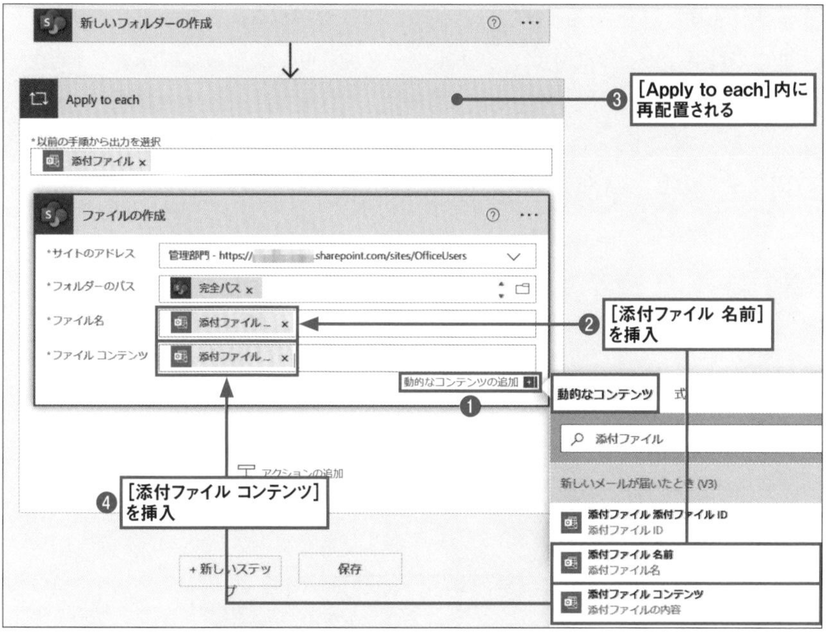


図8　続いて［ファイル名］欄を選択して、［動的なコンテンツの追加］から［新しいメールが届いたとき］アクションの［添付ファイル 名前］を追加する（❶❷）。すると、［Apply to each］という繰り返し処理用のアクションが自動で追加され、その中に再配置される（❸）。［ファイルコンテンツ］欄にも、同様に［動的なコンテンツの追加］から［添付ファイル コンテンツ］を挿入する（❹）

存できます。

ここまでで、添付ファイルを保存するまでの処理が設定できました。

## Teamsにメッセージを投稿する

最後にTeamsのチャネルにメッセージを投稿し、関係者にファイルが保存されたことを通知します。［新しいステップ］をクリックし、「Microsoft Teams」コネクタの［チャットまたはチャネルでメッセージを投稿する］アクションを追加してください（次ページ図9）。

設定画面では、次のように指定します（図10）。まず［投稿者］欄では［フローボット］を選択し、フロー自身が投稿する形にします。［投稿先］欄で［Channel］を選択し、チャネルに投稿するように指定。現れた［Team］欄と［Channel］欄で、通知したいチームとチャネルを選びます。なお、「一般」チャネルは「General」と表示されます。[Message] 欄には、任意のメッセージを入力します。

ここではメッセージの中に、フォルダーを開くリンクを入れてみましょう。まずはリンクを挿入します。[Message] 欄のツールバーで [Link] ボタンをクリックし、[LinkTitle] 欄に「フォルダーを開く」と入力。[Link Target] 欄にいったん適当なURLを入力し、[Add] をクリックします (図11)。これでメッセージ内にリン

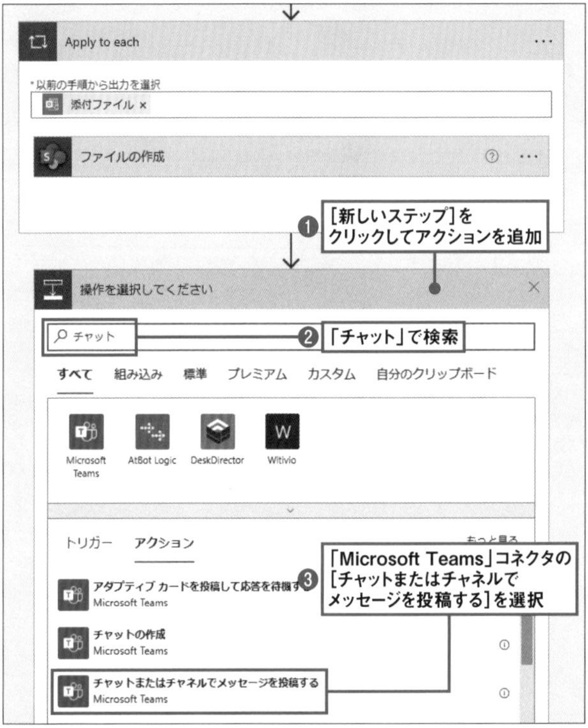


図9 [新しいステップ] をクリックして [Apply to each] の下にアクションを追加する (❶)。「チャット」で検索し (❷)、「Microsoft Teams」コネクタの [チャットまたはチャネルでメッセージを投稿する] を追加する (❸)

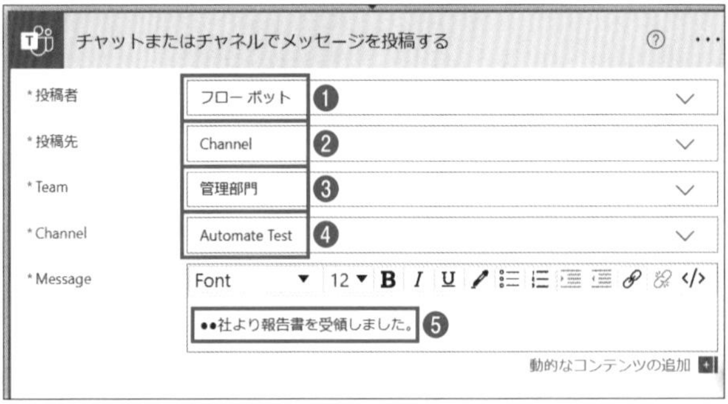


図10 [投稿者] 欄で [フローボット] を選択 (❶)。[投稿先] 欄で [Channel] を選択すると (❷)、[Team] 欄と [Channel] 欄が現れるので、投稿先のチームとチャネルを指定する (❸❹)。[Message] 欄に適当なメッセージを入力する (❺)

クが挿入されますが、もちろんこのリンクのままでは動作しません。リンク先のURLを差し替える必要があります。

ツールバーの［コードビュー］ボタンを押すと、メッセージをHTMLで編集できるコードビューに切り替わります（図12）。「href = "○○○○○"」という箇所で指定したURLを削除し、「"」（ダブルクォーテーション）の間にマウスカーソルを置いた状態で［動的なコンテンツの追加］をクリック。［新しいフォルダーの作成］アクションの動的コンテンツである［アイテムへのリンク］を選択して挿入します。

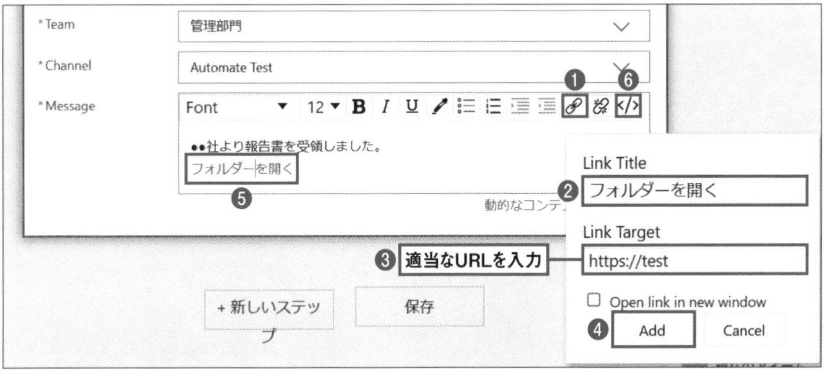


図11　［Message］欄のツールバーにある［Link］ボタンをクリックし（❶）、［LinkTitle］欄に「フォルダーを開く」、［Link Target］欄に適当なURLを入力する（❷❸）。［Add］をクリックしてリンクが追加されたら（❹❺）、［コードビュー］ボタンをクリックする（❻）

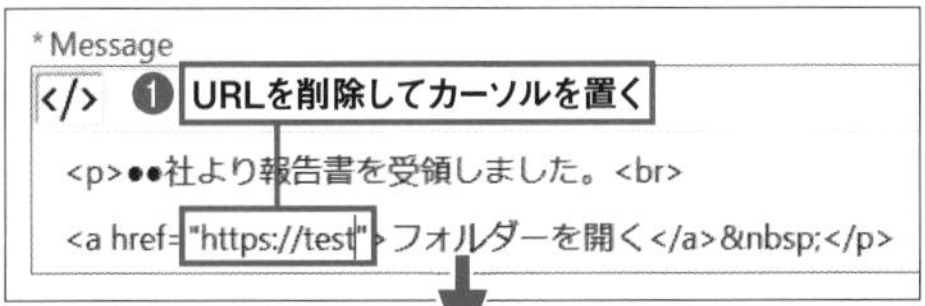


図12　HTMLが表示されたら、リンクのURL部分を削除してカーソルを置き（❶）、［動的なコンテンツの追加］から［アイテムへのリンク］を挿入する（❷〜❹）。これで、フォルダーへのリンクを設定できる

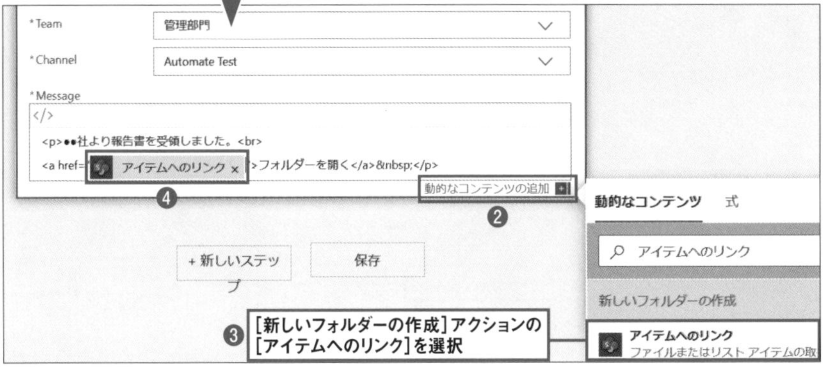

これで、添付ファイルを保存するSharePointサイトのフォルダーをリンクで開けるようになります。

自動トリガーのフローを動作確認するには、トリガー条件となる内容を発生させる操作が必要です。そのため今回作成したフローの場合、テストを開始した後、「報告送付」というキーワードを件名に含み、ファイルを添付したメールを自分宛てに送信することで、トリガーとなる操作を発生できます。トリガーで、どのようなメールの場合に動作するかを設定した際、[差出人] として自分を指定しておくと、自分で自分宛てにメールを送って動作確認が可能です。動作を確認した後、実際に利用を始めるときには、本来の差出人に変更してください。

Column

## フローボットによる投稿とユーザーによる投稿

Teamsの [チャットまたはチャネルでメッセージを投稿する] アクションは、投稿者として [フローボット] か [ユーザー] を選択できます。ユーザーとして投稿する場合、フロー実行に利用される接続ユーザーで投稿されます。この場合、手動による投稿か自動投稿かは区別できないので、自動投稿であることを伝えるほうが親切です。インスタントトリガーでは既定でフローを実行したユーザーの接続、自動トリガーやスケジュールトリガーではフロー作成時にフロー内に埋め込まれた接続（フロー作成者の接続）が利用されます。なおフローボットの場合も、接続ユーザー名が併せて表示されるため、誰がフローを実行させているかはわかります。

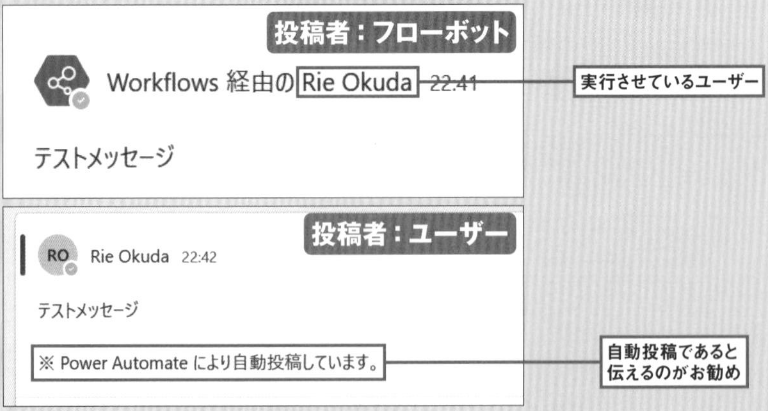

Section 06

# ファイルをPDFに変換するメニューを作る

インスタントトリガーを利用したフローの作成例として、SharePointサイトのライブラリ内にあるファイルを、PDFファイルに変換する操作を自動化してみましょう（図1）。ライブラリから手動でフローを開始したい場合は、「SharePoint」コネクタの［選択したファイルの場合］トリガーを利用します。フローを開始するメニューは、保存されているファイルを右クリックすると表示されるメニューから［自動化］のサブメニューを選ぶと表示されます。このメニューに、選択したファイルをPDFファイルに変換する操作を設定します。

## ここで作成するフローの概要

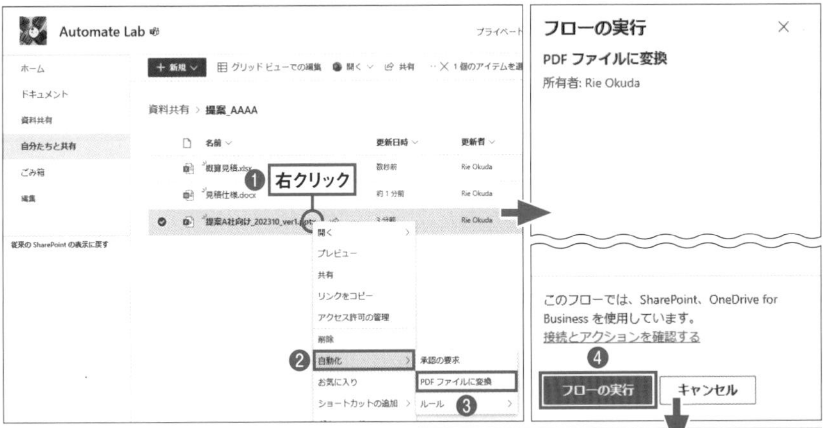

図1　SharePointサイトのライブラリに保存されている文書ファイルを、右クリックメニューから簡単にPDFに変換できるようにする。右クリックメニューの［自動化］のサブメニューに［PDFファイルに変換］という項目を追加し（❶～❸）、これを選択してフローを実行するだけで（❹）、同じ場所に同名のPDFファイルが出来上がるようにする（❺）

# SharePointサイト上のファイルを操作する

まずはPower Automate画面で［作成］を開き、［インスタントクラウドフロー］をクリックします（図2）。開くダイアログで適当なフロー名を付け、「SharePoint」コネクタの［選択したファイルの場合］を選択し、［作成］をクリックします。

フローの編集画面が開いたら、先頭に配置されている［選択したファイルの場合］トリガーで、［サイトのアドレス］と［ライブラリ名］を指定します（図3）。ここで指定したライブラリでフローが利用できるようになります。

続いて、［新しいステップ］をクリックし、「SharePoint」コネクタの［ファイルのプロパティの取得］アクションを追加します（図4）。［サイトのアドレス］欄ではトリガーと同じアドレス、［ライブラリ名］欄ではトリガーと同じライブラリを選択します。［ID］欄に、トリガーの動的なコンテンツから［ID］を選択して挿入します。フローが開始されたファイルのプロパティを取得するためです。

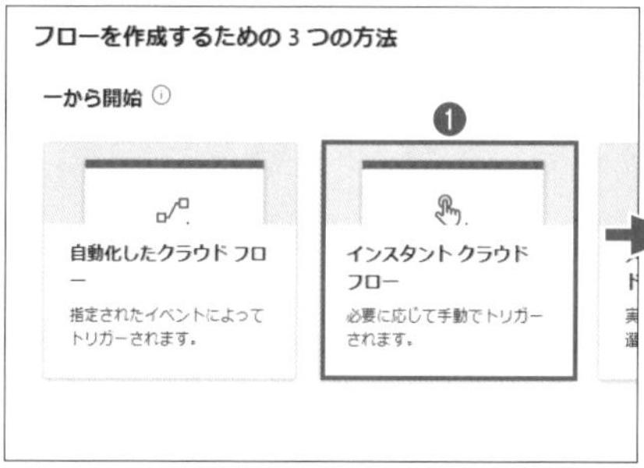


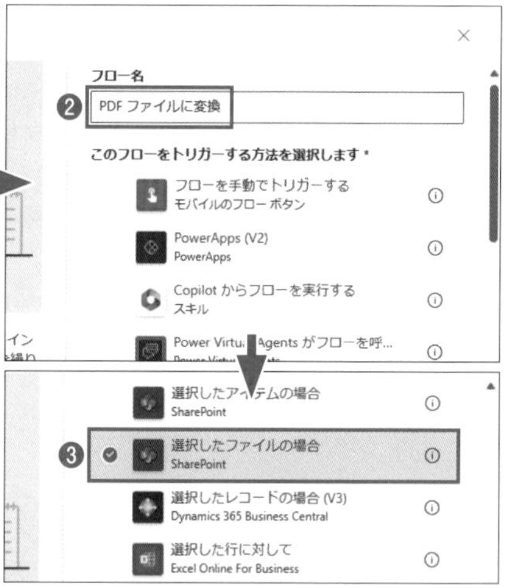


図2　Power Automate画面の左のメニューで［作成］を選び、［インスタントクラウドフロー］をクリック（❶）。フロー名を入力し（❷）、「SharePoint」コネクタの［選択したファイルの場合］を選んで（❸）、画面下の［作成］をクリックする

図3　トリガーが配置される。設定にある［サイトのアドレス］欄と［ライブラリ名］欄で、対象にしたいSharePointサイトのアドレスとライブラリを選択する（❶❷）[注]

［注］本書執筆時点（2023年12月現在）では、このトリガーを選択するとクラシックデザイナーが開き、新しいデザイナーは利用できませんでした

さらに［新しいステップ］をクリックして、「SharePoint」コネクタの［パスによるファイルコンテンツの取得］アクションを追加します（図5）。［サイトのアドレス］欄ではトリガーと同じアドレスを選択。［ファイルパス］欄では、［ファイルのプロパティの取得］アクションの動的なコンテンツである［完全パス］を挿入してください。これで、フローが開始されたファイルの内容（ファイルコンテンツ）を取得できます。

## OneDriveにコピーしてPDFに変換

ファイルの内容を取得できたら、これをPDFに変換します。PDFへの変換は、クラウドストレージOneDriveが備えるPDF変換機能を利用します。OneDriveの機能を利用するためには、ファイルをいったんOneDrive上にコピーしなければなりません。そこで次に、［新しいステップ］をクリックして「OneDrive for Business」コネクタの「ファイルの作成」アクションを追加します。

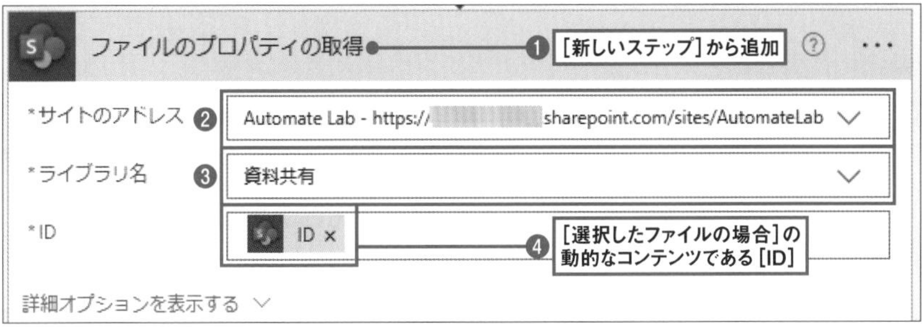


図4　「SharePoint」コネクタの［ファイルのプロパティの取得］を追加し（❶）、トリガーと同じアドレスとライブラリを指定（❷❸）。［ID］欄に、トリガーの動的なコンテンツ［ID］を挿入する（❹）

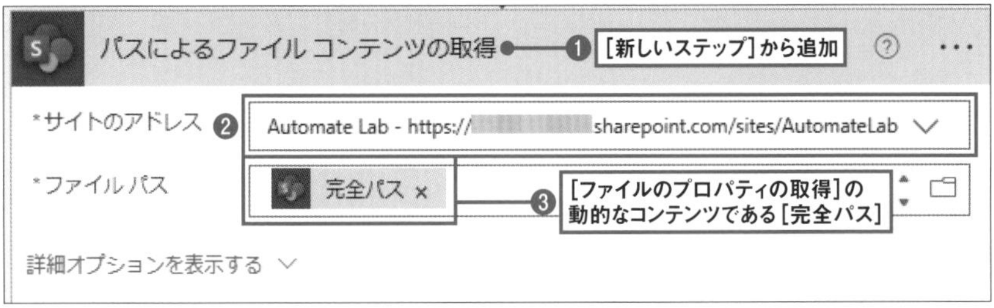


図5　「SharePoint」コネクタの［パスによるファイルコンテンツの取得］を追加し（❶）、トリガーと同じサイトアドレスを指定（❷）。［ファイルパス］欄に、［ファイルのプロパティの取得］の動的なコンテンツである［完全パス］を挿入する（❸）

設定は図6の通りです。[フォルダーのパス]欄には、「/」(半角スラッシュ)とだけ入力します。インスタントトリガーフローは、既定でフローを開始したユーザーの接続で動作するので、ファイルはフローを開始したユーザー自身のOneDrive内にコピーされます。ユーザーによってOneDrive内のフォルダー構造は異なるため、ルートにコピーするようにしています。右端にあるフォルダーアイコンをクリックして[Root]を選択しても「/」と指定されます。

[ファイル名]欄には、[選択したファイルの場合]アクションの動的なコンテンツである[fileName]を挿入します。[ファイルコンテンツ]欄には、[パスによるファイルコンテンツの取得]アクションの動的なコンテンツ[ファイルコンテンツ]を挿入します。これで、同名のファイルをOneDriveに作成できます。

さらに[新しいステップ]をクリックして「OneDrive for Business」コネクタの[パスを使用したファイルの変換]アクションを追加します。これがPDFへの変換を実現するアクションです。[ファイルパス]欄に、[ファイルの作成]アクションの動的なコンテンツ[パス]を挿入。[ターゲットの種類]欄で[PDF]を選択します(図7)。

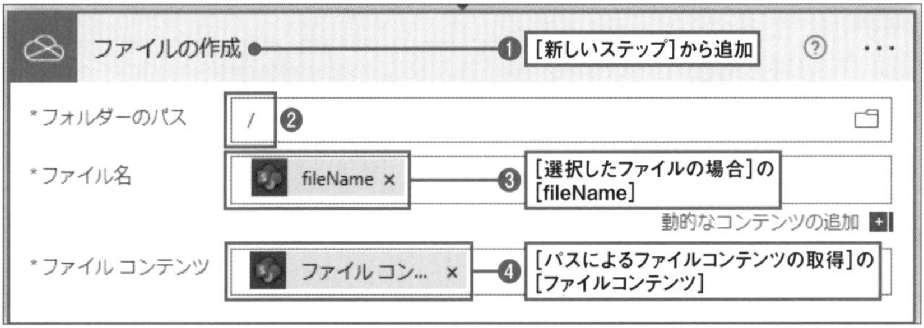


図6 「OneDrive for Business」コネクタの[ファイルの作成]を追加(❶)。[フォルダーのパス]欄に「/」と入力し(❷)、[ファイル名]欄に[fileName]、[ファイルコンテンツ]欄に[ファイルコンテンツ]という動的なコンテンツを挿入する(❸❹)。なお[ファイルコンテンツ]は、しばらくすると「本文」という表示に変わる

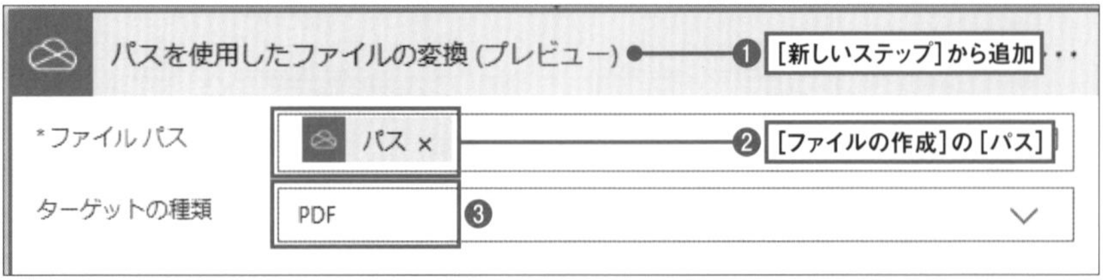


図7 「OneDrive for Business」コネクタの[パスを使用したファイルの変換]を追加(❶)。[ファイルパス]欄に動的なコンテンツの[パス]を挿入する(❷)。[ターゲットの種類]欄は[PDF]を選択する(❸)

こうして変換した結果を出力するために、続けて［新しいステップ］をクリックし、「SharePoint」コネクタの［ファイルの作成］アクションを追加します（図8）。同じ名前のアクションは2つめなので、アクション名は［ファイルの作成 2］となります。［サイトのアドレス］欄でトリガーと同じアドレスを選択。［フォルダーのパス］欄で、［ファイルのプロパティの取得］アクションの動的なコンテンツ［フォルダーのパス］を挿入します。［ファイル名］欄には、［パスを使用したファイルの変換］アクションの動的なコンテンツ［ファイル名］を挿入。［ファイルコンテンツ］欄に、［パスを使用したファイルの変換］アクションの動的なコンテンツ［ファイルコンテンツ］を挿入します。これで、元のファイルと同じ場所に、同名のPDFファイルが作成されます。

最後に、OneDriveのルートに作業用にコピーした元のファイルを削除しましょう。［新しいステップ］をクリックし、「OneDrive for Business」コネクタの［ファイルの削除］アクションを追加（図9）、［ファイル］欄に、「OneDrive for

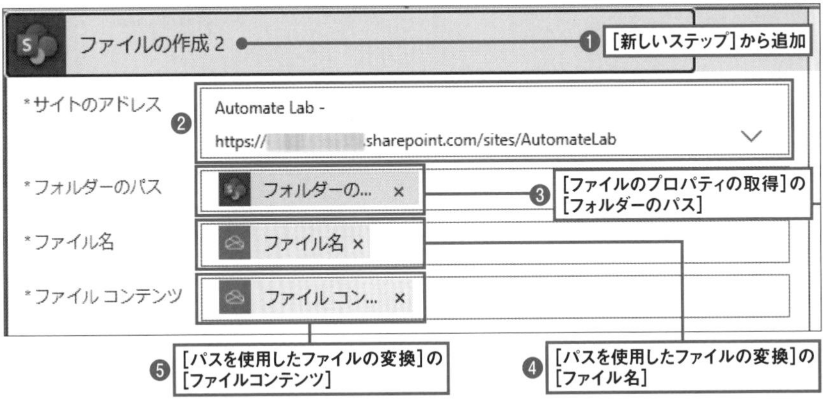


図8 「SharePoint」コネクタの［ファイルの作成］を追加（❶）。［サイトのアドレス］欄で、トリガーで指定したのと同じアドレスを選択（❷）。［フォルダーのパス］欄に動的なコンテンツの［フォルダーのパス］、［ファイル名］欄に動的なコンテンツの［ファイル名］、［ファイルコンテンツ］欄に動的なコンテンツの［ファイルコンテンツ］を挿入する（❸〜❺）。［ファイルコンテンツ］は、しばらくすると「本文」という表示に変わる

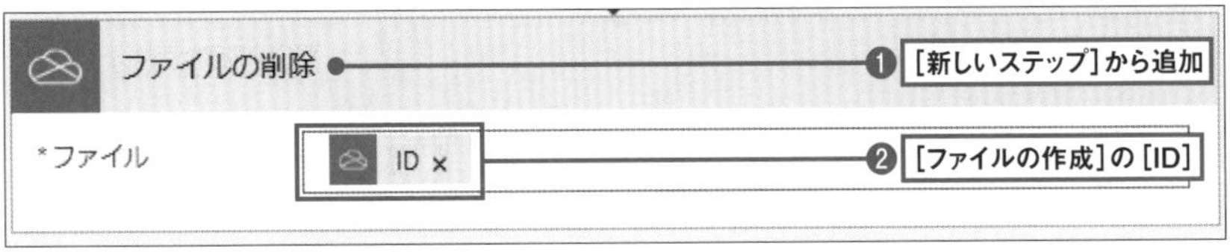


図9 「OneDrive for Business」コネクタの［ファイルの削除］を追加（❶）。［ファイル］欄に、「OneDrive for Business」の［ファイルの作成］アクションの動的なコンテンツ［ID］を挿入する（❷）

Business」の［ファイルの作成］アクションの動的なコンテンツ［ID］を挿入すれば完成です。完成形のフローは図10のような流れになります。フローを保存して、動作を確認してみてください。

図10　ここで作成したフローの全体像。トリガー名やアクション名をクリックすると、設定内容を折り畳んだり展開したりできる

Column

## ライブラリにアクセスできるユーザー全員と共有する

Section 04で解説した通り、フローを設定したSharePointライブラリで、ほかの人も同じフローを利用できるようにするには、「共有」を行う必要があります。「実行のみのユーザー」として設定されたユーザーは、ライブラリ内でファイルを右クリックした際に［自動化］からフローを開始するためのメニューを選べるようになります。ライブラリの権限を持つ人すべてにフローを利用させたい場合は、「実行専用アクセス許可を管理」の画面で［SharePoint］を選択し、［サイト］および［リスト/ライブラリ］を指定して［追加］することで、設定ができます。

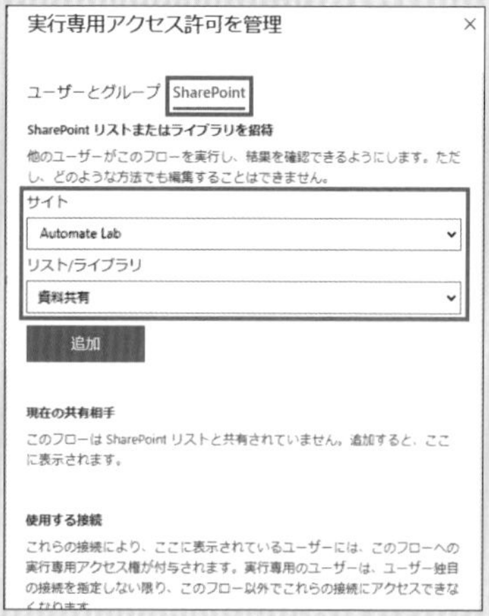

Section 07

# クラウドフローとデスクトップフローの連携

「Power Automateプレミアム」プランを利用している場合、クラウドフローからデスクトップフローを呼び出すことが可能です。クラウド上で操作したファイルについてローカルのパソコン上で続きの処理をしたり印刷したりするなど、API経由で接続できるクラウド上のアプリと、パソコン上で動作するアプリの両方を利用する業務プロセスの自動化も可能となります。

これを利用する場合、事前準備としてPower Automate for desktopでクラウドフローとデスクトップ環境を接続するための設定を行っておきます。Power Automate for desktopを起動し、［設定］を開いて［コンピューターの設定を開く］を選びます（図1）。このメニューは連携可能なライセンスを持たない場合は表示されません。またランタイムアプリのインストールを求める画面が表示された場合は、画面の指示に従ってインストールしてください。続いて、コンピューターの設定画面で利用する環境を選択します（次ページ図2）。

## ● Power Automate for desktopでコンピューターを設定

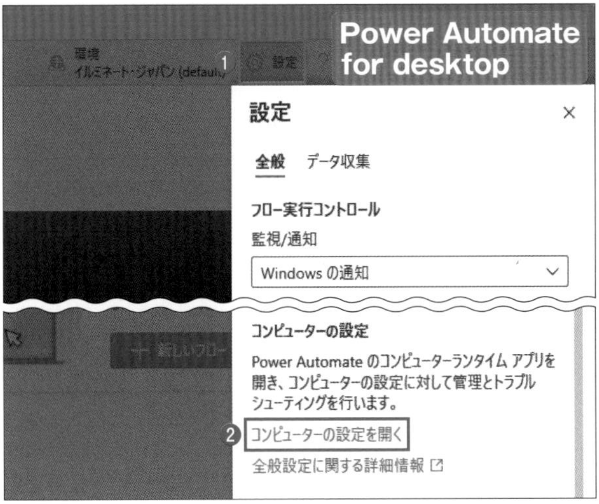


図1　クラウドフローとデスクトップフローを連携させるには、事前の準備が必要。Power Automate for desktopを起動して［設定］を開き（❶）、［コンピューターの設定を開く］をクリックする（❷）。なお、このメニューは、連携機能を利用できる場合のみ表示される

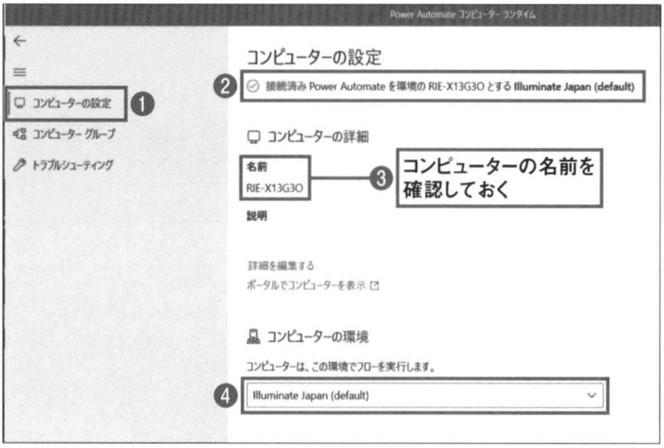


図2 ［コンピューターの設定］画面に「接続済み」と表示されていれば、連携が可能な状態（❶❷）。コンピューターの名前や環境も確認しておく（❸❹）

## クラウドフローからデスクトップフローを呼び出す

クラウドフローにはデスクトップフローを呼び出して実行できるアクションが用意されています。これを利用してクラウドフローからデスクトップフローを実行します。

具体的には、クラウドフロー内で［デスクトップ用Power Automateで構築したフローを実行する］アクションを追加します（図3）。［新しいステップ］をクリックしてアクションの選択画面を開き、「デスクトップ」と入力して検索すると見つ

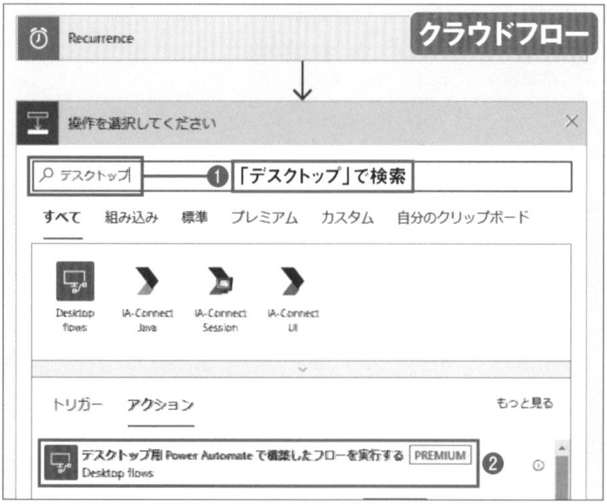


図3 クラウドフローの中に、デスクトップフローを呼び出すアクションを追加する。ボックスに「デスクトップ」と入力して検索して（❶）、［デスクトップ用Power Automateで構築したフローを実行する］というアクションを追加しよう（❷）。なお、ここではクラシックデザイナーの画面例を用いて解説する（221ページ参照）

かります。

初めて利用する際には接続の設定が必要です。アクション名の右端にある［…］をクリックして、開くメニューの「マイコネクション」にある［新しい接続の追加］をクリックします（図4）。設定画面では、［接続］欄で接続方法を指定します（次ページ図5）。［ユーザー名とパスワードで接続する］を選択した場合は、コンピューターにサインインするのに必要なユーザー名とパスワードを設定します。［サインインして接続する－アテンド型］を選択した場合は不要です。［コンピューターまたはコンピューターグループ］欄には、接続先のコンピューターを指定します。

続いて、Power Automate for desktopで作成したデスクトップフローを選択します（図6）。［実行モード］欄は［アテンド型（サインイン時に実行）］または［非アテンド型（サインアウト後のコンピューターで実行）］のいずれかを選択します。アテンド型の場合は、コンピューターをサインインした状態で待機させておく必要があります。非アテンド型は無人モードともいわれ、サインインしていない状態でも自動的にサインインしてバックグラウンドで実行されます。どちらのモードに対応しているかはライセンスによっても異なります。

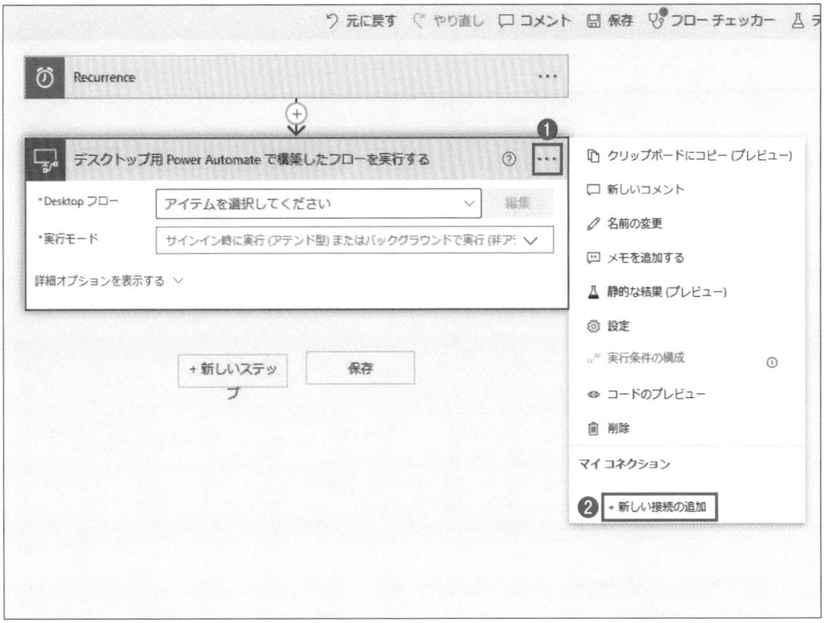


図4　アクション名の右端にある［…］をクリックし（❶）、開くメニューから［新しい接続の追加］を選ぶ（❷）

デスクトップフローはPower Automate for desktop上での開始操作により実行する形が基本ですが、クラウドフローと連携することで、スケジュールトリガーや自動トリガーでの実行も可能となります。

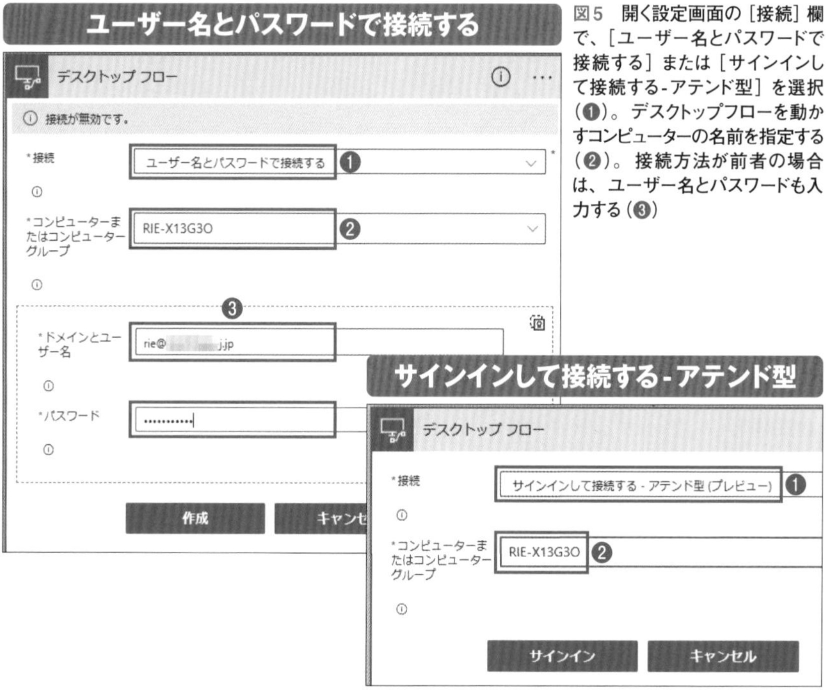


図5　開く設定画面の［接続］欄で、［ユーザー名とパスワードで接続する］または［サインインして接続する-アテンド型］を選択（❶）。デスクトップフローを動かすコンピューターの名前を指定する（❷）。接続方法が前者の場合は、ユーザー名とパスワードも入力する（❸）

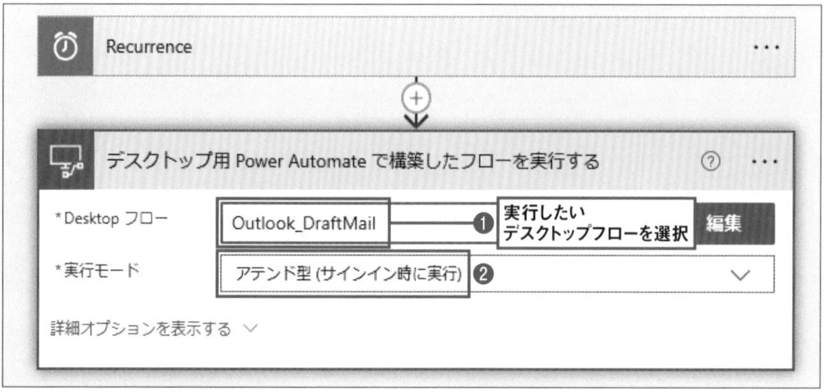


図6　［Desktopフロー］欄で、実行したいデスクトップフローを選択する（❶）。［実行モード］欄では、ライセンスや利用形態に応じて［アテンド型］か［非アテンド型］かを選ぶ（❷）

# 第5章

# クラウド上での自動化とExcel連携

クラウドフローでは、クラウドストレージ上に保存したExcelファイルの操作も可能です。受信メールからテキストを拾ってExcelに記録したり、定期的にファイルをチェックして必要なデータをコピーしたり……。Excelと連携したクラウドフローの実践例を解説します。

Section 01

# 通知メールの受信履歴をExcelへ書き込み

メールは今や、業務を行ううえで欠かせないツールです。クライアントや取引先、パートナー企業など組織外の相手とのコミュニケーションはもちろん、組織内での連絡手段としても利用します。

また、各種システムやサービスから自動で送信される通知メールを受け取ることも少なくありません。システムメンテナンスに関する通知、アカウントの停止やパスワードリセットの通知、不正なログインアクティビティやデータ容量に関する警告、契約やライセンスの期限切れ通知、ECサイトからの注文確認や支払い依頼通知などなど。こうした通知メールの内容を、履歴管理や関係者間での共有、また対応状況の管理などの目的で、一覧表にして保存しておきたいことはないでしょうか。

ここでは、そのような通知メールを受信したときに、メールの情報を自動でExcelにコピーして、受信日時を含めて一覧できるようにします。メールを受信したときに自動で実行されるように、クラウドフローを作成します。

## 自動化のシナリオ例

注文システムから送信される通知メールが届いたらExcelに転記して、履歴として確認できるようにします（図1）。前提条件は次の通りです。

**●注文システムから送信される以下の通知メールをExcelへ転記**

・通知メールには複数の種類がある
・対応を依頼するメールには、件名に「対応依頼」と記載されている
・件名には「X」で始まる8文字の注文番号が必ず記載されている

**●Excelファイルに記録するのは、以下の項目**

・メールの受信日時、件名、件名に含まれる注文番号、種別

## ● 本節で自動化する操作内容

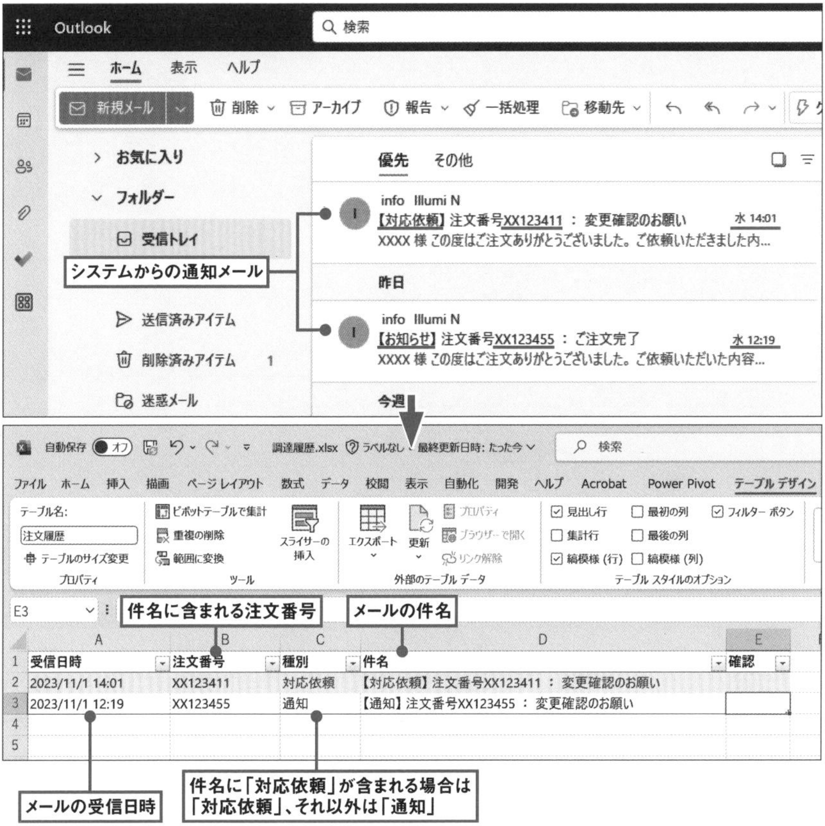


図1　ここで自動化する操作の概要。システムから上のような通知メールが届いたら、下のようなExcelファイルに1件1行の形式で情報を記録する。メールの受信日時と件名のほか、件名に含まれる注文番号、また件名に「対応依頼」とあれば「対応依頼」、それ以外は「通知」という種別を記載する

# 事前の準備

メールの受信履歴を記録するためのExcelファイルを用意します。クラウドフローでは「Excel Online」コネクタを利用して、クラウド上に保存されたExcelファイルに対する操作が可能です。その際、データの読み書きは「テーブル」を対象とします。

そこで、Excelファイルに記録用のテーブルを用意し、それをクラウド上に保存しておきます。Microsoft 365を利用している場合、ファイルの保存先は

SharePointライブラリやTeamsチャネルの［ファイル］タブ、OneDrive for Businessを利用します。関係者間で履歴を記録したExcelファイルを共有する場合は、関係者がアクセス権を持つSharePointライブラリや、Teamsチャネル内に保存するのがお勧めです。また個人ではOneDriveを利用できます。

Excelファイルを準備しましょう。シートには、**図2**のように「受信日時」「注文番号」「種別」「件名」「確認」という項目名（列名）を1行目に入力します。これを

## ● 記録用のExcelファイルを準備する

図2　通知メールの履歴データを入力するExcelファイルを準備する。新規のファイルを作成し、1行目に図のような項目名（列名）を入力する

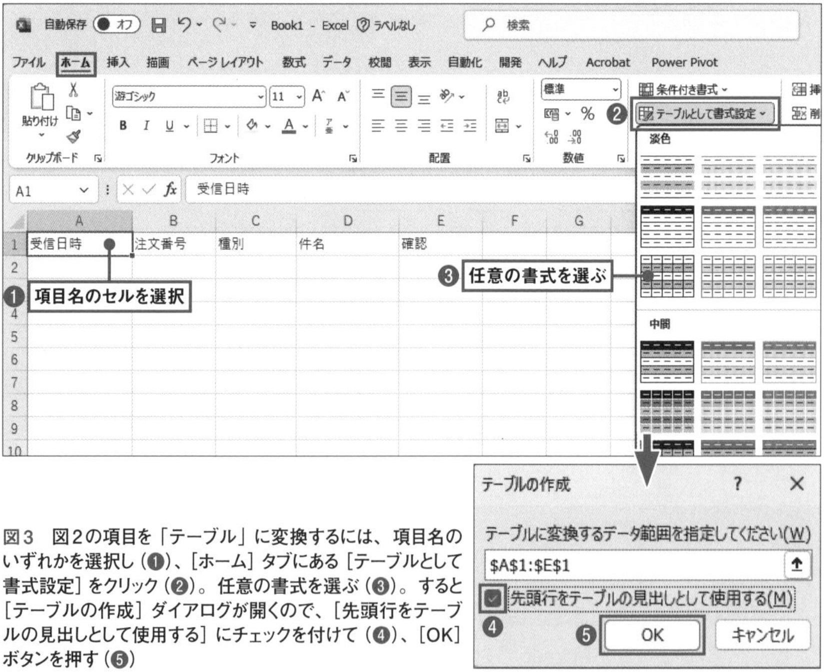


図3　図2の項目を「テーブル」に変換するには、項目名のいずれかを選択し（❶）、［ホーム］タブにある［テーブルとして書式設定］をクリック（❷）。任意の書式を選ぶ（❸）。すると［テーブルの作成］ダイアログが開くので、［先頭行をテーブルの見出しとして使用する］にチェックを付けて（❹）、［OK］ボタンを押す（❺）

テーブルにするには、項目名を入力したセルのいずれかを選択して、[ホーム] タブにある [テーブルとして書式設定] ボタンを押し、任意の書式を選びます（図3）。開く [テーブルの作成] ダイアログで [先頭行をテーブルの見出しとして使用する] にチェックを付けて、[OK] を押します。

テーブルには、名前を付けておくと後の操作がしやすくなります。テーブル内のセルを選択すると [テーブルデザイン] タブが表示されるので、左端にある [テーブル名] 欄に任意の名前を入力し、[Enter] キーを押します（図4）。

このExcelファイルを、前述のようなクラウド上に保存します。ここでは、Teamsの「調達管理」チャネルに「調達履歴」という名前で保存しました（図5）。

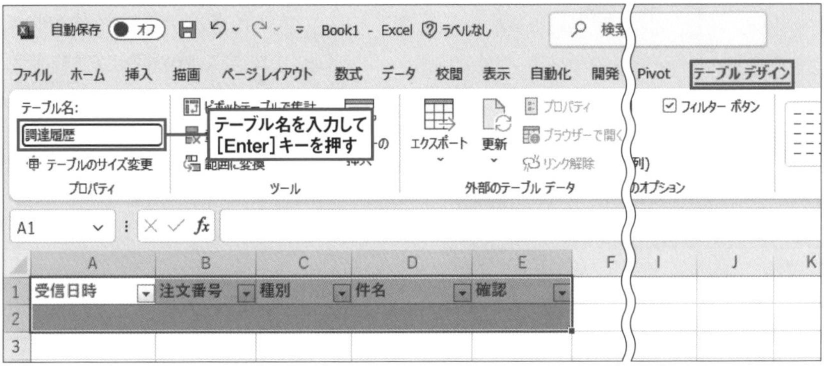


図4　テーブルに名前を付けておく。テーブルが設定された後、[テーブルデザイン] タブの左端にある [テーブル名] 欄に、任意の名前を入力して [Enter] キーを押す

図5　ここではTeamsの「調達管理」というチャネルにExcelファイルを保存する。チャネルを開いて [ファイル] タブを開き、そこにアップロードすればよい。ファイル名は「調達履歴」とした

# 自動化したクラウドフローの作成

Excelファイルの準備ができたら、フローを作成していきましょう。メールの受信をトリガーとしたフローを作成し、特定の宛先から通知メールを受信した場合に、Excelファイルに転記するように処理を設定します。

まず、Power AutomateのWeb画面の左側で［作成］を選び、［自動化したクラウドフロー］をクリックします（図6）。開くダイアログで任意のフロー名を付けて、「Office 365 Outlook」コネクタの［新しいメールが届いたとき］を選択して［作成］をクリックします（図7）。

フローの編集画面が開いたら、一番上に配置されているトリガーで、［詳細オプションを表示する］をクリックし、フローでの処理対象とするメールの条件を

## ● 自動化フローを作成する

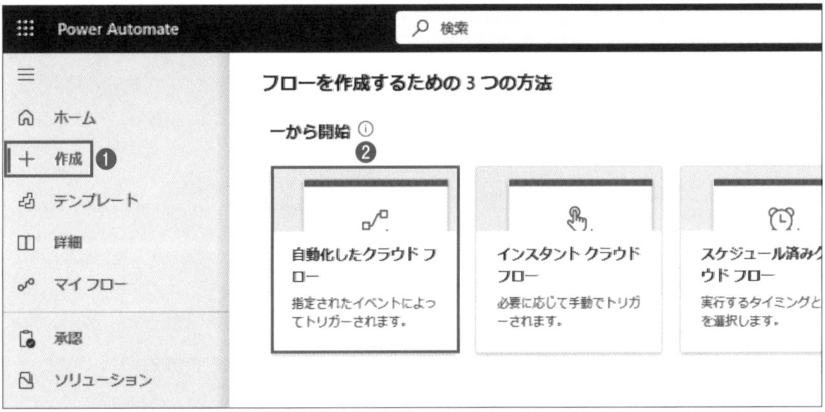


図6　メールの受信をきっかけにフローを実行するので、［作成］の画面にある［自動化したクラウドフロー］をクリックして作成を開始する（❶❷）

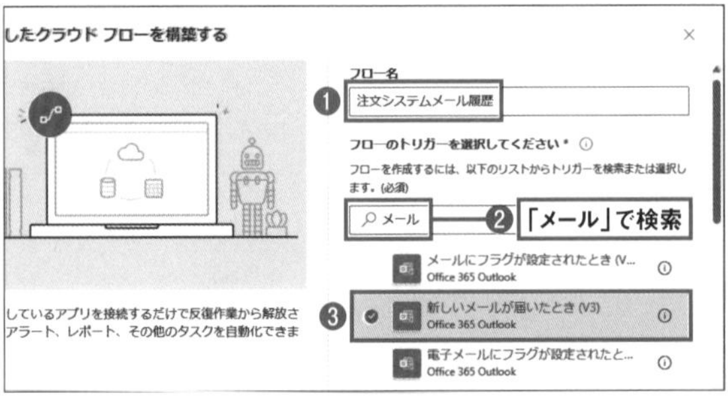


図7　任意のフロー名を入力（❶）。ボックスに「メール」と入れて検索し（❷）、「Office 365 Outlook」コネクタの［新しいメールが届いたとき］トリガーを選んで（❸）、画面下の［作成］を押す。なお、個人ユーザー向けに「Outlook.com」にも同名のコネクタがある

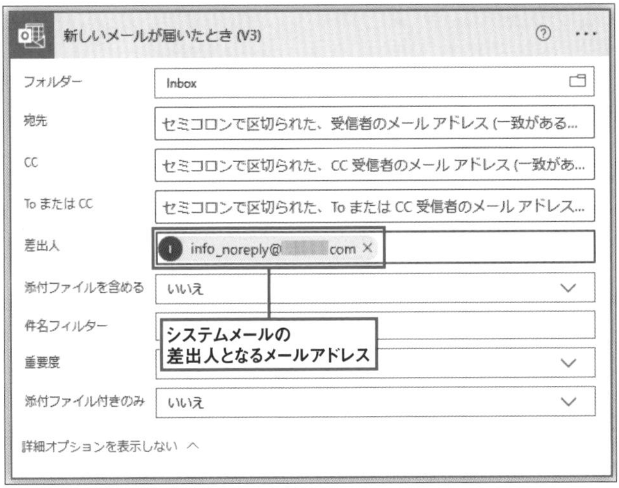


図8 ［新しいメールが届いたとき］トリガーで［詳細オプションを表示する］をクリックして設定項目を開き、処理対象とするメールの条件を指定する。［差出人］欄に、通知メールを送信する差出人のメールアドレスを指定する。件名に必ず含まれる文字列があれば、［件名フィルター］欄に指定してもよい。なお、ここではクラシックデザイナーの画面例を用いて解説する（221ページ参照）

設定します（**図8**）。

［差出人］欄には、システムから送られる通知メールの差出人となるアドレスを指定します。そのほかの条件は必要に応じて指定してください。件名に必ず含まれる文字列がある場合、［件名フィルター］欄に併せて設定してもかまいません。添付ファイルの有無などを条件に加えることもできます。

## メールの件名から文字列を取り出す

次に、メールの件名に必ず含まれる値（文字列）を取り出し、変数に格納します。ここでは、件名には注文番号が必ず含まれ、「X」から始まる8文字であることを前提としています。

クラウドフローで変数を利用するには、［変数を初期化する］アクションを使います。［新しいステップ］をクリックし、アクションの選択画面で「変数」と入れて検索すると見つかります（次ページ**図9**）。これを追加して、**図10**のように設定します。

［名前］欄には、用意する変数の名前を入力します。ここでは「注文番号」という変数名にします。［種類］欄には、変数の種類（型）を指定します。今回は注文番号の文字列を格納するので、［文字列］を選択します。［値］欄には、変数に格納する値を指定しますが、ここでは式を記述して、件名に含まれる注文番号の

## 変数を用意し、件名から注文番号を取り出して格納

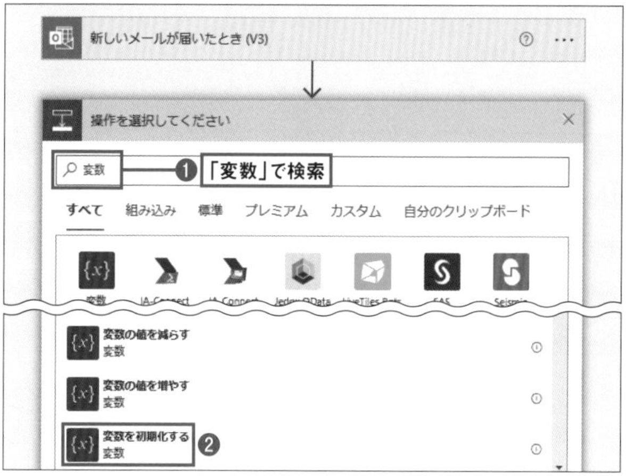


図9 ［新しいステップ］をクリックして、［変数を初期化する］アクションを追加する。「変数」で検索すると早い（❶❷）

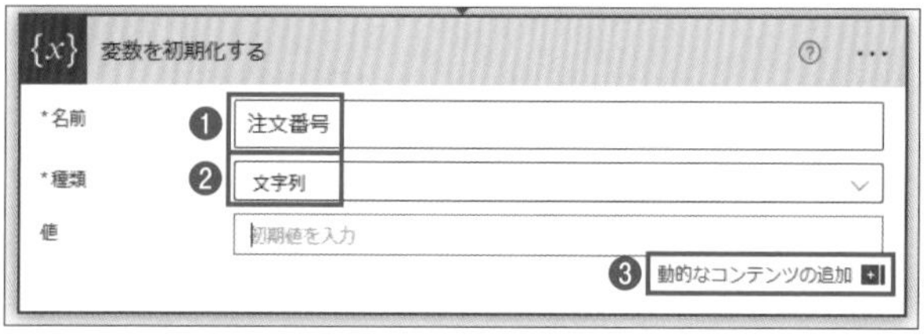


図10 ［名前］欄に任意の変数名を入力（❶）。［種類］欄では［文字列］を選択する（❷）。［値］欄を選択して［動的なコンテンツの追加］を開く（❸）

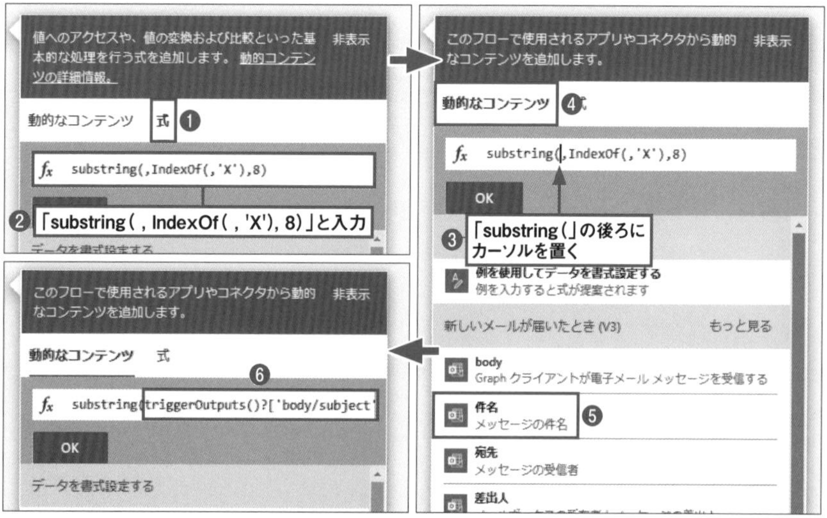


図11 ［式］タブを選び（❶）、「substring ( , IndexOf ( , 'X') , 8)」と入力（❷）。「substring (」の後ろにカーソルを置いて（❸）、［動的なコンテンツ］タブから［件名］を挿入する（❹❺）。すると件名を表す文字列が挿入される（❻）

文字列を格納できるようにします。

式の入力手順は図11の通りです。まず［動的なコンテンツの追加］の画面を開き、［式］タブを選びます。入力欄に「substring ( , IndexOf ( , 'X') , 8)」と入力したら、「substring (」の後ろにカーソルを置いて、［動的なコンテンツ］タブで［件名］を選びます。すると、件名を表す式が挿入されます。同様に、「IndexOf (」の後ろにカーソルを置いて［件名］を挿入します（図12）。［OK］をクリックすると、［値］欄に［substring (...)］と設定されます。

ここでは、件名の中から注文番号の文字列を取り出すために、substring関数とIndexOf関数を使う方法を利用しています。

IndexOf関数は、文字列内に含まれる、指定した文字の開始位置を返します。例えば、「IndexOf ('Power Automate', 'P')」という式は、「Power Automate」内で「P」の開始位置「0」を返します。文字列の位置は、先頭が「0」、2文字目が「1」、3文字目が「2」……となります。指定した文字が複数含まれる場合は、最初に登場する位置を返し、文字が含まれない場合は「－1」を返します。

substring関数は、文字列の中から、指定した位置から始まる、指定した長さの文字列を取り出します。例えば「substring ('Power Automate', 6, 8)」という式は、「Power Automate」の中から、6番目の位置から始めて8文字分を取り出

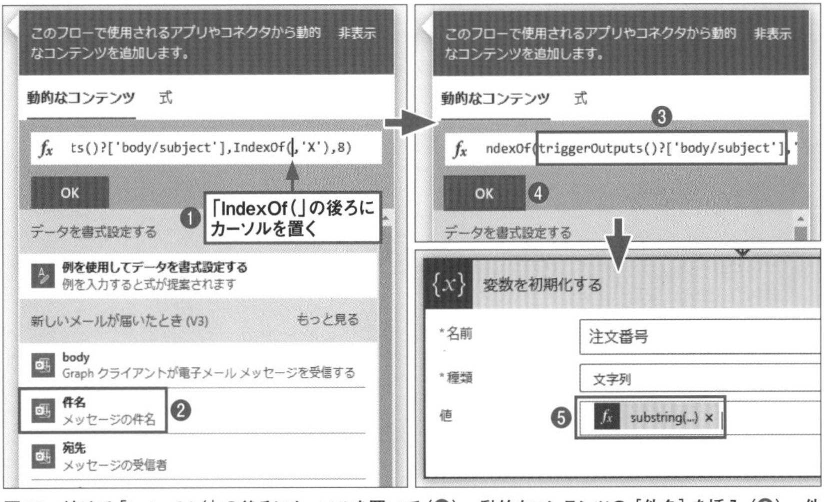


図12　続けて「IndexOf (」の後ろにカーソルを置いて（❶）、動的なコンテンツの［件名］を挿入（❷）。件名を表す文字列が挿入されたら［OK］をクリックする（❸❹）。すると、［値］欄に［substring (...)］という関数式のマークが追加される（❺）

すため、「Automate」が取得されます。開始位置は、0からカウントします。

これら2つの関数を使った［値］欄の式を、件名の指定を［件名］のように表して書き出すと、以下のようになります。

```
substring（[件名], IndexOf（[件名], 'X' ）, 8)
```

IndexOf関数を使い、件名に含まれる「X」の文字の位置を特定。その位置から始まる8文字分を、substring関数で取り出しているわけです。

## 件名に含まれる値に応じて処理を分岐

次は、件名に「対応依頼」という文字列が含まれる場合はExcelの「種別」列に「対応依頼」、含まれない場合は「通知」と書き込めるように、処理の分岐を行います。件名に含まれる値に応じて、変数に「対応依頼」もしくは「通知」という文字列を格納して、Excelに書き込む準備をします。

まずは変数を準備します。［新しいステップ］をクリックして、［変数を初期化する］アクションをもう1つ追加し、**図13**のように設定します。［名前］欄には変数名として「種類」と入力、［種類］欄では［文字列］を選択します。［値］欄には初期値として「通知」を入力しておきます。

続いて［新しいステップ］をクリックして［条件］というアクションを追加します。

### ● 種別を書き込むための変数を用意

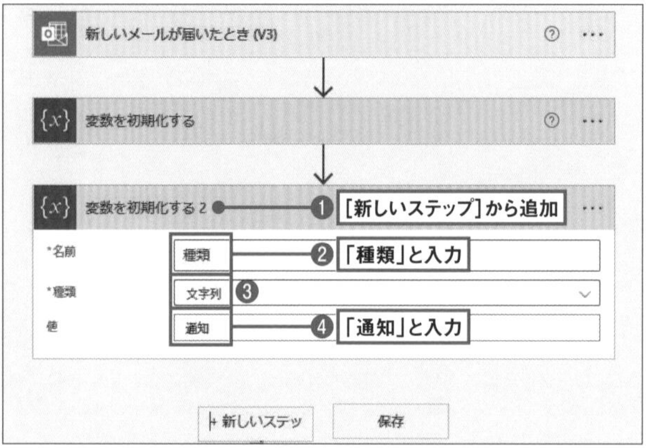


図13 ［新しいステップ］をクリックして、2つめの［変数を初期化する］アクションを追加する（❶）。［名前］欄に入力する変数名は「種類」とする（❷）。［種類］欄では［文字列］を選び（❸）、［値］欄には初期値として「通知」と入力する（❹）

これは条件に応じて処理を分岐するためのアクションです。追加すると、条件を設定する欄に加えて、[はいの場合] と [いいえの場合] という2つの設定欄が配置されます(図14)。この2つの設定欄にそれぞれアクションを追加することで、条件を満たすときと満たさないときの処理を分岐させることができます。ここでは条件を次のように指定します(図15)。

**左辺:トリガーの[動的なコンテンツ]から[件名]を選択**
**中央(演算子):[次の値を含む]**
**右辺:「対応依頼」**

これで、「メールの件名に『対応依頼』が含まれる」という条件になります。この条件が満たされるときの処理を、[はいの場合] の中に追加します。[アクショ

## ● [条件]アクションで処理を分岐

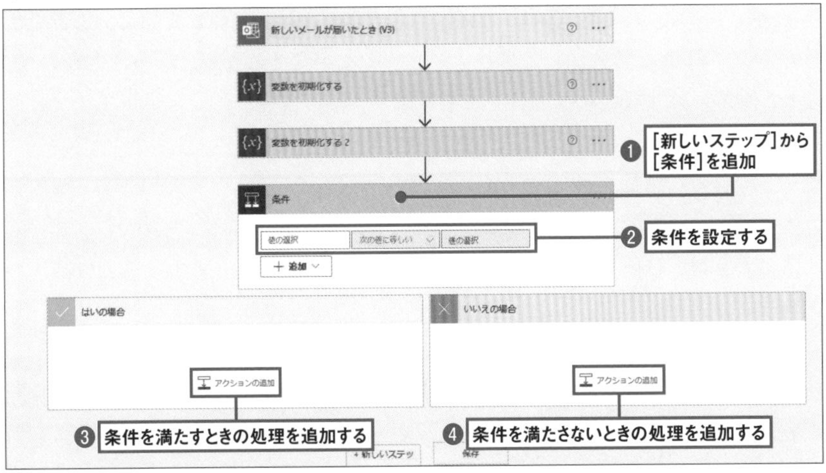


図14 [新しいステップ] から [条件] を追加すると(❶)、[はいの場合] と [いいえの場合] という2つの設定欄も併せて追加される。[条件] に分岐の条件を設定し(❷)、[はいの場合] に条件を満たすときの処理、[いいえの場合] に条件を満たさないときの処理を追加する(❸❹)。一方を空欄にすると、その場合は何もしない

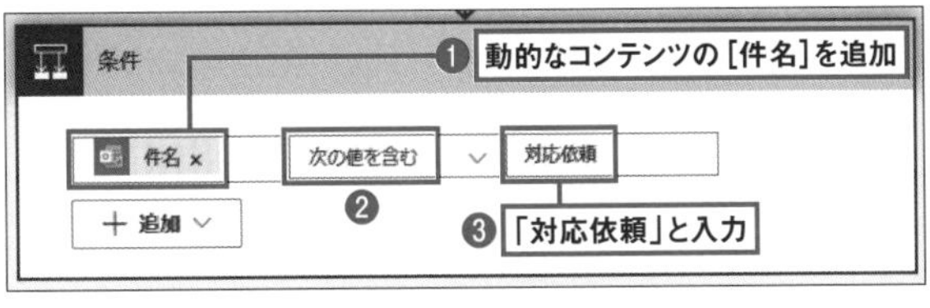


図15 条件の設定欄では、左辺の欄に、動的なコンテンツの一覧から [件名] を挿入(❶)。中央の欄では [次の値を含む] を選択(❷)。右側の欄に「対応依頼」と入力する(❸)

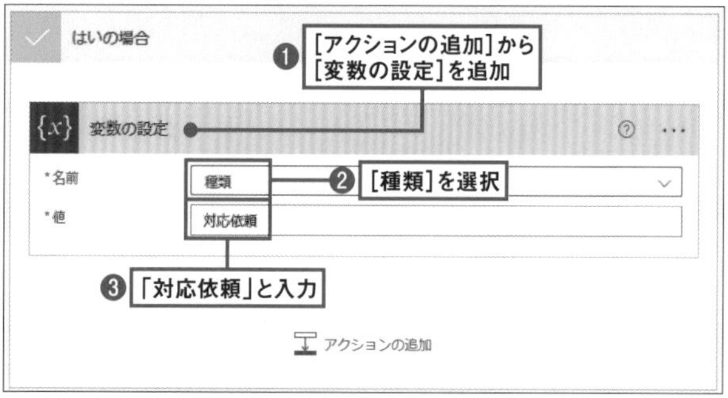


図16 ［はいの場合］の設定欄で［アクションの追加］をクリックして、［変数の設定］アクションを追加（❶）。［名前］欄で変数名［種類］を選択（❷）。［値］欄に「対応依頼」と入力する（❸）

ンの追加］をクリックして、［変数の設定］アクションを追加してください。［名前］欄には、前のフローで作成された変数名がリスト表示されるので、「種類」を選択します。［値］欄には「対応依頼」と入力します（図16）。このアクションが実行されると、初期値として「通知」が格納されていた変数［種類］が、「対応依頼」という文字列に変更されることになります。

一方、［いいえの場合］には、今回は何もアクションを追加しません。ここで条件が満たされない場合は、件名に「対応依頼」が含まれないということなので、変数［種類］は「通知」のままにしておきます。

## Excelのテーブルに行を追加する

ここからは、Excelのテーブルに値を書き込む処理に入ります。各列には次の内容を書き込みます。

- **受信日時：メールの受信日時（日本時間）**
- **注文番号：メールの件名に含まれる、「X」から始まる8文字分**
- **種別：件名に「対応依頼」とあれば「対応依頼」、それ以外は「通知」**
- **件名：メールの件名**

Excelのテーブルにデータを追加するには、「Excel Online (Business)」コネクタの［表に行を追加］アクションを利用します。［条件］［はいの場合］［いいえの場合］の下にある［新しいステップ］をクリックして［表に行を追加］アクションを追加し、図17のように設定します。

［場所］欄でExcelファイルの保存先を選択します。OneDrive for Businessに保存した場合は［OneDrive for Business］、Teamsに保存した場合は［Group - チーム名］、SharePointサイト内に保存した場合はサイト名を選択します。続いて［ドキュメントライブラリ］欄で、書き込みを行うExcelファイルの場所を選択します。Teamsのチャネル画面にある［ファイル］タブに保存した場合は［ドキュメント］を、SharePointの場合は保存先のライブラリ名を選択します。

［ファイル］欄では、右端のフォルダーアイコンをクリックして、書き込みを行うExcelファイルを選択します。Teamsのチャネルの［ファイル］タブに保存し

## ● テーブルに書き込む値を設定

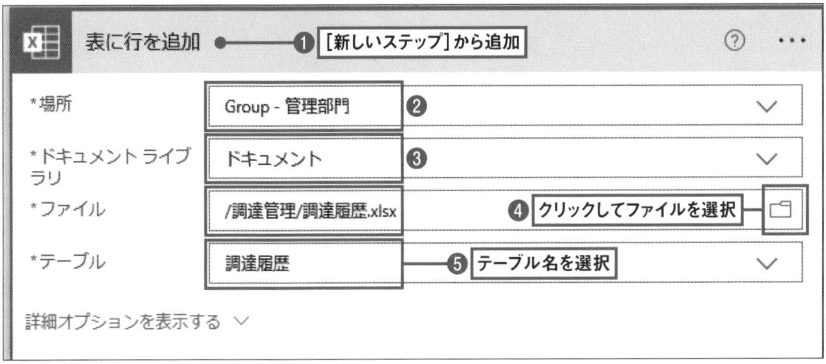


図17　［表に行を追加］アクションを追加し（❶）、［場所］欄と［ドキュメントライブラリ］欄でファイルの場所を指定する（❷❸）。［ファイル］欄で書き込み先のExcelファイル（❹）、［テーブル］欄でテーブル名を選択する（❺）

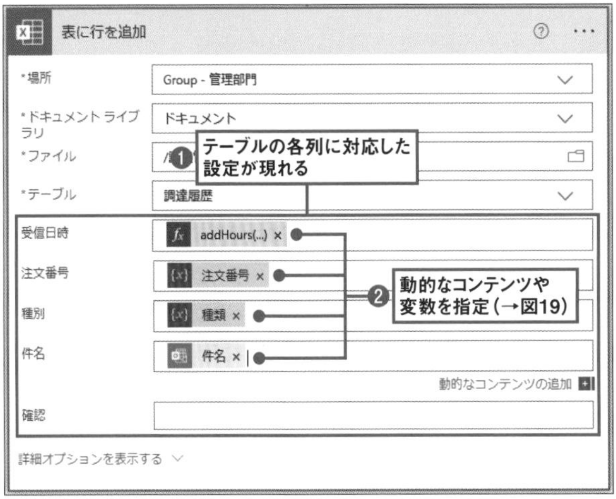


図18　テーブル名を選択すると、そのテーブルに含まれる列の情報が取得され、列名を基にした設定欄が現れる（❶）。［受信日時］欄には式、［注文番号］には［注文番号］変数、［種別］欄には［種類］変数、［件名］欄には動的なコンテンツの［件名］をそれぞれ指定する（❷）

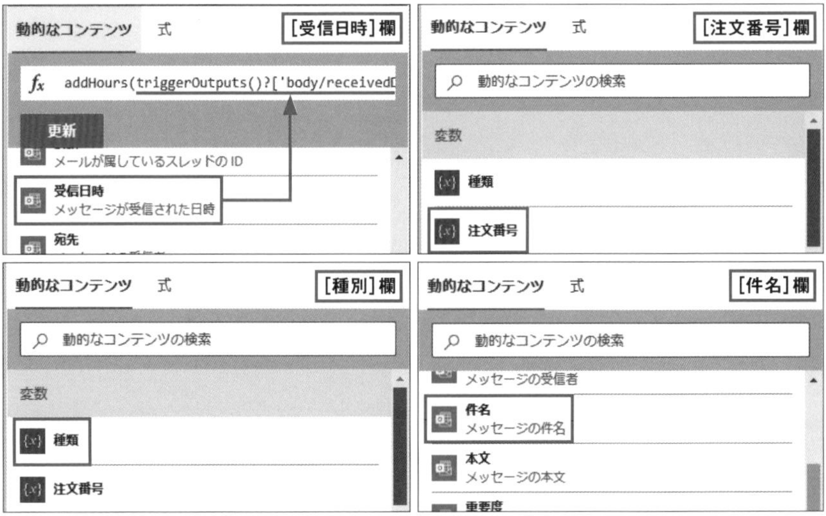


図19　図18の各欄には、[動的なコンテンツの追加] から式や変数、動的なコンテンツを挿入する。[受信日時] 欄には、addHours関数の式を入力し、1つめの引数に動的なコンテンツ [受信日時] を指定する

た場合は、該当チャネル名のフォルダー内に保存されています。[テーブル] 欄には、277ページ図4で設定したテーブル名を選択します。

テーブルまで指定すると、テーブルの構造が認識され、その列名が設定欄として表示されます。そこに、各列に書き込む値を動的なコンテンツを利用して指定します（前ページ図18、図19）。

[受信日時] 欄には、トリガーの動的なコンテンツである [受信日時] を指定します。ただし、そのままではUTC（協定世界時）になるので、addHours関数を用いて日本時間に変換する必要があります。そこで、[動的なコンテンツの追加] から式の入力欄を開いて、以下のような式を指定します（238ページ参照）。

```
addHours ([受信日時], 9 , 'yyyy/MM/dd H:mm')
```

[受信日時] の部分には、[動的なコンテンツ] から [受信日時] を挿入してください。動的なコンテンツの一覧に表示されていないときは、[もっと見る] をクリックすると表示されます。

[注文番号] 欄には [注文番号] 変数、[種別] 欄には [種類] 変数、[件名] 欄には動的なコンテンツの [件名] をそれぞれ挿入します。

## 動作の確認

以上でフローは完成です。自動トリガーのフローを実行するには、トリガーの条件となるメールの受信が必要です。動作確認時には、トリガーで設定した［差出人］を自分に変更して、自動的に送信される内容と同等の件名や本文を含むメールを自分宛てに送ってみましょう。動作を確認した後、フローの利用時には実際に差出人としたいメールアドレスに変更します。

また、自動トリガーのフローをいったん開始すると、メールが届くたびにフローが実行され、その状態がいつまでも続きます。システムから通知メールを送信するという運用が終了したり、履歴を一覧に残す必要がなくなったりしたときは、245ページ図6で解説した手順で、フローをオフにする必要があります。

Column

### 「Excel Online (Business)」コネクタ

「Excel Online (Business)」コネクタを使うと、Microsoft 365内に保存したExcelファイルに接続して、さまざまな操作が行えます。例えば、図のようなトリガー、アクションが用意されています。個人向けのOneDriveに保存したExcelファイルは、「Excel Online (OneDrive)」コネクタでほぼ同様の操作が行えます。

Section 02

# 週1回Excelデータを抽出し、別ファイルへコピー

「売り上げの一覧データから前日のデータのみを抽出して共有したい」「勤怠一覧から今週の自部署のデータのみを各部署に通知したい」「在庫一覧から在庫が少ない項目をピックアップして調達部門へ報告したい」など、一覧形式のデータから特定の条件でフィルター（抽出）した結果を利用することがあります。最後に、そのような操作を自動化する事例を紹介しましょう。データの一覧に対して、関連するデータへ絞り込むフィルターを実行し、その結果を別ファイルにコピーする操作をフローで作成します。

## 自動化のシナリオ例

進行中の案件データを記入したExcelファイルが週に一度更新されます。このファイルのデータを基に、集計や見込み管理に利用できるような、担当部署だけ

### ● 本節で自動化する操作内容

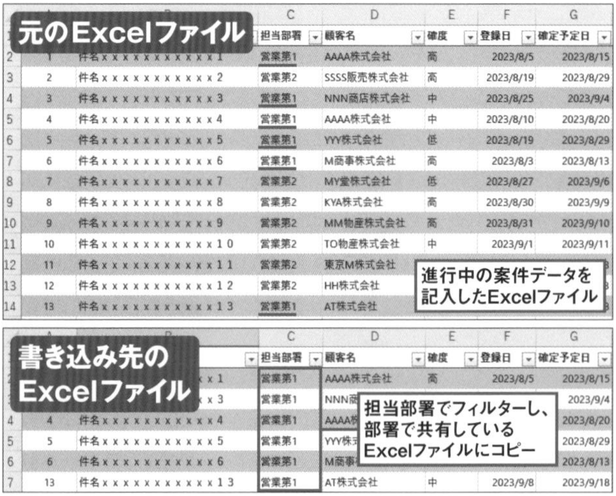


図1　本節で自動化する操作の概要。進行中の案件を一覧形式で記入したExcelファイルがある（上）。このうち、担当部署（ここでは「営業第1」）のデータだけをフィルター（抽出）し、部署で共有しているExcelファイルにコピーする（下）

のデータを作ります。元のデータをフィルターして、担当部署のデータだけを別のファイルにコピーして保存。それを該当部門で共有します（図1）。

- **案件データの一覧が、週に一度更新される**
- **担当部署のデータになるようフィルターを行う**
- **フィルターの結果を、該当部署で共有する**

## 事前の準備

Excelファイルを2つ用意します。また、ファイルはSharePointライブラリや、Teamsのチャネルの［ファイル］タブに保存しておきます（図2）。

1つめのファイルは、フィルターを行う元データとして利用します。「案件ID」「件名」「担当部署」「顧客名」「確度」「登録日」などの項目（列）を含むテーブルがあり、テーブル名は「営業データ」とします。データは入力済みで、「担当部署」列には、

### ● ここで使用するサンプルファイル

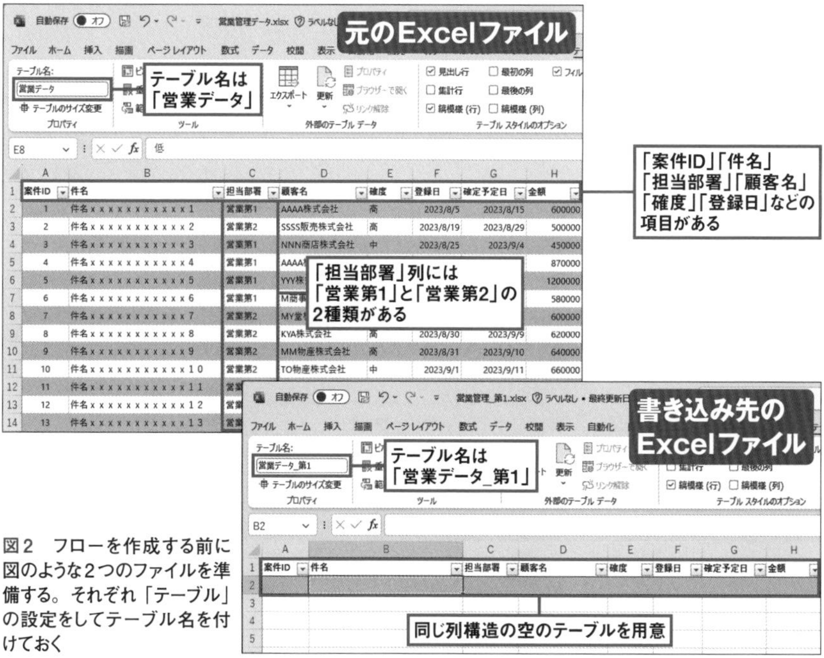
元のExcelファイル
テーブル名は「営業データ」
「案件ID」「件名」「担当部署」「顧客名」「確度」「登録日」などの項目がある
「担当部署」列には「営業第1」と「営業第2」の2種類がある
書き込み先のExcelファイル
テーブル名は「営業データ_第1」
同じ列構造の空のテーブルを用意

図2　フローを作成する前に図のような2つのファイルを準備する。それぞれ「テーブル」の設定をしてテーブル名を付けておく

「営業第1」または「営業第2」という部署名が記載されています。

2つめのファイルは、担当部署を「営業第1」でフィルターした結果を書き込むファイルです。1つめのファイルと同じ項目(列)を持つテーブルになっており、テーブル名は「営業データ_第1」です。データはまだ空白の状態です。該当部署のメンバーに共有されている場所に保存しておきます。

## 定期的に自動実行するクラウドフロー

今回のシナリオでは、元のExcelファイルが週に一度更新されるため、週に1回、そこからデータをフィルターしてコピーする必要があります。この操作を自動化するには、週1回決まったタイミングで動作するように［スケジュール済みクラウドフロー］を作成します(図3)。ダイアログが開いたら、任意の名前を付けて、［開

### ● ［スケジュール済みクラウドフロー］を作成する

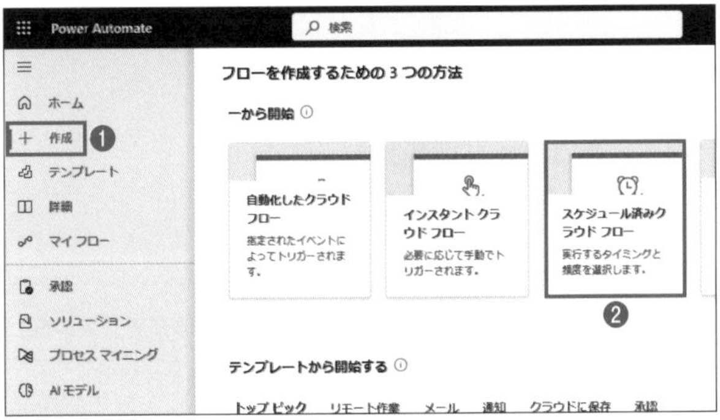


図3 スケジュールを設定して定期的に実行するフローは、［作成］の画面にある［スケジュール済みクラウドフロー］をクリックして作成を開始する(❶❷)

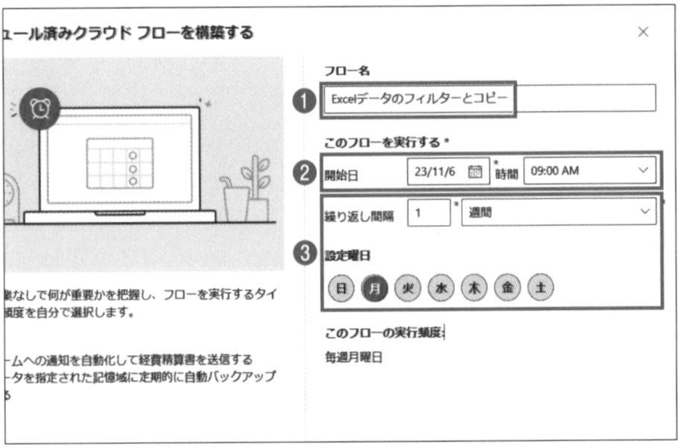


図4 任意のフロー名を入力(❶)。［開始日］欄でいつから実行を始めるかを指定(❷)。［繰り返し間隔］欄で「1週間」と指定すると、［設定曜日］欄が現れるので、実行する曜日を選択する(❸)。画面下にある［作成］を押す

始日］欄に任意の日付と時刻を指定します（**図4**）。［繰り返し間隔］欄で、「1週間」に一度実行するように指定し、［設定曜日］欄で曜日を選択します。

フローの編集画面が開くと、［Recurrence］というトリガーが配置されています。トリガーの設定を行うために［編集］をクリックし、さらに［詳細オプションを表示する］をクリックします（**図5**）。

するとスケジュールの詳細な設定項目が現れます（**図6**）。［タイムゾーン］欄は［(UTC＋09：00) 大阪、札幌、東京］を選択。ここでは［設定時刻（時間）］欄は［9］、［設定時刻（分）］欄は「0」として、毎週月曜日の午前9時にフローを自動実行するように設定します。

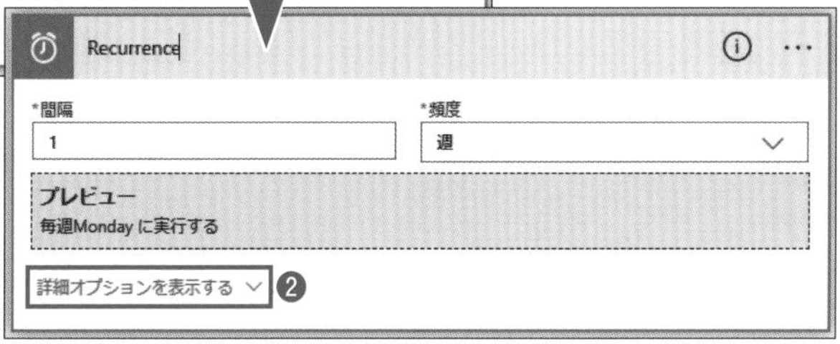


**図5**　［Recurrence］というトリガーが配置されるので、［編集］をクリック（❶）。すると週1回実行する設定のみが表示される。さらに細かく設定するには［詳細オプションを表示する］をクリックする（❷）［注］

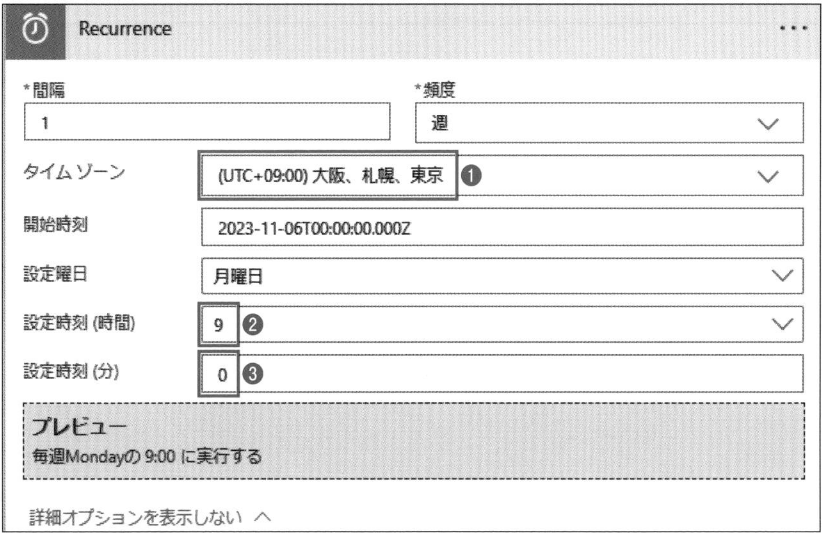


**図6**　［タイムゾーン］欄で［(UTC＋09:00) 大阪、札幌、東京］を選ぶ（❶）。［設定時刻（時間）］欄では［9］を選択（❷）。［設定時刻（分）］欄は「0」と入力して（❸）、毎週月曜日の午前9時に実行するように設定する

［注］ここではクラシックデザイナーの画面例を用いて解説します（221ページ参照）

## 一覧からフィルター結果を取得する

次に、元データが含まれるExcelテーブルでフィルター操作を行います。ここでは「担当部署」列が「営業第1」と等しいデータのみを取得します。

この操作には、「Excel Online (Business)」コネクタの「表内に存在する行を一覧表示」アクションを利用します。[新しいステップ]をクリックして、このアクションを追加し、図7のように設定を行います。

[場所]欄では、元データが含まれるExcelファイルの保存先(ここではTeamsのチャネル)を選択します。[ドキュメントライブラリ]欄では、ファイルの場所を選びます。Teamsのチャネルの[ファイル]タブにあるものを利用するときは、[ドキュメント]を選びます。[ファイル]欄では、右端のフォルダーアイコンをクリックして、チャネル名のフォルダーから元データのExcelファイルを選びます。

### ● テーブルからデータを抽出する

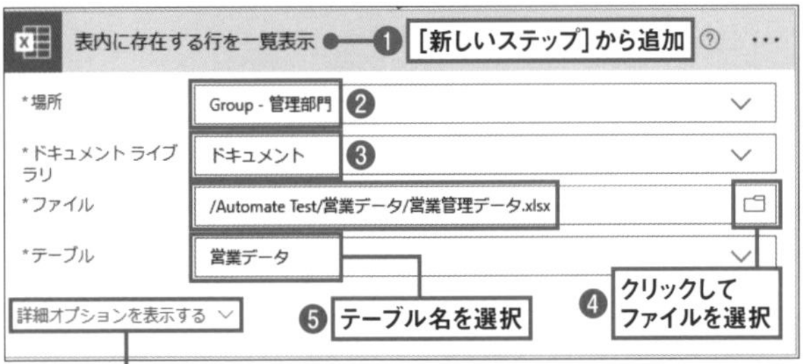


図7 [表内に存在する行を一覧表示]アクションを追加し(❶)、[場所]欄と[ドキュメントライブラリ]欄でファイルの場所を指定する(❷❸)、[ファイル]欄で元データのExcelファイルを選び(❹)、[テーブル]欄でテーブル名を選択する(❺)

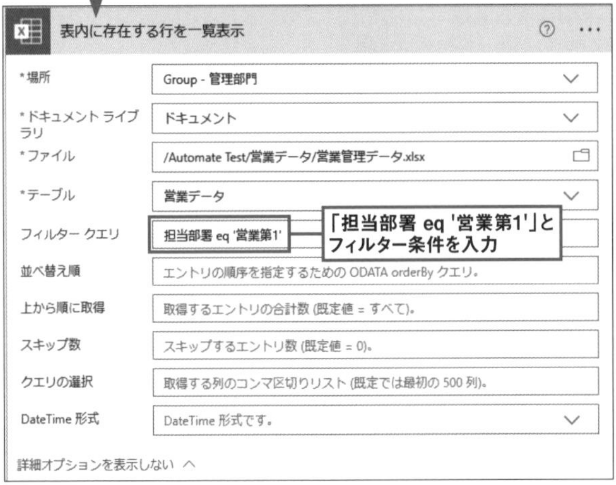


図8 図7で[詳細オプションを表示する]をクリックすると、さらに詳細な設定ができる。[フィルタークエリ]欄に「担当部署 eq '営業第1'」と条件式を入力すると、「担当部署」列が「営業第1」のデータのみを抽出できる。「eq」は「等しい」の意味で、比較する値は「'」(シングルクォーテーション)で囲む

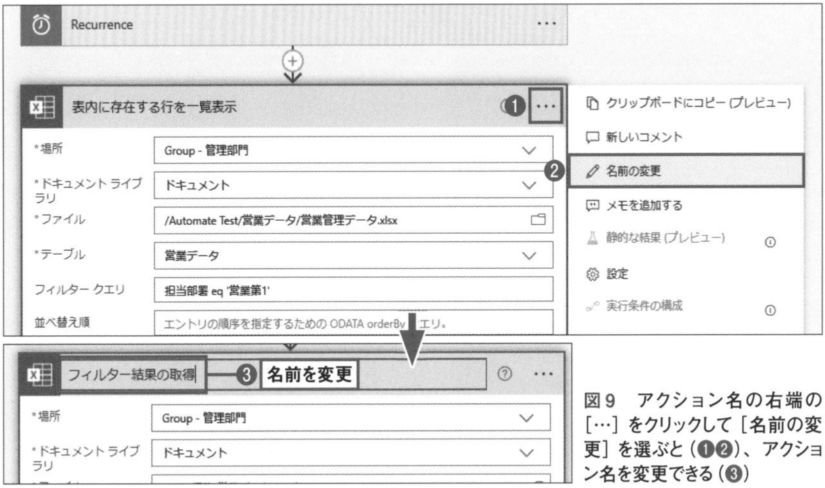


図9　アクション名の右端の［…］をクリックして［名前の変更］を選ぶと（❶❷）、アクション名を変更できる（❸）

すると、［テーブル］欄にテーブル名がリスト表示されるので、今回利用する［営業データ］テーブルを選びます。

これで、［営業データ］テーブルを一覧表示できるようになりますが、さらに［詳細オプションを表示する］をクリックしてフィルターの設定をします（**図8**）。［フィルタークエリ］欄に「担当部署 eq '営業第1'」と入力してください。これで、「『担当部署』列が『営業第1』に等しい」という条件になります。

こうして取得したフィルター結果を後で利用するときわかりやすいように、アクション名を変えておくとよいでしょう。アクション名の右端の「…」をクリックしてメニューから［名前の変更］を選び、「フィルター結果の取得」に変えておきます（**図9**）。

## フィルター結果のコピー

続いて、フィルターの結果を担当部署で共有しているExcelファイルにコピーします。このとき注意したいのは、毎週同じExcelファイルに繰り返しコピーするため、以前の処理でコピー済みの案件データと新規にコピーする案件データとで、処理を変えないといけないことです。既存のデータは上書きして更新しますが、新規のデータは新しい行として追加する必要があります。

そこで、［案件ID］列を用いてコピー済みの案件データかどうかを確認したうえで、新規でデータを追加するか、既存のデータの更新を行うか、処理を分岐させます(図10)。

まず、1行ずつデータがコピー済みかどうかをチェックするために、1行ずつ処理を繰り返すためのアクションを追加します。[新しいステップ]をクリックし、「それぞれに適用する」というアクションを検索して追加してください(図11)。すると、[Apply to each]という英語名のアクションとして配置されます。[以前

## ● コピー済みかどうかで処理を分岐させる

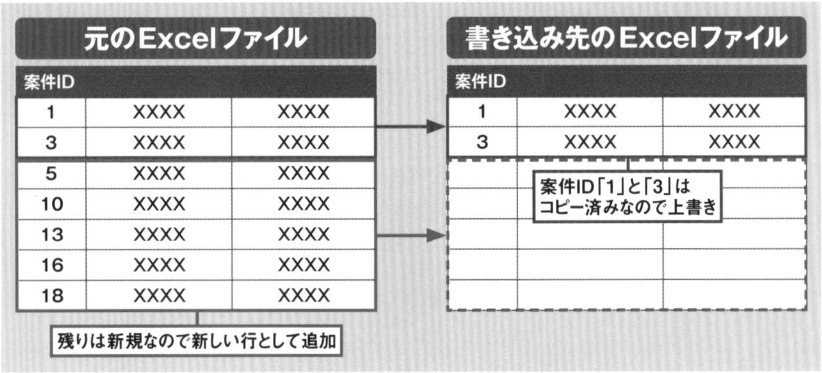


図10　コピーする際、同じ案件IDのデータがあれば上書きし、それ以外は新しい行として追加するようにしたい。これには、同じ案件IDが存在するかどうかを調べて、処理を分岐させる必要がある

図11　[新しいステップ]をクリックして、[それぞれに適用する]アクションを追加する(❶❷)。このアクションは、編集画面では[Apply to each]という英語名に変わる

の手順から出力を選択］欄に、先ほど名前を変更した［フィルター結果の取得］アクションの動的なコンテンツ［Value］を挿入します（**図12**）。これで、テーブルのデータを1行ずつ処理できます。

具体的な処理は、［Apply to each］の中の［アクションの追加］をクリックして設定します。ここでは「Excel Online (Business)」コネクタの［表内に存在する行を一覧表示］アクションを追加し、次ページ**図13**のように設定します。

［場所］欄では、書き込み先のExcelファイルの保存先（ここではTeamsのチャネル）を選択します。［ドキュメントライブラリ］欄では、ファイルの場所を選びます。チャネルの［ファイル］タブなら［ドキュメント］です。［ファイル］欄では、フォルダーアイコンをクリックして、チャネル名のフォルダーから書き込み先のExcelファイルを選びます。すると、［テーブル］欄にテーブル名がリスト表示されるので、今回利用する［営業データ＿第1］を選びます。

さらに［詳細オプションを表示する］をクリックして、［フィルタークエリ］欄に

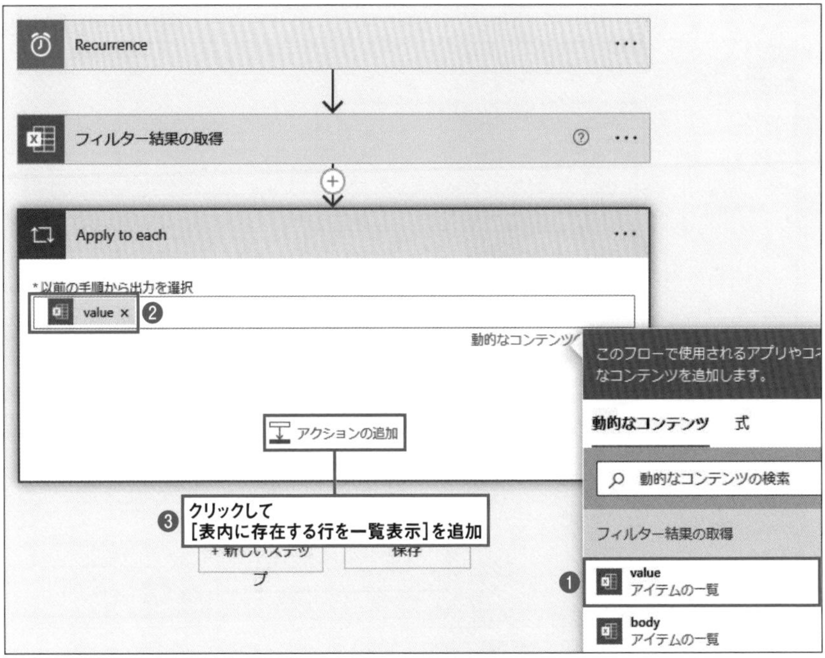


図12　［Apply to each］アクションの［以前の手順から出力を選択］欄に、［フィルター結果の取得］アクションの動的なコンテンツの一覧から［Value］を追加する（❶❷）。次に［アクションの追加］をクリックして［表内に存在する行を一覧表示］アクションを追加する（❸）

抽出条件を指定します。ここでは、「書き込み先テーブルの［案件ID］列の値と、フィルター結果内の案件IDが等しい」という条件にします。具体的には、

```
案件ID eq '［案件ID］'
```

という式を入力します。［案件ID］の部分は、［フィルター結果の取得］アクションの動的なコンテンツの一覧から挿入します。

ここで、フィルター結果のデータは［Apply to each］アクションによって、行単位で処理されています。そのため、上記の動的なコンテンツ［案件ID］には、繰り返し処理の対象になっている1行分の案件IDが格納されています。つまり、

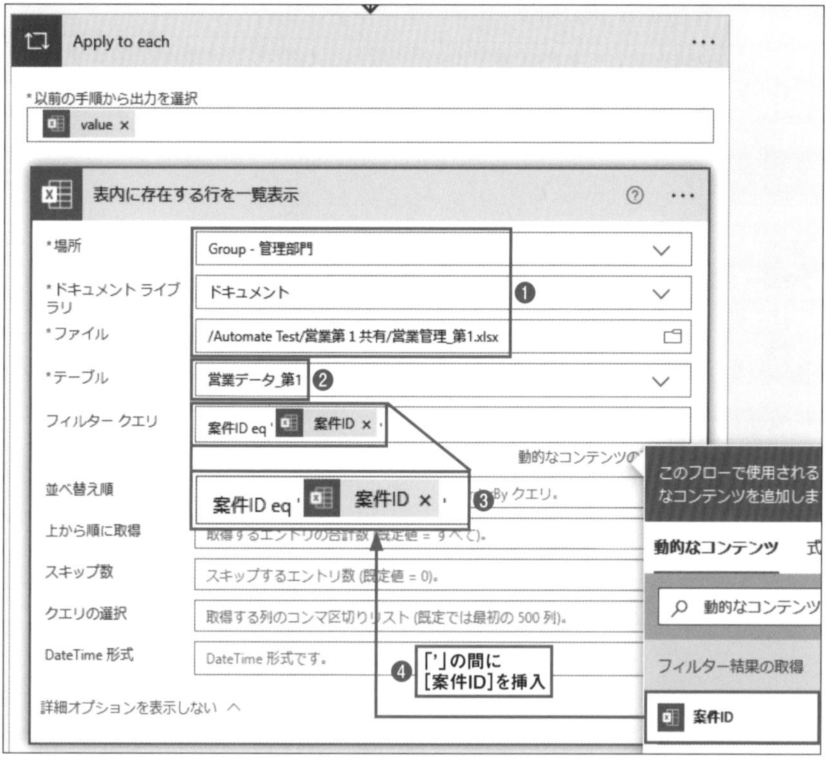


図13 ［場所］欄から［ファイル］欄までを順番に選択し、書き込み先のExcelファイルを指定する（❶）。［テーブル］欄で書き込み先の「営業データ_第1」テーブルを選び（❷）、［フィルタークエリ］欄に図のように指定する（❸）。「案件ID eq ' '」のように入力した後、「'」（シングルクォーテーション）の間にカーソルを置いて、［フィルター結果の取得］アクションの動的なコンテンツの一覧から［案件ID］を選べばよい（❹）

この［表内に存在する行を一覧表示］アクションでは、処理対象の案件IDと一致するデータがすでに存在すればその行を抽出し、存在しなければ何も抽出しないことになります。

従って、この抽出結果が“空”の状態なら、処理対象の行は新規の案件だと判断できます。データが抽出されていれば、過去にコピー済みの案件です。前者の場合はテーブルに新規のデータとしてコピーし、後者の場合は同じ案件IDの行に上書きすればよいわけです。

この分岐処理を行うために、［Apply to each］アクションの中の［表内に存在する行を一覧表示］アクションの下に、［条件］のアクションを追加します。そして次のように条件を設定します（**図14**、**図15**）。

**左辺：empty関数の式**
**中央（演算子）：［次の値に等しい］**
**右辺：「true」**

empty関数は、引数に指定した変数や動的なコンテンツが“空”かどうかを判定する関数です。ここでは、式に「empty ( )」と入力した後、かっこの中にカー

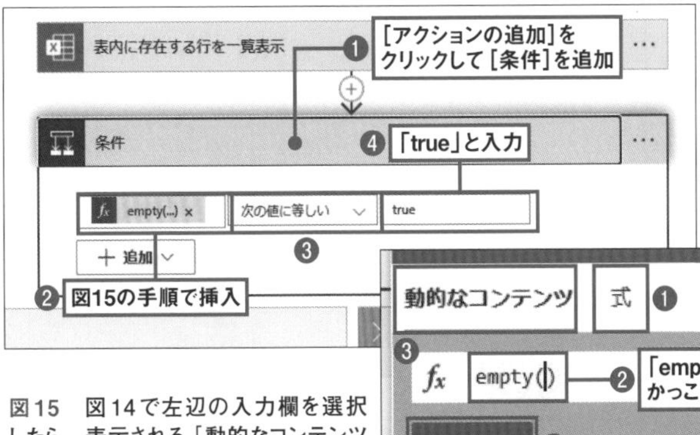


図14　［条件］のアクションを追加し（❶）、左辺の欄にempty関数の式（❷）、中央の欄に［次の値に等しい］（❸）、右辺の欄に「true」を指定する（❹）

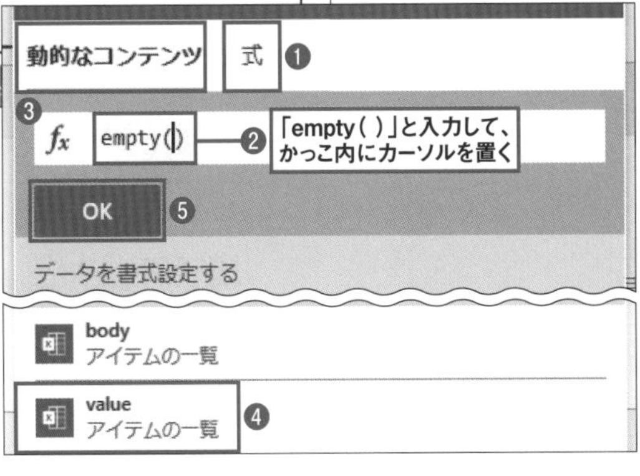


図15　図14で左辺の入力欄を選択したら、表示される［動的なコンテンツの追加］画面で［式］タブを選択（❶）。「empty ()」と入力した後、かっこの中にカーソルを置いて（❷）、［動的なコンテンツ］タブに切り替え、［表内に存在する行を一覧表示］アクションの［value］を選択する（❸❹）。式に、「outputs…」という文字列が追加されたら、［OK］をクリックする（❺）

ソルを置いて［動的なコンテンツ］の一覧から［表内に存在する行を一覧表示］アクションの［value］を挿入します。「empty（outputs（'表内に存在する行を一覧表示'）？［'body/value'］））」という式になるので［OK］を押すと、左辺に［empty（...）］という関数式のマークが挿入されます。

［表内に存在する行を一覧表示］アクションの動的なコンテンツ［value］には、アクションの実行結果が格納されます。これが空かどうかをempty関数で判定しているわけです。empty関数の結果が「true」に等しい場合、同じ案件IDのデー

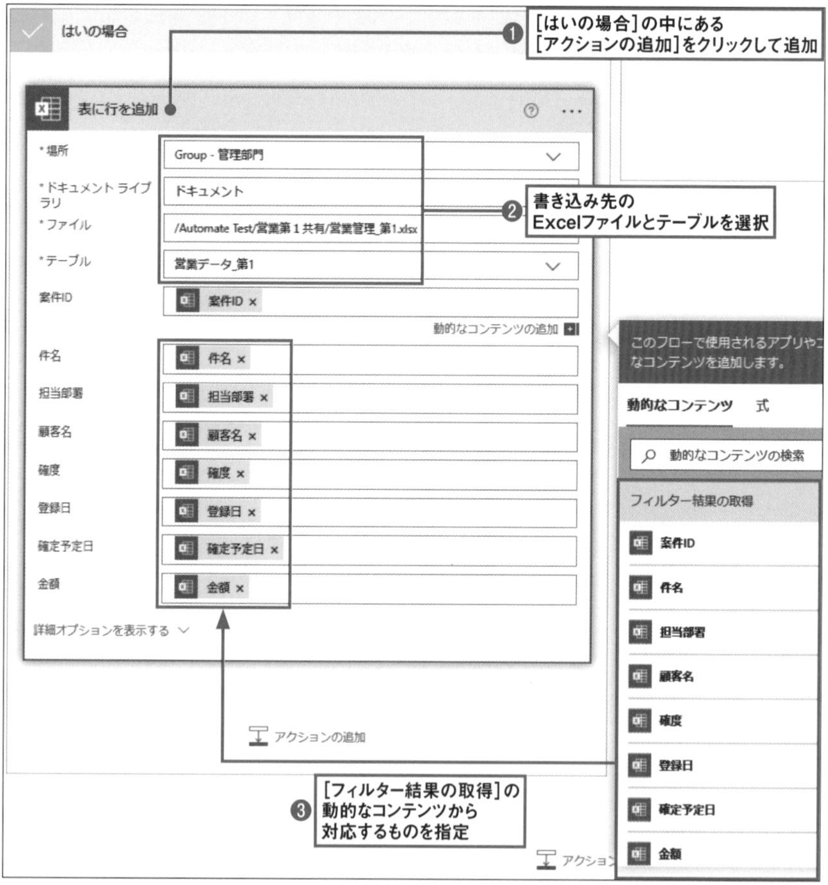


図16 ［はいの場合］の中にある［アクションの追加］をクリックして、「Excel Online（Business）」コネクタの［表に行を追加］アクションを追加する（❶）。［場所］欄から［テーブル］欄までで書き込み先のExcelファイルにある［営業データ_第1］テーブルを選択（❷）。すると［案件ID］欄から［金額］欄までが現れるので、［フィルター結果の取得］アクションの動的なコンテンツから対応するものを挿入する（❸）

タは存在しないので、[はいの場合] に新しい行をテーブルに追加するアクションを設定します。一方、「true」ではない場合、同じ案件IDのデータが存在するので、[いいえの場合] に既存データを上書きするアクションを設定します。

[はいの場合] に設定するのは「Excel Online (Business)」コネクタの [表に行を追加] アクションです。**図16**のように設定します。

[場所] 欄から [テーブル] 欄までの指定は図13と同じです。[テーブル] 欄を指定すると、書き込み先の列名が設定項目として現れるので、書き込む値をそれぞれ[フィルター結果の取得] アクションの動的なコンテンツから選択します。[表内に存在する行を一覧表示] アクションにも同じ名前の動作なコンテンツがあるので、間違えないように注意してください。

[いいえの場合] に設定するのは「Excel Online (Business)」コネクタの [行の更新] アクションです。**図17**のように設定します。

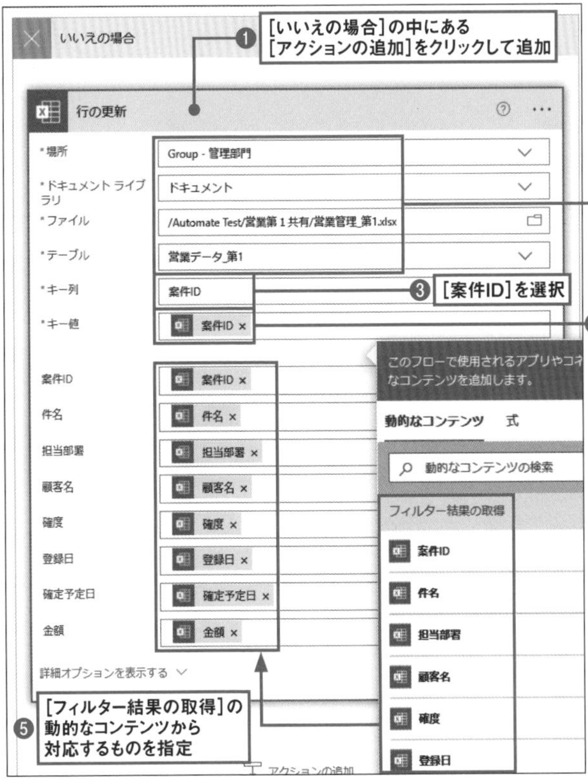


図17 [いいえの場合] の中にある [アクションの追加] をクリックして、「Excel Online (Business)」コネクタの [行の更新] アクションを追加する (❶)。[場所] 欄から [テーブル] 欄までは図16と同じ (❷)。[キー列] 欄で [案件ID] を選択し (❸)、[キー値] 欄で [フィルター結果の取得] アクションの動的なコンテンツ [案件ID] を指定する (❹)。その下の項目は、それぞれ [フィルター結果の取得] アクションの動的なコンテンツから挿入する (❺)

［場所］欄から［テーブル］欄までの指定は先ほどと同じです。ポイントは［キー列］と［キー値］の欄です。［キー列］欄で［案件ID］を選択し、［キー値］欄で［フィルター結果の取得］アクションの動的なコンテンツから［案件ID］を選択することで、両者の案件IDが一致する行のデータを上書きできます。その下にある［案件ID］欄から［金額］欄までが、実際に書き込む内容を指定する欄です。それぞれ該当する値を［フィルター結果の取得］アクションの動的なコンテンツから選択します。

## 通知メールを送信する

最後に該当部門の担当者にデータを更新したことを通知するメールを送信します。メールのイメージは図18の通りです。

### ファイルを更新したことをメールで通知する

図18　部署共有のExcelファイルを更新したら、そのことを部署のメンバーに通知するメールを送信するように設定する。図は送信するメールの例

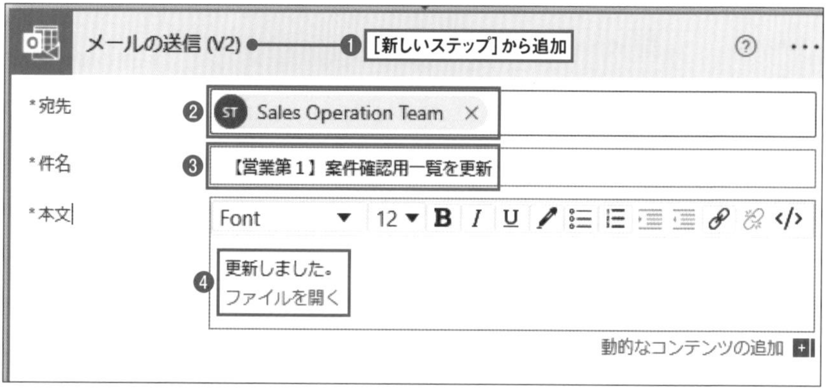


図19　フローの最後に「Office 365 Outlook」コネクタの［メールの送信］アクションを追加する（❶）。［宛先］欄に必要な宛先を指定し（❷）、任意の［件名］や［本文］を指定する（❸❹）

［新しいステップ］をクリックして、メールを送信するためのアクションを追加します。利用するのは「Office 365 Outlook」コネクタの［メールの送信］アクションです（図19）。

［宛先］欄には、任意の宛先を指定します。ファイルの更新を通知したい、グループのアドレスなどを指定するとよいでしょう。［件名］欄と［本文］欄も任意の内容を適宜指定してください。書き込み先のExcelファイルを開くリンクを本文を含めると親切でしょう。以上でフローは完成です。

Column

## ［表内に存在する行を一覧表示］アクションの注意点

本節で利用した［表内に存在する行を一覧表示］アクションを利用する際の注意点や仕様は次の通りです。

**●［フィルタークエリ］欄で利用する比較演算子**

・利用できる比較演算子は「eq」（等しい）、「ne」（等しくない）、「contains」（含む）、「startswith」（から始まる）、「endswith」（で終わる）
・比較する値は「'」（シングルクォーテーション）で囲む
・指定できる条件は1つ（単一条件）

**●既定で取得できるテーブルの行数は256行まで**

・256行より多いデータを取得したい場合は、アクションの設定を開き、［改ページ］をオンにして、［しきい値］を変更します。しきい値は最大で10万まで指定できます（図A）。

**●Excelファイルのサイズは25MBまで**

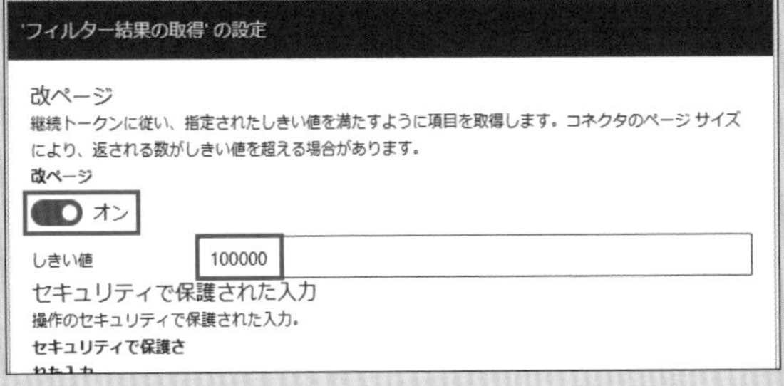


図A　293ページ図9上のメニューから「設定」を選び、アクションの設定画面を開くと、［改ページ］をオンにして［しきい値］を増やすことで、取得できる行数を最大10万まで増やせる

# 索引

**奥田 理恵**（おくだ りえ）
**株式会社イルミネート・ジャパン 代表取締役**
**IT技術トレーナー、コンサルタント**

株式会社イルミネート・ジャパンの公式ブログ「イルミネート・ジャパン ブログ」（https://www.illuminate-j.jp/blog）を執筆するほか、各種カンファレンス、イベント、セミナーでの講演多数。マイクロソフトが同社の製品や技術に関する専門家を表彰するMicrosoft MVP（Most Valuable Professional）の受賞歴もある。『ひと目でわかるPower Apps ローコードで作成するビジネスアプリ入門 第3版』（日経BP）、『ひと目でわかるMicrosoft 365 業務アプリ作成編』（同）、『ひと目でわかるOffice 365 サイトカスタマイズ&開発編 - SharePoint Server 2016対応版』（同）、『できるPower BI データ集計・分析・可視化ノウハウが身に付く本』（インプレス）など著書も多い。

**株式会社イルミネート・ジャパン**
https://www.illuminate-j.jp/

マイクロソフトのクラウドサービスを中心とした技術トレーニング、技術資料やサンプルプログラム開発、技術支援／活用コンサルティングサービスの提供を行っている。Microsoft 365やPower Platform、SharePointに関するオリジナル研修コースは、業務ユーザー向け、IT管理者向け、開発者向けと幅広く、かつ国内屈指のラインアップ数を誇る。

## Microsoft Power Automate らくらく自動化入門

| | |
|---|---|
| 2024年1月29日 | 第1版第1刷発行 |
| 著　　者 | 奥田理恵 |
| 編　　集 | 田村規雄 |
| 発 行 者 | 森重和春 |
| 発　　行 | 株式会社日経BP |
| 発　　売 | 株式会社日経BPマーケティング<br>〒105-8308　東京都港区虎ノ門4-3-12 |
| 装　　丁 | 小口翔平+後藤 司（tobufune） |
| 本文デザイン・制作 | Club Advance |
| 印刷・製本 | 図書印刷株式会社 |

ISBN978-4-296-20382-6



本書籍に関するお問い合わせ、ご連絡は下記にて承ります。
https://nkbp.jp/booksQA